NATIONAL
GEOGRAPHIC
TRAVELER

W0064963

BOSTON
UND UMGEBUNG

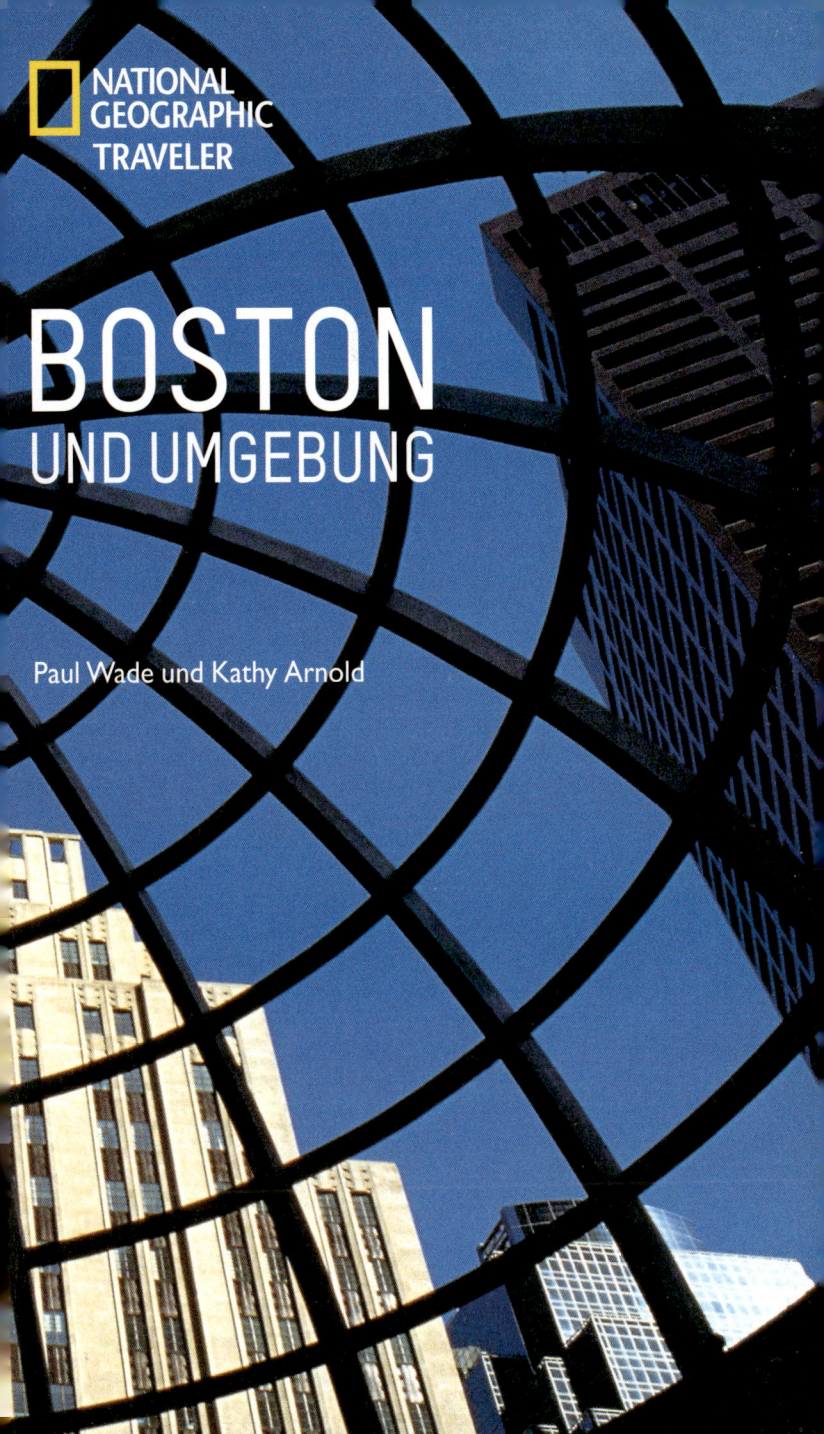

NATIONAL
GEOGRAPHIC
TRAVELER

BOSTON
UND UMGEBUNG

Paul Wade und Kathy Arnold

INHALT

Seite 1: Buntglasfenster im Massachusetts State House
Seite 2f: Post Office Square, Blick durch die Kuppel
Links: Die Memorial Chapel am Harvard Square, Cambridge

Benutzerhinweise

Text- und Kartensymbole siehe hintere Umschlagseite

Anhand von Texten, Bildern und Karten zeigt Ihnen dieser *National Geographic Traveler* die schönsten Seiten von Boston und seiner Umgebung. Der Reiseführer ist in drei Teile gegliedert. Auf einen Überblick über Geschichte und Kultur folgt der eigentliche Hauptteil mit 11 Kapiteln, darunter sieben zur Stadt selbst und vier zu ihrer Umgebung. Die darin beschriebenen Sehenswürdigkeiten finden sich jeweils am Kapitelanfang aufgelistet.

Die Stadtteile und die umliegenden Regionen sind geographisch angeordnet. Dies gilt auch für die dort gelegenen Attraktionen, deren Standort überdies auf einer Karte zu Beginn jedes Kapitels eingezeichnet ist. Eigene Karten dienen zur Orientierung bei Rundgängen und Ausflügen. Zahlreiche Specials liefern faszinierende Einblicke in Einzelheiten aus Geschichte, Kultur und modernem Leben.

Der letzte Abschnitt dieses Buches enthält alle Informationen, die Sie zur Vorbereitung und Gestaltung Ihrer Reise benötigen – z. B. über Verkehrsmittel, Währung, Veranstaltungen oder Hilfe in Notfällen. Eine Auswahl an Hotels, Restaurants, Geschäften und Unterhaltungsmöglichkeiten rundet diese praktischen Reiseinformationen ab.

Bei Redaktionsschluss waren alle genannten Informationen auf dem neuesten Stand. Wenn möglich, rufen Sie zur Sicherheit trotzdem vorab bei Veranstaltern oder Einrichtungen an.

Farbkodierung

106

Jede Region ist durch eine eigene Farbe gekennzeichnet, was die Übersicht erleichtert. Suchen Sie die gewünschte Region auf der vorderen Umschlagklappe und blättern Sie dann zu den Seiten vor, die in der oberen Ecke eine Markierung derselben Farbe aufweisen. Auch die zugehörigen **Reiseinformationen** entsprechen der jeweiligen Farbe.

Besucherinformation

Trinity Church
- Karte S. 106f
- Copley Sq.
- 617/536-0944
- $
- T: Copley, Back Bay

Zu den Hauptsehenswürdigkeiten gibt es in der Marginalspalte praktische Informationen (Symbolschlüssel siehe hintere Umschlagklappe). Der Kartenverweis nennt Seitenzahl und Koordinaten der jeweiligen Attraktion. Weitere Informationen sind die genaue Adresse, Telefonnummer, Ruhetage, Kategorie der Eintrittsgebühr — von $ (unter 4 US-Dollar) bis $$$$$ (mehr als 25 US-Dollar) — sowie bei Sehenswürdigkeiten innerhalb Bostons die nächste T-Haltestelle. Bei anderen Sehenswürdigkeiten finden Sie entsprechende Informationen in Klammern im Text.

REISEINFORMATIONEN

Stadtteil oder Region mit Farbkodierung

Name des Hotels und Preiskategorie

Adresse, Telefon- und Faxnummer

Kurze Hotelbeschreibung

Serviceleistungen und akzeptierte Kreditkarten

Name des Restaurants und Preiskategorie

Adresse und Telefonnummer

Kurze Restaurantbeschreibung

Weitere Informationen (Ruhetage etc.) und akzeptierte Kreditkarten

Hotel- und Restaurantpreise

Erläuterungen zu den Preiskategorien finden Sie im Abschnitt »Hotels und Restaurants« auf Seite 241

KARTEN DER STADTTEILE

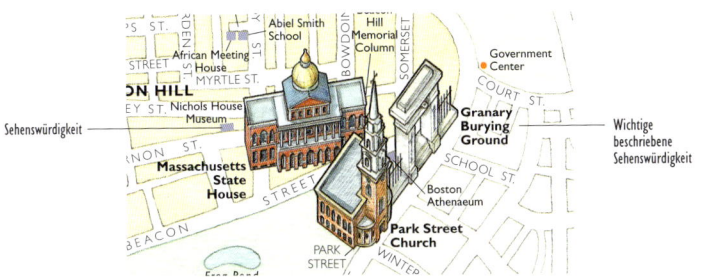

Sehenswürdigkeit

Wichtige beschriebene Sehenswürdigkeit

- Eine Orientierungskarte ergänzt jede Übersichtskarte und zeigt die Lage der Region im Land.
- Auf angrenzende Regionen wird mit Seitenverweisen aufmerksam gemacht

SPAZIERGÄNGE

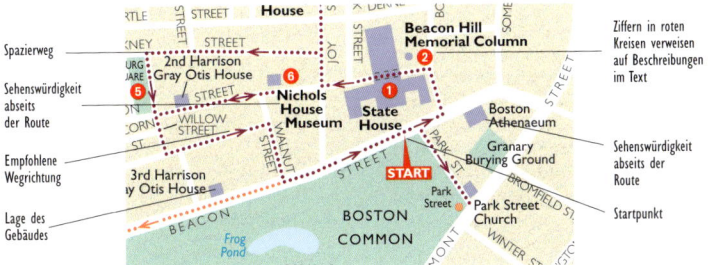

Spazierweg

Sehenswürdigkeit abseits der Route

Empfohlene Wegrichtung

Lage des Gebäudes

Ziffern in roten Kreisen verweisen auf Beschreibungen im Text

Sehenswürdigkeit abseits der Route

Startpunkt

- Eine Infobox nennt Start- und Endpunkt, Dauer und Länge der Wegstrecke und Orte, die man nicht auslassen sollte.
- Wo zwei Wegvorschläge eingezeichnet sind, ist der zweite orangefarben markiert.

ÜBERSICHTSKARTEN

Straßennummer

Wichtige Sehenswürdigkeit

Kartenverweis

Besonders sehenswerter Ort

Sehenswürdigkeit

- Eine Infobox benennt Anfangs- und Zielpunkt, Dauer und Länge einer Tour und Sehenswürdigkeiten an der Route.

NATIONAL
GEOGRAPHIC
TRAVELER

BOSTON
UND UMGEBUNG

ÜBER DIE AUTOREN

Kathy Arnold und **Paul Wade**, ein angloamerikanisches Ehepaar mit Wohnsitz in London, sind aus Funk und Fernsehen sowie durch ihre rund 30 Bücher zum Thema Reisen und Sport bekannt. Kathy studierte in Boston, und auch Paul besuchte eine Universität in Massachusetts. Beide kommen sie häufig nach Neuengland, um die Highlights zu sehen, aber auch, um immer wieder neue Routen und Nebenstraßen zu erkunden.

Im Laufe der Jahre haben sie für Zeitschriften wie *Gourmet* und *Essentially America* zahlreiche Kritiken über Gasthäuser und Restaurants in Neuengland geschrieben; zu ihren Buchveröffentlichungen gehören die Führer *Charming Small Hotel Guides: New England* und *New England's Best-Loved Driving Tours*. Dazu kommen Fernsehreportagen für die BBC sowie Artikel für große britische Tageszeitungen wie den *Daily Telegraph* und *The Express*. Kathy Arnold und Paul Wade sind auf Frankreich, Großbritannien und die USA spezialisiert; mehrfach wurden sie mit bedeutenden Preisen ausgezeichnet.

Geschichte und Kultur

Auf der Plimoth Plantation wird die Vergangenheit lebendig

Boston heute

BOSTON GLEICHT EINER GALERIE, DIE HÖCHST LEBENDIG ANDENKEN UND Ikonen zur Geschichte der ersten modernen Demokratie präsentiert. Proteste der Bostoner Kolonisten gegen die Schikanen des Mutterlandes Großbritannien, das Boston Massacre und die Boston Tea Party haben die USA geprägt. In der Faneuil Hall wurde erstmals »no taxation without representation« gefordert, und Laternen im Turm der Old North Church gaben das Zeichen zum Beginn der Amerikanischen Revolution.

Die Hauptstadt des US-amerikanischen Bundesstaates Massachusetts und heimliche Hauptstadt ganz Neuenglands wurde 1630 von englischen Puritanern gegründet. Heute ist Boston eine lebens- und liebenswerte Metropole, übersichtlich und fast europäisch anmutend, mit schmalen, gewachsenen Straßen und dem gut ausgebauten System des öffentlichen Verkehrsverbundes MBTA, allgemein »the T« genannt. Hübsche Backsteinhäuser, weitläufige Grünanlagen und baumgesäumte Straßen charakterisieren das ansprechende Stadtbild. Kompakt, sicher und nicht allzu hügelig, lässt sich Boston ideal zu Fuß erkunden. Auffällige Bauten erleichtern die Orientierung: Halten Sie einfach nach der goldenen Kuppel des State House oder nach dem blauen Pfeiler des John Hancock Tower Ausschau.

Aller Schönheit und Geschichtsträchtigkeit zum Trotz war Boston schon immer auch ungemein zukunftsorientiert und ein Zentrum genialen Erfindungsreichtums. Denken Sie nur an Telefon, Anästhesie, Mikrowelle – und selbst die Fischstäbchen wurden hier erfunden! Bostoner Profimannschaften zählten zu den Gründungsclubs aller nationalen Sportligen, und nicht wenige ihrer Spieler brachten es zu wahrem Heldenruhm.

AUF DEM »WEG DER FREIHEIT«

In Boston gibt es so viel zu sehen und zu erleben, dass ein Aufenthalt allein unmöglich ausreichen kann. Neben den geschichtlichen und kulturellen Attraktionen locken herrliche Landschaften, alle nicht mehr als zwei Autostunden entfernt. Wer die Stadt erstmals besucht, sollte jedoch unbedingt mit dem Freedom Trail beginnen, einem vier Kilometer langen Rundgang durch die frühe Geschichte der Stadt, welche parallel zu den Anfängen der Republik verlief. Markiert durch eine rote Linie aus Ziegeln oder einfach auf den Bürgersteig gemalt, verbindet der berühmte Freedom Trail 16 Sehenswürdigkeiten aus der Kolonial- und Revolutionszeit, darunter Paul Revere House, Old North Church, Old State House und Faneuil Hall. Tauchen Sie tief in die Atmosphäre des Freiheitskampfes ein und besuchen Sie anschließend die Ortschaften Lexington und Concord, wo sich 1775 die einheimischen Minutemen (Bürgermilizen) den englischen Truppen entgegenstellten. Und natürlich verdienen auch das Seefahrererbe, die Pilgerväter und die Geschichte der lokalen Industrien Aufmerksamkeit.

Musik, Sport, Bier und Einkaufsmöglichkeiten faszinieren in Boston gleichermaßen – keine andere US-amerikanische Stadt bietet eine vergleichbare Vielfalt auf so kompaktem Raum! Hinzu kommen die zahlreichen Anlaufpunkte der näheren Umgebung. Alles, was Sie hier brauchen, ist daher bequemes Schuhwerk!

STADT DES 21. JAHRHUNDERTS

Boston lebt gut vom Verkauf seiner Geschichte, aber es ist beileibe kein bewohntes Museum. Vielmehr handelt es sich um eine moderne Großstadt, die, gemeinsam mit Cambridge, eine bedeutende Rolle auf der Weltbühne spielt. Keine andere Metropole verfügt über bessere Krankenhäuser oder hat mehr medizinische Innovationen aufzuweisen. Auch auf dem Finanzsektor kann Boston durchaus mithalten. Das Mutual Funds Business ist der am schnellsten wachsende Bereich der einige Milliarden US-Dollar schweren Geldindustrie von Massachusetts. Zusammen genommen sind im Finanzsektor etwa 98 000 Menschen in so unterschiedlichen Arbeitsgebieten wie Telekommunikation, Computertechnologie, Werbung und Rechtswesen beschäftigt. Zudem zieht es viele Jungunterneh-

Nirgendwo ist das Erbe lebendiger als in Beacon Hill mit seinen kopfsteingepflasterten Gassen und alten Backsteinhäusern

mer nach Boston, das als einer der wichtigsten Umschlagplätze für Venture-Kapital gilt.

Etwa 20 Millionen Besucher aus dem In- und Ausland kommen pro Jahr nach Boston und bereichern den Stadtsäckel um über 7 Milliarden US-Dollar.

Im Umkreis von 50 Kilometern liegen rund 65 Colleges und Universitäten, deren ca. 250 000 Studenten ebenfalls eine wichtige Finanzstütze bilden. In demselben Einzugsgebiet findet man weltberühmte Consultingfirmen und Forschungszentren. Und nicht zuletzt sind natürlich die Hightech-Unternehmen der Region zu nennen: Hardware, Software, Anlagenbau, Telekommunikation und Biotechnologie.

STIMMUNGSVOLLE STADTVIERTEL

Die Stadtteile Bostons sind das Ergebnis 370-jährigen Wachstums. Von Downtown durch die Stahlbetonschneise des John F. Fitzgerald Expressway getrennt, liegt das North End, erster Anlaufpunkt ungezählter Einwanderer und bis

heute die Heimat vieler italienischer Familien.
Die schmalen, gewundenen Gassen zählen zu
den belebtesten und quirligsten der Stadt.

Downtown, im eigentlichen Zentrum Bostons, stehen Alt und Neu gleichberechtigt
nebeneinander: Wolkenkratzer überragen so
geschichtsträchtige Bauten wie das Old State
House und die Faneuil Hall, die ersten Handels-
und Regierungszentralen der Kolonie. Auch der
zugkräftigste Magnet der ganzen Stadt befindet
sich hier: Quincy Market oder Faneuil Hall

**Der Boston Marathon, der seit 1897 am
Patriots' Day ausgetragen wird, ist der
älteste Stadtmarathon der Welt**

Marketplace, die gelungene Verwandlung eines
heruntergekommenen Marktes zu einem schicken Einkaufs- und Unterhaltungskomplex.

Von der Stadterneuerung merkbar profi-
tiert hat auch das South End. Nördlich und
südlich der Tremont Street wurden alte Backsteinhäuser aus dem 19. Jahrhundert saniert

und sind heute Heimat einer bunt zusammengewürfelten Gemeinde mit deutlichem Homo-Einschlag, belebten Bars und Restaurants sowie zahlreichen Künstlerateliers.

Zu Beginn des dritten Jahrtausends findet man die bedeutendsten Veränderungen entlang der Waterfront, wo ehemalige Lagerhäuser zu Museen, trendigen Restaurants und Wohnungen umfunktioniert werden. Immens gewonnen haben zudem der Theater District sowie Downtown Crossing.

Das nobelste Viertel ist natürlich Beacon Hill. Gaslaternen, kopfsteingepflasterte Trottoirs und elegante Wohnhäuser lassen es wie die Kulisse eines Historienfilms aussehen. Ein Bummel hügelauf und hügelab durch die malerischen Sträßchen steht ganz oben auf der To-do-Liste eines jeden Bostonbesuchers. Seit der Zeit der Revolution ist dies die vornehmste Adresse der Stadt. Als im 19. Jahrhundert das Bauland knapp wurde, ließen die Stadtväter die Sumpfgebiete von Back Bay und Fenway aufschütten und legten ein Gitterraster aus Straßen, Boulevards und Grünanlagen an.

Am Nordufer des Charles River liegt Cambridge, eine eigene Stadt mit eigener Geschichte und Sitz der Universität Harvard sowie des Massachusetts Institute of Technology (MIT). Der hiesige Harvard Square mit seinen einladenden Cafés und Buchläden ist ein weiteres Muss für Besucher.

EIN SCHMELZTIEGEL

Häufig heißt es, die Bostoner teilten sich in drei »Stämme« auf: die Nachfahren der frühen englischen Siedler, die Iren und die Italiener. Doch in den typisch Bostoner Eintopf gehören weitaus mehr Zutaten. So zählt die Gemeinde der Farbigen zu den ältesten der Vereinigten Staaten. Im Laufe der letzten 150 Jahre strömten Einwanderer aus ganz Europa in die Stadt – von russischen Juden bis hin zu Fischern aus Portugal. Jüngeren Datums sind die Gemeinden der Immigranten aus Asien und Lateinamerika. Auch viele Studenten, die hier College oder Universität besuchten, bleiben nach dem Studium, weil es ihnen in dieser ebenso lebendigen wie traditionsreichen und niveauvollen Stadt gefällt.

Imposant überragt die Skyline von Boston den friedvollen Public Garden

EINE FAMILIENFREUNDLICHE STADT

Boston gehört zu den wenigen Städten, in denen man wunderbar mit Kindern Urlaub machen kann. Das Children's Museum, eines der ersten seiner Art weltweit, vermittelt kleinen Besuchern aller Altersstufen auf unterhaltsame Art viel Wissen. Ebenfalls an der Waterfront liegt das Boston-Tea-Party-Schiff, wo die Kleinen an Bord der *Beaver II* gehen und (leere) Teekisten ins Wasser werfen können. Nicht weit entfernt bietet das New England Aquarium einen exzellenten Überblick über die reiche Unterwasserflora und -fauna der Region. Das weltweit erste Computermuseum zog 1999 um ins Museum of Science, nach wie vor eine der größten Attraktionen der Stadt: Fast zwei Millionen Besucher im Jahr versammeln sich u.a. um den Van-de-Graaff-Generator, der imposante künstliche Blitze erzeugt.

Alle Museen sind mit besonderem Augenmerk auf Kinder eingerichtet. Im Museum of Fine Arts gibt es spezielle Programme, die den Jüngsten die Große Kunst näher bringen. Großer Beliebtheit erfreut sich natürlich das MIT Museum mit seiner Hall of Hacks, in der besonders geniale Streiche der angehenden Ingenieure zu bestaunen sind. Für alle, die danach noch überschüssige Energie haben, gibt es weitläufige Grünanlagen zum Austoben – Boston Common etwa oder den benachbarten Public Garden mit seinen berühmten Schwanenbooten. Auch am Charles River gibt es immer etwas zu sehen; am besten betrachtet man das bunte Treiben auf dem Wasser von der Fußgängerbrücke Weeks Memorial Bridge aus. Und wenn Sie der Stadt einmal den Rücken kehren wollen, packen Sie einfach etwas zum Picknicken ein und nehmen Sie die Fähre zu einer der Boston Harbor Islands, wo man den Tag am Strand oder beim Beobachten von Vögeln verbringen kann.

VIER JAHRESZEITEN

Boston, ganz zu Recht als »Tor zu Neuengland« bezeichnet, lohnt rund ums Jahr einen Besuch. Das Meer, aber auch die Berge liegen nicht weit entfernt. Ein herausragendes Ereignis im Sommer findet am 4. Juli statt, wenn viele Einheimische den Charles River hinabfahren, um sich zu jenen Tausenden zu gesellen, die dem Freiluftkonzert lauschen, das das Boston

Pops Orchestra aus Anlass des Nationalfeiertags in der Hatch Shell gibt. Ebenfalls im Sommer finden verschiedene Ethnofeste statt (siehe S. 257). An besonders heißen Tagen flieht man am besten an die Strände der North Shore, nach Cape Cod oder auf die vorgelagerten Inseln.

Mit dem Herbst kommen jene kühlen, klaren Tage, die ideal zur Stadterkundung sind. Die fantastischen Farben des berühmten Indian Summer zeichnen die Bäume in nahe gelegenen Orten wie Concord und Lexington. Und auch die Studenten sind zurück und feuern lauthals ihre Footballmannschaften an. Im Oktober folgt die Head of the Charles Regatta, zu der mehrere hundert Ruderer anreisen und Tausende Zuschauer die Ufer säumen. Nirgendwo wird Thanksgiving mit mehr Inbrunst begangen als in der Region, in der die europäischen Siedler erstmals ihr Überleben feierten.

Der Winter in Boston kann bitterkalt sein, besitzt aber auch seine romantischen

Seiten, wenn Tausende weißer Lichter in den Bäumen glitzern. Der Brauch, zu Weihnachten Kerzen ins Fenster zu stellen, entstand am Louisburg Square in Beacon Hill. Das neue Jahr begrüßt die Stadt mit jeder Menge Unterhaltung und einem Feuerwerk über dem Hafen.

Im Frühling stehen zwei der prächtigsten Festivitäten auf dem Programm. Am St. Patrick's Day im März feiert die (vor allem in South Boston ansässige) irische Bevölkerung

Glaubt man den Veranstaltern, ist die Head of the Charles Regatta Mitte Oktober das größte und bedeutendste Ereignis des internationalen Rudersports

ihren Nationalheiligen; auf dasselbe Datum – den 17. März – fällt der Evacuation Day, der Jahrestag des Abzugs der britischen Besatzer 1776 aus Boston. Am Patriots' Day im April werden die Ereignisse des 19. April 1775 nachgespielt. Teil dieses ganz speziellen Bostoner

In der Back Bay lockt die elegante **Newbury Street** mit Geschäften, Galerien und Cafés

Feiertags ist der Boston Marathon, der, im Jahr 1897 ins Leben gerufen, ältesten Stadtmarathon überhaupt.

GRÜNE OASEN

Boston ist relativ eben und auch deshalb gut zu Fuß zu erkunden. Dies ist allerdings eher die Folge künstlicher Landschaftsgestaltung und Aufschüttungsmaßnahmen (siehe S. 34) als naturgegeben. Für den wesentlichen Charme der Stadt sorgt jedoch Mutter Natur höchstselbst: Man ist niemals weit vom Wasser entfernt, sei es das Meer oder der Charles River.

Außerdem ist Boston sehr grün. Keine andere nordamerikanische Stadt hat ihren »Common«, die ursprüngliche Gemeindewiese im Herzen einer jeden Ortschaft, ähnlich strikt gegen den Bauboom verteidigt. Vor über 150 Jahren wurde ergänzend zu dieser recht naturbelassenen Grünfläche der eher formale Boston Public Garden angelegt, von dem die baumgesäumten Boulevards der Commonwealth Avenue und Newbury Street abgehen. Weitere Errungenschaften des letzten Jahrhunderts sind die Uferpromenade am Charles River und das »Emerald Necklace« (wörtlich: Smaragdkette), eine Aneinanderreihung von Parks, die sich bis in die südlichen Vororte hinein erstreckt (siehe S. 122f). Das Arnold Arboretum in Jamaica Plain (siehe S. 123) und der Mount Auburn Cemetery in Cambridge (siehe S. 162) bestechen als wunderschöne Grünanlagen. Auch heute noch werden immer wieder neue grüne Fleckchen in das Stadtbild integriert, beispielsweise der Post Office Square im Financial District und der Christopher Columbus Park bei Long Wharf. Und wenn der »Big Dig« (siehe S. 33) einmal abgeschlossen ist, werden den Bostonern weitere 60 Hektar Grünfläche zur Verfügung stehen.

KULTUR UND UNTERHALTUNG

Boston ist die Heimat des weltberühmten Boston Symphony Orchestra und dessen Vetter, der Boston Pops. Das Boston Ballet beherrscht die Tanzszene, während die Boston Lyric Opera auf dem besten Wege ist, zu internationalem Ansehen zu gelangen. Das Theater greift weitgehend auf Broadwaystücke zurück, doch gibt es auch einige Repertoire-Ensembles. Und wo früher Rock und Folk dominierten, erfreuen sich Clubs

Fourth of July Concert der Boston Pops in der Hatch Memorial Shell

und Pubs großer Beliebtheit. Andere Bostoner vermitteln ihre Botschaften über das Vehikel moderner Musik. So begannen Sängerinnen wie Joan Baez, Tracy Chapman und Bonnie Raitt ihre Karriere in Bostoner Nachtlokalen.

Kunstliebhaber können Stunden und Tage im Museum of Fine Arts verbringen, dessen asiatische Kollektion ebenso wie die Sammlung französischer Impressionisten unbedingt auf dem Besuchsprogramm stehen sollten. Nur wenige Schritte weiter liegt das zauberhafte Isabella Stewart Gardner Museum. Die Harvard University wartet mit stark spezialisierten Museen auf; das Spektrum reicht von A (Astronomie) bis Z (Zoologie). Nicht einmal eine Stunde entfernt lockt mit dem Peabody Essex Museum in Salem eine der sehenswertesten Ausstellungen der Region.

Dank Kino und Fernsehen ist Boston Zuschauern in aller Welt vertraut. Sie haben das Bull & Finch Pub in der amerikanischen Fernsehserie *Cheers* gesehen, und bei *Ally McBeal* zeigen Kameraschwenks den Charles River, das Bunker Hill Monument und die goldene Kuppel des State House. Ein etwas düstereres Bild

der Stadt präsentiert der Film *Good Will Hunting* (1997), in welchem die beiden Bostoner Matt Damon und Ben Affleck auf die Widersprüche zwischen dem »toughen« South Boston und dem akademischen Cambridge hinweisen.

Das, was Boston letztlich ausmacht, sind seine Bewohner. Sie besitzen einen recht trockenen Humor, wie ihn der auch bei uns bekannte Talkmaster Jay Leno in seiner Show zum Besten gibt. Köstlich können sich die Einheimischen aber auch darüber amüsieren, wenn fremde Autofahrer wegen der irreführenden Ausschilderung und Verkehrsregelung vollkommen die Orientierung verlieren.

Die meisten Bostoner reden gern, besonders über Politik und das Wetter. Und sie sind groß im Jammern. Man lamentiert über die letzte Niederlage der Red Sox und vom Big Dig verursachte Behinderungen. Allerdings sollte man solcherlei Kritik nicht allzu ernst nehmen, denn in ihrem Inneren sind alle »Bostonians« zutiefst davon überzeugt, in der schönsten und lebenswertesten Stadt der Welt zu wohnen. ■

Boston kulinarisch

WAS DIE KÜCHE ANGEHT, SIND DIE SPEZIALITÄTEN NEUENGLANDS TYPISCH amerikanisch. Truthahn, Wild, Kürbis und wilde Blaubeeren werden hier aufgetischt, seit die ersten Pilger amerikanischen Boden betraten. Sie kochten Austern zu Eintopf, entdeckten das Clam Chowder (eine sämige Muschelsuppe) und buken Brot aus Mais. Auch die heutigen Küchenchefs sind Neuem gegenüber aufgeschlossen und kreieren Gerichte, die das Flair des Innovativen mit regionaler Tradition verbinden.

Die ersten englischen Siedler brachten den kulinarischen Ball ins Rollen, indem sie die Clambakes der amerikanischen Ureinwohner nachahmten und am Strand Muscheln, Hummer und Mais unter Seegras auf heißen Steinen garten. 1633 notierte ein Beobachter, dass Ureinwohner wie Siedler Preiselbeeren »mit Zucker zu einer Sauce einkochen und zum Fleisch essen; und es ist eine überaus schmackhafte Sauce«.

Von den Westindischen Inseln importierte Melasse war eine unerlässliche Zutat für das Bostoner Brown Bread und das Originalrezept der Boston Baked Beans (gekochte dicke Bohnen). 1625 legte William Blaxton am Beacon Hill einen Obstgarten an und entwickelte, nachdem er 1635 nach Rhode Island umgezogen war, mit dem Sweet Rhode Island Greening die erste amerikanische Apfelsorte. Seit dieser Zeit sind Äpfel fester Bestandteil der neuenglischen Küche und werden zu Pies, Saft und Apfelwein verarbeitet.

Inbegriff der Bostoner Küche ist Seafood, also Meeresfrüchte. Auch wenn die Hummer heute nicht mehr so groß werden wie jener 14-Kilo-Brocken, den ein britischer Besucher im 19. Jahrhundert bestaunte, sind sie doch allgegenwärtig – wer keine Bedenken wegen des Tierschutzes hegt, kann sogar am Logan International Airport lebende Exemplare erwerben und mit nach Hause nehmen. Der Vorliebe der Bostoner für Fisch und Schalentiere ist wohl auch der Erfolg der Restaurantkette *Legal Sea Foods* zu verdanken, die 1950 mit einem kleinen Fischladen begann, zur Institution wurde und mittlerweile in andere Bundesstaaten expandiert.

Manche traditionellen Gerichte findet man freilich kaum mehr auf einer Speisekarte. Doch auch wenn Desserts wie Cape Cod Berry Grunt oder Apple Slump praktisch nur noch im Privaten auf den Tisch gelangen, sind die Neuengländer doch die Süßschnäbel der Nation geblieben. Nirgendwo in den USA wird mehr Eiscreme pro

Kopf verzehrt als hier! Selbst an bitterkalten Wintertagen begegnet man auf der Straße Eis schleckenden Einheimischen. Wenn Sie nähere Erkundungen einziehen, wird man Ihnen erzählen, dass es der Speiseeishersteller Steve Herrell aus Boston war, der die neueste Mode begründete, Eiscreme mit Kuchenkrümeln oder Bonbons zu versetzen.

In den letzten zwei Jahrzehnten hat die Bostoner Restaurantlandschaft einen drastischen Wandel erfahren. Renommierte Gourmetköche wie Gordon Hamersley, Deborah Hughes und Jasper White zaubern aus regionalen Zutaten typisch neuenglische Gerichte. Häufig werden Produzenten und Lieferanten auf der Speisekarte genannt, dazu kommen Empfehlungen für Biere aus jenen Mikrobrauereien, die den Vorhut der derzeitigen US-amerikanischen Bier-und-Ale-Renaissance bilden.

Was den Einfluss auf die landesweiten Essgewohnheiten betrifft, so verdienen vor allem zwei Bostonerinnen Erwähnung: Vor mehr als hundert Jahren veröffentlichte Fannie Merritt Farmer (1857–1915) das *Boston Cooking School Cook Book*, welches bereits Grundlagen der späteren Ernährungslehre enthielt. Noch berühmter ist die aus Cambrige stammende Julia Child (geb. 1912), deren Kochshow *The French Chef* in den USA etwa dieselbe Popularität genießt wie bei uns Alfred Biolek. ■

»Here are grapes, white and red, and
very sweet and strong also; strawberries,
gooseberries, raspas etc; plums of three
sorts, with black and red being almost as
good as damson.«
Edward Winslow, 11. Dezember 1621 ■

Muscheln sind eine typische Spezialität
Neuenglands. Sie kommen gekocht, ge-
braten oder als Chowder (sämige Suppe)
auf den Tisch

Boston damals

BOSTON LIEFERTE WESENTLICHE BEITRÄGE ZUR ENTSTEHUNG DER AMERI-
kanischen Nation. Seine Ideale, seine Bildungsbeflissenheit, Sparsamkeit und Kultur, sein
Stolz und seine Visionen haben die USA geprägt. Seit nunmehr fast vier Jahrhunderten gilt
die Stadt als Wiege innovativen Gedankenguts – und was einst zur Gründung einer neuen
Nation geführt hatte, brachte später Nobelpreise für wissenschaftliche Glanzleistungen ein.

Von wenigen an der North Shore entdeckten Ar-
tefakten abgesehen, gibt es kaum Informationen
darüber, wie das Leben in der Region vor Ankunft der ersten Europäer 1620 aussah. Die Be-
siedelung ging relativ problemlos vonstatten,
da vor dem Eintreffen der Pilgerväter eine Beu-
lenpestepidemie die meisten Ureinwohner aus-
gelöscht hatte. Trotzdem überdauerten Stam-
mesbezeichnungen als Ortsnamen bis heute:
die Massachusett und die Nauset, die Narragansett und die Pawtucket leben somit zumindest
verbal fort.

17. JAHRHUNDERT

Nachdem der englische König James I. (reg.
1603–25) der Plymouth Company die Genehmigung zur Nutzung Neuenglands erteilt hatte,
eines Gebietes, das sich von Neufundland bis ins
heutige Virginia erstreckte, weckte das angebliche Paradies das Interesse einer Gruppe streng
protestantischer Dissidenten – der Puritaner. Im
August 1620 verließen 102 Männer, Frauen und
Kinder an Bord der *Mayflower* England, um am
11. November in der Nähe des heutigen Provincetown an der Spitze von Cape Cod vor Anker
zu gehen. Da die nackte Landzunge im Winter
ausgesprochen unwirtlich erschien, segelten sie
weiter durch die Bucht und gründeten kurz darauf dort, wo heute das Museumsdorf Plimoth
Plantation steht, die Plymouth Colony. Nur etwa die Hälfte der Siedler (»Pilger« wurden sie
erst später genannt) überlebte den ersten harten
Winter. Dank eines fruchtbaren Sommers und
Hilfeleistungen der Ureinwohner konnten sich
die Kolonisten dann auch etablieren. Im Laufe
der nächsten 20 Jahre trafen weitere 75 000 Siedler ein; etwa 14 000 landeten in der Bay Colony
Massachusetts, und viele ließen sich im heutigen Salem nieder.

Schon 1636 erkannten die Siedler den Stel-
lenwert einer guten Ausbildung. Aber anstatt ihren Nachwuchs auf englische Schulen zu schicken, gründeten sie in Cambridge das Harvard
College. Weit entfernt von der alten Heimat
und dem dortigen Bürgerkrieg (1642–51), florierten die Kolonien. Strenge Gesetze regle-
mentierten den Alltag. Feiern und Lustbarkei-
ten waren verpönt, und das Rauchen in der Öffentlichkeit war verboten. In der von religiösen
Fanatikern regierten Gemeinschaft hatten allein Puritaner weißer Hautfarbe und männlichen Geschlechts das Wahlrecht. Unabhängig
vom Wahlrecht waren sämtliche Siedler steuer-
pflichtig. Und herrschte schon in Europa keine
Glaubensfreiheit, so war das puritanische Re-
gime weit schlimmer: Baptisten, Quäker, Indianer und Juden wurden rücksichtslos verfolgt,
1648 die ersten Frauen als Hexen gehängt.

FRÜHE KOLONIALZEIT

Der über ein Jahrhundert dauernde Konflikt
zwischen dem Mutterland und seinen Kindern
in der Neuen Welt begann 1660: Nach der Res-
tauration der Monarchie in England benötigte
Charles II. (reg. 1660–85) dringend Geld. Um
Profit aus den Kolonien zu ziehen, erließ man
zunächst den Navigation Act, der den neuenglischen Kaufleuten vorschrieb, ausschließlich
mit Großbritannien Handel zu treiben (und
nicht mit rivalisierenden anderen europäischen
Ländern). 1684 wurde die Charter der Bay Colony zurückgezogen und stattdessen ein Domi-
nion (Herrschaftsgebiet) Neuengland errichtet, das direkt der Verwaltung durch die Krone
unterstand. Erster Gouverneur war Sir Edmund
Andros (1637–1714), der mit Hilfe britischer Truppen autoritär regierte, Steuern erhob, Land beschlagnahmte und damit den
Keim zu Unruhen legte. An relative Selbststän-
digkeit gewöhnt, begehrten die Kolonisten bald
gegen die Einmischung aus London auf.

**Wie diese Karte aus dem Unabhängigkeits-
krieg zeigt, befand sich die ursprüngliche
Siedlung praktisch auf einer Insel; das heutige Boston liegt auf aufgeschüttetem Land**

Gen. Washington's
Revolutionary Campaign War Map

Publisher, A. O. Crane, Boston, Mass.

Statute Mile

Der ständige Zuzug neuer Siedler verstärkte die Spannungen zwischen den verschiedenen sozialen und religiösen Gruppen. In diese Zeit fallen die Salemer Hexenprozesse aus dem Jahr 1692.

Erwartungsgemäß griff die Rivalität zwischen dem jungen British Empire und Frankreich auch auf Nordamerika über. 1690 attackierten kanadische Franzosen und deren indianische Verbündete die britischen Kolonien. 73 Jahre zogen sich diese so genannten French and Indian Wars hin – und es waren nicht zuletzt die immensen Verluste und Kosten dieser Kriege, welche die Spannungen zwischen Großbritannien und seinen nordamerikanischen Kolonien eskalieren ließen.

AUF DEM WEG INS 18. JAHRHUNDERT

An der Wende zum 18. Jahrhundert war Boston anerkannte Hauptstadt der neuen Königlichen Provinz Massachusetts, die die Bay Colony,

Plymouth Colony und das heutige Maine umfasste. Dennoch bestand die Stadt nur aus
schmalen Gassen und Holzhäusern; es gab keine Kanalisation, und Brände wie ansteckende
Krankheiten hatten leichtes Spiel. In der ersten
Hälfte des Jahrhunderts ließen Pockenepide-
mien die Bevölkerung nie über eine Zahl von
15 000 steigen. Trotz wiederholter Rückschläge
und ständiger Reibereien mit den Gouverneu-
ren wuchs der Reichtum – neuenglische Kapitäne verkauften getrockneten Kabeljau an süd-

**Das Museumsdorf Plimoth Plantation, süd-
lich von Boston, vermittelt ein recht realis-
tisches Bild vom Leben in einer Pilgersied-
lung 1627**

europäische Katholiken und segelten nach
Westafrika, wo sie eine Ladung Rum gegen
schwarze Sklaven tauschten, die auf den Plan-
tagen der Westindischen Inseln schuften sollten. Die Früchte von deren Arbeit, Zucker und
Melasse, wurden dann wiederum nach Boston

verschifft, wo man daraus Rum brannte. Dieses System wurde Dreieckshandel genannt. Das Geschäft blühte, und auch die Bostoner Werften florierten.

Wieder einmal jedoch wollte London an den Gewinnen teilhaben und verabschiedete 1734 den Molasses Act, eine Steuer auf alle Produkte aus westindischem Zucker. Allerdings

Einmal im Jahr schlüpfen Bostoner in den roten Rock der britischen Soldaten, die sie im Unabhängigkeitskrieg besiegten

regte sich wenig Widerstand, da die seefahrenden Neuengländer die Gesetze einfach durch verstärkten Schmuggel umgingen. Ebenfalls nicht zum ersten Mal wurden die Kolonisten in einen europäischen Krieg verwickelt. Den ersten Sieg feierte man 1745 mit der Eroberung eines frankokanadischen Forts.

Frustriert wegen des Schmuggels forderten die Zollbeamten 1760 größere Vollzugsgewalt. Inzwischen gab es in der Stadt ein ausgefeiltes Rechtswesen, und die Bostoner Kaufleute beauftragten James Otis, gegen die Writs of Assistance oder Durchsuchungsbefehle Einspruch einzulegen. In einer vierstündigen Rede argumentierte Otis, die Writs seien nicht verfassungskonform. Jahre später ernannte John Adams (1735–1826), der zweite Präsident der Vereinigten Staaten, diese Rede zur »Geburtsstunde der Unabhängigkeit«.

Die Gründe für die Revolution werden oft allzu sehr vereinfacht: Man liest, die Kolonisten seien von König George III. (reg. 1760–1820) unterdrückt worden, die Steuern unerträglich hoch gewesen, und dies ohne jedes Mitbestimmungsrecht. Wie so oft waren die Auslöser der Rebellion in Wahrheit wesentlich komplexer.

In nur 150 Jahren hatten die amerikanischen Kolonien ein Maß an Unabhängigkeit und Demokratie entwickelt, das in der Alten Welt kaum vorstellbar war. Indem es 1763 Frankreich aus Nordamerika verdrängte, stieg Großbritannien zur führenden Kolonial- und Seemacht auf. Aber auch die Krone hatte Rechnungen zu bezahlen. Da war zum Beispiel eine 10 000 Mann starke Garnison in Nordamerika zu unterhalten. Die Kolonisten sollten ein Drittel der Kosten für dieses stehende Heer übernehmen, das schließlich ihrem Schutz diente. Es folgten weitere Zölle und Steuern, darunter der berühmt-berüchtigte Stamp Act von 1765, der auf jedes Stück Papier oder Pergament eine Steuer erhob – von Heiratsurkunden bis hin zu Spielkarten. Der Bostoner Politiker Samuel Adams (1722–1803) rief daraufhin die 13 Kolonien auf, sich gegen das Mutterland zu verbünden. Im Oktober 1765 trafen sich neun Delegationen in New York City zum Stamp Act Congress, doch ihre Petition stieß in London auf taube Ohren. Als der Stamp Act Gesetzeskraft erlangte, läuteten die Glocken in Boston wie zu einem Begräbnis.

DER PROTEST WÄCHST

Mit dem Ruf nach »Freiheit, Eigentum und Stempelsteuerfreiheit« riefen die Sons of Liberty (eine Gruppe von Geschäftsleuten) zum Boykott britischer Güter auf. Der Stamp Act wurde 1766 widerrufen, aber kurz darauf durch die Townshend Acts ersetzt. Dieser nach dem britischen Minister Charles Townshend (1725–67) benannte Einfuhrzoll betraf so lebenswichtige Importgüter wie Glas, Papier und Tee. Damals tranken eine Million Kolonisten zweimal täglich Tee, was dieser Abgabe von drei Cent pro Pfund eminente Bedeutung zukommen ließ. Die Antwort darauf waren Boykotte und vermehrter Schmuggel. Die jährlichen Steuereinnahmen beliefen sich auf gerade einmal 295 Pfund, während die Verteidigung der Kolonien 170 000 Pfund verschlang. Doch die Kolonisten strömten in die Faneuil Hall und

The BLOODY MASSACRE perpetrated in King——t Street BOSTON on March 5ᵗʰ 1770 by a party of the 29ᵗʰ REGᵗ.

Engrav'd Printed & Sold by PAUL REVERE BOSTON

Unhappy BOSTON! see thy Sons deplore,
Thy hallow'd Walks besmear'd with guiltless Gore
While faithless P——n and his savage Bands,
With murdrous Rancour stretch their bloody Hands,
Like fierce Barbarians grinning o'er their Prey,
Approve the Carnage and enjoy the Day.

If scalding drops from Rage from Anguish Wrung
If speechless Sorrows lab'ring for a Tongue
Or if a weeping World can ought appease
The plaintive Ghosts of Victims such as these;
The Patriot's copious Tears for each are shed,
A glorious Tribute which embalms the Dead.

But know Fate summons to that awful Goal,
Where JUSTICE strips the Murd'rer of his Soul
Should venal C——ts the scandal of the Land
Snatch the relentless Villain from her Hand,
Keen Execrations on this Plate inscrib'd,
Shall reach a JUDGE who never can be brib'd

The unhappy Sufferers were Messᵣˢ Samˡ Gray, Samˡ Maverick, Jamˢ Caldwell, Crispus Attucks & Patˢ Carr
Killed. Six wounded; two of them (Christʳ Monk & John Clark) Mortally

Paul Reveres Darstellung des Boston Massacre (1770) schürte die antibritische Stimmung

zum Old South Meeting House, wo Samuel Adams und James Otis (1725–83) nunmehr die Unabhängigkeit voranzutreiben versuchten. 1768 reagierte George III. darauf mit der Entsendung von 4000 Soldaten – in eine Stadt mit nur 16 000 Einwohnern!

Vorfälle wie das Boston Massacre vom 5. März 1770 kamen der Propaganda der Patrioten gerade recht. Der Augenzeuge John Tudor schrieb: »Dieses unglückliche Ereignis begann damit, dass ein paar junge Männer die Schildwache vor dem Zollamt mit Schneebällen bewarfen.« Britische Soldaten eilten herbei, Panik brach aus, sie eröffneten das Feuer und erschossen fünf Zivilisten. Der Kupferstich

Paul Reveres, der den Vorfall maßlos übertreibt und die Rotröcke wie ein Exekutionskommando aussehen lässt, schürte die antibritische Stimmung weiter. In einer beispielhaften Zurschaustellung gelebter Demokratie übernahmen die glühenden Patrioten John Adams und Josiah Quincy (1744–75) die Verteidigung der Soldaten und erwirkten deren Freispruch.

Am 16. Dezember 1773 dann ereignete sich die Boston Tea Party. Um die fast bankrotte East India Company vor dem Ruin zu retten, erteilte das britische Parlament ihr das Teemonopol für Neuengland. Bemerkenswerterweise war ihr Tee in Boston jedoch nicht nur billiger als eingeschmuggelter holländischer Tee, son-

Samuel Adams vor der Faneuil Hall, wo er viele flammende Reden hielt

dern (selbst unter Berücksichtigung des neuen Zolls) auch günstiger als Tee in England. Trotzdem lehnten sich die Kolonisten gegen den Teezoll auf. Als drei Schoner mit 342 Kisten Tee ankamen, weigerten sie sich, die Ladung zu löschen. Vielmehr stürmten 120 als »Indianer aus Narragansett« verkleidete Sons of Liberty die Frachtschiffe und warfen 60 Tonnen Tee über Bord. Diese Aktion wird oft als Grund dafür genannt, dass die Amerikaner lieber Kaffee als Tee trinken. Großbritannien reagierte mit der Entsendung weiterer Truppen, dem Verbot von Town Meetings und der Schließung des Hafens. Von allen wichtigen Handelsverbindungen abgeschnitten, brach die Bostoner Wirtschaft zusammen. Daraufhin versammelten sich Delegierte der Kolonien im September 1774 zum ersten Continental Congress. Zudem wurden überall in Neuengland Bürgermilizen gegründet und ausgebildet, deren Mitglieder sich Minutemen nannten, weil sie innerhalb von Minuten kampfbereit sein sollten. Im Februar 1775 hieß es in London, Massachusetts befinde sich im Aufruhr.

Am 18. April befahl der britische Militärgouverneur Thomas Gage (1721–87) 700 Soldaten, ein geheimes, natürlich illegales Waffenlager im 20 Meilen westlich von Boston gelegenen Concord auszuheben und zwei prominente Agitatoren festzunehmen: den Politiker Samuel Adams und den Kaufmann John Hancock (1737–93). Allerdings erfuhren Paul Revere und William Dawes von Gages Plan; sie konnten Adams und Hancock warnen und die Minutemen alarmieren. Einem von ihnen hat der Dichter Henry Wadsforth Longfellow mit *Paul Revere's Ride* zu nachweltlichem Ruhm verholfen; der zweite Botenreiter, Dawes, wird in dem Gedicht nicht erwähnt.

In den Morgenstunden des 19. April fielen – ohne dass es den Beteiligten bewusst war – die ersten Schüsse des Unabhängigkeitskrieges: Auf dem heutigen Battle Green in Lexington fanden sich die Rotröcke mit Bürgermilizen konfrontiert und erschossen in einem Scharmützel zehn Minutemen. Die Truppen marschierten weiter nach Concord, wo es auf der North Bridge erneut zu Schusswechseln kam; diesmal starben drei Briten. (Am Patriots' Day, dem 19. April, findet bei dieser Brücke alljährlich ein Gedenkgottesdienst statt.) Nun zogen sich die Rotröcke nach Boston zurück, wo sie von 20 000 bewaffneten Kolonisten belagert wurden.

Der aus Boston gebürtige Benjamin Franklin unterzeichnet 1783 den Frieden von Paris

Die Belagerung Bostons dauerte nahezu ein Jahr. Im Juni eroberten die Kolonisten Bunker Hill, und obwohl die Briten diesen Stützpunkt zurückgewinnen konnten, war die Aktion mit schweren Verlusten für sie verbunden und gilt als psychologischer Sieg für die Rebellen. Hier nun betrat der 43-jährige George Washington (1732–99) die Bühne. Er traf im Juli in Cambridge ein und übernahm das Kommando über die Continental Army. Noch in diesem Stadium waren die Kolonisten gespalten: Ein Drittel zählte zu den Loyalisten (oder Torys), ein Drittel war neutral, aber alle restlichen waren wild entschlossen, für die Unabhängigkeit zu kämpfen. Während die Belagerung sich über die bitterkalten Wintermonate hinzog, fasste der in England geborene Aktivist Thomas Paine (1737–1809) die Argumente der Kolonisten in höchst beredte Worte, und sein aufwiegelndes Pamphlet *Common Sense* kursierte in 120 000 Exemplaren. Halb Propaganda, halb Populärjournalismus, rief Paines Schrift die Kolonisten zur Gründung der ersten modernen demokratischen Republik auf.

Dank einiger Kanonen, die Monate zuvor im britischen Fort Ticonderoga erbeutet worden waren, endete die Belagerung schließlich im März 1776. Im Schutz der Dunkelheit platzierten die Freiheitskämpfer die Waffen in Dorchester Heights und richteten sie auf die Briten, die auf der Bostoner Halbinsel nunmehr in der Falle saßen. Am nächsten Morgen gab General Howe den Befehl zum Abrücken per Schiff. Mit den Rotröcken zogen rund tausend Bostoner ab. Der 17. März ist als Evacuation Day bis heute ein Feiertag in Boston.

Der Unabhängigkeitskrieg dauerte noch weitere sieben Jahre. Obwohl die Stadt selbst nie wieder Schauplatz von Kämpfen war, spielten viele Bostoner eine Schlüsselrolle beim Aufbau der jungen Nation.

John Adams und der aus Boston gebürtige Benjamin Franklin (1706–90) handelten 1783 den Frieden von Paris aus, in dem Großbritannien die Unabhängigkeit der Vereinigten Staaten anerkannte. Bostons Wirtschaft erholte sich rasch, und es eröffneten sich neue Handelswege zur Ostsee und sogar bis nach Asien. Eine neue, über 450 Meter lange Brücke verband Boston bald mit Charlestown. Und an der Wende zum 19. Jahrhundert war die Bevölkerung der aufstrebenden Stadt auf 25 000 angewachsen (in ganz Massachusetts lebten zu dieser Zeit 500 000 Menschen).

AUF DEM WEG INS 19. JAHRHUNDERT

In Europa befanden sich Großbritannien und Frankreich im Krieg. Obwohl die Vereinigten Staaten nicht Partei ergreifen wollten, mussten sie bald feststellen, dass beide Krieg führenden Länder amerikanische Schiffe angriffen und kaperten. 1807 setzte Präsident Thomas Jefferson (1743–1826) deshalb mit dem Embargo Act die Boykottierung aller ausländischen Häfen durch, was für Boston, Salem, Nantucket und Newport jedoch einer wirtschaftlichen Katastrophe gleichkam. Kein Wunder, dass es in Neuengland wenig Unterstützung für den Krieg von 1812 (gegen die Briten) gab! Massachusetts überlegte sogar, sich aus der Union zurückzuziehen.

Infolge des nachlassenden Handels planten die einfallsreichen Neuengländer erneut eine Revolution, dieses Mal industrieller Natur. 1813 eröffnete in Waltham, unweit von Boston, die erste Fabrik, in der – unter einem Dach! –

Italienische *festa* im North End, wo südeuro-päische Sitten noch heute das Leben prägen

Baumwollfasern gesponnen und anschließend zu Stoff gewebt wurden. Und während auf die Entscheidungsschlachten von New Orleans und Waterloo 1815 eine Zeit des Friedens folgte, trat die Industrialisierung ihren Siegeszug an. Neuenglands Flüsse lieferten die Energie für die Maschinen, an denen vorwiegend junge Frauen aus ländlichen Gebieten arbeiteten. Boston veränderte sein Gesicht. Unter Bürgermeister Josiah Quincy wurden Polizei und Feuerwehr der 43 000-Einwohner-Stadt neu orga-

nisiert, und die erste Kanalisation der USA wurde angelegt (1823). Dazu kamen Eisenbahntrassen nach Providence, Lowell und Worcester (1835). Auch was soziale Reformen anging, war Boston wegweisend, nahmen doch hier die Abstinenzler- (American Temperance Movement) wie auch die Abolitionistenbewegung (Abolitionist Movement und New England Anti-Slavery Society) ihren Ausgang. Horace Mann (1796–1859) vom Massachusetts Board of Education legte den Grundstein für das staatliche Schulsystem des Landes und setzte sich für qualifizierte und ordentlich bezahlte Lehrkräfte, für Lehrmittelfreiheit und anständige Schulhäuser ein. In den 1840er Jahren erkannte der Oberste Gerichtshof von Massachusetts die Rechte der Gewerkschaften an.

Mitte des Jahrhunderts wurde Boston, genau wie New York, zum Tor der verschiedenen Einwanderungswellen. Während der großen Hungersnot der 1840er Jahre kamen nach Boston allein rund 37 000 Iren, dazu Italiener, Deutsche und osteuropäische Juden. 1860 bestand die Hälfte der 136 000 Einwohner aus Ausländern.

In dieselbe Zeit fiel der Aufstieg Bostons zu einem bedeutenden Finanzzentrum. 1784 hatte in Boston die zweite Bank der jungen Nation (die heutige Boston Bank) eröffnet, und Mitte des 19. Jahrhunderts lag die Bostoner Börse bereits im Herzen eines Businessdistrikts mit 40 Banken und Versicherungen. 1865 gegründet, investierte die landesweit bekannte Maklerfirma Paine Webber in Textil- und andere Fabriken sowie in die Telefongesellschaft des in Boston ansässigen Alexander Graham Bell (1847–1922). 1897 verkehrte in Boston die erste Untergrund-Straßenbahn der USA.

20. UND 21. JAHRHUNDERT

Um die Jahrhundertwende belief sich die Einwohnerzahl (nach Eingemeindung von Roxbury, Dorchester, West Roxbury und Brighton) auf 560 000. Doch auch Bostons Ruf für dubiose politische Machenschaften wuchs. In der ersten Hälfte des Jahrhunderts beherrschte der irisch-amerikanische Politiker James Michael Curley (1874–1958) die Szene. Seine Extravaganzen und Korruption verschärften den naturgegebenen Konflikt zwischen Arbeiterlager und dem alten Establishment im State House.

Weit ernstere Konsequenzen noch zeitigte der Fall Sacco und Vanzetti: Der Erste Weltkrieg hatte eine Nationalismuswelle ausgelöst, während die Russische Revolution antikommunistische Bestrebungen schürte. 1921 wurden zwei italienische Einwanderer, der in einer Schuhfabrik beschäftigte Nicola Sacco (1891–1927) und der Fischhändler Bartolomeo Vanzetti (1888–1927), des gemeinsamen Mordes ange-

klagt. Der sechs Jahre dauernde Prozess gegen sie wurde zu einem unrühmlichen Markstein in der Geschichte des Rechtssystems von Massachusetts wie der gesamten Vereinigten Staaten. Für schuldig befunden, wurden beide schließlich hingerichtet, allerdings mehr ihrer atheistischen und anarchistischen Einstellung wegen als für das angebliche Verbrechen, das nie bewiesen werden konnte.

Trotz der Stimulation durch zwei Weltkriege ging es, beschleunigt durch den Crash von 1929 und die nachfolgende Weltwirtschaftskrise, mit dem allgemeinen Wirtschaftslage in Boston weiter bergab. Schiffsbau und verarbeitende Industrien zogen an andere Standorte in den Vereinigten Staaten, wo sie kostengünstiger produzieren konnten. Glücklicherweise kam

dieser Abwärtstrend in der zweiten Hälfte des 20. Jahrhunderts zum Stillstand, und der Durchbruch in der Computerforschung in Harvard und am MIT förderte neue Industriezweige. Wieder einmal gehörte Boston zu den führenden Akteuren auf der Weltbühne. In einem neuen Gefühl des Optimismus radierte man in den 60er Jahren die Slumgebiete von Downtown vollständig aus und stürzte sich ein Jahrzehnt später und mit etwas mehr Fingerspitzengefühl auf das Stadterneuerungsprojekt Quincy Market.

Wenn es ein einzelnes Vorhaben gibt, das die Zuversicht ausdrückt, mit der Boston in die Zukunft blickt, dann ist es der riesige Central Artery Tunnel, besser bekannt als »Big Dig« (Großer Graben). Dieses ambitionierte und

Rings um Faneuil Hall und Quincy Market präsentieren sich historische und moderne Architektur in harmonischem Einklang

unvorstellbar teure Vorhaben, das sich über mehr als zehn Jahre hinzog, bildet das größte und aufwendigste Straßenbauprojekt in der Geschichte der Vereinigten Staaten. Insgesamt beliefen sich die Kosten des Projekts auf über 14 Milliarden Dollar. Ziel war, den damals noch erhöht liegenden Teil der I-93 unter die Erde (und zwar unter Downtown Boston) zu verlegen. Seit Januar 2007 sind nun North End und Waterfront über eine Reihe neuer Grünanlagen wieder mit dem Rest von Boston verbunden, und die älteste Großstadt Nordamerikas erstrahlt in neuer Schönheit. ∎

Kunst, Kultur und Wissenschaften

DIE KULTURELLE UND INTELLEKTUELLE LANDSCHAFT BOSTONS IST UNGE-
mein vielfältig. Seine Architektur bildet die passende Kulisse für eine Gemeinde, die
innerhalb eines breiten Spektrums an Fachbereichen Talente von Weltrang hervorgebracht hat. Musikliebhaber kommen dank des Boston Symphony Orchestra, der Boston
Pops und der herausragenden Akustik der Symphony Hall ebenso auf ihre Kosten wie
Kunstfreunde, denen eine Vielzahl großer und kleiner Museen zum Besuch offen steht.
Was schließlich Geistes- und Naturwissenschaften angeht – welche Stadt kann sich schon
mit den Colleges und Universitäten von Bosten messen? Von den medizinischen Fort-
schritten gar nicht zu reden... Aber als erstes sticht dem Besucher der Stadt natürlich deren Architektur ins Auge.

ARCHITEKTUR

Heute ist schwer vorstellbar, dass die ersten
Einwohner Bostons praktisch auf einer Insel
siedelten. Was sie Shawmut Peninsula nannten,
war nur über eine schmale Landbrücke mit
dem Festland verbunden und von drei Hügeln
geprägt. Im Laufe der Jahrhunderte wurden
diese abgetragen (lediglich Beacon Hill hat,
wenn auch deutlich reduziert, überdauert) und
dazu verwendet, die Buchten und Seengebiete
rund um die Halbinsel aufzuschütten. Über
die Hälfte des heutigen Boston wurde auf sol-
cherart neu gewonnenem Bauland errichtet.

Keine andere US-amerikanische Stadt kann
es mit dem architektonischen Reichtum Bostons aufnehmen, der volle vier Jahrhunderte
umfasst. Und auch die umliegenden Ortschaften verfügen über wunderschöne Bauwerke, im
privaten wie im öffentlichen Bereich.

Kolonialstil

Die ersten festen Häuser der Siedler auf der
Halbinsel Shawmut waren Holzbauten mit
Schindeldächern. Mehrfach restauriert, ist das
Paul Revere House im North End das einzige
erhaltene Bostoner Holzhaus aus dem 17. Jahrhundert. Als der Nationalheld es 1770 kaufte,
war das dunkelgraue Fachwerkgebäude am
North Square bereits hundert Jahre alt. Mit seinem schmalen elisabethanischen Treppenhaus
und vorragendem Obergeschoss vermittelt es
einen Eindruck davon, wie wohlhabende puritanische Kaufleute in der Kolonialzeit gelebt
haben dürften. Kleinere, nur ein bis anderthalb
Räume tiefe Holzbauten mit einem Wetter-

schutz auf der Rückseite wurden wegen ihrer
Ähnlichkeit mit den damals gebräuchlichen
Gefäßen zur Salzaufbewahrung *Saltbox houses*
genannt. Das Jethro Coffin House von 1868 auf
Nantucket ist ein klassisches Beispiel dafür.

Georgianischer Stil

Da Bauholz reichlich vorhanden war, verging
geraume Zeit, bevor die deutlich teurere Zie-
gelbauweise üblich wurde. Nach einem ver-
heerenden Stadtbrand 1711 ließen sich die be-
tuchteren Kolonisten ihre Häuser jedoch aus
Backstein wieder aufbauen, meist im Georgianischen Stil, wie er in England Mode war. Das
Pierce/Hichborn House neben dem Paul Revere House weist alle charakteristischen Merkmale dieser architektonischen Richtung auf:
streng symmetrische Türen, Schiebefenster, ein
niedriges Walmdach und eine umlaufende de-
korative Geschossgliederung. Anstelle von Kirchen bauten die Puritaner Meeting Houses, die
sowohl für Gottesdienste als auch Versammlungen genutzt wurden. Schlicht und rechteckig, verfügten sie meist auf drei Seiten über
eine Galerie und auf der vierten über eine
Kanzel für die vernichtenden Strafpredigten.
Nach dem Niedergang der puritanischen
Theokratie begannen die Neuengländer, die
eleganten anglikanischen Kirchen des großen
Londoner Baumeisters Sir Christopher Wren

**Die Umgebung von Boston ist reich an
Baudenkmälern. Zur Harvard University in
Cambridge gehören einige der schönsten
Gebäude der Stadt**

(1632–1723) zu kopieren. Die von ihm inspirierten spitzen Kirchtürme, gewöhnlich aus weiß lackiertem Holz, sind längst zum Wahrzeichen der Region geworden.

Federal Style

Im ausgehenden 18. Jahrhundert wurde trotz der neu gewonnenen Unabhängigkeit noch immer nach britischen Entwürfen gebaut; besonders gern imitierte man die Gebrüder Adam. In der Adaption von Charles Bulfinch (1763–1844), dem ersten anerkannten Architekten des Landes, erhielt diese Bauweise den Namen Federal Style. Bulfinch veränderte das Gesicht Bostons mit städtebaulichen Maßnahmen, die das Straßennetz ebenso betrafen wie Wohnhäuser und öffentliche Bauten. Seine Glanzleistungen, etwa das neue State House (1795) und die drei Häuser von Harrsion Gray Otis, sind überall in der Stadt zu bewundern, vor allem aber rund um Beacon Hill. In Salem wurde ein historisches Stadtviertel nach Samuel McIntire (1757–1811) benannt, der, eigentlich mehr Handwerker als Architekt, sein ganzes Leben in der Hafenstadt verbrachte und anspruchsvolle, schön proportionierte Häuser für reiche Kapitäne und Kaufleute entwarf.

Revivalism im 19. Jahrhundert

Als nächste Stilrichtung gelangte zwischen 1820 und 1840 das Greek Revival nach Neuengland. Während die Griechen mit dem Osmanischen Reich um ihre Freiheit fochten, erwachte vor allem in protestantischen Ländern heftiges Interesse an allem Hellenistischen. Die Folge war, dass bald die meisten größeren Bauten griechischen Tempeln glichen – komplett ausgestattet mit Säulenportikus und reich geschmücktem Giebelfeld.

Da Boston immer weiter wuchs, ließen die Stadtväter die Buchten rund um die mittlerweile überfüllte Halbinsel aufschütten. Güterzüge schafften genug Kies und Erdreich heran, um die Fläche der Stadt bis zur Jahrhundertwende zu verdoppeln. Die neu entstandenen Viertel Back Bay und South End waren durchgeplante Wohngegenden für den aufstrebenden Mittelstand. Back Bay spiegelt französische

Die Trinity Church gilt als Paradebeispiel des im 19. Jahrhundert überaus populären Richardson Romanesque Style

Städteplanung mit einem praktischen geradlinigen Straßennetz, unterbrochen von hübschen Grünanlagen und breiten Boulevards. Im South End dagegen ist die Straßenführung eher englisch, ähnlich wie in Beacon Hill, mit hohen, einladenden Brownstones, Häuserreihen mit einheitlicher Fassade nach Londoner Vorbild, deren charakteristische Erker sich über die gesamte Gebäudehöhe ziehen.

Architektur war in der ersten Hälfte des 19. Jahrhunderts noch eine sehr junge Disziplin, und als 1868 das MIT seine School of Architecture eröffnete, war dies die erste ihrer Art in den Vereinigten Staaten!

Boston wuchs weiter, doch die meisten Bauherren bevorzugten nach wie vor ältere Stilrichtungen, die sich unter dem Oberbegriff »viktorianisch« zusammenfassen lassen. Neben einem Wiederaufleben von Kolonial- und Tudorarchitektur erfreuten sich vor allem Klassizismus sowie eine hochtrabende Mixtur aus Georgian Style, Adam-Stil und Greek Revival bleibender Beliebtheit. Auch das Gothic Revival (Neugotik) mit seinen Türmchen und Zinnenfriesen, Spitzbögen und kunstvollen Steinmetzarbeiten war ein gefragter Import aus Großbritannien. Die Kirchen der neu entstandenen Vorstädte präsentierten sich, ebenso wie viele junge Colleges, ausgesprochen neugotisch. Aus Holz gebaute Versionen mit »Gingerbread«-Schmuck (kunstvollen Ziermustern an Giebelbrettern) erhielten bald den Spitznamen Carpenter Gothic (Zimmermannsgotik) – überdauert haben in diesem Stil vor allem Sommerhäuser am Meer. Gegen Ende des Jahrhunderts kam das Queen Anne Revival in Mode. Häufig nach Schema erbaut, schmückten sich diese großzügigen Häuser in aller Regel mit einer breiten umlaufenden Veranda.

Repräsentationsarchitektur

Die öffentlichen Bauten des späten 19. Jahrhunderts spiegeln den Wohlstand der Bürger. Der Einfluss des Architekten Henry Hobson Richardson (1838–86) ist in ganz Neuengland an Kirchen, Rathäusern und Bibliotheken erkennbar. 1877 wurde sein Meisterwerk, die Trinity Church am Copley Square, als grandiosestes Bauwerk der Vereinigten Staaten bejubelt. Sein unkompliziert-kraftvoller neuromanischer Stil, Richardson Romanesque getauft, speiste sich aus französischen und spanischen

Eindrücken, war mit seinen Stein- und Back-
steinfassaden und mächtigen Rundbögen jedoch durch und durch amerikanisch.

Als Inspiration zu der monumentalen Bos-
ton Public Library (1888–95) auf der anderen
Seite des Copley Square dürften dem Architek-
turbüro McKim, Mead & White italienische
Bauten gedient haben. Der Richardson-Schüler
Charles McKim (1849–1909) entwarf später
das Football-Stadion von Harvard sowie eine
Reihe weiterer Bauten der Universität Cam-

bridge. Ebenfalls von seinem Reißbrett stammt
die Symphony Hall, Teil des neuen Bostoner
Kulturzentrums an der Huntington Avenue, zu
dem auch das Museum of Fine Arts, das Boston
Opera House (inzwischen abgerissen), die
Horticultural Hall und die Jordan Hall des
New England Conservatory of Music gehören.
Einen Hauch Romantik brachte die Erbin und
Kunstmäzenin Isabella Steward Gardner
(1840–1924) in die Stadt: Fenway Court, ihre
exotische Mischung aus Wohnhaus und Mu-

seum, hat einiges von jenem venezianischen
Palazzo-Stil, der es vielen nordamerikanischen
Mäzenen Anfang des 20. Jahrhunderts angetan
hatte.

Ein Stück südwärts die Küste hinab taten in
Newport, Rhode Island, noch reichere Familien mittlerweile ihr Bestes, den Lifestyle des
europäischen Hoch- und Geldadels zu imitie-
ren. Sie verpflichteten Richard Morris Hunt
(1828–95), Absolvent der Ecole des Beaux-Arts
in Paris, ihre Vorstellungen von Opulenz in die

**J. Bachmans *Boston aus der Vogelperspektive*
zeigt die blühende, expandierende Stadt
Mitte des 19. Jahrhunderts**

Tat umzusetzen. In Anlehnung an die prunk-
vollen Schlösser Italiens und Frankreichs entwarf er u.a. für die Brüder Vanderbilt The Breakers und Marble House. Diese neuweltlichen
Paläste kosteten Millionen und waren gewiss
die teuersten Sommerhäuser, die die Welt je
gesehen hat.

Hoch hinaus

Ende des 19. Jahrhunderts begannen neue
Konstruktionstechniken das Gesicht der amerikanischen Großstädte zu verändern. Chicago
und New York expandierten mit den ersten
Wolkenkratzern himmelwärts. Boston war es
zunächst nicht möglich, sich an dieser architektonischen Revolution zu beteiligen, weil ein
kommunales Gesetz eine maximale Gebäudehöhe von 125 Fuß (rund 40 m) vorschrieb.
Staatsprojekte jedoch konnten sich über die

örtliche Legislatur hinwegsetzen, und so erhielt
das Custom House 1911 einen 16-stöckigen
Turm. Sieht man ihn heute neben den ungleich
mächtigeren Büro-Wolkenkratzern, ist schwer
vorstellbar, dass er seinerzeit das höchste Gebäude Neuenglands war.

Architekten der Moderne

Die moderne Architektur des 20. Jahrhunderts
gelangte von Deutschland aus nach Boston.
Nach der Machtergreifung der Nationalsozia-

listen ging Walter Gropius (1883–1969) nach Harvard, wo er die Leitung der Graduate School of Design übernahm. Der ehemalige Bauhaus-Leiter war ein früher Anhänger moderner Materialien wie Stahl, Beton und Glas. In Harvard beeinflusste er eine bedeutende Generation von Architekturstudenten, und sein Vermächtnis ist heute überall in den Vereinigten Staaten sichtbar. Auch drei finnische Architekten hinterließen sichtbar ihre Spuren in Boston: Für den ständig expandie-

Der Ballsaal von Marble House in Newport, Rhode Island, verdeutlicht den Begriff des »Gilded Age«

renden Campus des MIT entwarf Alvar Aalto (1898–1976) das wellenförmige Baker House Dormitory (1949), während seine Landsleute Eliel Saarinen (1873–1950) und dessen Sohn Eero (1910–61) die Pläne für das markante Kresge Auditorium und die runde Chapel beisteuerten.

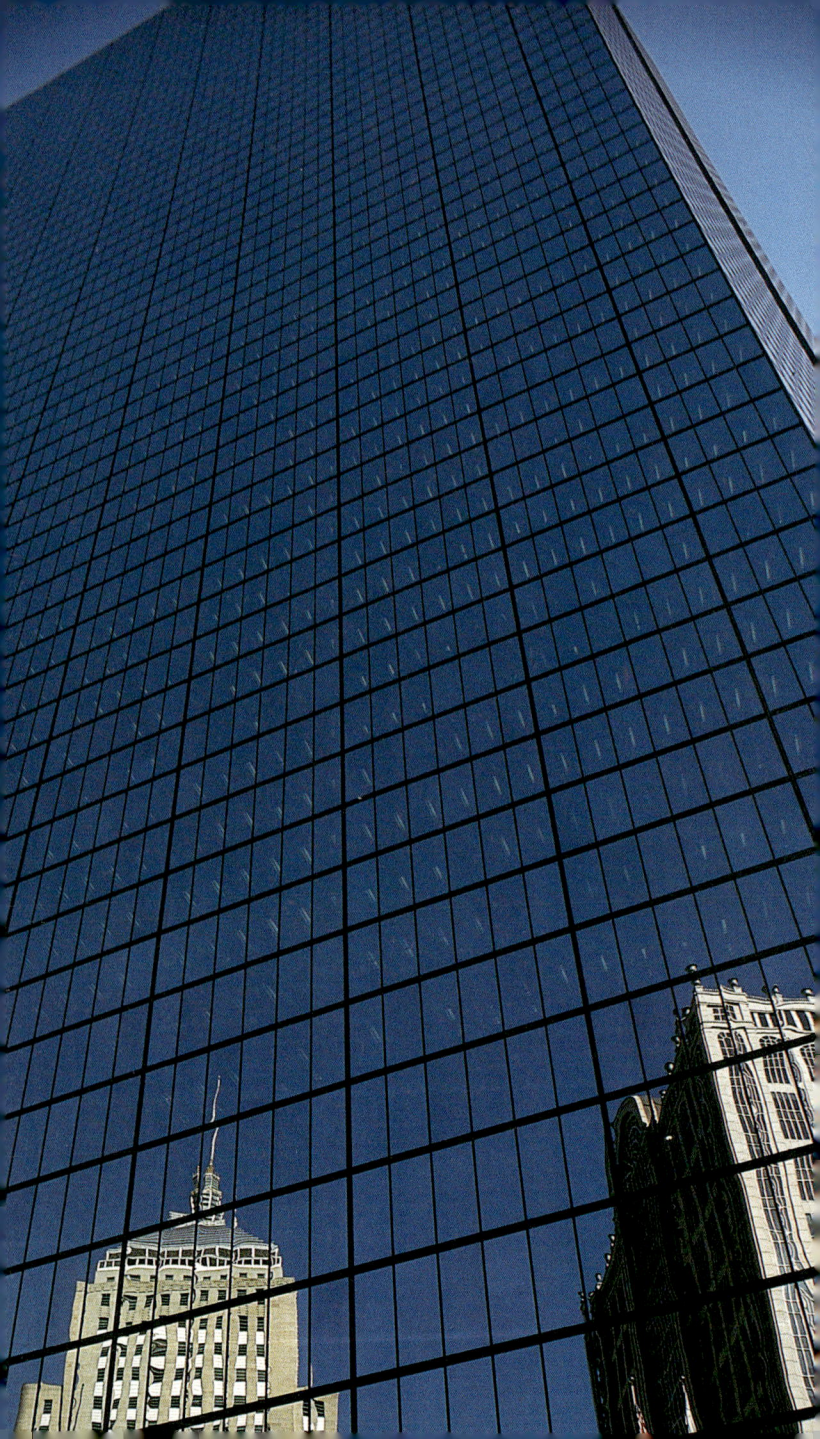

KUNST, KULTUR UND WISSENSCHAFTEN

Wie in vielen anderen Städten auch gab städtebauliches Wüten in Boston in der ersten Hälfte des 20. Jahrhunderts Anlass zu Kontroversen. Die Radikalsanierung des alten Eisenbahngeländes in der Back Bay und des Rotlichtbezirks in Downtown ermöglichten das Errichten von zwei der unbeliebtesten Gebäude der Stadt: des 52-stöckigen Prudential Center Tower (1959) und des Betonkomplexes des Government Center (1968). Jüngere Projekte wie die Restaurierung des Quincy Market (Faneuil Hall Marketplace) wurden mit mehr Fingerspitzengefühl durchgeführt und kamen entsprechend besser an.

I. M. Pei (geb. 1917), einen der renommiertesten Architekten unserer Zeit, verbindet eine ganz spezielle Beziehung mit Boston. Nicht nur, dass er an der MIT und der Harvard Graduate School of Design (bei Gropius) studierte, er lehrte auch in Boston und erhielt hier seine ersten Aufträge. Zudem begründeten zwei Bostoner Wahrzeichen seinen Ruhm: der John Hancock Tower (1975) und die John F. Kennedy Library. Genau genommen war der John Hancock Tower, der häufig Pei allein zugeschrieben wird, die Arbeit eines Teams mit Peis Partner Henry Cobb an der Spitze. Mit 240 Metern Neuenglands höchstes Gebäude, überragt er den Wolkenkrater der Prudential Insurance Company um zehn Stockwerke. Da der auf dem Grundriss eines Parallelogramms errichtete Turm mit seiner schimmernden Spiegelglasfassade zum Copley Square etwas schräg gestellt ist, »erschlägt« er die umliegenden Gebäude nicht. Die John F. Kennedy Library ist etwas umständlich zu erreichen, doch für Architektur- und Kennedyfans lohnt sich die Fahrt zu dem grandiosen Bau allemal.

BILDENDE KÜNSTE

Boston und seine Umgebung haben Maler und Bildhauer schon immer magisch angezogen. Der erste Künstler, der seine Spuren hinterließ, war der Schotte John Smibert (1688–1751), bei dem später berühmte Maler wie John Singleton Copley (1738–1815) in die Lehre gingen. Copley porträtierte zwar Patrioten wie Paul Revere und John Hancock (die Bilder

1975 fertig gestellt, war der John Hancock Tower einer der ersten Wolkenkratzer mit Spiegelglasfassade

sind im Museum of Fine Arts zu bewundern), ging nach dem Unabhängigkeitskrieg jedoch nach England, wo er in die Royal Academy aufgenommen wurde. Ihm hatte das Land in Beacon Hill gehört, das Harrison Gray Otis und Charles Bulfinch später bebauten.

Jeder, der einmal in den USA war, hat ein Gemälde von Gilbert Stuart (1755–1828) in

Das bekannteste Porträt des Präsidenten George Washington schuf der neuenglische Maler Gilbert Stuart

der Hand gehabt, denn von ihm stammt das Porträt George Washingtons auf der Ein-Dollar-Note. Das zu Grunde liegende Ölbild ist Gemeinschaftsbesitz des Museum of Fine Arts in Boston und der National Gallery in Washington, D. C.

Seine Darstellungen des ersten Präsidenten der Nation mögen geschönt sein, doch geschah dies sicherlich aus dem Gedanken heraus, dass das Land einen Helden sehen und im Gedächtnis behalten wollte, nicht einen alten Mann mit Holzzähnen.

Benjamin West (1738–1820) kehrte Neuengland den Rücken, um seine Karriere im

Lighthouse Hill von Edward Hopper verkörpert den Charme Neuenglands

alten England fortzusetzen, wo der Adel bereit war, ihn für seine Porträts fürstlich zu entlohnen. Seine überraschend realistische Darstellung vom *Tod des Generals Wolfe* (1771) galt zur Zeit der Entstehung als avantgardistisch; 20 Jahre später folgte West Sir Joshua Reynolds (1723–92) als Präsident der Londoner Royal Academy nach. Ein Jahrhundert danach machten sich zwei weitere berühmte neuenglische Maler einen Namen in der Alten Welt: James McNeill Whistler (1834–1903) und John Singer Sargent (1856–1925). Doch während Sargents Ausschmückung der Rotunde im Museum of Fine Arts allgemein gelobt wurde, stießen seine Wandgemälde in der Public Library weithin auf Unverständnis und Ablehnung.

Zu etwa derselben Zeit, als sich Bostons Literaten von der Alten Welt zu emanzipieren begannen, entdeckten Künstler wie Winslow Homer (1836–1903) die malerischen Qualitäten Amerikas. Die Aquarelle dieses gebürtigen Bostoners, die oft typisch amerikanische Motive zeigen, werden noch heute millionenfach reproduziert. In der ersten Hälfte des 20. Jahrhunderts inspirierten Cape Ann und Cape Cod Edward Hopper (1882–1967); in der zweiten

Hälfte machte eine Boston Expressionists genannte Gruppe mit Darstellungen der Region von sich reden. International bekannt wurden vor allem der Bildhauer und Grafiker Leonard Baskin (1922–2000), der sozialistische Realist Jack Levine (geb. 1915) und David Aronson (geb. 1923), Gründer der School of Art an der Universität Boston.

Bildhauerkunst

In Boston gibt es jede Menge Standbilder und Skulpturen. Die meisten zeigen Helden lang vergangener Tage, manche ehren fast vergessene Namen, und einige sind schlichtweg wunderlich. Das beliebteste öffentliche Kunstwerk sind die Bronzeenten im Norden des Bostoner Public Garden. Nancy Schons Arbeit (1987) verewigt das in Boston spielende Kinderbuch *Make Way for Ducklings*.

Am Copley Square überholt eine Schildkröte einen übertrieben siegessicheren Hasen; diese herrlichen Protagonisten einer Äsopischen Fabel huldigen den Teilnehmern des jährlich stattfindenden Boston Marathon, dessen Ziellinie nur wenige Schritte entfernt in der Boylston Street liegt.

Paul Revere von Daniel Chester French zählt zu Bostons beliebtesten Standbildern

Die vielleicht bekanntesten Standbilder der Region stammen beide von Daniel Chester French (1850–1931). Sein viel fotografierter *Minute Man* bewacht die North Bridge in Concord, während die Nachbildung des Universitätsmäzens *John Harvard* am Harvard Yard sitzt. Weitere beliebte Fotomotive sind die Reiterstandbilder *Paul Revere* vor der Old North Church und damit unweit von seinem Wohnsitz im North End und *George Washington* im Boston Public Garden. *Samuel Adams* gelangt hinter der Faneuil Hall zu Ehren, wo er so viele flammende Reden hielt. Eine der bedeutendsten Plastiken der Stadt ist das Denkmal für Col. Robert Gould Shaw und das 54. Regiment der Freiwilligen Infanterie (siehe S. 94). Untypisch für seine Zeit, zeigt Augustus Saint-Gaudens' Bronzearbeit die schwarzen Soldaten als echte Individuen.

Weitere Denkmäler für historische Gestalten findet man an der Beacon Street vor dem State House. Neben berühmten Politikern wie Daniel Webster und John F. Kennedy trifft man hier auf zwei Frauen, welche die Puritaner für ihren Glauben büßen ließen: die in die Verbannung geschickte Anne Hutchison (1591–1643) und Mary Dyer (gest. 1660), die am Galgen endete. An Martin Luther King, der als Postgraduierter die Bostoner Universität besuchte, erinnert ein metallener Taubenschwarm vor der Campuskapelle.

EINE BELESENE STADT
Dichter und Denker

1820 noch konnte der scharfzüngige Brite Sydney Smith recht bösartig fragen: »Wer will schon ein amerikanisches Buch lesen?« Doch er sollte seine abfällige Bemerkung bald zurücknehmen müssen. Natürlich waren die frühen Siedler viel zu beschäftigt damit, Bäume zu fällen und Felder zu bestellen, um große literarische Kunstwerke hervorzubringen. Und obwohl am heutigen Harvard Square die erste bekannte Druckerpresse Neuenglands stand, beschränkte sich die frühe Lektüre zumeist auf religiöse Abhandlungen, Reiseberichte und Thomas Paines Pamphlet *Common Sense*. Erst nachdem es gelang, den britischen Einfluss abzuschütteln, begann die amerikanische Literaturszene zu florieren.

Doch dann ging es gewaltigen Schrittes voran. Mitte des 19. Jahrhunderts erlebte Boston

ein goldenes Zeitalter der Literatur und Philosophie und wurde zum »amerikanischen Athen«. Einheimische Autoren wie Ralph Waldo Emerson (1803–83), Henry David Thoreau (1817–62), Nathaniel Hawthorne (1804–64) und insbesondere Henry Wadsworth Longfellow (1807–82) lieferten Bücher, die nicht nur in ihrer Heimat zu Bestsellern wurden, sondern auch in der Alten Welt Respekt ernteten. Über ein Jahrhundert nach dem Unabhängigkeitskrieg wurde Concord als Zentrum der Transzendentalistenbewegung (siehe S. 178) berühmt. An die Spitze dieser kulturellen Strömung stand Amos Bronson Alcott (1799 bis 1888), der Vater von Louisa May Alcott (1832–88), der Verfasserin von *Little Women*.

Bostons Liebe zur Literatur ist bis heute ungebrochen. Der aus Russland emigrierte Vladimir Nabokov (1899–1977), Autor von *Lolita*, hatte hier mehrere Arbeitsstellen: als Schmetterlingsexperte am Museum of Comparative Zoology in Harvard, als Professor am Wellesley College und später als Gastdozent in Harvard. Die Dichterin Sylvia Plath (1932–63) wurde in Boston geboren und verbrachte hier ihre Kindheit, und John Updike (geb. 1932) studierte in Cambridge, wohin er später auch zog. Das beliebteste aller jemals in Boston geschriebenen Bücher aber dürfte Robert McCloskeys (1914–69) Kinderbuchklassiker *Make Way for Ducklings* sein.

Verlagslandschaft und Medien

Seit dem frühen 19. Jahrhundert nimmt Boston eine wichtige Rolle im Verlagswesen ein. 1834 entdeckte William Ticknor Nathaniel Hawthorne und brachte gemeinsam mit seinem Partner James T. Field auch Werke von Emerson, Longfellow, Thoreau und Charles Dickens heraus. Ihr Verlagsbüro befand sich direkt über dem ehemaligen Old Corner Bookstore. Allerdings hatten Bostoner Verleger nicht immer einen Blick für Bestseller. Als etwa Fannie Merritt Farmer versuchte, einen ortsansässigen Verlag für die überarbeitete Fassung ihres *The Boston Cooking School Cook Book* zu gewinnen, wollte Houghton Mifflin sie das Ganze selbst finanzieren lassen. (Farmers Kochbuch

Buchhandlungen und Antiquariate wie dieses an der Avenue Victor Hugo sind fester Bestandteil des literarischen Erbes von Boston

ist bis heute *der* Klassiker und in praktisch jeder amerikanischen Küche zu finden!) Andererseits machte John P. Jewett mit der Veröffentlichung von Harriet Beecher Stowes (1811–96) *Onkel Toms Hütte* Geschichte – und ein Vermögen: Allein 1852 verkaufte sich der Roman, der mit dazu beitrug, den Bürgerkrieg zu entfachen, 305 000-mal.

Buchhandlungen: Neben Autoren und Verlegern sind auch Buchhändler seit langem wichtiger Bestandteil des Bostoner Kulturlandschaft. Der Brattle Book Shop (gegr. 1825) ist das älteste Antiquariat der Vereinigten Staaten. Er liegt im Stadtkern, nur wenige Häuserblocks vom einstigen ehrwürdigen Old Corner Bookstore entfernt. Selbstredend ist Cambridge ein Mekka für Bücherwürmer und will mit seinen 30 Buchhandlungen die höchste Dichte weltweit haben. Bostoner Buchhändlern gefiel es auch, ihren eigenen Namen auf dem Einband zu sehen. Es ist noch gar nicht so lange her, da gehörte in jeden guten amerikanischen Haushalt ein Exemplar der Zitatensammlung *Familiar Quotations* von John Bartlett (1820–1905). Sein erstes »schmales Bändchen« veröffentlichte er 1855 und bot es in seinem University Book Store zum Verkauf. Von Little, Brown and Company herausgegeben, nahm der Band kontinuierlich an Umfang zu und wurde schließlich zu einem Standardnachschlagewerk. Direkt hinter dem Harvard Square liegt der Grolier Poetry Book Shop, die älteste auf Dichtkunst spezialisierte Buchhandlung Nordamerikas. 1927 gegründet, bietet sie heute eine riesige Auswahl an Lyrikbänden und jungen Poeten ein Forum zur Vorstellung ihrer Arbeit. Nicht weit entfernt findet man Kate's Mystery Books, Treffpunkt der blühenden lokalen Kriminalautoren-Szene, zu der Linda Barnes, Jeremiah F. Healy, Jane Langton, William G. Tapply und nicht zuletzt Robert B. Parker gehören, der geistige Vater des barschen Bostoner Privatdetektivs Spenser.

Die Medien: Im Bereich Medien hat Boston ebenfalls Eindrucksvolles vorzuweisen. *WGBH* ist eine der landesweit meistgelobten öffentlichen Sendeanstalten; auf den 1951 gegründeten Radiosender folgte 1955 die Fernsehstation, deren Produktionen über die Jahre hinweg immer wieder prämiert wurden. Den aktuellen Lesehunger der Bostoner stillen Tageszeitungen wie der *Boston Globe* und der *Boston Herald*; der bereits 1829 gegründete *Pilot* ist die älteste katholische Zeitung der Vereinigten Staaten.

DARSTELLENDE KÜNSTE

Die Pilger mögen alle Fröhlichkeit aus ihrem Leben verbannt haben, doch seither sind die Bostoner bestrebt, die verlorene Zeit wettzumachen. Die heutige Unterhaltungsszene lebt nicht zuletzt von der Vitalität der vielen Studenten in Boston und Cambridge. Beim Theater reicht das Spektrum von traditionell bis experimentell, darunter verschiedentlich Probeläufe für den Broadway, und auf den Bühnen der zahlreichen Pubs und Clubs streiten Jazz und Rock um die Vorherrschaft.

Internationalen Ruf genießt Boston allerdings der klassischen Musik wegen. Schon 1803 wurden in Milton, gleich südlich der Stadt, Klaviere gebaut, und seit 1860 werden sie bei M. Steinert and Sons, dem ältesten Pianohaus der USA, verkauft. Das Geschäft gibt es immer noch (162 Boylston Street); es liegt an einem Straßenstück zwischen Tremont Street und Charles Street, das wegen der vielen hier ansässigen Musikalienhandlungen und Musikverlage schon bald Piano Row hieß. Als 1867 das New England Conservatory eröffnete, war es eines der ersten Konservatorien der Vereinigten Staaten. Für Bostons heutige Reputation auf dem Gebiet der Klassik sind freilich vor allem das Boston Symphony Orchestra (BSO) und sein derzeitiger musikalischer Leiter Seiji Ozawa (geb. 1935) verantwortlich. Das BSO wurde 1881 gegründet und weckte früh die Aufmerksamkeit europäischer Musiker und Dirigenten. Sein Sommersitz in Tanglewood, im Westen von Massachusetts gelegen, ist zugleich Veranstaltungsort des berühmten Tanglewood Music Festival. Eher ungewöhnlich, setzt sich das Boston Symphony Kammerorchester aus Musikern des BSO zusammen.

Das verschiedenen Stimmen zufolge »meist aufgenommene Orchester der Welt«, die Boston Pops, gibt es seit 1885. 15 Jahre nach den ersten Konzerten mit »leichter Muse« kam der Name Pops auf (für *popular music*), und 1935, unter der Leitung des legendären Arthur Fiedler (1894–1979), wurde die Bezeichnung Boston Pops Orchestra auch der offizielle Name.

Seither gab es nur drei Dirigenten: Fiedler, den Filmkomponisten John Williams und den zur Zeit amtierenden Keith Lockhart. Das Pops, das sich aus Mitgliedern des BSO rekrutiert, tritt von Mai bis Mitte Juni sowie zur Weihnachtszeit in der Symphony Hall auf. Das Boston Pops Esplanade Orchestra, in welchem freie Musiker der Region zusammengeschlossen sind, verdankt seine Bekanntheit den kostenlosen Freiluftkonzerten in der Hatch Shell, vor allem jenem am 4. Juli. Zur Zweihundertjahrfeier der USA 1976 reisten dazu etwa 400 000 Besucher aus aller Welt an.

Zwar dominiert naturgemäß das BSO die Presse, doch gibt es in der Stadt auch fünf renommierte Konservatorien: Berklee, Boston University, Longy, Peabody und das New England Conservatory.

Vieles hat die Stadt in musikalischer Hinsicht Lowell Mason (1792–1872) zu verdanken, der nicht nur 1832 die Boston Academy of Music gründete, sondern auch initiierte, dass 1838 Musikunterricht in den Lehrplan des öffentlichen Schulsystems aufgenommen wurde.

Heute stoßen alle Arten und Stilrichtungen von Musik auf begeisterten Zuspruch. Neben einem Dutzend Orchester, die regelmäßig Kammermusik präsentieren, erfreuen sich Chöre großer Beliebtheit. Ihre Konzerte haben eine lange Tradition: Die Handel and Haydn Society, der älteste Chor des Landes, trat erstmals 1815 auf. Dank eines der am raschesten wachsenden Ensembles, der erst 1976 gegründeten Boston Lyric Opera, erlebt die Oper in der Stadt derzeit eine Renaissance. Auch das Boston Ballet gewinnt immer mehr Freunde; *Der Nussknacker* sorgt jedes Jahr im Winter für volle Häuser.

AKADEMISCHE LORBEEREN

Boston sieht sich gerne als *die* Universitätsstadt Amerikas. Und mit rund 65 Hochschulen und über 250 000 Studenten, die auf einem 160 Quadratkilometer großen Gebiet lernen und wohnen, hat die Stadt diesbezüglich in der Tat kaum Konkurrenz zu fürchten. Harvard und das MIT (in Cambridge) genießen internationalen Ruf, während andere Institutionen wie

Im Mapparium des Christian Science Center sind Kunst und Technik aufs Eindrucksvollste vereint

die Boston University eher in der nationalen Liga spielen. Dazu kommen weitere Hochschulen für Juristen, Mediziner, Theologen und angehende Diplomaten. Manche sind im Ausland bekannter als zu Hause: Absolventen der Fletscher School of International Law an der Tufts University etwa begegnet man an den Schaltstellen der Macht in Washington, D. C., und in amerikanischen Botschaften rund um den Globus.

Hauptrivale von Harvard ist das Massachusetts Institute of Technology. Seit 1865 zählt das MIT nicht nur zu den fortschrittlichsten Forschungsanstalten weltweit, sondern hat, überaus »geschäftstüchtig«, auch bekannte Unternehmen wie Raytheon hervorgebracht. Der Highway 128 am Stadtrand von Boston ist gesäumt von zahlreichen High-Tech-Firmen, die MIT-Absolventen gegründet haben und jetzt mit teilweise grandiosem Erfolg leiten.

Boston College begann 1863 als Lehranstalt für die große irischstämmige Bevölkerung im South End. Mit wachsendem Renommee ist diese Jesuitengründung jedoch umgezogen und residiert heute im grünen Chestnut Hill.

1869 gegründet, ist Boston University mit 40 000 Studenten heute die viertgrößte private Universität des Landes. Zu ihren vielen ruhmreichen Alumni gehört auch Dr. Martin Luther King jr., der 1955 an der theologischen Fakultät promovierte.

Da sich das Collegesystem in und um Boston nicht auf die Ausbildung von Kindern aus wohlhabendem Elternhaus oder der prozentual wenigen Stipendiaten beschränken will, haben Studenten beispielsweise an der Northeastern (gegr. 1898) die Möglichkeit, akademische Lehrveranstaltungen mit echter Erwerbstätigkeit zu verbinden.

Was die Ausbildung von Frauen angeht, steht Neuengland seit langem in vorderster Front: Wellesley (1870 geplant, 1875 eröffnet) und Radcliffe (1879) sind nicht umsonst weltweit bekannt.

Speziell für die jüdische Gemeinde wurde 1948 Brandeis gegründet.

Als Präsident von Harvard forderte Abbot Lawrence Lowell (1856–1943) einst, »jeder gebildete Mensch [sollte] von allem etwas und etwas besonders gut wissen«. Angesichts der o. g. Fakten scheint Boston kein schlechter Ort zu sein, dieses Ziel anzustreben.

Medizinische Errungenschaften

Mit der ältesten medizinischen Fakultät (Harvard, 1781) als Vorreiter hat die Forschung in Boston eine Vielzahl bahnbrechender Erfolge verzeichnen können. Bekannt gegeben werden diese bis heute in der ältesten medinizischen Fachzeitschrift der Welt, dem New England Journal of Medicine (gegr. 1812 in Boston). Obwohl mehrere Ärzte mit Narkosemitteln experimentierten, war es William Morton (1819–68), der 1846 die Vorzüge von Äther demonstrierte. Unter den Augen seiner Kollegen vom Massachusetts General Hospital anästhesierte Morton einen Patienten, dem Dr. John Warren erfolgreich einen Tumor herausoperierte. »Ich fühlte keinen Schmerz«, soll der Patient später kundgetan haben. Auch Fanny Longfellow, die Gemahlin des Dichters, profitierte bei der Geburt einer Tochter von der »neumodischen Betäubung«.

Nicht als Arzt, sondern als Statistiker revolutionierte Lemuel Shattuck (1793–1859) mit seinen penibel genauen Recherchen für die Massachusetts Sanitary Commission (1850) das amerikanische Gesundheitssystem: Seine Studie zeigte einen engen Zusammenhang zwischen Lebenserwartung und sozialen Lebensumständen.

Als Alexander Graham Bells neugeborener Sohn 1881 starb, skizzierte der Erfinder ein so genanntes vacuum jacket, das bei Atemstillstand Hilfe bringen sollte. Ein vergleichbares Verfahren kam allerdings erst 1928 zum Einsatz, als der Harvard-Professor Philip Drinker an einem Poliopatienten im Peter Bent Brigham Hospital in Boston die erste eiserne Lunge testete.

1950 entwickelte Professor Howard Green am MIT eine Methode, innerhalb weniger Tage neue Hautschichten wachsen zu lassen. Dieser Durchbruch auf dem Gebiet der Hauttransplantation wurde 36 Jahre später, ebenfalls am MIT, durch die Erfindung der künstlichen Haut ergänzt.

Weitere Innovationen waren die erste erfolgreiche Nierentransplantation (1954) sowie die erste Operation am offenen Herzen, 1967 am Children's Hospital in Boston durchgeführt.

Mindestens ebenso einflussreich war die Arbeit von Dr. Gregory Pincus (1903–67), der als Biologe an der Boston University die Pille perfektionierte, die als orales Verhütungsmittel 1960 auf den Markt kam. ■

Downtown Boston birgt ein kontrastreiches Miteinander der unterschiedlichsten Baustile. An schmalen, gewundenen Straßen ragen Wolkenkratzer empor, deren Spiegelglas-fassaden einige der ältesten Gebäude der Vereinigten Staaten reflektieren

Downtown Boston

Ganz im Stil der Kolonialzeit

Downtown Boston

DAS ZENTRUM VON BOSTON WIRKT NICHT BESONDERS TYPISCH AMERIKAnisch. Weit verzweigte Straßen und sogar Boulevards scheinen es darauf angelegt zu haben, den Besucher zu verwirren, der einen Wegverlauf im Rechteckschema erwartet hat. Geschäftsleute, eilig unterwegs zum nächsten Meeting, überholen auf dem Pflastertrottoir Touristen, die die 16 historischen Hauptsehenswürdigkeiten der Stadt abklappern. Zur Mittagszeit steht man in bunter Reihe Schlange für ein paar Sandwiches.

Boston nahm seinen Anfang als kleine Siedlung auf einem Stückchen Land, das praktisch eine Insel war. William Wood zufolge, der 1634 eine Art frühe Immobilienzeitung herausgab, lebte man dort in Sicherheit vor den »drei großen Störenfrieden Wolf, Klapperschlange und Moskito«. Ein Blick auf die Karte zeigt, wie das Straßennetz gewachsen ist: Im Zentrum des täglichen Lebens stand das Old State House an der State Street, die damals am Wasser endete. Die heutige Washington Street führte als Hauptstraße zu der schmalen Landbrücke und weiter aufs Festland. Seiten- und Querstraßen legten die Siedler so ordentlich an, wie sie es aus ihrer englischen Heimat gewöhnt waren. Viele der damaligen Hauptverkehrsadern sind erhalten geblieben, wenngleich Historiker die malerische Erklärung ablehnen, ihre Kurven und Biegungen folgten den Trampelpfaden der Rinder, die zum Weiden auf den Common getrieben wurden. Das Lebensnotwendigste war frisches Wasser, und so baute man möglichst nahe am Siedlungsbrunnen (The Great Spring), dessen Standort eine Plakette in der heutigen Spring Lane markiert. Offizielle Straßennamen wurden erst 1708 eingeführt. Manche änderten sich mit den Wechselfällen der Politik. So wurde die ursprüngliche Great Street zunächst zur King Street und später, nach Erlangung der Unabhängigkeit, zur republikanischer klingenden State Street.

Downtown Boston ist ein faszinierendes Viertel mit einem bunten Nebeneinander von Alt und Neu. Steht man vor der Faneuil Hall, fällt der Blick zwangsläufig auf das Haus State Street 75, das nicht von ungefähr den Namen »Painted Lady« trägt: Neben fünf verschiedenen Granitfarben schmücken es glänzende geometrische Muster aus Blattgold. Von modernen Bauwerken abgesehen, bereichern seit jüngerer Zeit auch einige neue Denkmäler das Stadtbild – für die Opfer des Holocaust

bzw. der Hungersnot in Irland sowie ein erst 2000 gestaltetes Monument zu Ehren der Einwanderer. Wenige Schritte von der Faneuil Hall entfernt sichern weitere charakteristische Viertel wie der Theater District und Chinatown Bostons Ruf, eine Stadt mit ständig wechselndem Gesicht zu sein.

Seit 1991 stand die Innenstadt ganz im Zeichen des »Big Dig«, der größten Autobahnbaustelle der Welt.

Seit der Eröffnung des Central-Artery-Tunnel ist das alte Herz Bostons wieder mit der Waterfront und dem North End vereint – wie es bis 1954 war, als der John F. Fitzgerald Expressway die Stadt brutal zerschnitt.

Boston Inner Harbor

Zur Orientierung

SOMERVILLE

CAMBRIDGE

BROOKLINE

ÖSTLICH VON BOSTON

Charles

WEST END

North Station

CHARLESTOWN BRIDGE

CAUSEWAY STREET

MERRIMAC STREET

NEW CHARDON STREET

STANIFORD STREET

NEW SUDBURY STREET

Haymarket

Bowdoin

CAMBRIDGE STREET

New England Holocaust Memorial

Faneuil Hall

Quincy Market

Custom House

Aquarium

BEACON HILL

City Hall

Government Center

Ehemaliger Old Corner Bookstore

King's Chapel & Burying Ground

Oben: Das Grabmal des Patrioten William Dawes am Friedhof der King's Chapel in der Tremont Street

Links: Die Ho Yuen Bakery im quirligen Bostoner Chinatown

Old State House

Boston Massacre Site

State

STATE ST.

INDIA ST.

ATLANTIC AVENUE

Old South Meeting House

FINANCIAL DISTRICT

Park Street

BEACON ST.

PARK ST.

BOSTON COMMON

Boston Irish Famine Memorial

Dreams of Freedom Center

MILK STREET

POST OFFICE SQUARE PARK

WINTHROP SQUARE

FRANKLIN STREET

FEDERAL STREET

DEVONSHIRE ST.

HIGH STREET

OLIVER ST.

Downtown Crossing

WINTER ST.

WASHINGTON STREET

SUMMER STREET

DOWNTOWN

PURCHASE STREET

CONGRESS ST.

EVELYN MOAKLEY BRIDGE

Boylston

BOYLSTON STREET

ESSEX STREET

OXFORD ST.

BEACH STREET

SURFACE ROAD

LINCOLN ST.

SOUTH ST.

ATLANTIC AVENUE

South Station

SUMMER STREET

CONGRESS ST. BRIDGE

Chinatown

THEATRE

DISTRICT

CHINATOWN

Wang Center for the Performing Arts

New England Medical Center

KNEELAND STREET

HUDSON STREET

TYLER ST.

HARRISON AVENUE

LEATHER AND GARMENT DISTRICT

Fort Point Channel

DORCHESTER AVENUE

SUMMER ST. BRIDGE

TREMONT ST.

STUART ST.

OAK ST.

WASHINGTON

SHAWMUT AVENUE

MASSACHUSETTS AVENUE

90

TURNPIKE

JOHN F. FITZGERALD EXPRESSWAY

| 0 | 400 Yards |
| 0 | 400 Meter |

Old State House

ZWEI JENER BOSTONER GEBÄUDE, DIE MAN UNWEIGERLICH in Verbindung mit dem amerikanischen Kampf um Unabhängigkeit bringt, sehen heute praktisch noch genauso aus wie 1775. Und beide – das Old State House wie das Old South Meeting House – dienen nach wie vor der Öffentlichkeit. Ein Besuch versetzt den Eintretenden zurück in eine Welt politischer Agitation und fulminanter Rhetorik.

Old State House Museum

🗺 Karte S. 53
✉ 206 Washington St.
☎ 617/720-1713
💲 S. Tonband mit zusätzlichen Informationen zur Ausstellung.
🚇 T: State St.

Besucher-information

✉ 15 State St.
☎ 617/242-5642

Umringt von modernen Wolkenkratzern und bisweilen leise erschüttert von MBTA-Zügen, die unterhalb seiner Fundamente verkehren, erinnert das Old State House an Boston, wie es im 18. Jahrhundert war. Von 1713 (damals Gouverneurssitz) bis zur Einweihung des neuen State House 1798 beherbergte der hübsche Backsteinbau die Regierung von Massachusetts. Hinter der georgianischen Fassade wetterte James Otis 1761 gegen die Writs of Assistance, und wenige Jahre später debattierten die Gesetzgeber hier die Stamp Acts. Am 18. Juli 1776 wurde vom Balkon herab der Text der Unabhängigkeitserklärung verlesen. Zwei Jahrhunderte später stand Queen Elizabeth II. an derselben Stelle, um den Vereinigten Staaten aus Anlass der Zweihundertjahrfeier

ihre Hochachtung zu erweisen. Ob sie wohl bemerkt hat, dass der Löwe und das Einhorn – Symbole der britischen Krone, 1776 gestürzt und verbrannt – wieder am alten Platz aufgestellt worden waren?

Heute bildet das älteste öffentliche Gebäude der Stadt den passenden Rahmen für das Bostoner **History Museum**. Die Ausstellung, die sich über zwei Stockwerke erstreckt, verfolgt die politischen und finanziellen Entwicklungen zur Kolonialzeit und erklärt, was beim Boston Massacre, das sich direkt gegenüber abspielte, tatsächlich passierte. Ein Kreis aus Pflastersteinen markiert die Stelle. Lesen Sie den Polizeibericht über den Tod des Schwarzen Crispus Attucks (1723–70), der unter den Opfern war, und lassen Sie sich darüber aufklären, warum die glühenden Patrioten John Adams und Josiah Quincy die Verteidigung der britischen Todesschützen übernahmen. Zu sehen ist neben vielen trivialen Stücken eine kunstvoll bestickte rote Samtweste John Hancocks, der sein Geld für die schönen Dinge des Lebens ausgab, aber auch die Revolution mitfinanzierte.

Dass das Gebäude überhaupt noch steht, ist den Bürgern von Chicago zu verdanken. Als das Old State House 1881 wegen Baufälligkeit abgerissen werden sollte, boten sie an, es zu kaufen und als Touristenattraktion an das Ufer das Michigansees zu versetzen. Dies reichte aus, um die Bostoner dazu zu bringen, den attraktiven Bau zu retten. ■

»In der Regierung dieser Provinz herrscht absolute Harmonie.« Gouverneur Francis Bernard 1760 bei seiner Ankunft in Massachusetts ■

Links: Der Löwe am Giebel des Old State House Rechts: Ein schlichter Kreis aus Pflastersteinen beim OldState House markiert die Stelle des Boston Massacre

Old South Meeting House

**Old South Meeting
House**

Karte S. 53
310 Washington St.
617/482-6439
$
T: State St., Down-
town Crossing

»GENTLEMEN, DIESE VERSAMMLUNG KANN NICHTS MEHR tun, um das Land zu retten!« Nachdem Samuel Adams am 16. Dezember 1773 hier vor 5000 Bostonern diese Worte gesprochen hatte, schritten die Sons of Liberty zur Tat und machten sich auf den Weg zum Hafen, wo drei Schoner mit Tee ankerten ...

Doch die Geschichte des Old South Meeting House umfasst weit mehr als das Vorspiel zur Boston Tea Party. So können Sie an den »sprechenden Wänden« den Reden aufgebrachter Bürger aus frühen Tagen lauschen.

Puritanische Meeting Houses dienten einst der Abwicklung kirchlicher und weltlicher Angelegenheiten gleichermaßen. Als größtes Gebäude Bostons war das Old South in der Kolonialzeit Schauplatz bedeutender Versammlungen und hitziger Debatten – von dem Protest nach dem Boston Massacre 1770 bis zu Abolitionistentreffen vor dem Bürgerkrieg. 1729 errichtet, hat es die zeittypischen Sitzboxen als Gestühl, eine mittige Kanzel und hohe Rundbogenfenster. Allerdings sehen Sie nicht das Original. Während Bostons Belagerung rissen die Briten die ganze Einrichtung heraus und nutzten den Raum als Reitschule. Als General Washington den Schaden betrachtete, äußerte er sich überrascht darüber, dass Menschen, die ihre eigenen Kirchen ehrten, die Gotteshäuser anderer derart entweihen konnten. 1876 vor dem Abriss bewahrt, wurde das Old South ein Museum – und das Prinzip der Redefreiheit 1929 für immer festgeschrieben. Lohnenswert ist ein Besuch der im Jahr 2000 eröffneten Ausstellung »Voices of Protest« in der Galerie. Unter den lebensgroßen Figuren einflussreicher Bostoner sind Phyllis Wheatley (1753–84), die erste afroamerikanische Autorin, deren Werke in den USA gedruckt wurden, und Margaret Sanger (1879–1966), eine frühe Verfechterin der Geburtenkontrolle. ∎

Dreams of Freedom Center

GEGENÜBER VOM OLD SOUTH MEETING HOUSE BEFINDET sich das im August 2000 eröffnete Dreams of Freedom Center. Ziel der Organisatoren ist, die lange Geschichte der Einwanderung nach Boston zu beleuchten und ständig auf dem neuesten Stand zu halten.

Dreams of Freedom Center

🅐 Karte S. 53
✉ 1 Milk St.
☎ 617/695-9990
$ $$
🚇 T: State St.

Die »Whispering Wall« erzählt die Geschichte der Einwanderer, die Boston als neue Heimat wählten

Als Geburtshaus Benjamin Franklins lockt die Milk Street 1 seit langem Besucher an. Eine Büste des großen Staatsmannes blickt auch aus einer Nische über der Tür. Jetzt beherbergt das Gebäude zudem die Büros des International Institute of Boston. Diese Organisation hilft Flüchtlingen und Einwanderern bei der Arbeits- und Wohnungssuche. Das Dreams of Freedom Center liegt in den unteren beiden Etagen des Hauses. Als Erstes erblickt man Truhen und Koffer mit Kleidung, Fotografien, Bücher und sogar Reisschalen samt Essstäbchen – alles Spenden von Einwanderern. Multimedia-Präsentationen zeigen Interviews mit Neuankömmlingen, aber der eindrucksvollste Teil der Ausstellung wartet am Schluss: Ein 22-minütiger Film erzählt die Geschichte der verschiedenen Einwanderungsgruppen, zu denen etwa Iren, Sklaven aus Afrika und Italiener zählen. Sinneseffekte wie das Erzeugen von Geruch und ein je unterschiedlicher Hologramm-Erzähler begleiten die Sequenzen. Für die Iren spricht Patrick Kennedy, der Großvater von John F. Kennedy, für die Afroamerikaner Phyllis Wheatley (siehe S. 56). Fazit: Ein kleines Museum mit einer großen Botschaft, die besagt, dass die USA heute als Einwanderungsland ebenso gebraucht werden wie in der Vergangenheit. ■

Benjamin Franklin (1706–1790)

Der Diplomat, Schriftsteller, Wissenschaftler und Erfinder Franklin wurde in der Milk Street geboren und im Old South Meeting House getauft. Mit 10 Jahren, nach nur einem Jahr Schule, ging der Sohn eines Kerzenmachers in die Lehre zu seinem Bruder James, der als Drucker und Zeitungsherausgeber arbeitete. Mit 15 verfasste er unter dem Pseudonym Silence Dogood seine ersten Artikel. Vor seinem Bruder floh er 1723 nach Philadelphia.

Der Freedom Trail

Wenn Ihr Bostonaufenthalt so kurz ist, dass Sie nur Zeit für eine Sache haben, dann sollte dies der Freedom Trail sein. Diese vier Kilometer lange Route ist eine höchst unterhaltsame Geschichtslektion: Sie verbindet 16 Sehenswürdigkeiten, die die frühe Geschichte Bostons sowie den Anfang der Vereinigten Staaten erzählen. Die Strecke ist deutlich mit roten Pflastersteinen (oder einer aufgemalten roten Linie) markiert. Ziehen Sie sich bequemes Schuhwerk an, denn den »Weg der Freiheit« kann man nur zu Fuß beschreiten.

Im Jahr 2001 feierte die einfache, aber geniale Idee des Journalisten William Schofield ihren 50. Geburtstag: Sein Vorschlag, »die Stadt Boston [solle] ihre historischen Sehenswürdigkeiten zu einem Sightseeing-Paket zusammenzuschnüren«, war der Zündfunke für den Freedom Trail, der 1958 Gestalt annahm. Heute folgen jedes Jahr rund fünf Millionen Besucher aus dem In- und Ausland der roten Linie.

Trotz des Namens datieren nicht alle Sehenswürdigkeiten aus der Zeit der Revolution, und natürlich liegen sie auch nicht in chronologischer Reihenfolge. Man wandert vielmehr kreuz und quer durch zwei Jahrhunderte, von der Ankunft der ersten Siedler am Boston Common 1625 bis zum Krieg von 1812. Dabei lernt man viel vom alten Boston kennen.

Denken Sie, wenn Sie der roten Linie folgen, daran, dass es viel mehr zu entdecken gibt als die offiziell ausgewiesenen Attraktionen. Überall begegnet man Überresten, die auf Episoden aus Bostons Geschichte verweisen. An der Tremont Street etwa steht direkt gegenüber vom Granary Burying Ground die 1839 gegründete Tremont Temple Baptist Church, die als erste Gemeinde der USA Schwarze aufnahm. Gegenüber dem ehemaligen Old Corner Bookstore an der Spring Lane erinnert eine Plakette an den Stadtbrunnen, der die Bostoner mehr als 200 Jahre lang mit Trinkwasser versorgte. Und in der Nähe der Faneuil Hall befindet sich das bewegende New England Holocaust Memorial (siehe S. 66).

»Wie lange braucht man für den Freedom Trail?«, lautet eine häufig gestellte Frage. Es hängt ganz davon ab, wie lange Sie sich an jeder Sehenswürdigkeit (etwa die Hälfte kosten Eintritt) aufhalten. Zwischen einem halben und einem ganzen Tag ist eine realistische Antwort. Aber Sie müssen sich ja auch nicht strikt an die Vorgaben halten: Fangen Sie an und hören Sie auf, wo und wann immer Sie Lust dazu haben!

Unterwegs begegnet Ihnen möglicherweise einer der Freedom Trail Player. Vielleicht ist es der Rechtsanwalt James Otis, der gegen die Besteuerung protestierte, oder aber William Dawes, der, wie Paul Revere, losritt, um seine Mitpatrioten vor den anrückenden Briten zu warnen. Es handelt sich in jedem Fall um kostümierte Schauspieler, die bereitwillig vom Leben in der Kolonialzeit erzählen. Im Juli und August sowie an manchen Feiertagen agieren sie auch als Tour Guides. Bekannter sind freilich die vom National Park Service veranstalteten Führungen. Das Tagesprogramm läuft von Frühjahr bis Herbst, und jede Tour dauert ca. 90 Minuten. Es gibt auch spezielle Veranstaltungen für Kinder (vom »Maritime Amusement« auf der U.S.S. *Cassin Young* in Charlestown hin zu »Musical Interludes« in der Old North Church), die die Vergangenheit zum Leben erwecken.

Visitor Information Center befinden sich am Boston Common (15 State Street, gegenüber dem Old State House) und am Bunker Hill Pavillion unweit der U.S.S. *Constitution*. Besorgen Sie sich kostenloses Informationsmaterial – das Faltblatt zum Boston National Historic Park und *Boston's Freedom Trail*, eine Broschüre, welche die einzelnen Sehenswürdigkeiten (und öffentliche Toiletten) auflistet und nützliche Informationen über Führungen und Veranstaltungen enthält (englisch!). Rollstuhlfahrer sollten nach der *Boston Freedom Trail Brochure* fragen. Wenn Sie nicht über die Brücke nach Charlestown laufen wollen, nehmen Sie einfach die Fähre von der Long Wharf aus (neben dem New England Aquarium).

Stationen am Freedom Trail

1. Boston Common
2. State House
3. Park Street Church
4. Granary Burying Ground (Tremont Temple Baptist Church)
5. King's Chapel
6. King's Chapel Burying Ground
7. Benjamin-Franklin-Standbild Standort der ersten Public School
8. Old Corner Bookstore Building (The Great Spring)
9. Old South Meeting House
10. Old State House
11. Boston Massacre Site
12. Faneuil Hall (New England Holocaust Memorial)
13. Paul Revere House
14. Old North Church
15. Copp's Hill Burying Ground
16. U.S.S. Constitution, U.S.S. Cassin Young
17. Bunker Hill Monument

Plaketten und rote Pflastersteine markieren den Verlauf des Freedom Trail

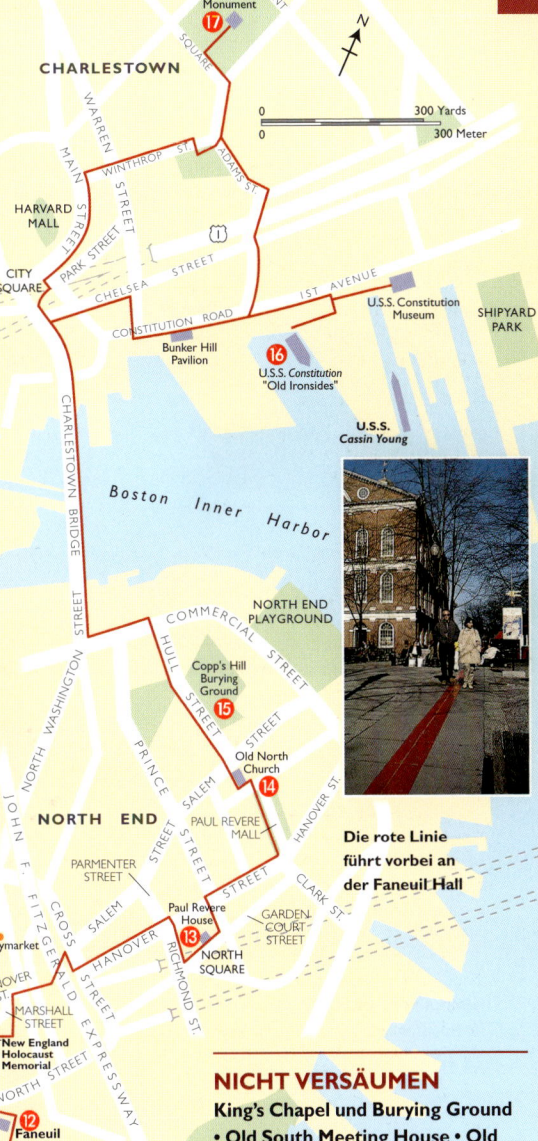

Die rote Linie führt vorbei an der Faneuil Hall

NICHT VERSÄUMEN

King's Chapel und Burying Ground • Old South Meeting House • Old State House • Faneuil Hall • Paul Revere House • Old North Church • U.S.S. *Constitution* und U.S.S. *Cassin Young*

King's Chapel und Burying Ground

DIE KIRCHE WIE AUCH DER FRIEDHOF DATIEREN AUS DEM 17. Jahrhundert und sind entsprechend eng mit der Geschichte der Pilger verknüpft. Die Glocke entstand 1816 in Paul Reveres Gießerei. Seit 1689 finden hier Gottesdienste statt, anfangs allerdings der anglikanischen Kirche, von der sich die Kolonisten doch losgesagt hatten.

King's Chapel und Burying Ground

Karte S. 53
58 Tremont St.
617/227-2155
Geschl. So–Fr Nov.– Mai. Gottesdienste am So 9.45 Uhr & 11 Uhr, Konzerte Di & So
T: Park St.

Als der königliche Gouverneur Sir Edmund Andos in den 1680er Jahren in Massachusetts eintraf, wollte er Gottesdienste der Church of England besuchen. Da sich die Puritaner weigerten, ihm Land zu verkaufen, beschlagnahmte er kurzerhand ein Stück eines Friedhofs und ließ darauf einen Holzbau errichten. Innerhalb von 50 Jahren wurde die Gemeinde zu groß für das Gebäude, und so baute man 1749 ein neues Gotteshaus wie eine Hülle um das alte herum. Erst nach dessen Fertigstellung wurde die alte Kirche abgerissen und das Holz durch Fenster und Türen hinausgetragen.

Der heutige Bau ist ein Enwurf von Peter Harrison (1716–75) aus Newport, R. I., der sich dazu von St. Martin-in-the-Fields in London inspirieren ließ. Als die Mittel knapp wurden, sparte man sich den Bau des Turmes, weshalb der unfertige Gra-

nitbau von außen recht geduckt wirkt. Im Inneren jedoch sorgen große Fenster für eine freundliche Ausleuchtung der schlichten Eleganz von Galerie und korinthischen Zwillingssäulen. George Washington saß 1756 als Gast von Gouverneur William Shirley (1694–1771) in der mit einem Baldachin überdachten Gouverneursloge. Als er 1789 wiederkam, war er der erste Präsident der jungen Vereinigten Staaten. Angeblich soll er sieben Pfund für den Bau des Portikus gestiftet haben. Mittlerweile hatte sich die Gemeinde – als erste des Landes – entschlossen, zum Unitarismus überzuwechseln. Ein Denkmal im Chor erinnert an ihren ersten Pfarrer James Freeman. An der Nordseite steht ein anderes Denkmal, das dem Schriftsteller und Arzt Oliver Wendell Holmes (1809–94) gewidmet ist. Zwar wurde im Laufe der Jahre vieles verändert,

doch die hübsche freistehende Kanzel blieb glücklicherweise erhalten. Vor fast 300 Jahre errichtet, ist sie der älteste durchgehend benutzte Predigtstuhl in den Vereinigten Staaten.

KING'S CHAPEL BURYING GROUND

Der älteste Friedhof Bostons datiert aus dem Jahr 1630. Hier liegt John Winthrop, der erste Gouverneur der Bay Colony. Halten Sie beim Betrachten der Grabsteine Ausschau nach Symbolen wie Flügeln (die den Heiligen Geist verkörpern) oder einer Sanduhr (für die Vergänglichkeit). Auf dem Grab von Joseph Tapping, gleich hinter dem Eingang, bläst seit 1678 eine schnitterartige Gestalt das Lebenslicht aus. Mary Chilton, die als einziger Passagier der *Mayflower* die Plymouth Colony verließ, um nach Boston zu ziehen, hat hier ebenso ihre letzte Ruhestätte gefunden wie Elizabeth Pain – jene Pfarrersfrau, die der Legende zufolge Nathaniel Hawthorne als Vorbild für Hester Prynne in *The Scarlet Letter (Der Scharlachrote Buchstabe)* diente. Das Wappen auf ihrem Grabstein zeigt möglicherweise ein großes »A«. Besuchen Sie auch das Grab von William Dawes, dem zweiten Boten, der am 18. April aus Boston losritt, um die Patrioten vor den anrückenden Briten zu warnen. ■

Viele frühe Einwohner Bostons haben auf dem Friedhof der King's Chapel ihre letzte Ruhe gefunden

Besucherinformation

✉ 147 Tremont St., 15 State St.

☎ 617/426-3115

Faneuil Hall und Quincy Market

FANEUIL HALL UND QUINCY MARKET GEBEN BEREDT ZEUGNIS von Bostons Vitalität – einst wie jetzt. In Faneuil Hall wetterten Redner gegen Sklaverei, britische Steuerpolitik und vieles andere mehr. Der angrenzende Quincy Market (Faneuil Hall Marketplace) wurde im 20. Jahrhundert mit großem Erfolg wieder hergerichtet und gilt als Paradebeispiel für Stadterneuerungsprojekte weltweit.

Die Faneuil Hall (sprich: »fennl holl«) zählt zu den bedeutendsten Sehenswürdigkeiten aus Bostons Geschichte. Der Marquis de Lafayette (1757–1834) bezeichnete sie gar als »Wiege der Freiheit«. Recht passend zeigt die Statue vor dem westlichen Ende auch Samuel Adams, der sowohl die Revolution mit anzettelte als auch die Unabhängigkeitserklärung unterschrieb. Ob er das stattliche Gebäude mit den Anbauten (1805) von Charles Bulfinch (siehe S. 92f) heute noch

erkennen würde, ist jedoch mehr als fraglich.

Die Souvenirläden im Erdgeschoss führen die merkantile Tradition fort, denn Faneuil Hall wurde 1742 von dem Kaufmann Peter Faneuil erbaut und der Stadt als Handelsplatz geschenkt. Vorher waren die Händler im Old State House (siehe S. 54) zusammengekommen, das jedoch nicht genügend Raum für die Marktstände der Bauern bot.

Allerdings zögerten die Bostoner, bevor sie das großzügige Geschenk Faneuils annahmen, denn man fürchtete, dass ein offizieller Marktplatz möglicherweise strengere Vorschriften und eine höhere Besteuerung mit sich bringen würde.

Heute führen Park Ranger durch die **Great Hall** und erklären die Geschichte der berühmten Patrioten, die man hier mit Büsten und Porträts ehrt. Unmöglich zu übersehen ist *Webster versus Hayne*, G. P. A. Healys riesiges Gemälde (ca. 1850), das den Raum dominiert. Es zeigt den Staatsmann und Redner Daniel Webster (1782–1852), der sich 1830 an den Senat der Vereinigten Staaten wandte und argumentierte, die Rechte der Einzelstaaten würden einen Bruch der Union provozieren. Webster entrüstete sich hier auch gegen die Sklavenhaltung, ebenso der Abolitionist William Lloyd Garrison (1805–79) und der Ex-Sklave Frederick Douglass (1817–95). Seit jeher Anhänger der Redefreiheit, schenkten die Bostoner ihr Ohr aber auch Senator Jefferson Davis (1808–89), als dieser 1858 – gerade drei Jahre vor Ausbruch des Bürgerkriegs – für die Sklaverei plädierte. Im 20. Jahrhundert nutzten der Bürgerrechtler Dr. Martin Luther King jr. (1929–68), Erzbischof Desmond Tutu (geb. 1931) und der Dalai Lama dieses Forum. Und John F. Kennedy beschloss seinen Wahlkampf 1960 mit einer Rede in Faneuil Hall.

Links: Die alten Markthallen beherbergen eine bunte Mischung aus Geschäften, Restaurants und Cafés

Faneuil Hall

⬛ Karte S. 53
✉ Congress St.
☎ 617/338-2323
🕐 Bei Gottesdiensten und sonstigen Veranstaltungen geschl. Vorab anrufen!
🚇 T: Government Center, State St.

QUINCY MARKET

Vor der Faneuil Hall liegt mit dem
Quincy Market eine viel besuchte
Touristenattraktion von Boston. Bis
etwa 1970 befand sich hier der Groß-
markt für Fleisch und Fleischpro-
dukte. Umgestaltet und neu belebt,
locken seither Geschäfte, Restaurants und Straßenkünstler mehrere
Millionen Besucher im Jahr an. Nehmen Sie sich die Zeit, das geistige
Kind des zweiten Bostoner Bürgermeisters, Josiah Quincy, zu bewundern. Die drei 1826 fertig gestellten
Gebäude waren Teil von dessen am-
bitioniertem Stadtentwicklungsplan.

Nördlich von Faneuil Hall erstreckt sich ein Gewirr kleiner Gassen. So dürfte im 18. Jahrhundert ein
Großteil Bostons ausgesehen haben:
niedrige Gebäude, winzige Durch-
gänge und kleine Geschäfte mit den
Büroräumen im Obergeschoss.
Marshall Street Nr. 10 ist das **Ebe-
nezer Hancock House**, wo John
Hancocks Bruder die 2,5 Millionen
Silberkronen aufbewahrte, mit denen Frankreich die aufständischen
Kolonisten unterstützte. Ein paar
Schritte weiter liegt auf Straßen-
niveau der **Boston Stone** von
1737. Von ihm aus wurden im 17.
und 18. Jahrhundert in Neuengland
alle Entfernungen gemessen. In der
nahe gelegenen Union Street befindet sich das **Union Oyster House**,
die älteste durchgehend bewirtschaf-
tete Gaststätte der Vereinigten Staaten. In diesem 1713 erbauten Gebäude wurde die patriotische Zeitung
Massachusetts Spy herausgegeben, in
der Samuel Adams' aufwieglerische
Artikel erschienen. Auf dem freien
Platz zwischen Union Street und
City Hall erinnern zwei Statuen an
den charismatischen irisch-ameri-
kanischen Bürgermeisters Michael
Curley (1874–1958). ∎

Bostons Downtown-Bezirke

»DOWNTON BOSTON« UMFASST EINE REIHE VON BEZIRKEN mit jeweils eigenem Charakter. Da man heute mehr auf Sanierung als auf Radikalerneuerung setzt, bemüht sich die Stadtverwaltung, diese Miniviertel mit ihren historischen Bauten wieder zu beleben und die traditionellen Geschäftszweige, vom Banking bis zum Klavierbau, zu erhalten.

State Street markiert das Herz des Bostoner **Financial District**, und die Straßen, die strahlenförmig vom Old State House ausgehen, gehören zu den ältesten der Stadt. Hier und dort wird ihr Verlauf von hübschen, oft dreieckigen Plätzen unterbrochen. Büroangestellte verzehren ihre Lunch-Sandwiches gerne im Angell Memorial Park, am Church Green, Post Office Square oder Winthorp Square. Der Liberty Square wird von einem Heldenstandbild dominiert, das an den Ungarnaufstand 1956 erinnert. Besuchen Sie das kleine Museum im **Bell Atlantic Building** (*185 Franklin Street, Tel. 617-743-9800*) mit der Werkstatt von Alexander Graham Bell (1847 bis 1922), in der es dem Erfinder des Telefons 1876 gelang, erstmals eine menschliche Stimme zu übermitteln. Ebenfalls zu sehen ist das allererste käufliche Telefon, gefertigt von seinem Assistenten Thomas Watson (1854 bis 1934).

Das **Custom House** (*Ecke State Street und India Street*) mit seinem augenfälligen Turm bildete das Zentrum des Custom House District. Kaum vorstellbar, dass dieses Gebäude ursprünglich am Wasser stand, unweit der Kais, die das Stadtsäckel zu füllen halfen. Zwischen 1837 und 1847 errichtet, besaß das Zollamt, in dem der Schriftsteller Nathaniel Hawthorne mit Wiegen und Messen seinen Lebensunterhalt verdiente, eine schöne Kuppel und Rotunde. 1913 wurde ein Turm angebaut, der gegen die lokalen Bauvorschriften (maximale Höhe 125 Fuß) verstieß, diese als Sitz der Staatsbehörde aber auch nicht beachten musste. Heute überragen natürlich moderne Wolkenkratzer den Bau mit den vier Turmuhren, die lange dafür bekannt waren, unterschiedliche Zeiten anzuzeigen. Inzwischen repariert, stehen sie heute im Mittelpunkt des Countdowns zu den Silvesterfeierlichkeiten der First Night.

Am unteren Ende des Financial District liegt die rund ein Jahrhundert alte **South Station**. Dank umfassender Restaurierungsmaßnahmen ist der seinerzeit beachtlich große und verkehrsreiche Bahnhof heute wieder ansehnlich und mit gut besuchten Cafés und Geschäften bestückt. Etwas weiter westlich beginnt bei South Street und Lincoln Street der **Leather and Garment District**. Die Fabriken und Lagerhäuser, in denen im 19. Jahrhundert tüchtig gearbeitet wurde, sind inzwischen längst zu Ateliers und Lofts umgewandelt; im Erdgeschoss haben sich Kunstgalerien und kleine Restaurants eingemietet.

Obwohl es die drittgrößte Chinesengemeinde der USA beheimatet, drängt sich Bostons **Chinatown** auf das relativ kleine Areal zwischen Beach Street, Hudson Street, Oxford Street und Tyler Street. Neben Telefonzellen mit Pagodendach und chinesischen Straßenschildern gibt es ein elf Meter hohes *Pailau* (chin. Tor) und vier fast 1500 kg schwere Marmorhunde zu bestaunen, die das Viertel vor bösen Geistern schützen sollen. In den letzten Jah-

Heute zwischen Bürogebäuden eingekeilt, erinnert der hohe Turm des Custom House an das Seefahrererbe der Stadt

ren haben sich zu den chinesischen Geschäftsleuten auch solche aus Thailand und Vietnam gesellt. Bei Dunkelheit sollten Touristen das Viertel besser meiden.

Früher war **Downtown Crossing** lediglich als Name einer U-Bahn-Haltestelle bekannt. Heute lädt hier eine Fußgängerzone (Washington Street mit Ausläufern in Winter Street und Summer Street) zum gemütlichen Einkaufsbummel ein. Wer Hunger hat oder sein Heim mit frischen Blumen schmücken möchte, wird an einem der vielen Verkaufsstände fündig. Angestellte aus nahe liegenden Bürohäusern nutzen ihre Mittagspause, um hier bei Macy's, Border oder Barnes & Noble einzukaufen. Das bekannteste Geschäft ist freilich Filene's Basement (siehe S. 253), wo man phantastische Schnäppchen machen kann.

Dank der schönen alten Schauspielhäuser erlebt der **Theater District** zur Zeit ein längst überfälliges Comeback. Boston ist überaus reich an Live-Entertainment und eine der Städte, in denen potenzielle Broadway-Inszenierungen einen ersten Publikumstest absolvieren. Noch vor hundert Jahren boten rund 30 Theater etwa 50 000 Besuchern Platz. Viele wurden später in Kinos umgewandelt, und das Tremont war 1915 Schauplatz der Weltpremiere von D. W. Griffith' Filmklassiker *Birth of a Nation*. Wenn Sie eine nostalgische Ader haben, sollten Sie sich Karten für das Colonial (1900), das Emerson Majestic (1903), das Modern (1876), das Savoy (1928), das Paramount (Art déco, 1932), das Shubert (1910), das Wang Center for the Performing Arts (vormals Metropolitan, 1925) oder das Wilbur (1914) besorgen. ∎

TELEFON

»Mr. Watson – Come here – I want to see you.«
Die ersten Worte, die telefonisch übertragen wurden, sprach der Erfinder Alexander Graham Bell am 10. März 1876 in der Court Street 109 zu seinem Assistenten. ∎

Weitere Sehenswürdigkeiten

BOSTON IRISH FAMINE MEMORIAL

Ecke School Street und South Street liegt direkt gegenüber vom Old South Meeting House eine kleine Grünfläche, wo Büroangestellte und andere in der Nähe Beschäftigte in ihrer Mittagspause Kaffee schlürfen und Sandwiches verspeisen. In der Mitte stehen zwei Bronze-»Familien«: Eine wirkt stark und gesund, die andere unterernährt und verzweifelt. Das ist das Boston Irish Famine Memorial. 1998 enthüllt, gemahnt es an den »Gorta Mûr«, die große Hungersnot von 1845 bis 1850, als in Irland auf Grund von Kartoffelfäule über eine Million Menschen an Mangelernährung starben.

Plaketten erinnern sowohl an die Großzügigkeit der Amerikaner als auch an die Vorurteile, von denen die Auswanderer hier erwartet wurden. 1847 verschifften die Bostoner

Das New England Holocaust Memorial in der Form von Kerzen

zwar 800 Tonnen Lebensmittel nach Cork, doch die 37 000 Flüchtlinge, die den Atlantik auf echten Seelenverkäufern überquerten, wurden von Schildern begrüßt wie »No Irish need apply« (Iren brauchen sich gar nicht erst zu bewerben). 🅰 Karte S. 53 ✉ Ecke School Street und Washington Street 🚇 T: State St.

NEW ENGLAND HOLOCAUST MEMORIAL

Nicht weniger nachdenklich als das Boston Irish Famine Memorial stimmt den Betrachter das bedrückende Denkmal für die Opfer des Holocaust, nur wenige Schritte von der Faneuil Hall entfernt. Die sechs Glastürme, die an Votivkerzen erinnern, sollen die Kamine der Gaskammern symbolisieren und tragen eingeätzt sechs Millionen willkürlich gewählte Zahlen. Dabei ist das Holocaust Memorial bemüht darauf hinzuweisen, dass Juden keineswegs die einzigen Opfer des Dritten Reichs waren. Zigeuner, Homosexuelle, politische Dissidenten und geistig oder körperlich Behinderte wurden schließlich ebenso verfolgt.

Eine Zeitskala informiert über die Geschehnisse zwischen 1933 und 1945, aber richtig Gänsehaut bekommt man beim Lesen der Aussprüche von Überlebenden: »Als das letzte Massengrab geöffnet wurde, erkannte ich meine ganze Familie – meine Mutter, meine Schwestern und ihre Kinder. Sie alle lagen da«, sagt da etwa eine Motke Zaidl. 🅰 Karte S. 53 ✉ Congress Street Nähe Faneuil Hall 🚇 T: State St., Haymarket

OLD CORNER BOOKSTORE

Gleich gegenüber vom Boston Irish Famine Memorial steht der ehemalige Old Corner Bookstore. Seit 1832 eine Buchhandlung, erlebte er seine Glanzzeit zwischen 1840 und 1870, als die Verleger/Buchhändler Ticknor (1810–64) und Fields (1817–81) hier die Werke von Schriftstellern wie Alcott, Emerson, Hawthorne, Longfellow und Thoreau sowie der britischen Autoren Charles Dickens und William Thackeray verlegten und verkauften.

Auch die Literaturzeitschrift *Atlantic Monthly* nahm an dieser Stelle ihren Ausgang. 1718 zwar als Apotheke errichtet, ist das Haus doch seit jeher ganz der Welt der Bücher verschrieben. Inzwischen befindet sich in den Räumen der Boston Globe Store. Doch die Geschichte reicht noch weiter zurück: Ein Vorgängerbau gehörte Anne Hutchinson, die 1638 aus Boston verbannt wurde, weil sie es wagte, die puritanische Hierarchie in Frage zu stellen. 🅰 Karte S. 53 ✉ 1 School St. ☎ 617/367-4000 🕐 Geschl. Sa und So 🚇 T: State St. ∎

Boston ist eine Stadt der Gegensätze. Besonders deutlich zeigt sich dies beim Vergleich der benachbarten Viertel Waterfront und North End, wo moderne Bürogebäude, Hotels und Restaurants mit schmalen, stimmungsvollen Gassen kontrastieren

North End und Waterfront

Die Boston Tea Party, verewigt auf einem Relief

North End und Waterfront

NORTH END UND WATERFRONT, ZWEI DER FASZINIERENDSTEN VIERTEL DER Stadt, in denen Spuren von Geschichte, Seefahrt und Bildung mit den verführerischen Aromen der Alten Welt verschmelzen, ragen ins Herz des Bostoner Hafens. Niemand in Boston war mehr erpicht auf die Vollendung des Central-Artery-Tunnels als die Menschen, die hier wohnen und arbeiten. Denn seit Abschluss des »Big Dig« sind ihre Stadtteile wieder direkt mit Downtown Boston verbunden.

Nicht zuletzt dank der Sehenswürdigkeiten am Freedom Trail (siehe S. 58f) und der temperamentvollen italienischen Gemeinde gehört ein Abstecher ins North End zu jedem Bostonbesuch. Obwohl der mediterrane Einfluss allgegenwärtig ist, schätzen es die Einwohner nicht, das Etikett »Little Italy« aufgedrückt zu bekommen, was ihr Viertel, zumindest ihrer Ansicht nach, zu einer Touristenattraktion stempeln würde. Trotzdem: Das North End ist eine geschlossene kleine Gemeinschaft, wo der römisch-katholische Glaube mit all seinen *Festas* gelebter Bestandteil des Alltags ist. »Außenstehende« werden vom Duft von Cappuccino und frisch gebackenen *amaretti* (Makronen) angelockt sowie von den *salumerias* (Delikatessenhandlungen), in denen sich deckenhoch leckere Importe aus der alten Heimat türmen. Den *trattorie* mit ihren italoamerikanischen Pasta- und Pizzaangeboten machen mittlerweile immer mehr authentische Restaurants Konkurrenz.

In der Frühzeit von Boston bildete das North End den Stadtteil der Reichen, ergänzt durch eine kleine afroamerikanische Gemeinde. Doch schon um die Zeit, als Paul Revere

hier 1770 sein Haus kaufte, waren viele Handwerker hinzugezogen. Ihnen folgten mit den Einwanderungswellen Iren, osteuropäische Juden, Portugiesen und schließlich Italiener. Unter den Nachfahren dieser Immigranten waren die Ahnen von Rose Kennedy, der Mutter des späteren Präsidenten. Heute sind rund 40 Prozent der 17 000 Einwohner Italoamerikaner.

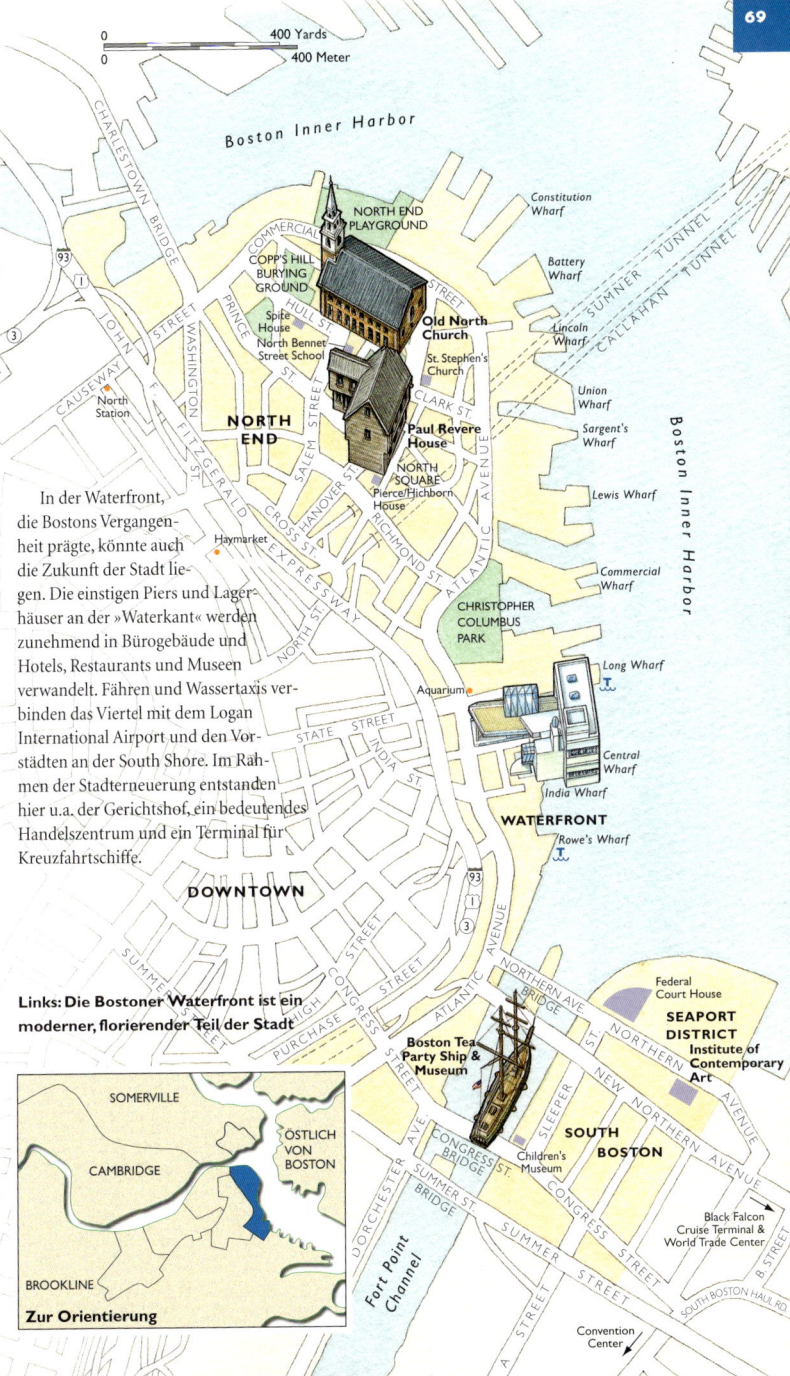

Boston Inner Harbor

0 ⎯⎯ 400 Yards
0 ⎯⎯ 400 Meter

NORTH END PLAYGROUND

COPP'S HILL BURYING GROUND

Spite House

North Bennet Street School

Old North Church

St. Stephen's Church

NORTH END

North Station

Paul Revere House

NORTH SQUARE
Pierce/Hichborn House

Haymarket

In der Waterfront, die Bostons Vergangenheit prägte, könnte auch die Zukunft der Stadt liegen. Die einstigen Piers und Lagerhäuser an der »Waterkant« werden zunehmend in Bürogebäude und Hotels, Restaurants und Museen verwandelt. Fähren und Wassertaxis verbinden das Viertel mit dem Logan International Airport und den Vorstädten an der South Shore. Im Rahmen der Stadterneuerung entstanden hier u.a. der Gerichtshof, ein bedeutendes Handelszentrum und ein Terminal für Kreuzfahrtschiffe.

Constitution Wharf

Battery Wharf

Lincoln Wharf

Union Wharf

Sargent's Wharf

Lewis Wharf

Boston Inner Harbor

Commercial Wharf

CHRISTOPHER COLUMBUS PARK

Long Wharf

Aquarium

Central Wharf

India Wharf

WATERFRONT

Rowe's Wharf

DOWNTOWN

Links: Die Bostoner Waterfront ist ein moderner, florierender Teil der Stadt

Boston Tea Party Ship & Museum

Federal Court House

SEAPORT DISTRICT

Institute of Contemporary Art

Children's Museum

SOUTH BOSTON

Black Falcon Cruise Terminal & World Trade Center

Convention Center

SOMERVILLE

ÖSTLICH VON BOSTON

CAMBRIDGE

BROOKLINE

Zur Orientierung

Die Gräber auf diesem Friedhof spiegeln die ethnische und soziale Vielfalt der Stadt – puritanische Minister wie Mitglieder der Schwarzengemeinde haben hier ihre letzte Ruhestätte gefunden

Copp's Hill Burying Ground

- Karte S. 69
- Hull St.
- T: Haymarket, Aquarium

Copp's Hill Burying Ground

AUF DREI SEITEN WIRD ER VON HOHEN HÄUSERN ÜBERRAGT – deshalb fällt es heute schwer, sich vorzustellen, dass dieser 1660 angelegte Friedhof im 18. Jahrhundert strategische Bedeutung besaß, weil die Rotröcke ihn als Aussichtspunkt nutzten.

Schaut man vom höchsten Punkt des North End aus in Richtung Norden, sieht man quer übers Wasser die Masten der U.S.S. *Constitution* in Charlestown. Aus diesem Grund bezogen die Briten 1775 zwischen den Gräbern Stellung und vertrieben sich die Zeit angeblich mit Schießübungen auf die Grabsteine.

Vornehme Grabmale wie jene gleich links vom Eingang zeugen davon, dass das North End vor dem Unabhängigkeitskrieg eine Enklave der Reichen war. Eine umgestürzte hohe Säule erinnert an Prince Hall (1748–1807), einen Führer von Bostons afroamerikanischer Gemeinde und ersten Großmeister der farbigen Handwerkerloge. Er war

auch einer der schwarzen Soldaten, die im Juni 1775 bei der Schlacht von Bunker Hill mitkämpften. Da Farbige damals nicht die öffentliche Schule besuchen durften, veranstaltete Hall in seinem Haus in Beacon Hill Unterrichtskurse. Später zog seine Lehranstalt ins African Meeting House (siehe S. 95) um. Wenige Schritte weiter sehen Sie das Grab von Robert Newman, Küster der Old North Church (siehe S. 71), und etwas hügelabwärts liegen mehrere Generationen der Familie Mather, darunter die einflussreichen puritanischen Geistlichen Increase (1639–1723), Cotton (1663 bis 1728) und Samuel Mather (1706 bis 1785). ∎

Old North Church

Old North Church
⬛ Karte S. 69
✉ 193 Salem St.
☎ 617/523-6676
💲 »Behind the Scenes«, Tour & »Paul Revere Tonight«-Programm: $$
🚇 T: Haymarket, Government Center

DIE LICHTER, DIE ROBERT NEWMAN IN DER GLOCKENstube der Old North Church an der Salem Street entzündete, um die Kolonisten vor den anrückenden Briten zu warnen, sind in den ganzen USA berühmt. Longfellow verewigte sie in seinem Gedicht *Paul Revere's Ride*.

In der Nacht vom 18. auf den 19. April 1775 vollbrachte Robert Newman eine historische Tat: Der patriotische Küster hängte im 58 Meter hohen Kirchturm zwei Laternen aus, um den Sons of Liberty in Charlestown mitzuteilen, dass die Rotröcke auf dem Seeweg unterwegs nach Concord waren. Die Signale waren für den Fall gedacht, dass sein Freund Paul Revere während seines Botenrittes gefasst würde.

Die Old North ist Bostons älteste Kirche, und die Glocken, die regelmäßig jeden Sonntag läuten, sind die ältesten, die in den Vereinigten Staaten noch immer benutzt werden. Auch die Uhr (1726) ist die älteste noch funktionierende in einem öffentlichen Gebäude der USA. Die Sitzboxen gehörten Familien, die an kalten Tagen ihre eigenen Fußwärmer mitbrachten. Der Stein, der außen neben dem Eingang in die Wand eingelassen ist, stammt aus der Guildhall in Boston, England, und die umgebenden Ziegel waren Teil einer Zelle, in der die Pilger einst gefangen saßen. Während der sonntäglichen Gottesdienste oder der monatlich stattfindenden Konzerte fühlt man sich fast in die Kolonialzeit versetzt. ■

Rechts: Die Laternen auf den Stufen zur Glockenstube der Old North Church erinnern an die Ereignisse des 18. April 1775

Unten: In den hochlehnigen Familien-Sitzboxen der Old North Church ist eine gewisse Privatsphäre gewahrt

Paul Revere House

NICHT WEIT VON DER NORTH CHURCH ENTFERNT STEHT am North Square das Paul Revere House. 1680 errichtet, ist es Bostons ältestes Wohnhaus. Paul Revere, der von 1770 bis 1800 hier lebte, würde sein Domizil heute freilich kaum mehr erkennen, da das Gebäude damals noch eine weitere Etage besaß, die Anfang des 20. Jahrhunderts einer Renovierungsaktion zum Opfer gefallen ist.

Wie viele frühe Kolonisten besaß Paul Revere (Porträt von John Singleton Copley) Unternehmungsgeist und große Talente

Ein Teil des Inneren dürfte ihm jedoch vertraut erscheinen, insbesondere die Küche, die Revere zwischen 1790 und 1800 selbst anbaute. Die Schlichtheit der Eingangshalle, die für verschiedene Zwecke genutzt wurde, ist typisch für die damalige Zeit. Der Wäscheschrank auf dem nackten Holzboden zählt zu den wenigen Einrichtungsgegenständen, und die kleinen Fenster (Glas war teuer!) ließen nur ein spärliches Licht herein, was die dunklen Farben von Ausstattung und Möbeln unterstrich. Im Obergeschoss befindet sich das Schlafzimmer, dessen Mobiliar angeblich aus dem Besitz von Paul Reveres Familie stammt. In kleinen Vitrinen sind ebenso Beispiele seiner Tätigkeit als Silberschmied zu bewundern wie auch sein eigener Bericht über den berühmten Ritt, seine Gefangennahme und das Verhör durch die britischen Soldaten.

Reveres erste Frau Sarah Orne starb im Mai 1773, nur drei Jahre

Das Haus, in dem Paul Revere lebte, ist im Stil des 18. Jahrhunderts möbliert

Paul Revere (1734–1818)

Paul Revere wurde im North End als Sohn einer Hugenottenfamilie geboren, die ihren Namen von Rivoire in Revere änderte. Der begabte Silberschmied und politische Aktivist war auch ein geschickter Propagandist, und seine Darstellung des Boston Massacre sollte bewusst die Menge aufwiegeln. Nach der Revolution war Revere Mitbegründer der Massachusetts-Brandversicherung (1798) und leitete das neue Bostoner Gesundheitsamt. In seiner Gießerei entstanden Kirchenglocken und Kanonen, in seiner Kupferschmiede die Verkleidung für das neue State House und die U.S.S. *Constitution*. Obwohl nicht als Zahnarzt ausgebildet, verkaufte er Zahnpasta, säuberte echte Zähne und setzte falsche ein. Entgegen der landläufigen Meinung fertigte er jedoch kein Gebiss für George Washington.

nach dem Umzug hierher, und hinterließ ihm sieben Kinder. Im Oktober 1773 heiratate er Rachel Walker, mit der er zwischen 1774 und 1787 weitere acht Kinder hatte. Elf der fünfzehn wuchsen in diesem Haus auf (die anderen starben im frühen Kindesalter).

Gleich neben dem Paul Revere House steht das **Pierce/Hichborn House**, Bostons zweitältestes Wohnhaus. Es wird gemeinsam mit dem Paul Revere House verwaltet, kann aber nur im Rahmen einer Führung (30–40 Minuten) besichtigt werden.

Da diese sehr unregelmäßig stattfindet, sollten Sie in jedem Fall vorher anrufen. Der Name des Hauses bezieht sich auf zwei vormalige Besitzer: Moses Pierce, ein Glaser, erbaute es 1711; beachten Sie die zahlreichen Fenster, eine gute Werbung für seine Fertigkeiten. Nathaniel Hichborn, ein Bootsbauer, war Paul Reveres Cousin. Da nur wenige Mittelschicht-Wohnhäuser aus dieser Epoche überlebt haben, ist das Gebäude ein echtes Muss für alle, die sich für Architektur und Mobiliar aus jener Zeit interessieren. ■

Paul Revere House

www.paulreverehouse.org

⛰ Karte S. 69

✉ 19 North Sq.

☎ 617/523-2338

🕐 Geschl. Mo Jan.– März, 25. Dez. & 1. Jan., Thanksgiving

💲 $. Auch Kombiticket für Pierce/Hichborn House

Ⓣ T: Haymarket, Aquarium

Im stimmungsvollen North End feiert man häufig auch auf der Straße

Zu Fuß durch das North End

Obwohl das North End in erster Linie als das italienische Viertel Bostons bekannt ist, sind hier auch Afroamerikaner, Iren, Juden, Portugiesen und Vertreter anderer Einwanderungsgruppen zu Hause. Als einer der ältesten Stadtteile wartet es zudem mit diversen historischen Sehenswürdigkeiten auf. Diese sind entlang des Freedom Trail zu entdecken, eines Rundgangs, der zugleich einen Eindruck von den verschiedenen ethnischen Gruppen vermittelt, die sich im Laufe der Zeit hier ansiedelten.

Ausgangspunkt ist die Faneuil Hall. Überqueren Sie North Street und Union Street und gehen Sie dann die kopfsteingepflasterte Marshall Street entlang. Anschließend wenden Sie sich rechts in die Hanover Street und folgen der FreedomTrail-Ausschilderung durch die Big-Dig-Baustelle zur Salem Street. Schon sind Sie in Kleinitalien! Die Geschäfte tragen italienische Namen, und die älteren Leute sprechen möglicherweise noch italienisch. Weiter geht es zum **Baldwin Place**, wo man bei Hausnummer 4 im zweiten Stock den Davidstern und hebräische Schriftzeichen ausmachen kann. Diese Schule und eine nahe gelegene Synagoge bildeten vor ca. 100 Jahren das Herz der jüdischen Gemeinde. Wenden Sie sich zurück zur Salem Street, an der ein Stück weiter auf der rechten Seite die **North Bennet Street School** steht. Sie wurde 1885 von der

wohlhabenden Bostonerin Pauline Shaw gegründet, um Immigranten Englisch und Fertigkeiten wie etwa Kochen beizubringen.

Weiter geht es zur **Old North Church ❶** (siehe S. 71) mit ihrem markanten Kirchturm. Die benachbarte **Chapel of St. Francis** (mittlerweile ein Souvenirladen) wurde 1918 mit Hilfe der Episkopalen der Old North Church für die italienischsprachigen Waldenser (die ersten Protestanten, die aus der katholischen Kirche austraten) erbaut. Biegen Sie links in die Hull Street ein und gehen zum **Copp's Hill Burying Ground ❷** (siehe S. 70). Gegenüber, Hausnummer 44, steht »das schmalste Haus Bostons« oder **Spite House**; angeblich aus reiner Boshaftigkeit (*spite*) errichtet, um dem Bruder des Bauherrn die Aussicht zu nehmen. Der Parkplatz ein Stück weiter markiert die Stelle, an der

Der Turm der Old North Church, seit über 100 Jahren ein Wahrzeichen der Stadt

NICHT VERSÄUMEN
Old North Church • Copp's Hill Burying Ground • Paul Revere House

1950 der berühmte Brinks-Raub stattfand. Die 1,2 Millionen Dollar, die der Versicherungsgesellschaft gestohlen wurden, stellen die größte entwendete Barsumme in der Geschichte der USA dar. Die acht Räuber wurden 1956 gefasst.

Die Route führt zurück zur Old North Church und entlang der Freedom-Trail-Linie durch die Paul Revere Mall. An dieser auch Prado genannten mediterranen Flaniermeile steht das viel fotografierte Reiterstandbild von Paul Revere (um 1870 gegossen). Vor Ihnen liegt die römisch-katholische **St. Stephen's Church** ③ *(401 Hanover St., Tel. 617/523-1230)*, wo Rose Kennedys Taufe und im Januar 1995 ihre Trauerfeier stattfanden. Das 1804 erbaute Gotteshaus, die einzige erhaltene Bulfinch-Kirche (siehe S. 92f), ersetzte das New North Meeting House von 1714. Wenden Sie sich weiter nach rechts in die Hanover Street, wo Eben Jordan und Benjamin Marsh ihr Geschäftsimperium gründeten, das 1996 in Macy's aufging. Links geht es in die Fleet Street und rechts in die Garden Court Street, wo in Hausnummer 4 Rose Fitzgerald, später Kennedy, geboren wurde.

Es folgen der North Square und die North Street mit dem **Paul Revere House** ④ (Hausnummer 19, siehe S. 72f) und dem benachbarten **Pierce/Hichborn House** (siehe S. 73). Von hier aus erblickt man bereits wieder die Kuppel der Faneuil Hall. Versuchen Sie sich das Bild in ein paar Jahren vorzustellen, wenn die hässliche Schnellstraße unter die Erde verlegt ist. Nun biegen Sie in der Richmond Street rechts und dann links in die Hanover Street ein, um zurück zur Faneuil Hall zu gelangen.

 Karte S. 69	
►	Faneuil Hall
↔	2,3 Kilometer
⏱	1,5 Stunden
►	Faneuil Hall

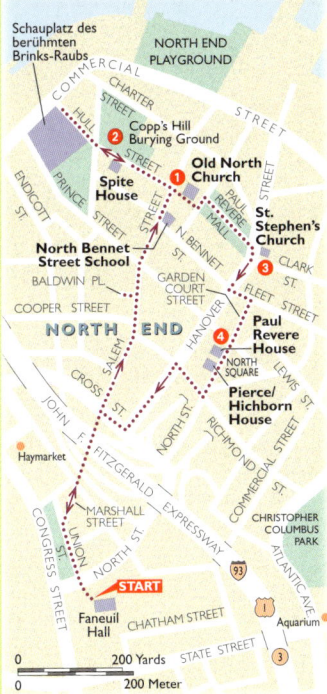

Boston Harbor

SHAWMUT, WIE DIE AMERIKANISCHEN UREINWOHNER DIE Bostoner Halbinsel nannten, heißt soviel wie »Land des lebenden Wassers«. Tatsächlich beruht der Charme der Stadt unter anderem darauf, dass man sich stets nahe am Wasser befindet. Entsprechend ist der Hafen, der bei der Gründung und in der Frühzeit Bostons eine bedeutende Rolle spielte, auch fester Bestandteil der städtischen Zukunftsvisionen.

Die stimmungsvollen Farben des Nachthimmels über Boston spiegeln sich in dem ruhigen Wasser des Inneren Hafens

Ursprünglich lag kein Teil der Stadt weiter als drei Häuserblocks vom Wasser entfernt. Im Laufe der Jahre sorgten jedoch wiederholte Aufschüttungsmaßnahmen dafür, dass viele Attraktionen heute längst nicht mehr am Ufer stehen. Der Schauplatz der Boston Tea Party etwa liegt unter der heutigen Congress Street und Atlantic Street. Auch das Old State House war einst nur durch eine Querstraße vom Wasser getrennt und blickte geradewegs auf die Long Wharf, die früher 500 Meter über die Küste hinausragte. Heute ist das verstümmelte Pier – wie elf weitere – bedeutend kürzer. Die Lagerhäuser dieser Hafendämme sind längst verschwunden, aber Namen wie India Wharf und Union Wharf erinnern an die Zeiten, in denen Kaufleute riesige Vermögen anhäuften.

1970 lag der Bostoner Hafen, einst der bedeutendste der USA, praktisch verlassen. Die gesamte Anlage war völlig heruntergekommen, die US-Marine längst abgezogen und das Wasser entsetzlich verschmutzt. Dann sorgten strikte Umweltgesetze und innovative Maßnahmen der Stadtsanierung für eine Wiederbelebung der »Waterkant« und brachten mit Museen, Restaurants, Wohn- und Bürohäusern einen Großteil der ursprünglichen Geschäftigkeit zurück. Das **New England Aquarium** (siehe S. 78f) lockt Besucher an die Central Wharf, während Rowe's Wharf das moderne Boston Harbor Hotel

beherbergt. Ein anderes Hotel, das Marriott, sitzt auf der Long Wharf. Gleich daneben bietet der 1976 geschaffene **Christopher Columbus Park** der Öffentlichkeit Zugang zum Wasser. Von der benachbarten Long Wharf aus kann man die U.S.S. *Constitution* bei ihrer Hafenrundfahrt am 4. Juli beobachten. Ein Schlepper zieht sie bis vor Castle Island, und zur Mittagsstunde feuert sie zum Geburtstag der USA 21 Schuss Salut.

Heute bildet die eng mit dem Meer und der Seefahrt verknüpfte Geschichte Bostons das Grundthema städtebaulicher Neuentwicklungen. Ein neuer **Seaport District** entstand, und neben dem Black Falcon Cruise Terminal ragt das jüngste Wahrzeichen der Stadt, das glamouröse **Federal Courthouse**, direkt aus dem Wasser. Ein riesiges Messezentrum und ein World Trade Center erfüllen die Anforderungen des aufstrebenden Business. Wassertaxis und Fähren transportieren Einwohner und Touristen von Downtown nach East Boston und zum Logan International Airport, aber auch zur North und South Shore. Besuchen Sie das New England Aquarium und schauen Sie sich die Experimente mit echtem Hafenwasser an!

BOSTON HARBOR ISLANDS NATIONAL RECREATION AREA

1996 wurden die 30 Hafeninseln Teil des National-Park-Systems. So klein sie sind, laden sie doch zu abwechslungsreichen Ausflügen ein und

Besucherinformation

🅐 Karte S. 69

✉ 15 State St.

☎ Hafenrundfahrten: 617/227-4321. Aquarium »Science at Sea«-Rundfahrten: 617/973-5206

Ⓢ Hafenrundfahrten: $$

🚇 T: Aquarium, State Street

bieten Bostonern wie Besuchern eine wunderbare Möglichkeit, der Hektik der Stadt für eine Weile zu entfliehen.

In der warmen Jahreszeit verkehrt eine Fähre zur 12 Hektar großen **George's Island.** Unter den zahlreichen Gefangenen, die hinter den dicken Mauern und Eisentoren von Fort Warren schmachteten, war 1865 Alexander H. Stephens (1812–83), der Vizepräsident der Konföderierten Staaten von Amerika. Die Ranger erzählen auch gerne von der gespenstischen »Schwarzen Frau«. Als der damals 16-jährige Rekrut Edgar Allan Poe 1827 auf **Castle Island** stationiert war, hörte er die gruselige Geschichte eines Duellanten, der von seinen Kameraden lebendig eingemauert worden war. Sie inspirierte ihn zu der schauer-

lichen Shortstory *Das Fass Amontillado.* Das Skelett wurde 1905 tatsächlich gefunden! Heiterer ist **Little Brewster** mit dem Boston Light, dem letzten bemannten Leuchtturm in den Vereinigten Staaten. Gallops Island lockt mit einem herrlichen Panoramablick über Boston, Grape Island mit seiner Flora und Fauna, während Lovell's Island mit schönen Badestränden aufwartet.

Auf Peddock's Island führt ein Wanderweg rund um einen Teich und Sumpfland.

Auf George's Island, der ersten Anlegestelle, gibt es ein einfaches Café; in der Hochsaison verkehren von hier aus kostenlose Fährboote zu den anderen Inseln. Keine davon verfügt über Trinkwasser – packen Sie also ausreichend Getränke ein! Einfaches Camping ist erlaubt. ∎

Boston Harbor Islands National Recreation Area
www.BostonIslands.org
☎ 617/223-8666
💲 $$ (Rundfahrt)
🕐 Kein Fährbetrieb Mitte Okt.–April
🚇 T: Aquarium
⛴ Long Wharf (Fähren-Informationen S. 238f)

New England Aquarium

www.neaq.org

Karte S. 69

Central Wharf

617/973-5200

$$$.

T: Aquarium, State Street

New England Aquarium

AQUARIEN SIND IN DEN LETZTEN JAHREN GEWALTIG IN Mode gekommen. Hat eine Stadt noch keines, gibt es garantiert zumindest Pläne dafür. 1969 erbaut, war das Bostoner Aquarium das erste moderne Aquarium der Vereinigten Staaten, das die Tiere in naturgetreuer Umgebung zeigt. Zum 30. Geburtstag wurde ein Erweiterungsprogramm in Angriff genommen.

Glanzstück und Herz der Anlage ist das riesige, vier Stockwerke hohe Meerwasserbecken **(Giant Ocean Tank)**, an welchem außen eine Spiralrampe entlangläuft. Die Versuchung ist groß, sich direkt dorthin zu begeben und die Fülle von Meeresrestieren zu beobachten, die in dem über vier Millionen Liter fassenden zylindrischen Becken schwimmen – darunter Meeresschildkröten, Haie und Stachelrochen. Besichtigen Sie trotzdem zuerst die äußeren Ausstellungsgalerien und wandern Sie erst dann die Spiralrampe abwärts.

Der niedrige Lichtpegel in dem Gebäude vermittelt dem Besucher den Eindruck, selbst unter Wasser zu sein, und macht es möglich, Arten wie den Laternenfisch zu sehen, der in den Tiefen des Ozeans sein eigenes Licht erzeugt. Besorgen Sie sich am Informationsschalter die Broschüre mit den »Daily Specials«

(Tagesveranstaltungen) und begeben Sie sich dann zur **Special Exhibits Gallery**, deren Ausstellungen etwa alle zwei Jahre wechseln.

Bleiben Sie noch im Hauptgeschoss und schauen Sie bei den immer wieder putzigen Pinguinen vorbei. Machen Sie die Brillenpinguine mit der schwarzen Schabracke auf der weißen Brust oder die Felsenpinguine mit dem gelben Schopf ausfindig. Die Zwergpinguine aus Australien und Neuseeland sind die kleinsten Pinguine der Welt, sie wiegen nur wenige Pfund und erreichen gerade einmal eine Länge von 30 cm.

Ganz in der Nähe befindet sich das **Medical Center**, das sich nicht nur um die Aquarienbewohner kümmert, sondern auch in der Region gefangene verletzte Tiere betreut. Vielleicht sehen Sie, wie ein Pinguin auf seine Fitness getestet wird oder wie ein Fisch mit verformtem Maul eine Spange bekommt. Vom Medical Center führt eine Rampe hinauf zur **Thinking Gallery**, die dazu anregen soll, über Entwicklung und Verhaltensweisen nachzudenken. Das Spektrum der Lebensräume, das von neuenglischen Salzsümpfen bis hin zu tropischen Mangroven reicht, wirft die Frage auf, was die von Menschen verursachte Umweltverschmutzung diesen wichtigen Ökosystemen antut.

Alles Wissen wird auf amüsante und unterhaltsame Weise vermittelt. Wie die Kinder möchte man staunend »Oh!« und »Ah!« ausrufen, wenn man an der **Shark Wall** mit den Silhouetten der gefährlichen Räuber – vom kleinen Dornhai bis zum großen Weißen Hai – vorbeikommt. Auf der nächsten Etage leben in der **Fresh Water Gallery** kleinere, aber kaum weniger Furcht erregende Geschöpfe wie Piranhas und Goldbaumsteiger, die im Süßwasser zu Hause sind. Die

Zitteraale mögen harmlos und zunächst ein wenig langweilig wirken, doch wenn sie ihre Beute töten, leuchten sie glühend rot auf.

Ganz oben angekommen, erwartet uns das **obere Ende des Giant Ocean Tank**, wo zauberhaft zarte Becher-, Hirsch- und Elchgeweihkorallen die Kulisse für böse aussehende Kugelfische und die quecksilbrigen Hornhechte bilden. Versuchen Sie unbedingt, bei einer

der Fütterungen dabei zu sein, wenn Taucher zwischen den Meerestieren schwimmen. Anschließend können Sie dann langsam um das Becken herum abwärts schlendern.

Außerhalb des eigentlichen Aquariumgebäudes leben die Seeotter und die Seehunde. Auch hier geht es zur Fütterungszeit besonders lebhaft zu. Um die Ecke liegt die **Discovery**, wo ca. alle 90 Minuten eine Seelöwen-Show stattfindet. Wer genügend Englisch versteht, kann hier unter anderem erfahren, woher die klugen Tiere ihren Namen haben (weil sie wie ein Löwe brüllen) und wie man sie ausbildet. Erwarten Sie aber keine Zirkuskunststückchen! Das Aquarium veranstaltet auch hochinteressante Hafenrundfahrten und Ausflüge zur Walbeobachtung. ■

Oben: Das New England Aquarium ist stolz auf sein umfassendes Programm für Jugendliche

Rechts: Nahaufnahme eines Aquariumbewohners

Grindwale springen aus dem Wasser

Zwergwale

Weißseiten-delphin

Schweinswale

Als beliebte Beute der Walfänger sind Glattwale heute selten geworden

Finnwale geben Töne im Niedrig-frequenzbereich ab

In den Gewässern vor Boston halten sich viele Wale auf

Da bläst einer!

Für viele Besucher zählt eine Walbeobachtungstour zu den Höhepunkten ihrer Neuenglandreise. Auf die sanften Meeresriesen trifft man häufig bei der Stellwagen Bank, einem Meeresschutzgebiet zehn Kilometer vor Provincetown. Die Chancen, mindestens einen Wal zu sichten, sind gut, und die Schiffsbesatzung vermittelt auf unterhaltsame Art sehr viel Wissenswertes.

Mit sieben bis acht Meter Länge sind Zwergwale relativ klein; Finnwale dagegen erreichen

leicht über 20 Meter! Beide Arten lassen sich hier ebenso regelmäßig blicken wie Buckelwale, die gerne springen. Glattwale sind ausgesprochen selten. Die Führer erklären, dass es möglich ist, jeden einzelnen Wal an seiner Fluke (Schwanzflosse) zu erkennen, denn diese ist ebenso einzigartig wie ein menschlicher Fingerabdruck.

Die Touren bieten auch Informationen über das Leben der Walfänger, die manchmal bis zu fünf Jahre am Stück unterwegs waren. Den Tran verwendete man einst als Brennstoff

Orkas oder Schwertwale (links und unten) sind geselige Tiere, die oft in Schulen schwimmen

Buckelwale erkennt man gut an ihrem charakteristischen Verhalten: Sie durchstoßen die Wasseroberfläche, zeigen ihre Rückenflosse, »buckeln« beim Schwimmen und präsentieren ihre Fluke

Diese Abbildung zeigt Wale, die man in den Gewässern vor Boston antreffen kann; sie weist zudem auf charakteristische Merkmale und besondere Verhaltensweisen hin

Blauwale sind die größten Lebewesen überhaupt und tauchen auch in die größten Tiefen ab

Pottwale halten sich in größeren Tiefen auf

WALGRÖSSEN IM VERGLEICH

Delphin
Grindwal
Schwertwal (Orca)
Zwergwal
Glattwal
Buckelwal
Pottwal
Seiwal
Finnwal
Blauwal

für Lampen und Maschinen. Als Zeitvertreib schnitzten die Seeleute aus den Kieferknochen und Zähnen der Tiere kunstvolle Objekte, die manchmal auch noch koloriert wurden. Solche »Scrimshaw« und andere Erinnerungsstücke wie Harpunen, Messer, Walöllampen und Gemälde von Walfängern findet man in praktisch jedem Museum der Region.

Walbeobachtungstouren werden heute von Boston und vielen anderen Orten wie Gloucester, Provincetown und Barnstable aus angeboten.

Ziehen Sie rutschfeste Schuhe mit Gummisohlen an und packen Sie Sonnencreme, eine gute Sonnenbrille und Pillen gegen Seekrankheit ein. Da die Temperaturen auf dem Wasser auch im Sommer rasch sinken, sollten Sie zudem etwas Warmes zum Überziehen mitnehmen. Näheres zu Walbeobachtungstouren auf S. 262.

Children's Museum

MIT SEINER BUNT BEWEGTEN GESCHICHTE, SEINEM REICH-
haltigen Sportangebot und der verführerischen Eiscreme erfreut sich
Boston seit jeher großer Beliebtheit bei den Kleinen. Außerdem kann
die Stadt mit einem der allerersten Museen für Kinder aufwarten.

**Interaktive Aus-
stellungsstücke
fördern das spie-
lerische Lernen**

Das Children's Museum ist nicht zu
übersehen: Halten Sie einfach Ausschau nach der riesigen Milchflasche
am östlichen Ende der Congress
Street Bridge. Drinnen greife man
sich sodann eine Karte und arbeite
sich durch die vier Etagen nach
oben... Alternativ können Sie natürlich auch ein bestimmtes Thema aus-
wählen, »Natural World« zum Beispiel oder »How Things Move«.

Auf der Kidstage werden regelmäßig kostenlose Shows dargeboten,
für ihren Nachwuchs freilich nur dann
unterhaltsam, wenn er die englische
Sprache einigermaßen gut versteht.
Überall im Museum stehen aufmerksame Helfer bereit, um Wissbe-
gierigen ihre Fragen zu beantworten.

ERSTES OBERGESCHOSS
(SECOND FLOOR)
Im **Science Playground** lernen
Kinder im wahrsten Sinne des Wortes
spielend die Gesetzmäßigkeiten kennen, die Isaac Newton (1642–1727)
an der Wende zum 18. Jahrhundert
bzw. Galileo Galilei (1564–1642)

Children's Museum
www.bostonkids.org
🔺 Karte S. 69
✉ 300 Congress St.
☎ 617/426-6500
🕐 Spätöffnung Fr
   bis 21 Uhr
💲 $$$, ermäßigter
   Eintritt ($)
   Fr 17–21 Uhr
🚇 T: South Station

hundert Jahre zuvor aufstellte. Beob-
achten Sie etwa, wie ein Golfball in
einer großen Schale kreist, bevor er
durch das Loch in der Mitte fällt.
Bei diesem Experiment geht es um
Eigendynamik, Reibung und Schwer-
kraft. Eine der beliebtesten Attraktio-
nen ist **Boats Afloats** am anderen
Ende dieses Stockwerks. Plastik-
schürzen sorgen dafür, dass die Teil-
nehmer nicht vollkommen durch-
weicht werden, wenn Boote und
Schiffe aller Formen und Größen
durch den Fort Point Channel navi-
gieren. Das nach der draußen vorbei-
führenden Wasserstraße benannte
8,5 Meter lange Becken enthält über
3600 Liter Wasser und vier Brücken.
Ändern Sie mittels eines Handgriffs
die Strömungsrichtung oder löschen
Sie mit einer Pumpe einen (natürlich
nur vorgetäuschten) Brand.

Eine Tür weiter wartet der **Play-
space** auf Kinder bis zu vier Jahren.
Diese können hier durch einen Ur-
wald klettern, im Sandkasten bud-
deln, eine Eisenbahn fahren lassen
oder mit Puppen und Plüschtieren
ihre eigene Traumwelt kreieren.

ZWEITES OBERGESCHOSS
(THIRD FLOOR)
Das **Grandparent's House**, das
sich über zwei Etagen zieht, bietet
Eltern Gelegenheit, etwas über die
guten alten Zeiten zu erzählen –
Anno 1959. Damals waren alle selbst-
beweglichen Spielzeuge entweder
feder- oder batteriebetrieben. Ver-
suchen Sie doch einmal, Kindern
von heute klarzumachen, dass man
auch ohne Video- und Computer-
spiele eine wunderschöne Kindheit
haben kann!

Die **Construction Zone** spricht alle Altersgruppen an. Ausgerüstet mit Schutzhelm und orangefarbener Sicherheitsweste, kann man hier auf einem Stahlträger balancieren und die Handzeichen üben, mit denen die Arbeiter »Ladung heben«, »Stopp« und »Ladung senken« signalisieren. Bauen Sie auf diese Weise Wolkenkratzer aus Holzklötzen.

Ältere Kinder haben meist viel Spaß im **Japanese House**, wo man erfährt, wie ein traditionelles japanisches Haus gebaut wird und man anschließend die Schuhe auszieht, um ein solches in Wirklichkeit zu betreten – ein Geschenk an Boston von seiner Partnerstadt Kyoto.

DRITTES OBERGESCHOSS (FOURTH FLOOR)

Hier liegt **Teen Tokyo**, das die Unterschiede zwischen dem Alltag japanischer Teenager und ihrer westlichen Altersgenossen illustriert. Zwölf junge Leute aus Tokio werden anhand von Fotos und Lebenslauf vorgestellt. Großes Entsetzen rufen meist die strikten Schulstatuten hervor, insbesondere die Bekleidungsvorschriften: So dürfen Mädchen weder Make-up noch irgendwelchen Schmuck tragen. ∎

Institute of Contemporary Art (ICA)

Wer sich für die Werke einheimischer Künstler interessiert, sollte einen Besuch im Institute of Contemporary Art (ICA) auf keinen Fall verpassen.

Das Museum rühmt sich als das älteste Museum der USA und existiert seit 1936. 1999 fiel die Entscheidung, in ein neues Gebäude zu ziehen. Nach 70 Jahren an derselben Stelle zog das Institute of Contemporary Art vor kurzem in die Waterfront Area. Nun residiert es in einem eigens für das Institut errichteten Neubau.

In einem von den preisgekrönten New Yorker Architeckten Diller Scofidio und Renfro entworfenen modernen Glasbau präsentiert das Institut auch weiterhin die Werke einheimischer und internationaler Künstler. Es gibt keine Dauerexponate. Die Baukosten für das neue Gebäude beliefen sich auf 41 Millionen Dollar.

Die Ausstellungsfläche wurde verdreifacht und umfasst nun rund 2000 Quadratmeter.

In den Anfangsjahren wurden im ICA die Arbeiten Paul Gauguins, Edvard Munchs und Oskar Kokoschka gezeigt. Präsentiert wurden zudem die Arbeiten von Georges Braque, Oskar Kokoschka, Eduard Mund, Andy Warhol, Robert Rauschenberg und Roy Lichtenstein. ∎

Institute of Contemporary Art (ICA)
www.icaboston.org
🅰 Karte S. 69
✉ 100 Northern Avenue
☎ 617/478-3100
🕐 Geschl. Mo
🚇 T: South Station

Exponate im Institute of Contemporary Art

Boston-Tea-Party-Schiff

»DUMP THE TEA INTO THE SEA!«, SCHREIT EINE GRUPPE Touristen an Bord der *Beaver II*, des Nachbaus einer der drei Fregatten der Boston Tea Party. Einer nach dem anderen werfen sie mit TEA beschriftete Kisten über Bord, um sie gleich darauf wieder an einem Strick hochzuziehen, damit die nächsten Protestler aktiv werden können. Das Ganze ist eine höchst beliebte Abwechslung für alle, die den *Freedom Trail* einfach zu ernst finden.

An Bord des Boston-Tea-Party-Schiffes können Besucher auch heute noch gegen den hohen Zoll auf Tee protestieren

Die Besichtigung des Boston-Tea-Party-Schiffes und des dazugehörigen Museums erfolgt immer gruppenweise. Als Erstes sitzt man auf einer harten Holzbank, einen Bostoner Bürger mimend, der am 16. Dezember 1773 an einem Town Meeting teilnimmt. Der Führer erzählt von den Steuern und Zöllen, die die Regierung in London erhoben hat. Häufig ist die Rede davon, Tee und andere britische Güter zu boykottieren. Nicht erwähnt wird der höchst profitable Schmuggel durch die Kolonisten. Das Publikum wird zum Mittun animiert, und Rufe wie »aye, aye« begrüßen die antibritischen Parolen. Dann werden Federn ausgeteilt, um daran zu erinnern, dass sich die 120 Männer und Jungen, die an jenem Abend die Schiffe enterten, als Indianer verkleideten. Anschließend begibt sich die Gruppe zur *Beaver II*, und jeder darf einen Ballen Tee ins Wasser werfen.

1773 wurden auf diese Weise rund 60 Tonnen vernichtet – genug für 23 Millionen Tassen des (vormaligen) Lieblingsgetränks der Kolonisten.

Ist dieser Spaß vorbei, kann man sich auf eigene Faust auf dem Schiff umsehen. In Dänemark gebaut, überquerte es 1973 tatsächlich den Atlantik! Das Museum vermittelt Hintergrundwissen zu der ganzen Debatte. Man erfährt, dass es im 18. Jahrhundert fünf Sorten Tee gab, und bekommt die überraschend dekorativen Teekisten jener Tage zu sehen. Wichtige Daten wie der Stamp Act und sein Widerruf werden ebenso erklärt wie die Rolle der East India Company, die damals das Monopol für den Teeverkauf an die Kolonien hatte. Nach einem Brand musste das Boston Tea Party Ship Museum schließen. Es wird zurzeit noch renoviert und soll im Sommer 2010 wieder öffnen. ∎

Boston Tea Party Ship & Museum
www.bostonteapartyship.com
🅰 Karte S. 69
✉ Congress St. Bridge
☎ 617/338-1773
🕐 tel. erfragen
💲 $$
🚇 T: South Station

Mit seinen Gebäuden aus dem 18. und 19. Jahrhundert zählt Beacon Hill zu den malerischsten Stadtvierteln der USA. Das grandiose Museum of Science zieht jährlich knapp zwei Millionen Besucher an

Beacon Hill und das Museum of Science

Die goldene Kuppel des Massachusetts State House

Beacon Hill, von Anfang an eine vornehme Adresse

Beacon Hill und das Museum of Science

BEACON HILL ZÄHLT ZU DEN BEKANNTESTEN VIERTELN BOSTONS. UNTER der goldenen Kuppel des State House zentriert sich die politische Macht von Massachusetts. Gesäumt von schönen Backsteinhäusern führen malerische Straßen mit kopfsteingepflastertem Trottoir und Gaslaternen hügelaufwärts, während am Fuße des Hügels die Charles Street mit Antiquitätengeschäften, Boutiquen und Restaurants aufwartet.

Die Geschichte von Beacon Hill ist die Geschichte Bostons. Als einer der drei ursprünglichen Hügel von Tramount oder Trimountaine war es Beacon Hill, den sich William Blaxton, der erste Besiedler der Halbinsel, 1625 zur Wohnstatt erkor. Jahrzehntelang bedeckten praktisch nur Wiesen die Hänge. John Hancocks Haus, dort, wo heute das State House steht, war eines der wenigen Gebäude. Der aus Boston gebürtige Maler John Singleton Copley (1738–1815) besaß hier riesige Ländereien. Nach dem Unabhängigkeitskrieg wurden sie billig verkauft, und Charles Bulfinch (siehe S. 92f.), der erste bedeutende Architekt und Städteplaner der Vereinigten Staaten, begann unverzüglich mit der Erschließung.

Sein neues State House verlegte das Herz der Stadt vom Hafen weg, und seine eleganten Wohnhäuser lockten die betuchten Bostoner aus dem North End an den Südhang des Beacon Hill. Anfang des 19. Jahrhunderts wurde die Straßenbreite durch die Vorgabe bestimmt, dass zwei Kühe aneinander vorbeipassen mussten, was zur Anlage ausgesprochen schmaler Straßen und Tore führte. Wer heute durch diese stimmungsvollen Gassen schlendert, fühlt sich in die Welt des Schriftstellers Henry James (1843–1916) versetzt. An der Chestnut Street und am Louisburg Square lebten die »Boston Brahmins«, die blaublütige Elite der Stadt, Tür an Tür mit Künstlern aller Art.

Erst kürzlich entdeckt wurde die kulturhistorische Bedeutsamkeit der Nordseite von Beacon Hill, wo sich im 19. Jahrhundert die erste größere afroamerikanische Gemeinde des Landes etablierte, komplett mit eigener Kirche und Schule. Hinter Beacon Hill liegt die Mündung des Charles River, früher praktisch nur Sumpfland. Ein im Jahr 1910 gebauter Damm verwandelte diesen Schandfleck in jene Lagune, die nun zu den beliebtesten Attraktionen der Stadt zählt.

28

CHARLES RIVER DAM

CHARLES
RIVER
DAM

**Museum
of Science**

Science
Park

LEVERETT
CIRCLE

LAND BOULEVARD

93

1

JOHN F. FITZGERALD EXPRESSWAY

CAUSEWAY

North
Station

3

**W E S T
E N D**

MERRIMAC ST.

NEW CHARDON ST.

NEW SUDBURY ST.

CHARLESBANK
PARK

BLOSSOM ST.

WILLIAM CARDINAL
O'CONNELL WAY

Charles River Basin

**Massachusetts
General
Hospital**

3

BLOSSOM ST.

STANIFORD ST.

1st Harrison Gray
Otis House

Bowdoin

28

3 LONGFELLOW BRIDGE

C A M B R I D G E   S T R E E T

Charles/
MGH

PHILLIPS ST.

GARDEN ST.

JOY ST.

SMITH
COURT

Abiel Smith
School

African Meeting
House

BOWDOIN ST.

Beacon
Hill
Memorial
Column

SOMERSET ST.

Government
Center

COURT ST.

REVERE STREET

CHARLES ST.

W. CEDAR ST.

MYRTLE ST.

BEACON HILL

PICKNEY ST.

Nichols House
Museum

VERNON ST.

MOUNT

**Massachusetts
State
House**

School ST.

**Granary
Burying
Ground**

Boston
Athenaeum

Bull &
Finch

B E A C O N

28

Frog Pond

PARK
STREET

**Park Street
Church**

WINTER ST.

EMBANKMENT ROAD

2

**BOSTON
COMMON**

BEACON   STREET

MARLBOROUGH ST.

ARLINGTON ST.

**PUBLIC
GARDEN**

CHARLES STREET

TREMONT ST.

DOWNTOWN

BACK BAY

Boylston

B O Y L S T O N   S T R E E T

2

0   400 Yards
0   400 Meter

SOMERVILLE

CAMBRIDGE

ÖSTLICH
VON
BOSTON

BROOKLINE

Zur Orientierung

Massachusetts State House

**Massachusetts
State House**
www.sec.state.ma.us

Karte S. 87

Eingang an der
Beacon St.

617/727-3676

Geschl. So,
Führungen Mo—Sa
10—16 Uhr

T: Park St.

DAS MASSACHUSETTS STATE HOUSE IST EINE ARCHITEK-
tonische Glanzleistung. Vor dem Bau der ersten Wolkenkratzer war
seine goldene Kuppel von praktisch jeder Stelle der Stadt aus zu sehen. Selbst heute noch können Sie es sogar von der Back Bay und
Cambridge aus erkennen. Es repräsentiert das wahre Herz der Stadt –
den Punkt, von dem aus Kartographen die Entfernungen messen.

**Links: Die edle
Marmorausstat-
tung des Massa-
chusetts State
House**

**Rechts: Ein höl-
zerner Kabeljau
(»Codfish«) im
Repräsentanten-
haus verweist auf
die Bedeutung,
die der Fischerei-
industrie in die-
sem Bundesstaat
zukommt**

Als Charles Bulfinch vor mehr als
200 Jahren das State House entwarf,
waren die Vereinigten Staaten eine
ganz junge Nation. Im Laufe der
Jahre und Jahrzehnte wurde seine
vornehme Kuppel zum Vorbild für
Kapitolbauten im ganzen Land
(siehe S. 92f). Die 23-Karat-Blatt-
vergoldung ersetzte 1861 Paul
Reveres Kupferbedachung aus dem
Jahr 1802. Führungen sind kostenlos; Sie können sich aber auch auf
eigene Faust umsehen (Informationsmaterial liegt in der Lobby
aus).

Stellen Sie sich die Feierlichkeiten vor, unter denen am 4. Juli 1795
der Grundstein von 15 Schimmeln
den Hügel hinaufgezogen und von
Samuel Adams und Paul Revere
gelegt wurde (die weißen Pferde
repräsentierten die 15 Staaten der
Union). In der Eingangshalle befindet sich ein Modell des ursprünglichen Bulfinch-Entwurfs, der eine
Breite von nur 20 Metern vorsah.

Die Flügel und das rückwärtige Gebäude sind jüngeren Datums. Sowohl der Kiefernzapfen an der Kup-
pelspitze als auch die zehn Original-
säulen in der **Doric Hall** stehen für
den Holzhandel, den zweitwichtig-
sten Erwerbszweig im Neuengland
der Kolonialzeit. Durch die **Nurses'
Hall** mit ihren Gemälden historischer Begebenheiten und die Hall of
Flags führt die Haupttreppe in das
Obergeschoss. Die bekannteste unter
den vielen Statuen ist der **Sacred
Cod**, ein geschnitzter Holzfisch, der
als Wahrzeichen über der Besucher-
galerie im Repräsentantenhaus
hängt. Der Legende nach erhielt ihn
die Regierung 1784 geschenkt, um
von einer überzogenen Besteuerung
der Fischer Abstand zu nehmen. Eine
andere Tradition, die sich mit dem
State House verbindet, betrifft dessen
Hauptportal: Es wird nur für den
Präsidenten der Vereinigten Staaten
bzw. für Gouverneure am Ende ihrer
Amtszeit geöffnet. ■

Park Street Church und der Granary Burying Ground

DIREKT UNTERHALB DES MASSACHUSETTS STATE HOUSE steht an der Ecke von Park und Tremont Steet die Park Street Church mit dem Granary Burying Ground. 1809 hielt der eloquente Abolitionist William Lloyd Garrison hier seine erste Rede gegen die Sklaverei – nur eines von vielen »Firsts« in diesem schönen Backsteinbau.

»Da die Freilassung [der Sklaven] nun einmal rasch vorangetrieben werden muss und wir mit profanem Widerstand rechnen müssen – warum die Sache dann nicht sofort anpacken?«
Garrsion, 1829 ■

Die Gemeinde richtete hier die erste Sonntagsschule der Vereinigten Staaten ein (1817), entsandte Missionare auf die Sandwich Islands (heute Hawaii, 1819) und gründete eine Hilfsorganisation für Gefangene (1824). Auf ihren Stufen wurde 1831 erstmals das Lied *America* gesungen; der Text war neu, die Melodie die der britischen Nationalhymne.

GRANARY BURYING GROUND

In unmittelbarer Nachbarschaft befinden sich – umgeben von Bürogebäuden und dem Boston Athenaeum – die letzten Ruhestätten einiger der berühmtesten Persönlichkeiten aus Bostons Geschichte. Rechts vom Eingang markiert ein großer Stein das Grab von Samuel Adams, »A Leader of Men and an Ardent Patriot«. Daneben erinnert eine schlichte Plakette an die fünf Opfer des Boston Massacre (siehe S. 27). Auf der anderen Seite befindet sich das Grab von James Otis (1725–83), dessen Einspruch gegen die Writs of Assistance 1761 einen wichtigen Schritt hin zur Unabhängigkeit markierte. Das höchste Denkmal gehört der Familie Franklin und trägt eine Inschrift zu Ehren Benjamin Franklins (1706 bis 90), der jedoch in Philadelphia beigesetzt ist. Ein Obelisk bei der Kirche ist John Hancock gewidmet, den sein großes Vermögen sowie seine Liebe für Festlichkeiten und vornehme Kleidung eigentlich zum Tory stempelten, der aber gleichwohl die Patrioten unterstützte, weshalb er ganz oben auf der »Most-wanted-Liste« der Briten stand. Auf der Rückseite findet man die Gräber des Geschäftsmanns Peter Faneuil (siehe S. 62) und von Paul Revere (siehe S. 72f). ■

Oben: Gedenkstein für James Otis

Rechts: Die Park Street Church war ein Versammlungsort der Abolitionisten

Park Street Church

- 🅰 Karte S. 87
- ✉ 1 Park St.
- ☎ 617/523-3383
- 🕐 Geschl. Mo Mai–Sept.
- 🚇 T: Park St.

Granary Burying Ground

- 🅰 Karte S. 87
- ✉ Tremont St./ Bromfield St.
- 🚇 T: Park St.

Charles Bulfinch – Architekt und Städteplaner

Wenn Nachahmung tatsächlich eine Form der Schmeichelei ist, dürfte Charles Bulfinch (1763–1844) sich überaus glücklich schätzen, denn kaum ein anderer Architekt hat ein vergleichbares Legat hinterlassen. Überall in den Vereinigten Staaten stehen Kapitolgebäude und Gerichtshöfe mit glänzender Kuppel, säulengeschmücktem Portikus und breiter Steintreppe. Auch wenn der Autodidakt diese nicht selbst entworfen hat, schuf er mit seinem grandiosen Bostoner State House (1795), dem dritten Parlamentsgebäude der jungen Republik, doch das Vorbild für sie alle.

In Boston geboren, reiste der wohlhabende Harvardabsolvent ein Jahr lang quer durch Europa. Doch während sein Mentor Thomas Jefferson sich vom europäischen Festland inspirieren ließ, zog Bulfinch die Londoner Bauten der Gebrüder Adam vor. Seine Adaption ihrer Entwürfe begründete in Neuengland einen Baustil, der später als Federal Style landesweit imitiert wurde.

Bulfinch entstammte einer sehr gut situierten Familie und konnte es sich daher leisten, anfangs rein zum Hobby Häuser für seine Bostoner Freunde zu entwerfen. Als wenig begnadeter Geschäftsmann machte er jedoch 1796 Bankrott – von da an musste ihm die Architektur auch als Broterwerb dienen. Glücklicherweise kannten seine Kreativität und Energie keine Grenzen, und im Laufe von drei Jahrzehnten verwandelte er die Hafenstadt Boston in eine elegante City. 1799–1817 Vorsitzender des Bostoner Stadtrats, scheute er sich nicht, den damit verbundenen Einfluss kräftig auszunutzen. Auf seinem Reißbrett entstanden ganze Straßenzüge und Häuserreihen, Schulen, Banken und Versicherungsgebäude. Wichtige Pro-

jekte waren die Renovierung und Erweiterung der Faneuil Hall (siehe S. 62) und die Errichtung ansprechender neuer Kais. Er plante die University Hall in Harvard und 1817 Pavillon und Ether Dome des Massachusetts General Hospital. 1818–29 lebte Bulfinch in Washington, wo er auf Einladung von Präsident Monroe das Kapitol der Landeshauptstadt vollendete. Später baute er in Augusta das neue Parlamentsgebäude für den Bundesstaat Maine.

Leider sind in Boston nur noch rund 20 Prozent von Bulfinchs Arbeiten zu sehen; der Rest wurde im Laufe der Jahre abgerissen oder modifiziert. Neben dem State House und Ether Dome stehen noch drei Häuser, die er für seinen Freund und Geschäftspartner Harrison Gray Otis errichtete: Das erste (141 Cambridge Street) kann besichtigt werden (siehe S. 104).

Links: Porträt von Charles Bulfinch
Unten links: Bulfinchs Entwurf für das Massachusetts State House wurde zum Vorbild für Kapitolarchitektur im ganzen Land
Unten: Um die Arbeiten am Kapitol zu überwachen, lebte Bulfinch elf Jahre in Washington, D.C.
Rechts: Bulfinchs Ether Dome des Massachusetts General Hospital ermöglichte es Studenten, Operationen beizuwohnen, bei denen die neu entwickelte Anästhesie zur Anwendung kam

Das zweite, das allgemein als sein bester Entwurf gilt (85 Mount Vernon Street), befindet sich ebenso wie das dritte (45 Beacon Street) in Privatbesitz. Nur eine seiner zwölf Kirchen ist erhalten: St. Stephen's im North End. Heute würde Bulfinch freilich auch als Städteplaner gelten. Josiah Quincy, Bostons erster Bürgermeister, fasste seine Verdienste treffend in Worte: »Wenige Männer verdienen es, von den Bostoner Bürgern in höheren Ehren gehalten zu werden als Charles Bulfinch.«

Boston African-American National Historic Site

www.nps.gov/boaf

Karte S. 87

14 Beacon St.

617/742-5415

Geschl. So, Thanks-giving, 25. Dez. & 1. Jan.

T: Park St.

Boston African-American National Historic Site

DIE AFROAMERIKANISCHE BEVÖLKERUNG BOSTONS BLICKT auf eine lange Geschichte zurück und hat wesentlich zum Wachstum und Wohlstand von Stadt und Region beigetragen. Viele der historischen afroamerikanischen Sehenswürdigkeiten sind über den Black Heritage Trail verbunden. Entsprechend ist auch die Boston African-American National Historic Site nicht einfach ein einzelnes Museum, sondern bildet eine Reihe thematisch verknüpfter Attraktionen.

Im African Meeting House gingen politische Debatten, Abolitionistentreffen und Gottesdienste Hand in Hand

und hügelab durch Beacon Hill. Am lebendigsten wird die Geschichte, wenn Sie sich einer der kostenlosen Führungen (nur im Sommer und auf Englisch) anschließen. Das restliche Jahr über bekommen Sie im Museum of Afro American History (siehe S. 95) oder bei dem Visitor Center am Freedom Trail (siehe S. 58) Informationsmaterial zu dem interessanten Rundgang.

Direkt gegenüber vom State House steht das **Robert Gould Shaw and the 54th Regiment Memorial** des Bildhauers Augustus Saint-Gaudens (1848–1907). Der Oscar-prämierte Film *Glory* (1989) erzählt die Geschichte dieses ersten Regiments, in dem Schwarze für die Union kämpften. Über 60 von ihnen fielen beim Angriff auf Fort Wagner während des Feldzugs auf Charleston, South Carolina. Einer der Toten war ihr weißer Kommandant, Colonel Shaw, der auf Wunsch seiner Familie zusammen mit seinen Leuten auf dem Schlachtfeld beigesetzt wurde. Einer der Überlebenden, Sergeant William Carney aus New Bedford, wurde später als erster Afroamerikaner mit der Ehrenmedaille des Kongresses ausgezeichnet.

Im 17. Jahrhundert die erste Kolonie, welche die Sklaverei einführte, war Massachusetts doch auch der erste Staat, der sie 1780 wieder abschaffte. Ein Präzedenzfall in dieser Hinsicht war jener von Elizabeth Freeman, die ihre Herrin wegen

Hierbei handelt es sich nicht um einen Themenpark mit festgelegtem Ein- und Ausgang, sondern um ein Gebiet am Beacon Hill, das an die erste freie afroamerikanische Gemeinde der Vereinigten Staaten erinnert. Sie florierte im 19. Jahrhundert auf der Nordseite des Beacon Hill, wo Schwarze eigene Häuser besaßen, Geschäfte und Betriebe leiteten sowie eigene Kirchen und Schulen errichteten. Darüber hinaus waren sie in der Abolitionistenbewegung aktiv und boten entflohenen Sklaven Zuflucht. Der 2,6 Kilometer lange **Black Heritage Trail** führt zwischen rund 14 Sehenswürdigkeiten, zumeist Privathäusern, kreuz und quer, hügelauf

Grausamkeit verklagte und Recht bekam. Daraufhin stieg der schwarze Bevölkerungsanteil Bostons durch entflohene, aber auch freigelassene Sklaven. Im frühen 19. Jahrhundert wurde die Sache der Abolitionisten von flammenden Reden unterstützt, beispielsweise der von Angelina Grimke (1805 bis 1879) in State House (siehe S. 89). 1838 äußerte sie vor den Senatoren: »Ich denke, ich bin es dem geschun-

von *Onkel Toms Hütte,* hierher, um eine Gruppe geflohener Sklaven zu treffen.

Das **Museum of Afro American History** umfasst zwei Gebäude. Die 1834 gegründete **Abiel Smith School** (46 Joy Street und Punkt 13 des Trail) ist ein Symbol des langen Kampfes schwarzer Eltern dafür, ihren Kinder eine gewisse Bildung zu ermöglichen. Von den öffentlichen Lehranstalten ausge-

Museum of Afro American History
www.afroammuseum.org

Karte S. 87

14 Beacon St.

617/725-0022

Geschl. So Sept.–Mai

T: Park St.

denen Sklaven, dem irregeleiteten Sklavenhalter, meinem Land und der Welt schuldig, alles mir Mögliche zu tun, ein solches kriminelles System zu stürzen.«

Vor Beginn des Bürgerkriegs zählte die Schwarzengemeinde von Beacon Hill rund 2000 Menschen. Nach Verabschiedung des Fugitive Slave Act von 1850 riefen sie ein Selbstschutzkomitee ins Leben, um entflohene Sklaven zu verstecken. Das **Lewis Hayden House** (66 Phillips Street und Punkt 6 des Rundgangs) war eine Station der berühmten Underground Railroad. Hayden war als Sklave geboren, konnte aber flüchten. 1853 kam Harriet Beecher Stowe, die Autorin

schlossen, richteten sie zunächst eigene ein, bis 1855 der Staat Massachusetts die Rassentrennung in Schulen verbot. Nicht weit davon liegt das **African Meeting House** (8 Smith Court), die älteste erhaltene schwarze Kirche der USA und Ende des Rundgangs. Das 1806 geweihte Gotteshaus wurde aus Spenden finanziert und von freien schwarzen Handwerkern erbaut. Am 6. Januar 1832 gründete William Lloyd Garrison die New England Anti-Slavery Society.

Viele Veranstaltungen im Rahmen des Boston Black History Month (im Februar) finden in der Abiel Smith School und im African Meeting House statt. ∎

Das Massachusetts 54th Regiment Memorial an der Beacon Street erinnert an die Verdienste des ersten Schwarzenregiments im Bürgerkrieg

Zu Fuß durch Beacon Hill

Seit 1799 die Erschließung von Beacon Hill begann, ist dieses Wohnviertel Symbol für Status und Reichtum. An der Nordseite, zum Charles River hin, lebte im 19. Jahrhundert die Schwarzengemeinde von Boston (siehe S. 94f). Dieser Rundgang zeigt Ihnen etwas von beiden Welten.

Die Straßen von Beacon Hill laden zu einem Bummel in die Vergangenheit ein

Beginnen Sie vor dem **Massachusetts State House ①** (siehe S. 89) und gehen auf der Bowdoin Street am Ostflügel vorbei. In dem kleinen Park steht eine Nachbildung der 18 Meter hohen **Beacon Hill Memorial Column ②**. Das von Charles Bulfinch (siehe S. 92f) errichtete Original zählte zu den frühesten Denkmälern der Revolution. Die Säule markiert zugleich den Standort des Leuchtfeuers (*beacon*), dem Beacon Hill seinen Namen verdankt. Die Spitze des Denkmals gibt einen Ein-

> 🗺 Karte S. 87
> ▶ State House
> ↔ 2,2 Kilometer
> 🕐 I Stunde
> ▶ Beacon Street

NICHT VERSÄUMEN

State House • Louisburg Square • Nichols House Museum

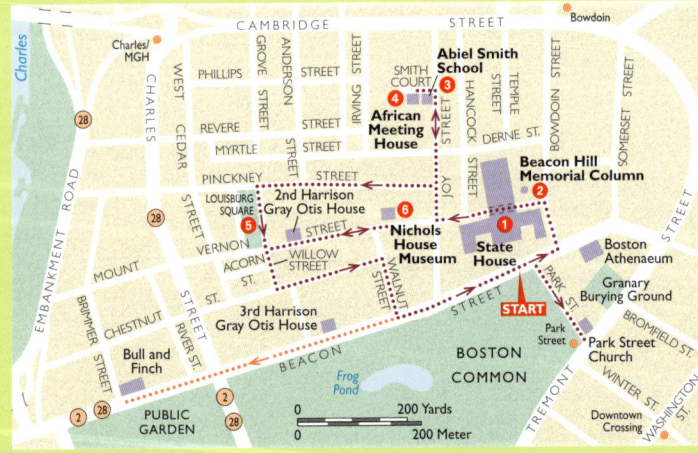

Louisburg Square, eine der vornehmsten Adressen von Boston

druck von der ursprünglichen Höhe des Hügels, der zur Aufschüttung der umliegenden Feuchtgebiete ein Stück weit abgetragen wurde. Weiter geht es unter dem Anbau des State House hindurch und rechts in die Joy Street.

Zwischen Pinckney St. und Cambridge St. lag das Herz der Schwarzengemeinde. Joy St. Nummer 46 ist die **Abiel Smith School** ❸, dahinter liegt am Smith Court Nr. 8 das **African Meeting House** (siehe S. 95) ❹. Die schmale Gasse am Ende des Smith Court war einer von vielen Schleichwegen, über die entflohene Sklaven ihren Häschern entkamen.

Gehen Sie zurück zur Joy St. und hügelaufwärts, dann rechts in die Pinckney St. bis Ecke Anderson St., wo Sie den Charles River und Bulfinchs Ether Dome des Massachusetts General Hospital sehen können.

Weiter führt der Weg zum **Louisburg Square** ❺, der – eine der nobelsten Adressen in Boston – Londoner Vorbildern nachempfunden ist. Der Park in der Mitte ist Anwohnern vorbehalten, die auch ein Anrecht auf zwei der kostbaren Parkplätze haben. Die Schriftstellerin Louise May Alcott (1832–88) lebte in Hausnummer 10, die Sängerin Jenny Lind (1820–87) heiratete in Nr. 20. Überqueren Sie den Platz zur **Mt. Vernon Street**, die mit ihrer Kopfsteinpflasterung, viktorianischen La-

ternen und eleganten Häusern wie eine Filmkulisse wirkt. Im 18. Jahrhundert lag hier der Rotlichtbezirk der Stadt, und ein britischer Offizier titulierte ihn auf einer 1775 gezeichneten Karte als »Mount Whoredom«. Beachten Sie weiter links Hausnummer 87, das zweite von drei Häusern, die Bulfinch (der auch die Nr. 51–57 entwarf) für Harrison Gray Otis baute. Das **Nichols House Museum** ❻, Nr. 55, ist der Öffentlichkeit zugänglich.

Nun geht es zurück, links über die Willow Street – wo in Nr. 9 die Dichterin Sylvia Plath (1932–63) wohnte – zur Acorn Street, der schmalsten Gasse des Viertels. Begeben Sie sich weiter zur Chestnut St. und wenden Sie sich nach links.

Die Violettfärbung des Glases von Hausnummer 29A zeugt von dessen Alter: Einer Lieferung deutschen Glases von 1818 war Manganoxid beigefügt, das sich im Sonnenlicht lila färbt. Biegen Sie rechts in die Walnut St., wo in Nr. 9 Julia Ward Howe (1819–1910) und später John Singer Sargent (1856–1925) lebten. An ihrem Ende stoßen Sie auf die Beacon Street, von wo aus es hügelaufwärts zur Park Street und dort rechts zur T-Haltestelle (Subway) geht. Hügelabwärts kommen Sie am dritten H. G. Otis-Haus (1808) vorbei und schließlich zum **Bull & Finch** Pub.

Charles River

Obwohl der Charles River offiziell nur 26 Meilen (42 km) misst – von der Stadt Hopkinton bis zu dem Damm an seiner Mündung –, strecken Segler und Ruderer ihn auf knapp 130 Kilometer, indem sie alle Flussbiegungen mitrechnen. Als einziges Flussstück des Landes, das ausschließlich der Freizeitgestaltung dient, gleicht der Charles River einem riesigen Wasserpark, an dem sich Anwohner wie Besucher gleichermaßen erfreuen.

Vor dem Dammbau 1910 war der Charles River kaum mehr als ein übel riechendes Rinnsal, weshalb die schönen alten Häuser der Back Bay ihm allesamt den Rücken kehren. Der Damm, der zugleich das Fundament des Museum of Science (siehe S. 100ff) bildet, verwandelte den Wasserlauf in eine ruhige Lagune. Ein halbes

Dutzend Brücken überspannen den Fluss; die 1907 errichtete, nach dem in Cambridge wohnhaften Dichter benannte Longfellow Bridge erkennt man leicht an ihren wie Pfefferstreuer aussehenden Türmen. Longfellow überquerte regelmäßig die West Boston Bridge, die früher an dieser Stelle über das Wasser führte, und verfasste zu ihren Ehren das Gedicht *The Bridge*. Weiter flussaufwärts liegt die Harvard Bridge, wo der Entfesselungskünstler Harry Houdini (1874–1926) 1908 einen phantastischen Stunt vollführte. Da diese Brücke direkt am Massachusetts Institute of Technology endet, gab es mehrfach Bestrebungen, sie entsprechend umzutaufen. Diese waren zum Leidwesen der MIT-ler zwar bislang erfolglos, doch 1958 hinterließ eine Gruppe von Studenten ein bleibendes Zeichen: Indem sie mit Kreide und Farbe eine Kör-

perlänge ihres Kommilitonen Oliver R. Smoot
hinter der anderen markierten, vermaßen sie
die Brücke neu. So kommt es, dass deren offizielle Länge seither 364,4 Smoots und ein Ohr
beträgt. Beim Neubau der Brücke Ende der
80er Jahre wurden die Smootsmarks auf dem
Fußweg sorgfältig nachgemalt. Von der autofreien Weeks Memorial Bridge, die Cambridge
mit der B-School (Harvards weltberühmter
Graduate School of Business Administration)
verbindet, bietet sich ein schöner Blick über
das Wasser und Harvard.

Die Charles River Reservation, die erste
Verbindung zum Emerald Necklace (siehe
S. 122f), umfasst die begrünten Uferstreifen.
Draußen auf dem Wasser kämpfen Segler mit
den vertrackten Winden, während Ruderer von
der Strömungsfreiheit der nur 2,4 Meter Was-
sertiefe profitieren. Mitte Oktober wird hier die
Head of the Charles Regatta ausgetragen, das
laut Veranstalter bedeutendste Ereignis des

**Im Herzen der Stadt gelegen, bietet der
Charles River Bostons Einwohnern rund
ums Jahr Freizeitatmosphäre**

internationalen Rudersports. Nicht weniger
lebhaft ist das Treiben auf dem Wasser am
4. Juli, wenn sich rund 400 Vergnügungsboote
zu den mehreren tausend Zuschauern gesellen,
die dem Konzert der Boston Pops in der Hatch
Shell lauschen.

Auf besonders unterhaltsame Weise lernt
man den Fluss bei einer Boston Duck Tour
(siehe S. 262) kennen (an Bord eines Amphi-
bienfahrzeugs aus dem Zweiten Weltkrieg).
Etwas ernsthafter geht es auf den einstündigen
Charles-River-Cruise-Boat-Rundfahrten zu
(siehe S. 262), deren (englischsprachige)
Kommentare überaus informativ sind. 1999
prämierte der *Boston Globe* den Blick vom
Bootsdeck auf die Skyline von Boston als den
schönsten der Stadt.

Museum of Science

Im »Light House«
des Wissen-
schaftsmuseums
werden Kinder
spielerisch mit
den Eigenschaften
des Lichts ver-
traut gemacht

WOLLEN SIE MITERLEBEN, WIE EIN BLITZ ENTSTEHT? EINEN Beweis dafür sehen, dass sich die Erde dreht? Einem Tyrannosaurus rex Auge in Auge gegenüberstehen? Mehr als 1,9 Millionen Besucher im Jahr tun genau das – und manches mehr –, wenn sie das gigantische Bostoner Wissenschaftsmuseum besuchen.

Museum of Science
www.mos.org

- Karte S. 87
- 1 Science Park
- 617/723-2500
- Fr verlängerte Öffnungszeiten; geschl. Thanksgiving & Weihnachten
- \$\$\$
- Science Park

Neben über 600 Dauerexponaten, allesamt zum Anfassen, bietet das Museum ständig Sonderschauen sowie regelmäßige Vorführungen. Sie werden Zeuge, wie Eltern die neugierigen Fragen ihrer Sprösslinge beantworten und ältere Kinder ihren Müttern und Vätern geduldig erklären, wie vieles funktioniert – Letzteres insbesondere in der hoch interessanten Computerabteilung, die Ausstellungsstücke aus dem ehemaligen Computer Museum beherbergt, das 1999 in das Museum of Science integriert wurde. Nimmt man das Planetarium und das IMAX-Theater dazu, ist ein Tag in diesem Haus im Nu vorbei.

Es gibt so viel zu sehen und zu tun, dass die Wahl schwer fällt. Besorgen Sie sich deshalb unbedingt in der Lobby eine Liste mit »Today's

Presentations« sowie einen farbcodierten Plan der drei Ausstellungsebenen. Erkundigen Sie sich zudem nach einem Kombiticket, welches das Planetarium oder einen IMAX-Film einschließt. Jedes Jahr kommen rund 4000 Schulklassen, weshalb es an Wochentagen außerhalb der Ferienzeit recht laut zugehen kann. Ab 14.30 Uhr wird es jedoch gewöhnlich ruhiger, und Sie können in Ruhe auf Knöpfe drücken und all jene Fragen stellen, auf die heute jeder Zehnjährige die Antwort weiß.

BLAUER FLÜGEL

Was immer Sie sonst hier anschauen – verpassen Sie auf keinen Fall eine der Hochspannungsvorführungen im **Thomson Theater of Electricity**, wo der weltgrößte

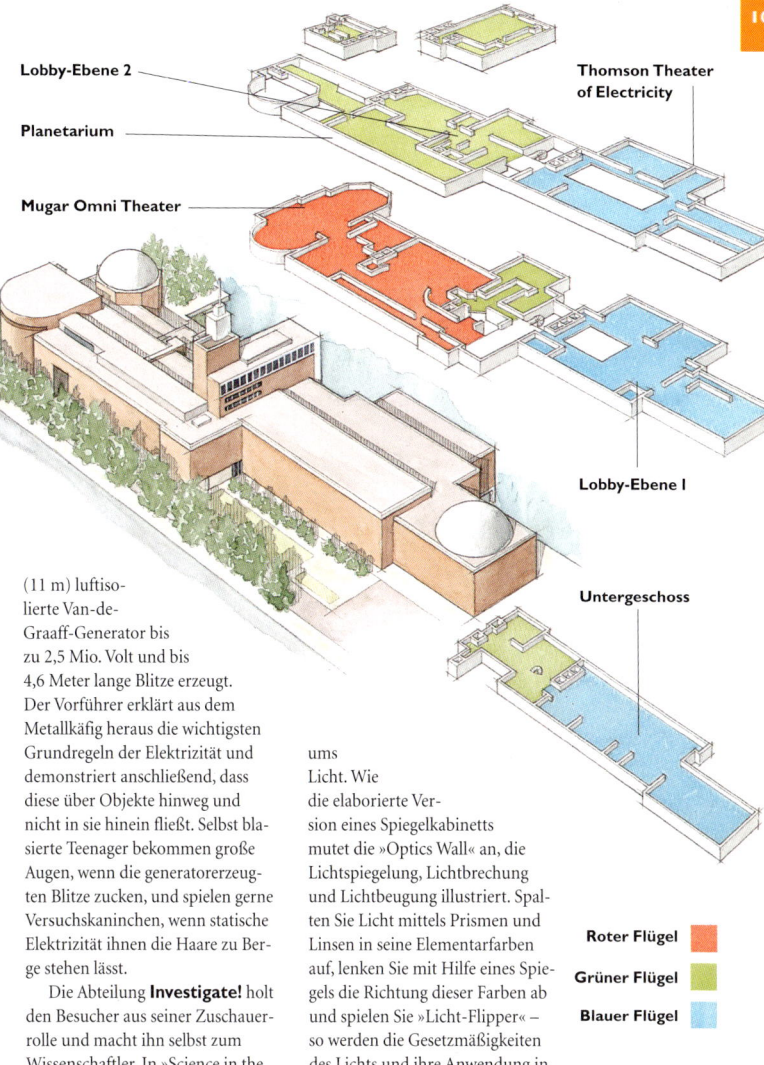

Lobby-Ebene 2

Planetarium

Mugar Omni Theater

Thomson Theater of Electricity

Lobby-Ebene 1

Untergeschoss

Roter Flügel

Grüner Flügel

Blauer Flügel

(11 m) luftisolierte Van-de-Graaff-Generator bis zu 2,5 Mio. Volt und bis zu 4,6 Meter lange Blitze erzeugt. Der Vorführer erklärt aus dem Metallkäfig heraus die wichtigsten Grundregeln der Elektrizität und demonstriert anschließend, dass diese über Objekte hinweg und nicht in sie hinein fließt. Selbst blasierte Teenager bekommen große Augen, wenn die generatorerzeugten Blitze zucken, und spielen gerne Versuchskaninchen, wenn statische Elektrizität ihnen die Haare zu Berge stehen lässt.

Die Abteilung **Investigate!** holt den Besucher aus seiner Zuschauerrolle und macht ihn selbst zum Wissenschaftler. In »Science in the Park« verdeutlichen Schaukeln, Wippen, Fahrräder und 15 andere Alltagsgegenstände die physikalischen Gesetze der Trägheit, Geschwindigkeit und Beschleunigung. Versuchen Sie, wie ein Clown die Tischdecke unter den Tellern und Tassen wegzuziehen – und Sie haben den Beweis für Newtons erstes Gesetz. Im **Sun Lab** dreht sich alles ums Licht. Wie die elaborierte Version eines Spiegelkabinetts mutet die »Optics Wall« an, die Lichtspiegelung, Lichtbrechung und Lichtbeugung illustriert. Spalten Sie Licht mittels Prismen und Linsen in seine Elementarfarben auf, lenken Sie mit Hilfe eines Spiegels die Richtung dieser Farben ab und spielen Sie »Licht-Flipper« – so werden die Gesetzmäßigkeiten des Lichts und ihre Anwendung in der modernen Optik verständlicher.

Neue Technologien erfüllen im Museum of Science eine Doppelfunktion – sie unterstützen die Exponate, sind aber auch selbst Ausstellungsthema. Im **Virtual Fish Tank** werden beide Rollen verknüpft. Dieses Aquarium ist eine virtuelle Unterwasserwelt, die nur

»Kinder, die nie aufhören, dumme Fragen zu stellen, werden Wissenschaftler.«
Leon Lederman, Physiker ■

auf Sie und Ihre Phantasie gewartet hat. Beginnen Sie damit, einen eigenen Fisch zu entwerfen, und setzen Sie ihn dann zu den 50 computergenerierten Arten, die bereits in dem riesigen Becken schwimmen. Nachdem Sie festgelegt haben, wie Ihre Schöpfung auf andere Cyberfische reagiert, was sie frisst und in welcher Tiefe sie lebt, können Sie zusehen, wie sie sich zwischen den Haien und Anglerfischen des 3-D-Ozeans zurechtfindet. Computersimulationen wie diese ermöglichen Wissenschaftlern Experimente und Resultatsanalysen, ohne (ggf. schädigend) in die wirkliche Umwelt einzugreifen.

Seit seiner Installation im Jahr 2000 ein riesiger Erfolg, ist **Cahners ComputerPlace** ständig von Familien umlagert. Und vergessen Sie nicht, sich zu informieren, was oder wer bei »Info Bytes« (einem Forum für Gastredner) auf dem Programm steht. Wenn Sie Nachwuchs dabei haben, der bei Lehrprogrammen gewöhnlich zu quengeln beginnt, könnten Sie in der Abteilung **Best Software for Kids** Zeuge eines Sinneswandels werden. Neben Übungen zur Lese- und Schreibfertigkeit (Englisch) können Ihre Sprösslinge hier ihr eigenes Fernsehstudio einrichten und sogar eine eigene Show kreieren.

Rechts: Der Van-de-Graaff-Generator im Thomson Theater of Electricity erzeugt die mächtigsten künstlichen Blitze weltweit

Natürlich ist auch das Internet vertreten, mit **Creativity**, einer Reihe von Digitalkameras, Grafik-Software und Möglichkeiten zum Videoediting. Teenager können sich eine eigene Homepage entwerfen.

Unter dem Stichwort **Messages** geht es um Kommunikation. Unterlegen Sie Stummfilmclips mit verschiedenen Arten von Musik – ein Spiel, das verdeutlicht, in welchem Maß Musik eine Handlung bzw. Stimmung verändern kann. An solchen Exponaten eilen die meisten Kinder leider einfach vorbei und drücken wahllos Knöpfe und Tasten, ohne auf das Ergebnis zu warten …

GRÜNER FLÜGEL

Eine der meistbesuchten Abteilungen ist die **Human Body Discovery Connection.** Hier können Sie Sehstärke, Puls, Fingerkraft und Atmung messen sowie andere Sinnesorgane prüfen lassen. Haben Sie jemals Ihre Zunge einer genauen Betrachtung unterzogen? Strecken Sie sie raus und beurteilen Sie im Spiegel, ob die Ihre rund, rechteckig oder spitz ist. Zungen sind nicht nur unterschiedlich groß, sondern tragen auch unterschiedlich viele Geschmacksknospen, weshalb nicht alle Leute das Gleiche schmecken, wie hier anhand von Versuchspapier zu testen ist. Insgesamt 75 interaktiv zu nutzende Exponate illustrieren die verschiedenen Aspekte des Körpers; ausgebildetes Personal steht überdies mit Rat und Tat zur Seite.

Mehr Zeit benötigt, wer in **Seeing the Unseen** den Dingen auf den Grund gehen will. Mikroskope machen Leben in einem Wassertropfen sichtbar: Rädertierchen sind die kleinsten, am untersten Ende der Nahrungskette angesiedelten mehrzelligen Lebewesen. Sehen Sie sich zuerst das Modell an und beobachten sie sie dann in Aktion.

ROTER FLÜGEL

Im 1999 renovierten **Mugar Omni Theater** werden IMAX-Filme präsentiert. Stellen Sie Ihre Lehne zurück, um die volle Wirkung der fünf Stockwerke hohen Leinwand zu genießen, die überlebensgroße Bilder vermittelt.

Sterngucker sollten sich einen Platz für das »Sky-Tonight«-Programm im **Charles Hayden Planetarium** reservieren. Machen Sie es sich in den ergonomisch geformten Sesseln bequem und beobachten Sie den Himmel über Neuengland.

Andere Vorführungen in diesem Planetarium behandeln Themen

wie »Comets are Coming!« oder »Messenger from Mars«; außerdem gibt es musikuntermalte Lasershows.

Neben den Hauptabteilungen sind überall im Museum kleinere Attraktionen platziert. Kreieren Sie im Hinabgehen der **Sound Staircase** (neben dem Omni Theater) selbst Musik – je schneller Sie laufen, desto rascher der Rhythmus. Das **Discovery Center** ist für Kinder unter sechs Jahren reserviert, die hier mit Puzzles, Meerschweinchen und vielem mehr beschäftigt werden. ■

Im IMAX-Kino des Mugar Omni Theater erwarten den Besucher phantastische Sinneserfahrungen

Weitere Sehenswürdigkeiten

BOSTON ATHENAEUM

Nach umfassenden Renovierungsarbeiten wird dieses Gebäude aus dem Jahr 1849 bald in neuem Glanz erstrahlen. Ab 2002 soll das Erdgeschoss der Öffentlichkeit zugänglich sein.

Bei der Gründung 1807 waren Bibliotheken im Grunde Privatclubs für die Betuchten und Gebildeten. Die wertvollsten Kunstschätze der noch immer privaten Institution wurden mittlerweile ins Museum of Fine Arts (siehe S. 116f) transferiert, doch sind die Räumlichkeiten nach wie vor mit Skulpturen, Büsten und Porträts von Künstlern wie John Singer Sargent (1856 bis 1925) geschmückt. Der **Reading Room** gehört mit seiner hohen Gewölbedecke zu den vornehmsten Räumen in Boston. Fast sieht man Gründungsmitglied Ralph Waldo Emerson (1803–82) hier sitzen, einen Band aus der Bibliothek von George Washington lesend, die zu den Schätzen des Athenaeums zählt.

Das Speisezimmer im ersten der drei Häuser, die Charles Bulfinch für Harrison Gray Otis entwarf

🅰 Karte S. 87 ✉ 101/2 Beacon St.
☎ 617/227-0270-279 🕐 Telefonisch erfragen
💲 Telefonisch erfragen 🚇 T: Park St.

FIRST HARRISON GRAY OTIS HOUSE

Harrison Gray Otis, Rechtsanwalt, Immobilienmakler, Mitglied des US-Kongresses und dritter Bürgermeister von Boston, war eine Säule der jungen Bostoner Gesellschaft. Dieses erste von drei Wohnhäusern, die Charles Bulfinch (siehe S. 92f) für ihn entwarf, ist als einziges der Öffentlichkeit zugänglich. Das Haus war für die damalige Zeit (1795) bemerkenswert groß und komfortabel – allein in seiner Eingangshalle hätte ein ganzes Arbeiterhäuschen Platz gefunden. Beim Rundgang durch Speisezimmer, Salon und die Privaträume im Obergeschoss erfährt man viel über das Leben im 18. Jahrhundert, z. B. über die Rolle der Dienstboten. Außerdem wird hier gezeigt, was Otis alles dazu beitrug, um Beacon Hill zum schönsten Viertel der Stadt zu machen. Das Haus ist zugleich Sitz der SPNEY (Society for the Preservation of New England Antiquities), die sich dem Denkmalschutz von Gebäuden und Gartenanlagen in ganz Neuengland verschrieben hat.

🅰 Karte S. 87 ✉ 141 Cambridge St.
☎ 617/227-3956 🕐 Geschl. Mo–Di 💲 $
🚇 T: Park St., Charles/MGH

NICHOLS HOUSE MUSEUM

Betreten Sie dieses Haus aus dem frühen 19. Jahrhundert und lassen Sie sich in die privilegierte Welt der 1960 verstorbenen Rose Nichols versetzen. Führer erzählen die Geschichte ihrer Familie, einer der reichsten in Boston, die 1885 hier einzog. Zu sehen sind chinesische Tempelurnen und japanische Drucke, samt und sonders Erinnerungsstücke des Chinahandels, sowie eine Reihe von Porträts von Rose Nichols Vorfahren und ihre eigenen Stickereien. Sie war eine bekannte Landschaftsarchitektin, Pazifistin und unermüdlich auf Achse. Außerdem war sie die Nichte des Bildhauers Augustus Saint-Gaudens (1848 bis 1907), dessen *Robert Gould Shaw and the 54th Regiment Memorial* (siehe S. 94) nicht weit entfernt an der Beacon Street steht. Dieses Museum ist ihr Legat und verdient einen Besuch: Nirgendwo anders erhält man einen vergleichbaren Einblick in das Leben der Bostoner Aristokratie.

🅰 Karte S. 87 ✉ 55 Mount Vernon St.
☎ 617/227-6993 🕐 Geschl. So–Mo; Nov. bis April So–Mi 💲 $$ 🚇 T: Park St., Charles/MGH ■

Der weitläufige **Boston Common** und der **Public Garden** bilden die grüne Lunge der Stadt, während sich in der **Back Bay** Geschäfte, Galerien und Restaurants aneinander reihen. Sie werden überragt vom **John Hancock Tower**, dem höchsten Gebäude Neuenglands

Boston Common und Back Bay

Eine beliebte Bewohnerin des Bostoner Public Garden

Boston Common und Back Bay

BOSTON COMMON DÜRFTE DER EINZIGE TEIL DER STADT SEIN, DEN DIE frühen Siedler wiedererkennen würden. Damals war die Back Bay Wasser. Heute steht derselbe Name für eines der schönsten US-amerikanischen Wohnviertel aus dem 19. Jahrhundert. Im Süden liegt der Copley Square mit seinem Trio grandioser Baudenkmäler: dem Hancock Tower, der Trinity Church und der imposanten Boston Public Library.

Seit nahezu 300 Jahren ist der Boston Common eine öffentliche Grünfläche, die heute mit Springbrunnen, gepflasterten Wegen und Statuen zum Bummeln, Picknicken und Frisbeespielen einlädt. Denkmäler erinnern an die Gründer der Stadt und die Opfer des Boston Massacre, darunter Crispus Attucks (1723–70), der erste Afroamerikaner, der im kolonialen Unabhängigkeitskampf sein Leben verlor. Nicht zu Unrecht vertreten viele die Ansicht, Boston Common solle sein ursprüngliches Gesicht behalten, vielleicht sogar etwas verwildern, um den Kontrast zum hektischen Stadtleben ringsum zu unterstreichen.

Mit seinen gepflegten Rasenflächen, geometrischen Blumenbeeten und dem kleinen See

markiert der Public Garden praktisch eine Antithese zum Common. Im Belagerungswinter 1775, als die gesamte Back Bay noch Marschland war, sollen die britischen Soldaten hier eifrig Schlittschuh gelaufen sein. Im Rahmen der großen Aufschüttungsmaßnahmen der 1830er Jahre zweigte man zehn Hektar Land für einen botanischen Garten ab, von dem aus sich das Neubaugebiet der Back Bay westwärts erstreckt – in einem winzigen Netzwerk von Straßen, deren Verlauf sich deutlich vom ganz und gar nicht geradlinig angelegten

Oben: Die Newbury Street in Back Bay lädt zum Shopping ein

NICHT VERSÄUMEN

Ein Konzertbesuch am Copley Square 107

Einen Spaziergang und ein Picknick im Boston Common 108

Eine Fahrt mit dem Schwanenboot im Public Garden 109

Trinity Church, Public Library und John Hancock Tower besichtigen 110

alten Teil Bostons unterscheidet. Nach französischem Vorbild gestalteten die Städteplaner die Commonwealth Avenue als Boulevard; flankiert von Beacon St., Marlborough St., Newbury St. und Boylston St., verlaufen ihre Querstraßen in alphabetischer Ordnung – von Arlington über Berkeley bis Hereford Street.

Am Copley Square finden im Sommer Konzerte statt, und rund ums Jahr unterhalten Straßenkünstler die Passanten. Dennoch ist der Platz im Grunde ein freier, offener Raum, der gleich mit drei der bekanntesten Bostoner Bauwerke aufwartet: Trinity Church, Public Library und John Hancock Tower. Obendrein steht hier die reizende Plastik einer Schildkröte, die einen verschnaufenden Hasen überholt.

Die Schwanen-
boote im Bosto-
ner Public Garden
sind seit 1877
nicht nur bei den
Kids beliebt

Boston Common
und der Public Garden

ZUSAMMEN GENOMMEN FAST 28 HEKTAR GROSS, BILDEN
Boston Common und der Public Garden das grüne Herz der Stadt.
Anwohner gehen hier joggen oder führen ihre Hunde spazieren, Kin-
der kommen zum Spielen und Büroangestellte zum Verzehr ihres
Lunchpakets. Am nördlichen Ende steht das State House am Fuße des
Beacon Hill, im Westen ragt der blaue Hancock Tower himmelwärts.

Boston Common

 Karte S. 106f

T: Arlington, Boylston
St., Park St.

Common und Public Garden sind
nicht nur durch die Charles Street
getrennt, sondern bieten auch vollkommen verschiedene Erlebniswel-
ten. In vielem gleicht der weitläufige
Boston Common noch immer dem
Weideland aus dem 17. Jahrhundert.
Allerdings exerzierte auf der Gemeindewiese zum »feeding of Cattell«

auch bereits das Militär der Kolonie.
1768–76 hatten britische Soldaten
hier ihr Lager aufgeschlagen, und fast
ein Jahrhundert später sammelten
sich an derselben Stelle die Männer
von Massachusetts, bevor sie in den
Bürgerkrieg zogen.

An der **Great Elm** wurden zwischen 1659 und 1661 vier Quäker ge-

hängt. Eine von ihnen, Mary Dyer (gest. 1660), erhielt eine Gedenkstatue vor dem State House. Am Common wurde 1766 der Widerruf des Stamp Act gefeiert, und knapp zwei Jahrhunderte später predigte Reverend Martin Luther King jr. (1929 bis 1968) die Bürgerrechte. Im Oktober 1979 strömten rund 100 000 Menschen zu einer Freiluftmesse von Papst Johannes Paul II.

Geht man vom **Park Street Visitor Center** parallel zur Beacon Street durch den Nordteil des Parks, stößt man unweigerlich auf den **Frog Pond**: Wo früher Frösche quakten, liegt heute ein flaches Wasserbecken, das im Winter zur Eislaufbahn wird. Nicht weit davon steht ein Denkmal für den Bostoner Oneida Football Club, den ersten Verein seiner Art der USA. Hier und heute sind freilich Tennis und Softball aktueller; bei der Sportanlage am Ende der Boylston Street liegt auch der **Central Burying Ground** (18. Jh.), auf dem u. a. der Porträtmaler Gilbert Stuart (1755–1828) seine letzte Ruhestätte fand. 1830 verwies Bürgermeister Harrison Gray Otis die Kühe aus dem Common. Ihm und den übrigen Eigentümern der neuen, noblen Wohnhäuser am Beacon Hill schien eine Viehweide kein standesgemäßer Platz zum Flanieren.

PUBLIC GARDEN

In der Kolonialzeit bildete die Charles Street die Grenze zum Wasser. Durch die Aufschüttung der Back Bay entstand sodann jede Menge Bauland, doch schon 1837 entschied Bürgermeister Josiah Quincy, dass zehn Hektar der neu gewonnenen Fläche der Öffentlichkeit zugänglich bleiben sollten – und nutzte sie zur Anlage des ersten botanischen Gartens der USA. Die Landschaftsgestaltung, die Zierbrücken und Wege, formale Blumenbeete und einen See einschließt, datiert aus dem Jahr 1860. Und nur 17 Jahre später liefen die ersten

Schwanenboote vom Stapel. Sie werden seit über hundert Jahren von der Familie Paget betrieben und erfreuen sich bis heute großer Beliebtheit. Außerdem wollen alle Kinder die Enten sehen: die Bronzefiguren von Mrs. Mallard und ihren acht Sprösslingen, die Nancy Schon nach den Protagonisten des amerikanischen Kinderbuchklassikers *Make Way for*

Ducklings geschaffen hat. Sie watscheln an der Nordseite des Parks.

Botanisch interessierte Besucher finden Täfelchen bei den Blumen und Bäumen und können lernen, Ulmen von Buchen zu unterscheiden. Mediziner werden eher das **Ether Monument** in der Nordwestecke aufsuchen, eine viktorianische Komposition aus Granit und rotem Marmor, die an die Entdeckung erinnert, »dass das Einatmen von Äther Schmerzunempfindlichkeit hervorruft« (siehe S. 50). Das eindrucksvollste Denkmal ist jedoch **George Washington** hoch zu Ross. Für letzteres stand ein Pferd namens Black Prince Modell, auf dessen Rücken der spätere Edward VII. von England (reg. 1901–10) während eines Bostonbesuchs eine Parade abnahm. ■

Boston Common ist eine weitläufige grüne Oase im Herzen der Stadt

Trinity Church

AN DER OSTSEITE DES COPLEY SQUARE STEHT DIE 1877 GE-
weihte Trinity Church, die man am besten am Spätnachmittag besucht, wenn die Sonne die wunderschöne Westfassade beleuchtet. Die
Kirche ist typisch für die so genannte Richardson Romanesque, den
neuromanischen Stil des Architekten Henry Hobson Richardson
(1838–86; siehe S. 37f). Das Gotteshaus staht auf Holzpfählen.

**Die Trinity Church
und ihr Spiegelbild
auf der Glasfassa-
de des John Han-
cock Tower sym-
bolisieren den
gelungenen Mix
aus Gegenwart
und Vergangen-
heit, der das mo-
derne Boston
prägt**

Trinity Church

- Karte S. 106f
- 206 Clarendon
  Street
- 617/536-0944
- $
- T: Copley, Back Bay

Seit 1975 der John Hancock Tower
ihre Südseite beschattet, wirken die
Brauntöne im Kircheninneren noch
düsterer als zuvor. Es gibt keine
Führungen, aber es lohnt, sich auf
eigene Faust umzuschauen. Der
Innenraum ist ein Entwurf von
John LaFarge (1835–1910), der
selbst die 31 Meter hohe Turmdecke
mit Fresken schmückte. Einige der
Buntglasfenster stammen von ihm,
andere sind Arbeiten von Edward
Burne-Jones (1833–98) und William Morris (1834–96), den Begrün-
dern der englischen Arts-and-
Crafts-Bewegung. Ihre Fenster liegen im nördlichen Querschiff und
im Baptisterium und zeigen u. a. die
Geschichte von David und Goliath
(sehen Sie das Loch in der Stirn des

Riesen?), die Anbetung der Hirten,
die hl. drei Könige und die Flucht
nach Ägypten. Ebenfalls hier steht
Augustus Saint-Gaudens' (1848 bis
1907) Büste von Phillips Brooks, der
1869–93 die Gemeinde als Pfarrer
betreute und auf den das beliebte
amerikanische Weihnachtslied *O
Little Town of Bethlehem* zurückgeht.

Bei der Meinungsbefragung
eines amerikanischen Architekten-
verbandes nach den zehn besten
Bauwerken der Vereinigten Staaten
wurde 1885 am häufigsten die Trinity Church genannt. Als die Umfrage
hundert Jahre später wiederholt
wurde, erreichte die Kirche den
6. Platz – und war zudem das einzige
Gebäude, das in beiden »Top-Ten-
Listen« auftauchte! ∎

Boston Public Library

GEGENÜBER DER TRINITY CHURCH BEFINDET SICH DIE
Boston Public Library. »Das Gemeinwohl verlangt Bildung zur Siche-
rung von Ordnung und Freiheit«, steht auf dem Fries der ersten großen kostenlosen Stadtbücherei der Vereinigten Staaten zu lesen. 1848
gegründet, war sie zugleich die erste Bibliothek, aus der man Bücher
ausleihen konnte, und die erste mit einem Lesesaal für Kinder.

Der Entwurf des Architektenteams
McKim, Mead & White (im Stil
des Renaissance Revival) prägte die
amerikanische Architektur kaum
weniger als die Richardson Romanesque. 1895 öffneten sich die
Pforten dieser grandiosen Bibliothek; heute kommen jährlich rund
2,5 Mio. Besucher, um in dem
schmucklos-funktionalen Johnson-
Building (1972; Eingang Boylston
Street) Literatur zu allen erdenk-
lichen Themen auszuleihen. Wenn
Sie kontroverse Bilder und Skulpturen mögen, sollten Sie die Arbeiten von Augustus Saint-Gaudens, Daniel Chester French
(1850–1931), John Singer Sargent (1856–1925) und John
Singleton Copley (1738–1815)
besichtigen.

Betrachten Sie zuerst das riesige
Wandgemälde des Franzosen Pierre
Puvis de Chavannes (1824–98), das
den imposanten Treppenaufgang
im McKim Building schmückt.
1895 enthüllt, fand dieses Opus die
Billigung der Bostoner Bürger – die
ein Jahr später entsetzt reagierten,
als sie ein deutlich kleineres Kunstwerk im Innenhof entdeckten: Der
lüsterne Blick der *Bacchantin* von
Frederic MacMonnies (1863 bis
1937) beschwor einen solchen
Skandal herauf, dass man die Bron-
ze aus dem öffentlichen Bereich
entfernte. Aber die Zeiten wandeln
sich, so dass die Plastik im Jahr
2000 ihren ursprünglichen Platz zu-
rückerhalten konnte und jetzt wieder in dem wunderbar friedlichen
Innenhof steht.

Eine andere hitzige Debatte löste
1919 Sargents *The Triumph of Reli-
gion* im zweiten Obergeschoss aus,
bei dem »die Synagoge« und »die
Kirche« den Niedergang des Juden-
tums und den Aufstieg der Chris-
tenheit zu zeigen scheinen. Sargent
betonte, seine Allegorie werde miss-
verstanden, und ließ das Werk un-
vollendet. Das dritte umstrittene
Werk schmückt den Eingang zu der
Abteilung **Rare Books and Ma-
nuskripts** im zweiten Stock. Es
handelt sich um das Gipsmodell jenes Denkmals, das Gutzon Borglum
(1867–1941) den italienischen Einwanderern Sacco und Vanzetti setzte. Des Mordes angeklagt, wurden
beide 1927 hingerichtet, obwohl sie
wahrscheinlich unschuldig waren. ■

**Zwei majestäti-
sche Marmorlö-
wen bewachen
den imposanten
Treppenaufgang
der Boston Public
Library (19. Jahr-
hundert)**

**Boston Public
Library**

🅰 Karte S. 106f
✉ Copley Sq.
☎ 617/536-5400
🕐 So vormittag geschl.
🚇 T: Copley, Back Bay

Weitere Sehenswürdigkeiten

GIBSON HOUSE

Wollte man einen Kostümfilm drehen, der im 19. Jahrhundert spielt, bräuchte man in diesem 1860 von Catherine Gibson erbauten Haus keine weiteren Requisiten, denn es ist voll mit Möbeln und Wohnaccessoires aus jener Epoche.

Da die Öffnungszeiten sehr beschränkt sind, müssen Sie im Voraus planen, doch sind die Führungen ein solches Organisieren allemal wert. Neben den gesellschaftlichen und literarischen Ambitionen der Familie Gibson erfahren Sie einiges über ihr Alltagsleben und darüber, wie sie ihr Geld ausgab.

Gedeckte Farben und edle Materialien bestimmen den ersten Eindruck im Eingangsbereich des Gibson House

Vergleichen Sie die etwas düsteren Räume im Erdgeschoss mit dem Ladies' Parlor, den Catherines Schwiegertochter 1890 neu ausstatten ließ. Die dunklen Farben wichen edlem Porzellan und Teppichen aus China sowie einem weißen Marmorkamin. Am faszinierendsten sind das Badezimmer, 1902 der letzte Schrei, sowie die Küche und der Wirtschaftsraum im Untergeschoss. Wie das Nichols

House Museum (siehe S. 104) lohnt auch diese Sehenswürdigkeit einen Besuch. Während der Führungen ist das Haus geschlossen; richten Sie sich darauf ein, draußen zu warten.

- ⛰ Karte S. 106f
- ✉ 137 Beacon St.
- ☎ 617/267-6338
- 🕐 Geschl. Mo–Di, 1. Jan., 4. Juli, Thanksgiving & 25. Dez.; Führungen 13, 14 und 15 Uhr
- 💲 $$ 🚇 T: Berkeley

JOHN HANCOCK TOWER

Der Streit zwischen Hancock Tower und Prudential Tower um »die schönste Aussicht über Boston« wird wohl nie entschieden werden. Ersterer ist jedenfalls höher und zentraler gelegen. Weit oben (60. Stock) erfahren Sie mehr über den Mann Hancock, seine Firma und das Gebäude, bevor die Multimediashow »Boston 1775« dem Besucher auf höchst unterhaltsame Weise die Geschichte der Stadt vor Augen führt. In der Viewing Gallery kann man an Touchscreens verschiedene Gebäude identifizieren und den Sprechfunk zwischen Fluglotsen und Piloten am Logan International Airport mithören. Die schimmernde Außenhaut des Wolkenkratzers besteht aus einem Spiegelglas.

- ⛰ Karte S. 106f
- ✉ 200 Clarendon Street
- ☎ 617/ 572-6429
- 🕐 Seit Sept. 2001 für die Öffentlichkeit geschl.
- 💲 $$
- 🚇 T: Copley, Back Bay

PRUDENTIAL TOWER

Der Hancock Tower mag zwar höher sein, doch bietet der Skywalk des Prudential Tower einen 360-Grad-Panoramablick und eine bessere Aussicht auf die Fens und den Fenway Park. Als weitere Attraktion gilt das Top of the Hub, ein Restaurant mit Bar, das bei Sonnenuntergang mit einer unvergleichlichen Romantik aufwartet. Im unteren Teil des Gebäudes liegen viele Geschäfte und gute Lokale.

- ⛰ Karte S. 106f
- ✉ 800 Boylston St.
- ☎ 617/236-3100
- 💲 $$
- 🚇 T: Prudential ∎

Mit zwei einzigartigen Kunstmuseen, einer Konzerthalle und dem Fenway Park, dem Heimatstadion der Boston Red Sox, bietet der Fenway einige von Bostons kulturellen Höhepunkten

Fenway und Brookline

Baseball – eine Bostoner Leidenschaft

Fenway und Brookline

DAS KULTURELLE HERZ VON BOSTON SCHLÄGT IN FENWAY MIT SEINEN MU-
seen, Konzerthallen und Konservatorien. Die meisten von ihnen liegen rund um die Huntington Avenue, die 1998 in Avenue of the Arts (»Boulevard der Künste«) umbenannt
wurde. Ihr Kernstück ist das Museum of Fine Arts, kurz als MFA bekannt, ein gewaltiger
Komplex mit einigen der besten Kunstsammlungen Amerikas. Ganz anders präsentiert
sich dagegen das Isabella Stewart Gardner Museum gleich daneben. Das italienisch geprägte Stadthaus ist immer gut besucht, doch bilden die regelmäßigen Konzerte am Sonntag eine ganz besondere Attraktion. Als Star der Bostoner Musikszene gilt das Boston
Symphony Orchestra, dessen Heimat die Symphony Hall einige Schritte unweit des renommierten New England Conservatory ist.

The Appeal to the Great Spirit (1909) von Cyrus Dallin steht vor dem MFA

Alle diese Sehenswürdigkeiten liegen unweit der
Parks, Teiche und Grünflächen, die als »Emerald
Necklace« (»smaragdgrüne Kette«) bekannt
sind – der ganze Stolz Bostons und des benach-
barten Brookline. Für Sportfans ist der Name
»Fenway« gleichbedeutend mit den »Red Sox«,
Bostons Baseball-Team. Dessen Heimatstadion,
der Fenway Park, liegt unweit des Kenmore
Square, wo sich seit den 1960er Jahren als eine
Art Wahrzeichen das riesige CITGO-Symbol be-
findet (hinter der legendären »Green-Monster«-
Wand am linken Spielfeld). Wie lange sich der
1912 gebaute Fenway Park als kleinstes Stadion
innerhalb der amerikanischen Baseball-Ligen
noch wird behaupten können, ist immer wieder
Thema heißer Diskussionen.

Zwischen Fenway Park und dem MFA liegen die Back Bay Fens, ein Grünflächenstreifen,
ein zentraler Anziehungspunkt innerhalb des
Emerald Necklace. Dieser wurde von Frederick
Law Olmsted (1822–1903) gestaltet, der in
der zweiten Hälfte des 19. Jahrhunderts damit
beauftragt worden war, die Ränder der Land-
auffüllungen, Flüsse und Wasserläufe zu säu-
bern und die Marschen in Parkflächen umzu-
wandeln. Er sah die Commonwealth Avenue als
Verbindung zwischen dem Boston Common
und den Back Bay Fens in Fenway. Wer sich für
den Landschaftsarchitekten, der auch den Central Park in New York entwarf, interessiert, sollte sein Wohn- und Bürohaus an der Frederick
Law Olmsted National Historic Site (siehe

S.123) besuchen. Für alle Touristen interessant ist dagegen das Arnold Arboretum mit seinen blühenden Büschen und einer der höchsten Erhebungen in Boston.

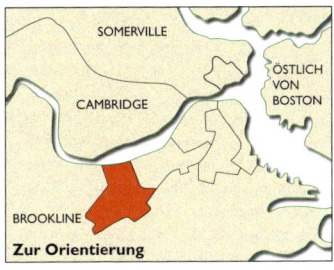

Zur Orientierung

Das Museum of
Fine Arts ist mit
seinen Daueraus-
stellungen und
den populären
Sonderschauen
ein wahrer Publi-
kumsmagnet

Museum of Fine Arts

DAS MUSEUM OF FINE ARTS, VON EINHEIMISCHEN IMMER
als »MFA«bezeichnet, ist die große alte Dame der Kultureinrichtun-
gen in Neuengland und dominiert seit 1909 über Huntington Avenue. Nicht versäumen sollte man die impressionistischen Gemälde
und die amerikanische Kunst des 18. und 19. Jahrhunderts. Mit jährlich mehr als einer Millionen Besucher begeistert das Museum
Kunstexperten ebenso wie das breite Publikum.

Museum of Fine Arts

www.mfa.org

- Karte S. 115
- 465 Huntington Ave.
- 617/267-9300
- $$$. An Werktagen
  freier Eintritt nach
  15 Uhr für Personen
  unter 17 Jahren
- Museum of Fine Arts

Die säulengeschmückten Eingänge
sind typisch für die städtische Archi-
tektur des frühen 20. Jahrhunderts;
dahinter verbirgt sich der beeindru-
ckende, vor 20 Jahren eröffnete **West-
flügel**. Der von I.M. Pei (geb. 1917)
gestaltete Bau umfasst die Gund Gal-
lery, in der höchst erfolgreiche Aus-
stellungen zu sehen sind. Zwar zie-
hen diese Sonderschauen jeweils
Hunderttausende von Besuchern an,
doch erst die ständigen Sammlungen
machen das Museum zu einem der
großen Kulturschätze Amerikas. Als
solcher hat das MFA ein höchst ab-
wechslungsreiches Programm zu bie-
ten: Man kann in den Sälen mit grie-
chischen, etruskischen und römi-
schen Exponaten zu den Anfängen
westlicher Kunst zurückreisen oder
die Entwicklung eines spezifisch
amerikanischen Stils in den Berei-
chen Möbeldesign, Keramik, Glas
und Besteck verfolgen. Daneben gibt
es Kleider- und Textilausstellungen.
Nicht zuletzt sollte man unbedingt
einen Blick auf die beeindruckende
Rotunde und das von John Singer
Sargent (1856–1925) gestaltete
Große Treppenhaus werfen.

trittspreise und besonderer Angebote gerne gesehen. Überdies gibt es ein Konzert- und Filmprogramm sowie einen Museumsshop mit einer großen Auswahl an Kunstbüchern und tollen Geschenkideen.

ÄGYPTISCHE KUNST

Vom Eingang an der Huntington Avenue betrachtet, befindet sich die **Nubische Sammlung** auf der rechten Seite. Sie stellt die bedeutendste Sammlung nubischer Kunst und Artefakte außerhalb Afrikas dar. Gleich daneben liegt mit der **Ausstellung ägyptischer Grabkunst** wohl einer der beeindruckendsten Ausstellungsräume: Man betritt ihn durch zwei Säuleneingänge und fühlt sich bei gedämpftem Licht und einer unheimlich ruhigen Atmosphäre fast selbst wie in einem Grab. Die Exponate veranschaulichen, wie sich die alten Ägypter zwischen 1570 v.Chr. und 395 n.Chr. auf das Leben nach dem Tod vorbereiteten. Zu sehen sind u.a. ein 2,40 Meter hoher Sarkophag des Generals Kheper-Re, Goldüberzüge für Zungen und Fingernägel und sogar eine mumifizierte Katze.

Besonders bemerkenswert sind die reich verzierten Särge von Nes-mut-aat-neru, einem Aristokraten (767–656 v.Chr.) aus Theben: Die drei Särge wurden ineinander gestellt; der innere barg die mit Leinenstoff umwickelte und mit verwirrenden blauen Perlstickarbeiten geschmückte Mumie.

EUROPÄISCHE KUNST

Im ersten Stock führen die **Koch Gallery** und der **Evans Wing** durch die Welt der europäischen Kunst. Beginnen Sie Ihren Rundgang in der Koch Gallery, wo die zwei Stockwerke hohe Decke den Raum wie ein europäisches Schloss

Dieses 2600 Jahre alte griechische Gefäß ist eines der vielen herausragenden antiken Stücke in der Sammlung klassischer Kunst

BESUCHERTIPPS

Auf den ersten Blick erscheint das MFA verwirrend: Es gibt einen Eingang an der Huntington Avenue und einen weiteren im Westflügel. Die enorme Größe des Museums mit seinen kilometerlangen Galerien kann leicht dazu führen, dass man sich vom reinen Schauen überfordert fühlt. Um sich zurechtzufinden, sollte man daher einen der farbmarkierten Pläne nehmen und sich einen speziellen Rundgang zurechtlegen. Noch besser ist es, an einer der kostenlosen Führungen teilzunehmen. Diese widmen sich entweder speziellen Themen oder versuchen, dem Besucher einen allgemeinen Überblick zu verschaffen. Außerdem steht ein (englischer) Audioführer.

Um das gesamte Museum zu erkunden, benötigt man viel Zeit. Vier Restaurants laden zu einer Erholungspause ein. Kinder werden nicht zuletzt dank ermäßigter Einwirken lässt. Der Saal ist mit religiösen Arbeiten sowie mit Porträts von Prinzen aus Frankreich, Italien, Spanien und Flandern geschmückt und dokumentiert so die Entwicklung der Kunst zwischen 1550 und 1700. Das Porträt *Fray Hortensio Felix Paravicinoi* (1609) von El Greco (1548–1614), eine Arbeit in einfachen Schwarz- und Weißtönen, wurde auf Empfehlung von John Singer Sargent angeschafft. Im Evans Wing hängen vor allem holländische Gemälde aus dem 17. Jahrhundert, so etwa sechs Porträts von Rembrandt (1606–1669), u.a. des sitzenden Pastors Johannes Elison und dessen Frau. Als dieses Bild 1634 gemalt wurde, waren derartige lebensgroße Darstellungen sehr kostspielig und daher selten. Das Paar ist nur eines von dreien, die Rembrandt porträtierte. Der nächste Raum widmet sich dem 18. Jahr-

hundert und führt in die Welt der englischen Aristokratie, die damals auf Reisen durch Europa Kunstwerke wie Souvenirs aufkaufte. Neben einem typischen Postkartenmotiv Venedigs von Canaletto (1697–1768) kann man Porträts von Persönlichkeiten der besseren Gesellschaft in all ihrer seidenglänzenden Eleganz bewundern, wie sie englische Künstler des 18. und 19. Jahrhunderts im Bild festhielten: Sir Thomas Lawrence (1769–1830), Sir George Romney

Rechts: *Woher kommen wir? Wer sind wir? Wohin gehen wir?* (1897) von Paul Gauguin

Evans Wing

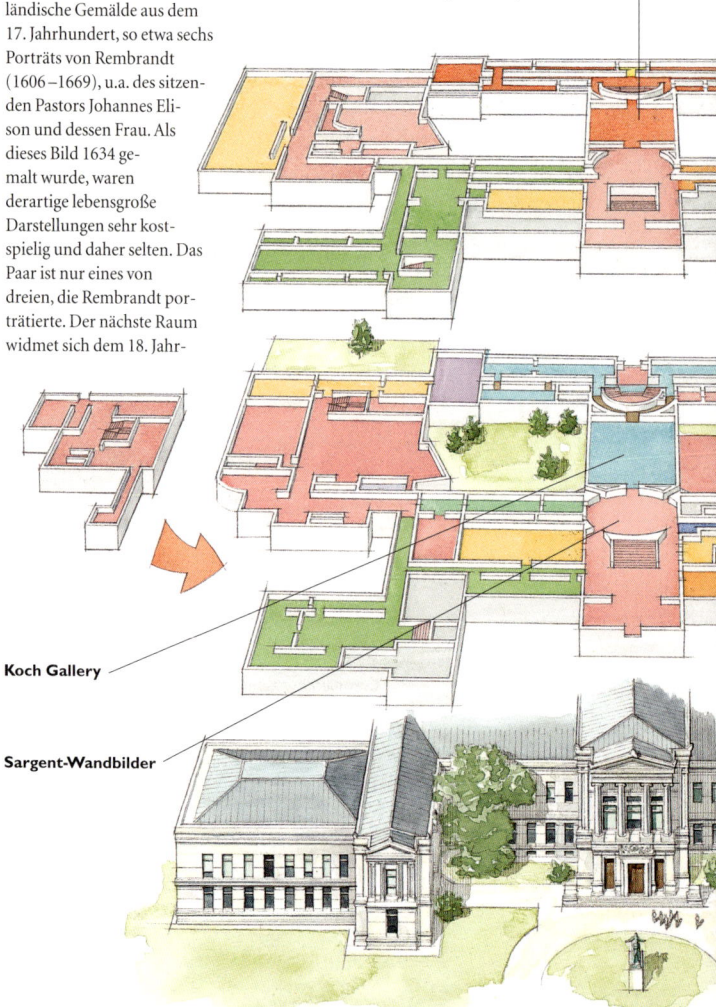

Koch Gallery

Sargent-Wandbilder

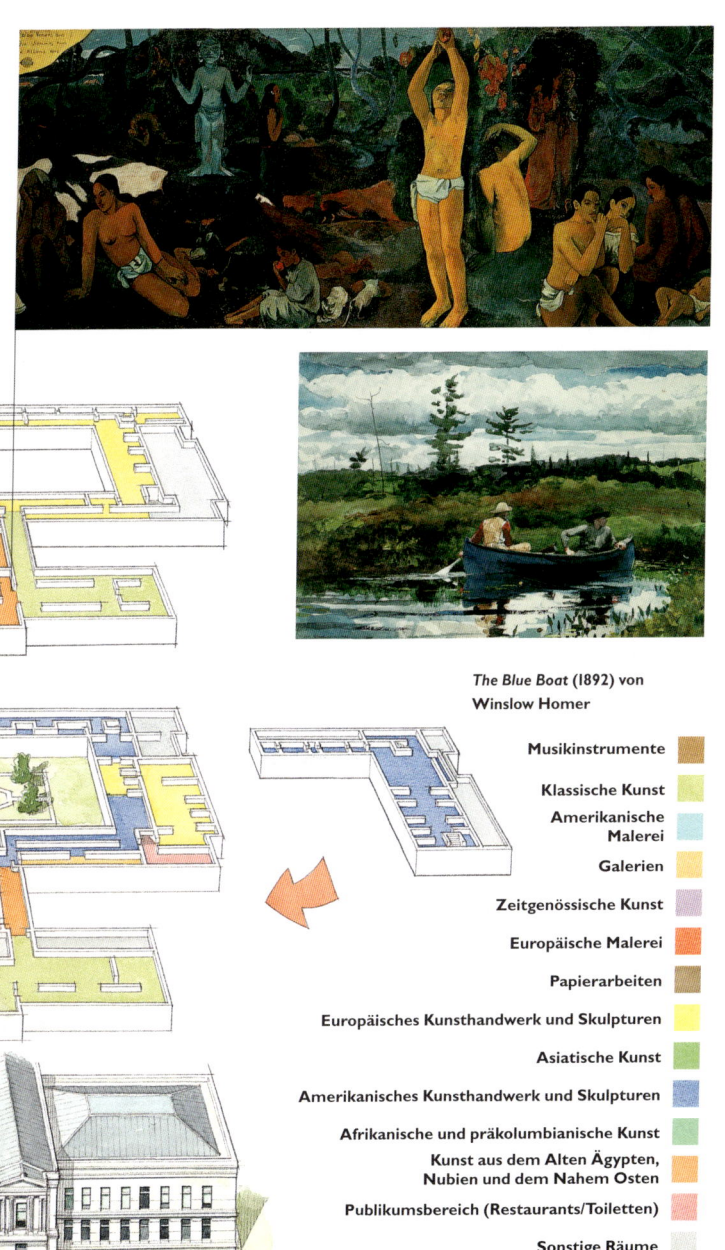

The Blue Boat (1892) von
Winslow Homer

Musikinstrumente

Klassische Kunst

Amerikanische
Malerei

Galerien

Zeitgenössische Kunst

Europäische Malerei

Papierarbeiten

Europäisches Kunsthandwerk und Skulpturen

Asiatische Kunst

Amerikanisches Kunsthandwerk und Skulpturen

Afrikanische und präkolumbianische Kunst

Kunst aus dem Alten Ägypten,
Nubien und dem Nahem Osten

Publikumsbereich (Restaurants/Toiletten)

Sonstige Räume

Watson and the Shark (1778) von John Singleton Copley zeigt die heldenhafte Rettung eines jungen englischen Kaufmanns

(1734–1802), Sir Thomas Gainsborough (1727–1788) und Sir Joshua Reynolds (1723–1792).

In der Sammlung mit Gemälden aus dem 19. Jahrhundert sollte man etwas verweilen: Denn hier ist jedes einzelne Werk ein Klassiker, darunter Gemälde von Jean-Baptiste Corot (1796–1875), Gustave Courbet (1819–1877), Eugene Delacroix (1798–1863), Édouard Manet (1832 bis 1883) und Jean-François Millet (1814–1875). Das Gemälde *Slave Ship* (1840) von J.M.W. Turner (1775–1851) zeigt, weshalb er oft als Vater des Impressionismus bezeichnet wird: Man kann das Boot kaum sehen, weil die Leichen der Sklaven über Bord geworfen werden; dahinter erhebt sich ein wilder rotgelber Himmel. »Wenn ich Turners unsterblichen Ruhm je mit nur einem Gemälde begründen müsste, dann würde ich dieses hier wählen«, sagte der im 19. Jahrhundert so einflussreiche englische Kritiker John Ruskin (1819–1900), einmal.

Die **Impressionismus**-Sammlung ist ähnlich umfassend. Fünf

Werke von Vincent van Gogh (1853–1890) zeigen seine Farbwahrnehmung und seinen Glauben an die Würde des arbeitenden Menschen. Das riesige *Woher kommen wir? Wer sind wir? Wohin gehen wir?* (1897) wurde von seinem Schöpfer Paul Gauguin (1843–1903) selbst als Meisterwerk eingeschätzt. Die 36 Gemälde von Claude Monet (1840–1926) stellen die größte Sammlung seiner Arbeiten außerhalb Frankreichs dar und umfassen einige Beispiele aus den Serien zur Kathedrale von Rouen und zu den Heumieten. Daneben finden sich sehr schöne Werke von Paul Cézanne (1839–1906) und Edgar Degas (1834–1917). Eines der bekanntesten Gemälde dieses Museumsteils ist zweifellos Auguste Renoirs (1841–1919) *Tanz in Bougival* (1883). Mit seinen federgleichen Pinselstrichen zeigt er – der Zeit entrückt – ein tanzendes Paar, und man glaubt fast zu hören, wie der Mann dem schönen jungen Mädchen charmante Komplimente macht.

AMERIKANISCHE GEMÄLDE

Das Erdgeschoss des Evans Wing präsentiert amerikanische Gemälde – von Porträtarbeiten aus der Kolonialzeit bis hin zu Werken aus dem späten 19. Jahrhundert. Die meisten davon stammen aus Boston und Umgebung.

Mit insgesamt 110 Ausstellungsstücken der zwei bedeutendsten Maler der frühen USA, John Singleton Copley (1728–1815) und Gilbert Stuart (1755–1828), sollte diese Abteilung kein Besucher verpassen. Man vergleiche einmal Copleys *Watson and the Shark* (1778), sein erstes großflächiges und sehr aktionsreiches Historiengemälde, mit Stuarts *Washington at Dorchester Heights* (1806), ein überraschend starres Motiv, das sich eher auf den General als auf die hinter ihm ausgetragene Schlacht konzentriert. Copleys berühmtes Porträt von Paul Revere (1768) hängt hier neben Reveres eigener silberner Liberty Bowl aus demselben Jahr. Weitere Künstler des 19. Jahrhunderts sind Winslow Homer (1836–1910), James McNeill Whistler (1834 bis 1903) und natürlich Sargent.

In diesen Sammlungen kann man Stunden verbringen, doch sollte man darüber nicht jene Räume verpassen, die sich der amerikanischen Kunst des 20. Jahrhunderts widmen. In ihnen finden sich Arbeiten von George Bellows (1882 bis 1925), Edward Hopper (1882 bis 1967), schließlich Stuart Davis (1894–1964), Georgia O'Keeffe (1887–1896) und Jackson Pollock (1912–1956).

ASIATISCHE KUNST

Einen deutlichen Kontrast hierzu bilden die Sammlungen asiatischer Kunst im Erdgeschoss und ersten Stock. In der Abteilung mit japanischer Kunst sind einige sehr feine Kostüme des Noh-Theaters

aus dem 19. Jahrhundert, Rüstungen und Holzschnittdrucke zu sehen, die im späten 19. Jahrhundert auch westliche Künstler beeinflussten.

Im ersten Stock kann man die sehr wertvolle japanische buddhistische Kunst in einem eigens dafür gestalteten Raum bewundern. Besonders beeindruckend ist die große Halle, in der gedämpftes Licht die gewaltige Statue eines Dainchi aus dem frühen 12. Jahrhundert, Buddha des ewigen Lichts, effektvoll in Szene setzt.

DIE ZUKUNFT DES MUSEUMS

Der heutige Direktor des Museums, Malcolm Rogers, hat seit seinem Amtsantritt 1994 viele Veränderungen initiiert. Der ursprüngliche Eingang an der Huntington Avenue wurde wiedereröffnet, weitere Ausstellungsflächen kamen hinzu. Die ägyptischen und japanischen Abteilungen profitieren von neuen Raumgestaltungen. Das Kinderprogramm wurde ausgebaut. ∎

John Singer Sargent hielt die einzigartige Haltung und Anmut der Töchter seines Freundes in dem Gemälde *The Daughters of Edward Darley Boit* (1882) fest

Emerald Necklace

Der Landschaftsarchitekt Frederick Law Olmsted (1822–1903) war ein Wegbereiter in der Städteplanung und ist heute für seine Gestaltung des Central Park in New York bekannt. Olmsted hatte nie eine formale Ausbildung als Landschaftsarchitekt genossen, hinterließ in Boston jedoch sein unvergleichliches Erbe – den Emerald Necklace, die »smaragdgrüne Kette«. Deren Kern bildet eine

14 Kilometer lange Kette von Parks, die sich vom Boston Common bis zum Franklin Park im Süden der Stadt hinzieht. Nach seinen Projekten in New York und Chicago wurde Olmsted im Jahr 1878 von der Bostoner Parkbehörde mit der Stadtverschönerung beauftragt. Olmsted glaubte, dass die Härten des Großstadtlebens durch die Schönheit der Natur erleichtert werden könnten.

Frederick Law Olmsted National Historic Site

✉ 99 Warren St., Brookline
☎ 617/566-1689
🕐 Geschl. Mo–Do

Arnold Arboretum

✉ 125 Arborway, Jamaica Plain
☎ 617/524-1718

Franklin Park

✉ 1 Franklin Park Rd.
☎ 617/541-5466
💲 Zoo: $$

Frederick Law Olmsted wird in den USA auch auf einer Briefmarke gewürdigt

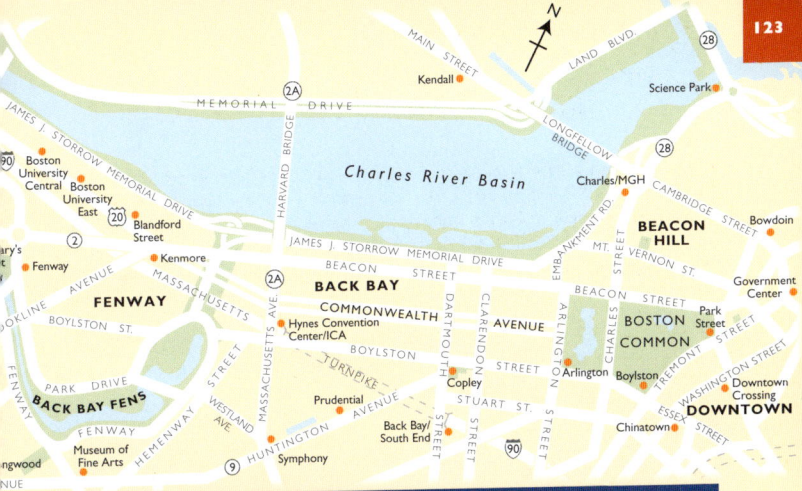

Anwohner und Besucher lassen im Franklin Park gerne ihre Drachen steigen

1883 verlegte Olmsted Wohnsitz und Büro von New York nach Brookline; heute erinnert hier die Frederick Law Olmsted National Historic Site an die Arbeit des Landschaftsarchitekten. Rund um das rostrote, mit Schindeln gedeckte Haus wachsen 200 verschiedene Strauch- und Baumarten. Im Haus selbst sind fast eine Million Originalzeichnungen aufbewahrt – ein unschätzbar wertvolles Zeugnis seiner Projekte in ganz Amerika.

Olmsteds Gestaltungsphilosophie beruhte auf sechs Grundsätzen: Aussicht, Nützlichkeit, Hygiene, Unterordnung, Trennung und Weitläufigkeit. In Boston versuchte er vor allem die Hochwasser einzudämmen und die Stadt zu verschönern. Dies gelang ihm, indem er fünf Sumpf- und Marschgebiete als Neuland zur Vorortbesiedlung gewann. Sie wurden untereinander durch Parkways und über die Commonwealth Avenue mit dem Public Garden und dem Common verbunden, wodurch eine 520 Hektar große Gesamtfläche von Parks und Gärten entstand. Das Arnold Arboretum nimmt 107 Hektar ein und ist einer der besten botanischen Gärten in den USA. Hier arbeitete Olmsted gemeinsam mit Charles Sprague Sargent, dem ersten Direktor des Gartens. Das Arboretum ist am »Lilac Sunday« Mitte Mai am schönsten, wenn 250 Fliederarten ihre schönste Blütezeit erreichen.

Der Franklin Park in Dorchester erstreckt sich auf 213 Hektar und liegt direkt einem der sozial schwachen Stadtviertel gegenüber. Der dortige Zoo ist eine reizvolle, ein wenig altmodische Einrichtung, die freilich mehr Einheimische als Touristen anzieht.

Isabella Stewart Gardner Museum

NUR WENIGE SCHRITTE ENTFERNT VOM MUSEUM OF FINE Arts liegt das Isabella Stewart Gardner Museum. Betritt man die Villa durch den Haupteingang, gelangt man unmittelbar in den Fenway Court. Das gesamte Haus ist ganz im Geschmack seiner einstigen Besitzerin, Isabella Stewart Gardner, eingerichtet. Sie wählte nicht nur die Kunstwerke aus, sondern bestimmte auch, wo sie aufgehängt werden sollten, bevor die Räume 1903 dem Publikum ihre Türen öffneten.

Das Haus folgt in seiner Architektur dem Vorbild eines venezianischen Palazzos aus dem 15. Jahrhundert: Drei Stockwerke erstrecken sich rund um einen zentralen Innenhof, den zahlreiche Pflanzen und Blumen schmücken.

Zu Beginn des 20. Jahrhunderts erregte Mrs. Gardner mit der Umwandlung ihrer Privatsammlung in ein Museum viel Aufsehen. Als willensstarke Persönlichkeit (siehe S. 126) lehnte sie die Museen ihrer Zeit wegen ihrer intellektuellen Atmosphäre und der meist fensterlosen Ausstellungsräume offen ab. Stattdessen plädierte sie dafür, Kunstwerke in eine angenehme Umge-

bung zu versetzen und damit auch »gewöhnliche« Besucher anzulocken. Da Gardner ihnen eine zusammenhängende ästhetische Erfahrung ermöglichen wollte, ließ sie die Kunstwerke weder chronologisch noch nach Stilrichtungen geordnet aufhängen, sondern einfach dort platzieren, wo sie am besten wirkten.

Zur Sammlung selbst gehören Werke von Rembrandt (1606–69), Tizian (1477–1576), Piero della Francesca (1420–92), Edgar Degas (1834–1917) und Henri Matisse (1869–1954). Als Kunstmäzenin freundete sich Isabella Gardner mit amerikanischen Malern ihrer Zeit

an, darunter James McNeill Whistler (1834–1903) und John Singer Sargent (1856–1925), von denen sie zahlreiche Werke erwarb. Möbel, Skulpturen, Manuskripte, Zeichnungen, persönliche Briefe und mehr sind auf drei Stockwerken ausgestellt, doch werden nicht alle Objekte erläutert. Allerdings gibt es einen kostenlosen wöchentlichen Rundgang und Museumsaufseher, die gerne Fragen beantworten.

ERDGESCHOSS

Hinter dem Haupteingang fällt der Blick zunächst auf das gigantische *El Jaleo* (1882) am hinteren Ende des **spanischen Kreuzgangs**. Sargent war erst 26 Jahre alt, als er diese zeitlos wirkende Szene malte, bei der er den Betrachter in die Rolle des Publikums verweist, während die Flamencotänzerin stolz mit ihrem Rock herumwirbelt. Der dargestellte Moment ist so spannungsreich, dass man kaum auf den Torbogen aus dem 12. Jahrhundert achtet, der aus Frankreich hierher gebracht wurde. Ebenso in den Hintergrund treten die mexikanischen Wandkacheln aus dem 17. Jahrhundert, die den

Kreuzgang zieren. Gehen Sie durch den lichtdurchfluteten **Innenhof**; Mrs. Gardner war eine eifrige Gärtnerin und legte hier einen typisch mediterranen Garten an. Zu ihren Lieblingspflanzen gehörte die südamerikanische Kapuzinerkresse, die im Frühjahr neun Meter lang von den Balkonen herabhängt.

Beim Blick nach oben fällt auf, dass die Fenster eines jeden Stockwerks einem anderen Stil folgen. Gleichwohl sind sie alle venezianischen Ursprungs, entstammen aber verschiedenen Gebäuden aus dem 14. bis 16. Jahrhundert. Viele Besucher glauben, dass es sich bei dem Bau um einen echten Palazzo handelt, den Mrs. Gardner gekauft habe, um ihn zerlegen und dann in den USA zusammensetzen zu lassen. In Wirklichkeit aber wurde das Gebäude neu konzipiert. Bevor Sie die oberen Stockwerke betreten, sollten Sie den **Blue Room** am Eingang besichtigen, der seit seiner Restaurierung fast wieder so aussieht wie im Jahr 1903. Zum Bespannen der Wände verwendete Mrs. Gardner hier fünf unterschiedliche Stoffe aus dem 18. Jahrhundert.

Das eindrucksvolle *El Jaleo* (1882) von John Singer Sargent bildet das optische Zentrum des spanischen Kreuzgangs

Ein Selbstporträt (1626) von Rembrandt war einer der ersten wichtigen Ankäufe des Museums

»Sie ist der einzige und wirklich wahre Potentat, den ich jemals kennen gelernt habe. Sie lebt mit Tempo, einer Intensität und einer Wahrhaftigkeit, die das Leben anderer blass, oberflächlich und düster wirken lässt.«
– Bernard Berenson (1865–1959), Kunstkritiker und Freund von Isabella Gardner ∎

ERSTER STOCK

Das Museum hält viele Überraschungen bereit. So etwa der **Early Italian Room** im ersten Stock, dessen Name sich zwar auf die ausgestellten Werke des 14.–16. Jahrhunderts bezieht, darunter z.B. das Fresko *Hercules* (um 1475) von Piero della Francesca. Gleichzeitig aber wartet dieser Saal unvermutet mit einem lackierten Tisch aus dem Japan des 18. Jahrhunderts auf ebenso wie mit einem Paar scheinbar brummender Bronzebären aus

China (Han-Dynastie, 1. Jahrhundert v.Chr.). Nebenan befindet sich der **Raphael Room**, in welchem der Unterschied zwischen dem intimen Charme des Gardner-Hauses und der Atmosphäre anderer Museen besonders deutlich zu spüren ist. So sind die Wände hier mit rotseidenem Damast bespannt wie in einem europäischen Schloss. In einer Ecke hängt *das Porträt von Tommaso Inghirami* (1516) von Rafael (1483–1520); darunter lehnt auf einem Tisch seine *Pieta*, die er zwölf Jahr zuvor als Teil eines großen Altarkunstwerks in Perugia gemalt hatte. Sehenswert ist weiterhin das Kunstwerk eines anderen bekannten italienischen Renaissance-Malers: Sandro Botticellis (um 1444–1510) *Die Tragödie von Lucretia* (um 1500), welches eine Legende aus dem antiken Rom aufgreift – nämlich die Vergewaltigung einer Jungfrau durch den Sohn eines Despoten, ihren Selbstmord und den Aufstand, der zur Gründung der römischen Republik führte.

Selbst die kleinen Räume dieses Hauses bergen Schätze, wie etwa das Porträt von Mrs. Gardner in der **Short Gallery**. Das von einem Freund der Familie, dem schwedi-

Isabella Stewart Gardner

So viele Anekdoten über die exzentrischen Allüren von Mrs. Gardner kursieren – so viele davon sind auch erfunden. Beispielsweise hielt sie sich keine Löwen als Haustiere, die sie an einer Leine spazieren geführt haben soll. Allerdings war sie zweifellos eine willensstarke Frau mit klaren Geschmacksvorstellungen, die sie dank eines 1,6 Millionen-Dollar-Erbes von ihrem Vater ab 1891 auch umsetzen konnte. Zahlreiche Wohlfahrtsgesellschaften profitierten von ihrer Großzügigkeit. Mrs.

Gardner (1840–1924) hatte vielfältige persönliche Interessen: Sie war von asiatischen Philosophien begeistert und unterstützte die Boston Red Sox, doch galt der Kunst ihre eigentliche Leidenschaft. Zu ihren Freunden zählten Schauspieler, Musiker, Maler und Bildhauer. Ihr Ehemann John Lowell Gardner befürwortete zwar ihr Museumsprojekt, doch starb er 1898 ein Jahr vor dem Baubeginn des Hauses, so dass Fenway Court Mrs. Gardners ureigenes Vorhaben wurde.

schen Künstler Anders Zorn (1860 bis 1920), gemalte Bild zeigt sie in einem Zimmer in Venedig mit weißem Kleid und langer Perlenkette, ihrem Lieblingsschmuck. Die Wandschränke hier enthalten zahlreiche Drucke und Zeichnungen, darunter eine Zeichnung von Michelangelo (1475–1564).

Durch den Little Salon gelangt man in die nächste große Abteilung, den **Tapestry Room**. Dieser größte Raum im Haus wurde für Konzerte eingerichtet und wird bis heute auch dafür genutzt. Dabei können die bis zu 300 Zuhörer nebenbei die Geschichte der Wandteppiche entschlüsseln, die in zwei Reihen – aber nicht dem Erzählverlauf folgend – aufgehängt sind. Nebenan liegt der **Dutch Room**, dessen Lichtverhältnisse sich ständig verändern, da er zu beiden Seiten hin Fenster hat. In ihm befinden sich einige der wertvollsten Kunstwerke des Museums: Nehmen Sie sich daher Zeit für die Werke von Albrecht Dürer (1471 bis 1528) und Hans Holbein dem Jüngeren (um 1497–1523), der als Hofmaler bei Heinrich VIII. in England diente. Besondere Aufmerksamkeit

verdienen auch die Porträts der flämischen Künstler Peter Paul Rubens (1577–1640) und Sir Anthonis van Dyck (1599–1641). Eines der bekanntesten Exponate ist Rembrandts *Porträt des Künstlers als junger Mann* – er schuf das Gemälde im Jahr 1629, als er gerade einmal 23 Jahre alt war.

ZWEITER STOCK

Im zweiten Stock durchquert man den **Verona-Raum**, um in ein weiteres in Rot gehaltenes Zimmer zu gelangen, den **Tizian-Raum**. Er beherbergt zwei der berühmtesten Gemälde: *Europa* von Tizian und Verlazquez' (1599–1660) Porträt eines hochmütigen Philipp IV. von Spanien. Auf der anderen Seite des Innenhofes, im **Gothic Room**, wird der Besucher sozusagen der Hausherrin persönlich vorgestellt: Ihn begrüßt ein Porträt von Sargent, das Isabella Stewart Gardner als 47-Jährige zeigt.

DRITTER STOCK

Im dritten Stock befand sich Mrs. Gardners Wohnung, in der sie die letzten 20 Jahre verbrachte. ■

Das Hausmuseum von Mrs. Gardner ist genauso geblieben, wie sie es hinterließ – und nichts darf je verändert werden

Sport ohne Grenzen

Sport gehört ebenso zu Bostons Geschichte wie die Amerikanische Revolution – zumal viele Bostoner Vereine am Ursprung des nationalen Profisports standen. Aus ihren Reihen ging denn auch so mancher Weltmeister hervor.

Fünfzig Jahre lang konnte Boston auf zwei Baseball-Mannschaften stolz sein, die auf nationaler Ebene spielten. So waren die Boston Red Stockings (später: Boston Braves) mit ihrem Werfer Al Spalding und den legendären Wright-Brüdern eine der neun

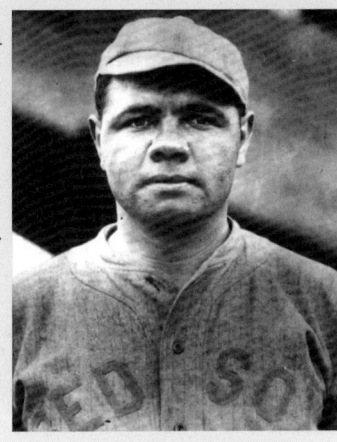

Babe Ruth begann seine Karriere bei den Red Sox

Gründungsmannschaften der US-Nationalliga. Das Team errang vier der ersten fünf Meistertitel zwischen 1872 und 1875. Das erste Spiel der neu gegründeten Liga wurde am 22. April 1876 in Boston ausgetragen. Später wurde Cy Young (1867–1955), nach dem bis heute der jährlich vergebene Werfer-Preis benannt ist, von den Pilgrims, den jetzigen Red Sox, abgeworben. Diese Mannschaft war 1901 in der American League ein direkter Konkurrent der Boston Braves.

Bis zum Bau des FleetCenter im Jahr 1995 galt der Boston Garden als zweiter wichtiger Austragungsort für legendäre Sportereignisse – berühmt wurde er als Heimatstadion der Boston Celtics und der Boston Bruins. In ihren besten Zeiten setzten die Celtics im Basketball Standards, die im 20. Jahrhundert unerreicht blieben. Die Mannschaft war eines der Gründungsmitglieder der Basketball Association of America, später NBA genannt. Unter ihrem Trainer Red Auerbach (geb. 1917) wurde sie zu einer Legende. Nach seinem Antritt 1950 baute er rund um Außenspieler Bob Cousy (er spielte 1950–63) eine hervorragende Mannschaft auf. Dazu gehörten als Außenspieler auch Bill Russell (aktiv von 1956–1969), und als Stürmer

Larry Bird (1980 bis 1992). In seiner Zeit als Trainer errang Auerbach neun Meistertitel und sieben weitere als Manager des Teams. Zwischen 1958 und 1966 konnten die Celtics dank herausragender Spieler wie Sam Jones, K.C. Jones, John Havlicek und Dave Cowens (die alle in der Hall of Fame verewigt sind) acht Titel in Folge gewinnen – ein bis heute wohl nur schwer zu überbietender Rekord. Auch im Eishockey ist Boston erstklassig: Die Bruins – 1924 gegründet und damit die älteste Eishockeymannschaft in den USA – haben es 17-mal in das Finale des Stanley Cup der National Hockey League geschafft. Zwei Stars dieses Teams kennen wohl alle Fans – Bobby Orr, der von 1966 bis 1976 als Verteidiger spielte, und der Goalgetter und Stürmer Phil Esposito (zwischen 1967 und 1976 im Einsatz).

Auch der Boxsport hat in Boston Legenden hervorgebracht. Der als »Boston Strong Boy« gefeierte John L. Sullivan (1858 bis 1918) war der letzte noch mit bloßen Fäusten kämpfende Weltmeister. Rocky Marciano (1923–69) gewann als einziger Profiboxer jeden Fight in seiner Karriere. Er zog sich aus dem Sport erst nach 49 Kämpfen und ungeschlagen zurück. Im Golf überraschte Francis Ouimet die renommierten Spieler, als er 1913 die U.S. Open gewann. Der 20-jährige Amateur löste die große Golfbegeisterung der Amerikaner aus, als er auf einem Heimatplatz, dem Brookline Country Club, die britischen Profispieler besiegte.

In Bostons Straßen versammeln sich am Patriots' Day Läufer und begeisterte Zuschauermengen zum legendären Boston Marathon

Fenway Park und das »grüne Monster«, die legendäre Wand auf dem linken Feld

Fenway Park

UM DEN FENWAY PARK ZU ERLEBEN, SOLLTE MAN SICH BEEILEN: Nach rund 90 Jahren wird eine der beeindruckendsten Sportarenen von Amerika wahrscheinlich der Abrissbirne zum Opfer fallen. Mit 33 871 Sitzplätzen kann das kleinste Stadion, in dem heute noch professionell Baseball gespielt wird, einfach nicht bestehen.

Fenway Park

- Karte S. 115
- 4 Yawkey Way
- 617/267/1700. Tickets: 617/482-450X. Führungen: 617/226-6666
- Baseball-Saison: April—Sept. Führungen: ganzjährig, tägl.
- $$$
- T: Kenmore Square

Und dennoch: Fenway Park übt noch heute eine Anziehungskraft aus, die mit Geld wohl kaum zu bezahlen ist. Wenn es je ein Stadion gegeben hat, das den Titel »Feld der Träume« verdient hätte, dann der Fenway Park. Die Spieler treten hier noch auf echtem Gras gegeneinander an, der Punktestand an den Anzeigetafeln wird per Hand angegeben, und das Spielfeld selbst ist nicht gleichförmig ausgelegt. Die Fans erleben hier Sport so hautnah mit wie nirgendwo sonst bei nationalen Ligaspielen. Deshalb ist der 1912 erbaute Fenway Park etwas ganz Besonderes – und zieht Fans wie beispielsweise US-Senator Edward Kennedy oder den Krimiautor Stephen King an. Wenn Sie kein Spiel ansehen können, sollten Sie dennoch eine Führung durch dieses lebendige Museum des Baseball mitmachen. Die meisten Besucher fragen die Leiter der Besichtigung nach »The Wall«, der auch als

Der Bambino-Fluch

Wenn nicht …« – so beginnen viele Sätze enttäuschter Sportfans auf der ganzen Welt. In Boston wird dieser Stoßseufzer fortgesetzt: »Wenn nicht der Red-Sox-Besitzer Harry Frazee 1920 Babe Ruth (1895–1948) an die New York Yankees verkauft hätte…« Babe Ruth, der beste Spieler in der Geschichte des Baseballs, trat erstmals in Boston in einem Spiel der Nationalliga an und half der Mannschaft dabei, dreimal die World Series zu gewinnen. Jahrzehntelang haben die Fans der Red Sox seitdem den ausbleibenden Erfolg des Teams dem »Bambino-Fluch« zugeschrieben.

Einige behaupten, dass Hexen den Club mit einem Fluch belegt hätten, andere sagen, dass Fenway Park selbst von den bösen Geistern hier begrabener Indianer heimgesucht werde – und manche glauben sogar, Babe Ruth selbst habe der Mannschaft die Kette von Niederlagen gewünscht.

»Green Monster« (»grünes Monster«) bekannten, elf Meter hohen Schutzwand auf dem linken Feld. Glaubt man den auf ihr angegebenen Zahlen, so ist sie genau 96 Meter vom Heimbase entfernt, wirkt aber viel näher. Sie ersetzte 1934 einen Erdwall. Darauf wurde eine riesige Metalltafel mit großen Werbeplakaten für Seife und Rasierklingen angebracht – und als man diese im Jahr 1947 grün strich, war das »grüne Monster« geboren.

Rund um den Fenway Park ranken sich viele Geschichten. Bei der Führung wird stets auf die Ziffern 9-4-1-8 auf der Haupttribüne am rechten Feld hingewiesen: Dies sind die alten Nummern der vier besten Red-Sox-Spieler: Ted Williams (9), Joe Cronin (4), Bobby Doerr (1) und Carl Yastrzemski (8). Abergläubische Besucher denken allerdings eher an ein Datum, den 4. September 1918, eben jenen Abend, als die World Series (die US-Nationalliga) begann. Die Red Sox gewannen die Meisterschaft – und seitdem nie wieder. Auffallend im Stadion ist auch ein einzelner roter Sitz inmitten der grünen Plätze außerhalb der Tribüne am rechten Feld: Dies ist ein Denkmal für den Zuschauer Joseph Boucher, der hier 1946 saß und zuschaute, wie sein (aus der selben Stadt wie er stammende) Idol Ted Williams einen 152 Meter langen »Homerun« schaffte – den längsten, den es je im Stadion gegeben hat. Boucher war durch das Sonnenlicht eine Sekunde lang geblendet – und der Ball prallte an seinem Strohhut ab.

Im Fenway Park findet das einzige vormittägliche Baseballspiel statt, und zwar am Patriots' Day im April – es beginnt schon um 11.05 Uhr. ∎

Rechts: Red-Sox-Fans betrachten sich gerne als Amerikas treueste Clubanhänger

Weitere Sehenswürdigkeiten

CHRISTIAN SCIENCE WORLD HEADQUARTERS

Der gewaltige Gebäudekomplex zwischen Huntington und Massachusetts Avenue dient der Christian-Science-Bewegung, die Ende des 19. Jahrhunderts von Mary Baker Eddy (1821–1910) in Boston gegründet wurde. Die romanisch wirkende Mutterkirche (1894) geriet bald in den Schatten der First Church of Christ Scientist mit ihrer riesigen Orgel; der Bau bietet 5000 Gläubigen Platz. Im Jahr 1973 errichtete der Architekt I.M. Pei einen plattenähnlichen Bürobau am hinteren Ende eines 203 Meter langen Wasserbassins. Das Zentrum der Religionsgemeinschaft dient auch der Redaktion der angesehenen Zeitung *Christian Science Monitor*. Auffallend ist das merkwürdige Mapparium, eine Weltkugel aus Buntglas, auf welcher die Namen aller Länder eingraviert sind – nach dem Stand von 1930.

Das Boston Symphony Orchestra tritt in der Symphony Hall auf

🅰 Karte S. 115 ✉ 75 Huntington Ave.
☎ 617/450-2000 🚇 T: Prudential

MUSEUM OF TRANSPORTATION

Wer nach Brookline hinausfährt, um den Larz Anderson Park zu besuchen, kann die älteste Autosammlung Amerikas bestaunen – und dabei noch den schönen Ausblick auf Boston ge-

nießen. Larz Anderson und seine Frau Isabel lebten zu Beginn des 20. Jahrhunderts und waren beide in das damals neumodische Automobil vernarrt: Nachdem sie ihren ersten Wagen, einen einzylindrigen Winton, 1899 gekauft hatten, erwarben sie 30 Jahre lang jedes Jahr ein neues Auto. Sie behielten jedes Modell und stellten die Automobile erstmals 1927 aus. Zu den Höhepunkten der Sammlung gehören ein Bailey Electric von 1908, ein batteriebetriebener Elektrowagen, der mit einer Aufladung 130 –160 Kilometer bei einer Geschwindigkeit von bis zu 48 Stundenkilometer fahren konnte. Auffallend an dem Gefährt ist der Dienstbotensitz – denn damals fuhren Damen der besseren Gesellschaft nicht alleine.

🅰 Karte S. 115 ✉ Larz Anderson Park, 15 Newton St., Brookline ☎ 617/522-6547
🕐 Mo geschl. 💲 $$ 🚇 T: Reservoir Station, Cleveland Circle, dann Bus Nr. 51 bis zur Newton St. Gehen Sie links und dann gut 350 Meter bis zum Parkeingang.

SYMPHONY HALL

Wie so manche Konzertbesucherin, die unter ihrem schlichten Wollmantel ein elegantes Abendkleid trägt, lässt die dunkelrote Ziegel- und Sandsteinfassade der Symphony Hall nichts von dem prachtvollen, goldverzierten Konzertsaal im Inneren ahnen. Die von McKim (Mead & White) gestaltete Konzerthalle feierte im Oktober 2000 mit einer Gala nach dem Vorbild des Eröffnungskonzerts ihr hundertjähriges Bestehen. Rund 2600 Konzertbesucher saßen in den Lederstühlen mit Blick auf die Statuen griechischer Götter und Satyrn in den Wandnischen über ihnen und genossen die perfekten Klänge. Die gute Akustik ist Wallace Sabine zu verdanken: Der Harvard-Professor begründete die Akustiklehre und konnte seine Theorien in der Symphony Hall praktisch umsetzen. Heute werden neben den Konzerten auch Kammermusikabende und (zu günstigeren Eintrittspreisen) Besuche öffentlicher Proben angeboten. Im Jahr 2002 wird Seiji Ozawa (geb. 1935) nach fast 30 Jahren als Chefdirigent das Boston Symphony Orchestra verlassen.

🅰 Karte S. 115 ✉ 301 Massachusetts Ave.
☎ Information: 617/266-1492. Reservierung: 617/266-1200 🚇 T: Symphony ∎

Am nördlichen Ufer des Charles River liegt Charlestown, ein Städtchen, das noch älter ist als Boston. Es blickt auf eine stolze Tradition als Werftstadt zurück, die vor allem auf dem Bau der berühmten U.S.S. *Constitution* gründet. Der Bunker Hill ist Charlestowns bekanntestes Wahrzeichen

Charlestown

Nachstellung der Schlacht am Bunker Hill

Charlestown

CHARLESTOWN HAT WIE DER HAFEN VON BOSTON TEILWEISE EINE WIEDER-
geburt erlebt. Dank der Nähe zu Cambridge und dem Geschäftszentrum von Boston sind
junge Berufstätige in Charlestown in die alten Häuser am Fluss eingezogen – und den City
Square säumen einige der schicksten Restaurants von Boston.

Jahrhunderte lang war Charlestown der Inbegriff des Schiffbaus. Heute steuern Touristen,
die dem Freedom Trail folgen, meist direkt den
alten Navy Yard an, eine zwölf Hektar große
Anlage des National Park Service. Die ursprünglichen Werften waren siebenmal größer
und erstreckten sich auf zwei Kilometer Länge
am Wasser entlang. Heute ist hier die U.S.S.
Constitution die Hauptattraktion – neben einem ausgezeichneten kostenlosen Museum,
das sich mit der nautischen und politischen
Geschichte des Kriegsschiffes auseinander
setzt. Dem Bunker Hill, einem der wichtigsten
Schauplätze des Unabhängigkeitskrieges,
kommt eigentlich ebenso große Bedeutung zu.

   Man sollte sich Zeit nehmen für die Erkun-
dung des alten Herzens von Charlestown. Zwar
wurde die Stadt von zehn puritanischen Familien schon 1628 gegründet – zwei Jahre früher
als Boston –, doch die Briten brannten 1775
den größten Teil der Gebäude nieder. Heute
sind noch einige schöne Holz- und Steinhäuser
im Federal Style zu entdecken, die nach dem
Feuer entstanden. Typisch für jene Zeit ist das
John Larkin House (55-61 Main St.), so benannt nach John Larkin, einem patriotischen
Kolonisten, der Paul Revere sein Pferd für dessen berühmten Mitternachtsritt lieh. Etwas
weiter liegt die 200 Jahre alte Warren Tavern
(105 Main Str.), die noch heute als Gasthaus
dient. Geht man die Monument Street hinauf,
kommt man an einer restaurierten Häuserrei-
he mit polierten Türklopfern aus Messing und
schmucken Fensterkästen vorbei.

   Lassen Sie sich von dem Namen Harvard
Square nicht verwirren – der Platz in Cambridge ist wohl berühmter, aber der Harvard
Square in Charlestown hat einige hübsche
Häuser aus dem 18. Jahrhundert zu bieten.
Der Platz ist nach dem Pfarrer und Absolventen der Cambridge University John Harvard
(1607–38) benannt, der hier in der Nähe rund
14 Monate lang lebte. In seinem Testament
hinterließ er Bücher im Wert von 1400 Dollar

Zur Orientierung

für ein neues College im benachbarten Newtowne (dem heutigen Cambridge). Die dankbare Stadt benannte diese Hochschule schließlich nach ihrem Stifter.

NICHT VERSÄUMEN

Einen Bummel durch das Herz von Charlestown mit seinen Häusern im Federal Style 134

Die U.S.S. *Constitution* besichtigen 138

Ein Rundgang auf dem Zerstörer U.S.S. *Cassin Young* 142

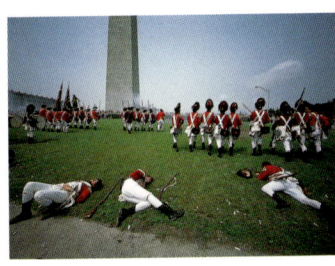

Schauspieler »fallen« in einer nachgestellten Schlacht am Fuße des 67 Meter hohen Bunker Hill Monument

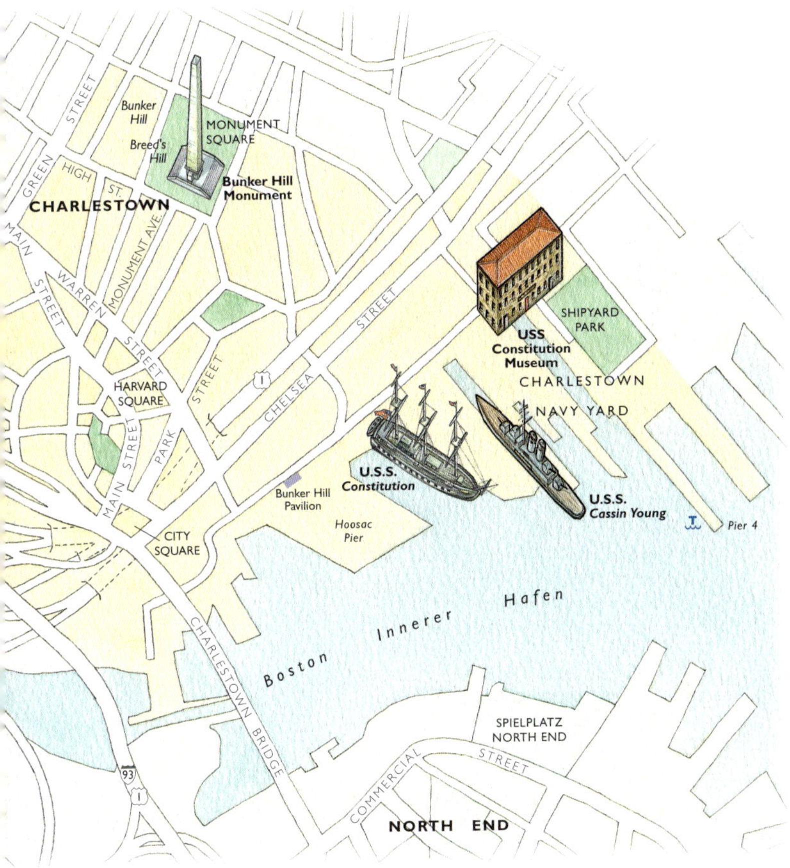
Bunker Hill
Breed's Hill
MONUMENT SQUARE
Bunker Hill Monument
CHARLESTOWN
GREEN STREET
HIGH ST.
MAIN STREET
WARREN STREET
MONUMENT AVE.
HARVARD SQUARE
PARK STREET
CHELSEA STREET
1
USS Constitution Museum
SHIPYARD PARK
CHARLESTOWN NAVY YARD
U.S.S. Constitution
Bunker Hill Pavilion
Hoosac Pier
U.S.S. Cassin Young
Pier 4
CITY SQUARE
CHARLESTOWN BRIDGE
Boston Innerer Hafen
SPIELPLATZ NORTH END
COMMERCIAL STREET
NORTH END
93

Bunker Hill

Zwar gewannen die britischen »Rotröcke« die Schlacht am Bunker Hill, doch gingen die Kolonisten als moralische Sieger daraus hervor

DAS BUNKER HILL MONUMENT IST EIN BEDEUTENDES Wahrzeichen Bostons. Im Anflug auf den Logan Airport und von der Interstate 93 in Richtung Norden kann man das Denkmal leicht erkennen. Der Obelisk wurde aus Granit aus Quincy hergestellt und ragt 67 Meter in die Höhe. Heute wirkt er im Vergleich zu den Wolkenkratzern in der Innenstadt etwas mickrig, doch bei seiner Fertigstellung im Jahr 1843 war das Monument der höchste Bau der Stadt.

Bunker Hill Monument

- Karte S. 134f
- 43 Monument Sq., Charlestown
- 617/242-5641
- Bei Eiswetter im Winter geschl.
- T: Community College
- Pier 4, Charlestown Navy Yard

Das **Bunker Hill Monument** liegt nur zehn Minuten Fußweg von der U.S.S. *Constitution* entfernt – es erhebt sich auf einem weitläufigen Platz auf der Spitze eines steilen Hügels. Eine Statue von Oberst William Prescott (1726–95) lässt den Offizier in kriegerischer Pose auf den Charles River blicken: Mit einem Säbel in der Hand und Ackergeräten unter sich versinnbildlicht er das romantische Ideal des kolonialen Soldaten und gleichzeitigen Bauern. Es war Prescott, der die Kolonisten am 17. Juni 1775 in der Schlacht befehligte, welche zwar von den Briten gewonnen wurde, die sich jedoch als moralischer Sieg für die Amerikaner erwies. Aller-

dings wurde die Schlacht nicht auf dem Bunker Hill ausgetragen: Das Hauptgefecht fand auf dem Breed's Hill statt, wo übrigens auch das Monument errichtet wurde; der eigentliche Bunker Hill ist der größte Hügel nördlich davon.

Am Fuße des Denkmals befindet sich ein kleines Museum, das die Vorgeschichte der Schlacht erläutert und in plastisch wirkenden Schaubildern die Schlacht selbst nachstellt. Park Ranger erklären den Schlachtverlauf – und erinnern daran, dass es im Denkmal keinen Aufzug gibt. Um also die Aussicht auf Boston zu genießen, muss man wohl oder übel die 294 Stufen nach oben steigen. ■

Rechts: Oberst William Prescott in kämpferischer Pose am Bunker Hill Monument

Die Schlacht am Bunker Hill

Blickt man auf die moderne Skyline auf der anderen Seite des Hafens, kann man sich kaum noch vorstellen, was hier im Sommer 1775 geschah: Damals wurde das von den Briten gehaltene Boston von Milizen aus Massachusetts und den benachbarten Kolonien belagert. General Thomas Gage (1721–87) rief am 12. Juni das Kriegsrecht aus – Kolonisten, die Waffen trugen, und alle, die sie unterstützten, wurden als Landesverräter angesehen.

Die Spannungen nahmen zu, als Gerüchte aufkamen, die Briten würden auch Charlestown mit seinen strategisch wichtigen Hügeln über der Stadt und dem Hafen besetzen. Im Schutz der Dunkelheit machten sich Oberst William Prescott und rund 1600 Kolonisten daran, Breeds Hills zu befestigen. In der Morgendämmerung griffen etwa 2400 britische Soldaten die Stellungen an, doch erst beim dritten Ansturm gelang es ihnen, den Hügel einzunehmen. Prescott zog sich zurück und wurde von den »Rotröcken«

bis zum benachbarten Bunker Hill verfolgt. Die Briten hatten einen Pyrrhussieg errungen und 1054 Männer verloren, darunter viele Offiziere. Die Amerikaner beklagten einige hundert Tote. Entscheidender war jedoch, dass die Kolonisten in dieser ersten Schlacht des Unabhängigkeitskrieges gezeigt hatten, dass sie ernst zu nehmende Gegner waren. Zwei Wochen später kam George Washington in Cambridge an. Er übernahm das Oberkommando und formierte die bewaffneten Kolonisten zu einer richtigen Armee. Im Bunker Hill Pavilion, dem Besucherzentrum, zeigt eine Multimediashow die Geschichte der Schlacht (geschl. Jan.–März). Jedes Jahr wird an dem Sonntag, der dem 17. Juni am nächsten liegt, von Einheimischen eine Parade durch Charlestown veranstaltet. Am Bunker Hill Day selbst gibt es in der nahe gelegenen Kirche einen Gedenkgottesdienst und Reden am Denkmal.

U.S.S. *Constitution*

»HURRA! IHR RUMPF IST AUS EISEN!« DIE JUBELSCHREIE, die die amerikanischen Matrosen ausstießen, als die Kanonenkugeln der Briten an den Schiffswänden des berühmten US-Kriegsschiffes abprallten, sind in die Geschichte eingegangen. Als die U.S.S. *Constitution* die H.M.S. *Guerriere* am 19. August 1812 rammte, hatte erstmals ein amerikanisches Kriegsschiff eine Fregatte der mächtigen britischen Marine versenkt, die doch die Welt beherrschte.

Wohl kaum ein anderes Kriegsschiff der USA wird so verehrt wie die U.S.S. *Constitution*. Das Schiff lief 1797 in Boston vom Stapel. Es ist bis heute intakt und liegt in seiner Heimatstadt auf Reede. Noch immer im Dienst, ist die U.S.S. *Constitution* das weltweit älteste betriebsbereite Kriegsschiff (die britische H.M.S. *Victory* ist zwar älter, liegt aber in einem Trockendock). Die Schiffsbesatzung besteht aus regulären Marineeinheiten; die Matrosen führen auch Rundgänge für Besucher durch.

Ein Rundgang durch das Schiff vermittelt einiges an Wissenswertem: Der Hauptmast ist – vom Kiel bis zum Flaggenknopf – 60 Meter hoch. Die Gesamtsegelfläche umfasst über 3900 Quadratmeter. Kinder sind meist von den 54 Kanonen an Bord fasziniert, wobei früher das Abfeuern recht gefährlich war: Jede Kanone hatte einen starken Rückstoß mit einer Geschwindigkeit von bis zu 100 Stundenkilometern. Zur Besatzung mit 450 bis 500 Mann gehörten auch 30 Jungen im Alter von 12 bis 16 Jahren. Ihnen kam u. a. die gefährliche Aufgabe zu, in einem Gefecht die Kanonen mit Pulver zu stopfen. Bei den Führungen erklären die Matrosen besonders gerne Ausdrücke der Seemannssprache wie z. B. »die Katze aus dem Sack lassen«, was sich auf die »neunschwänzige Katze« bezieht, eine Peitsche, die der Bootsmann in einem Sack am Gürtel trug. Drei- oder viermal im Jahr legt die U.S.S.

Constitution von der Mole zu einer majestätischen Fahrt durch den Hafen von Boston ab. Ein Höhepunkt der Feiern am 4. Juli, dem Unabhängigkeitstag, ist es, wenn das 200 Jahre alte Kriegsschiff hier durch das Wasser gleitet.

Nach einem Besuch auf dem Schiff sollte man im nahe gelegenen **U.S.S Constitution Museum** vorbeischauen, wo man mehr über den Bau des Kriegsschiffs und die Geschichte des frühen 19. Jahrhunderts erfährt. Neben den gezeigten Dokumenten gibt es auch Ausstellungsstücke zum Anfassen. »Ready, Aim, Fire!« (»Achtung, zielen, Feuer!«) lässt Besucher selbst erleben, wie schwierig es war, eine 24-Pfünder-Kanone zu laden und abzufeuern. Reinigen, laden, nachfüllen – dies waren nur drei von insgesamt 17 Handgriffen, die es zu erledigen galt, bevor die Kanone ausgerichtet und abgefeuert werden konnte.

Die Hauptausstellung »Old Ironsides in War & Peace« zeichnet die 200-jährige Schiffsgeschichte nach. So wurden beispielsweise das neue State House, das Parlament von Massachusetts, und die U.S.S. *Constitution* in einem Abstand von nur zwei Jahren gebaut, wobei einige von Bostons besten Handwerkern an beiden Projekten arbeiteten. Paul Reveres Gießerei lieferte 15 Tonnen Kupferbolzen wie auch das passende Schiffsglocke aus Messing, die »so günstig und so gut wie jede andere« für 3820,33 US Dollar geliefert wurde.

U.S.S. *Constitution*
- Karte S. 134f
- Charlestown Navy Yard
- 617/242-5671
- T: North Station
- Pier 4: Fähre zur Long Wharf

U.S.S. Constitution Museum
www.ussconstitution museum.org
- Karte S. 134f
- Charlestown Navy Yard
- 617/426-1812
- North Station, Community College
- Pier 4: Fähre zur Long Wharf

Rechts: Die U.S.S. *Constitution* mit ihrer verwirrenden Takelage liegt im Hafen von Boston vor Anker

Das Modell von Old Ironsides sollte man sich genauer ansehen.

Die 36 Schiffssegel wurden aus 0,5 Hektar Leinwand hergestellt – für damalige Verhältnisse modernste Technik, die dem Schiff Geschwindigkeiten von bis zu 13 Knoten (24 Stundenkilometer) erlaubten. So konnte die U.S.S. *Constitution* kleinere Schiffe leicht einholen und angreifen oder anderen einfach davonsegeln. Eine Zeitleiste illustriert die 18 Jahre, welche sich das Schiff in Kriegsdiensten befand. In seinen besten Zeiten entschied es eine der kürzesten Seegefechte der Geschichte für sich – amerikanischer Interpretation zufolge nach nur 30 Minuten, laut britischer Auffassung nach 90 Minuten. Im Jahr 1830 sollte die U.S.S. *Constitution* verschrottet werden. Doch ein Aufruf des Schriftstellers Oliver Wendell Holmes (1809–94) rettete das Schiff. ∎

Hauptmast

Kreuzmast

Spierdeck

Kanonenluke

Unten: Ein Detail aus den verschlungenen Verzierungen an der U.S.S. *Constitution*

Kojendeck

Seitenruder

Vordermast

Im **U.S.S. Constitution Museum** kann man Modellbauern beim Zusammensetzen von Schiffsmodellen zusehen

Commodore William Bainbridge, der Kapitän der **U.S.S. Constitution**; ein Gemälde von Gilbert Stuart

Bugspriet

Kupferpanzerung

Kanonendeck

U.S.S. *Cassin Young*

NUR EINEN STEINWURF VON DER U.S.S. CONSTITUTION
entfernt liegt ein Kriegsschiff aus dem 20. Jahrhundert – die U.S.S.
Cassin Young. Dieser Zerstörer aus dem Zweiten Weltkrieg ist weniger
bedeutend als sein berühmter Nachbar.

Die **U.S.S.** *Cassin
Young* ist 150 Jahre
jünger als die be-
nachbarte **U.S.S.
Constitution**

In jedem anderen Hafen wäre das
Kriegsschiff ein Star – doch im
Schatten von »Old Ironsides« (siehe
S.138ff) ist das anders: Hier fragen
die Besucher an Bord die Park
Rangers erst einmal, wer überhaupt
Cassin Young war. Ted Cassin Young
war ein Kriegsheld, der für seine
mutige Rettung von Verwundeten
aus den Trümmern des Kriegsschiffes *Arizona* in Pearl Harbor mit der
Medal of Honor ausgezeichnet wurde. Zum Kapitän befördert, übernahm er schließlich das Kommando
auf dem schweren Kreuzer *San
Francisco* – doch schon im ersten
Jahr starb er in der Schlacht bei
Guadalcanal. Young wurde nach-
träglich das Navy Cross verliehen
und er wurde nochmals geehrt, als
am 12. September 1943 ein neuer,
nach ihm benannter Zerstörer vom
Stapel lief: U.S.S. *Cassin Young*. Das
Kriegsschiff gelangte auf dem pazi-
fischen Kriegsschauplatz und später
im Koreakrieg zum Einsatz. Mit einer Mannschaft aus 325 Mann war
es hier fast so beängstigend eng wie
auf der U.S.S. *Constitution*. Die Führungen durch das Schiff (tägl. 16–17
Uhr) sind auf jeweils zwölf Besucher
begrenzt; allerdings kann man auf
dem Hauptdeck dank zahlreicher
Erläuterungstafeln einiges selbst er-
schließen. Kinder möchten meist etwas über die Kanonen wissen, tech-
nikbegeisterte Erwachsene über die
Maschinen. Das Schiff sieht heute so
aus wie Ende der 50er Jahre, so dass
man seinen Kopf oft einziehen
muss, wenn man durch die Luken
geht – und als Kinderspielplatz ist
das Schiff ganz gewiss nicht geeignet. Die U.S.S. *Cassin Young* war ein
2050-Tonnen-Zerstörer der Flet-
cher-Klasse und wurde – im Gegensatz zu den 14 Schwesterschiffen –
nicht in Charlestown gebaut. ■

U.S.S. *Cassin
Young*

Karte S. 134f

Charlestown Navy
Yard

617/242-5601

T: North Station,
Community College,
Haymarket Square.
Bus: 93

Pier 4: Fähre zur
Long Wharf

Cambridge erscheint auf den ersten Blick wie ein Vorort von
Boston. Doch mit zwei der weltweit berühmtesten
Universitäten ist Cambridge in Wahrheit eine eigenständige,
überaus interessante und abwechslungsreiche Kleinstadt

Cambridge

**Das Symbol einer
Eliteuniversität**

Cambridge

GLEICH AUF DER ANDEREN UFERSEITE DES CHARLES RIVER LIEGT CAM-
bridge, eine unabhängige Stadt mit einem Flair, das sich von der großen Schwester Boston
deutlich unterscheidet. Das liegt vor allem an den vielen Studenten, die hier zwei weltberühmte Universitäten besuchen – in Harvard und am Massachusetts Institute of Tech-
nogoloy, kurz »MIT« genannt. Cambridge blickt auf eine eigene Geschichte zurück und
hat neben bedeutenden Museen und schönen Stadtvillen auch schicke Modeboutiquen
und elegante Restaurants zu bieten.

Cambridge erstreckt sich rund um die drei
Plätze Kendall Square (in East Cambridge,
nahe dem MIT), Central Square und Harvard
Square. Gleich am Ausgang der Untergrund-
Bahn am Harvard Square befindet sich ein
kleiner Informationsstand. Dass die beliebtesten Fortbewegungsmittel hier Fahrräder sind,
merkt man schnell, denn überall sausen welche
vorbei oder sind an Parkuhren und Straßenschildern abgestellt. Lässt man den Blick über
den Platz schweifen, sieht man vor allem
Professoren, Studenten, Mütter mit ihren kleinen Kindern, einige Straßenkünstler – und

auch Großstadttypen mit Piercings und ge-
färbten Haaren.

Cambridge wirkt fast wie ein Mikrokosmos,
in dem sich die ganze Welt spiegelt. Neben der
Geschichte der beiden Universitäten, die Studenten auf Rundgängen erläutern, weisen beide Campusgelände schöne Gebäude, Skulpturen und kleine Museen mit so
manchem Schatz auf.
In den meist lan-
ge ge-

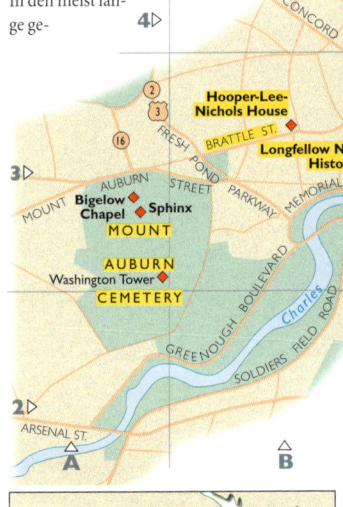

**Der Harvard Square, Zentrum so-
wohl von Cambridge als auch von
der Harvard University**

öffneten Buchhandlungen gibt es vor allem wissenschaftliche und historische Literatur, doch findet man auch die neuesten Romane. Außerdem lockt das historische Cambridge: Die Stadt war nicht nur Heimat des Schriftstellers Henry Wadsworth Longfellow (1807–82), sie diente auch dem General der Revolutionsarmee, George Washington, während der Belagerung von Boston 1775–76 als Hauptquartier.

Schon damals galt Cambridge als angesehene Stadt. Nur zehn Jahre nach der Ankunft der *Mayflower* hatte eine Gruppe Puritaner die Stadt Newtowne (1630) gegründet. Vier Jahre lang war sie Hauptstadt des Commonwealth of Massachusetts. Zwar mussten die Siedler dann auf den Regierungssitz verzichten, konnten dafür jedoch auf ein neues College stolz sein: Die Einrichtung wurde nach ihrem

Förderer John Harvard (1607–38) benannt und zog eine Änderung des Stadtnamens nach sich. Zu Ehren der englischen Universität Cambridge, an der John Harvard studiert hatte, hieß Newtowne fortan Cambridge.

Harvard University

EINE DER SCHÖNSTEN ANSICHTEN IN BOSTON UND UMGE-
bung ist zweifellos die auf den Charles River mit den drei weißen
Türmen der Studentenwohnheime Eliot, Dunster und Lowell, die in
den tiefblauen Himmel ragen. Harvard ist die älteste Universität in
den USA und umfasst das Harvard und Radcliffe College sowie zehn
Graduate Schools und andere Fakultäten.

Seine allgemeine Anerkennung verdankt Harvard, das 1636 gegründet wurde, aber nicht allein seiner langen Geschichte. Zu seinen Absolventen gehören sechs US-Präsidenten und Schriftsteller wie Henry Wadsworth Longfellow (1807–82), Henry James (1843–1916), T.S. Eliot (1888–1965), John Updike (geb. 1932) und Michael Crichton (geb. 1942), Autor des Bestsellers *Jurassic Park*. Auch der Dirigent und Komponist Leonard Bernstein (1918–90) studierte in Harvard, ebenso die Schauspieler Jack Lemmon (1925 bis 2001) und Tommy Lee Jones

(geb. 1946), der sich hier ein Zimmer mit dem früheren US-Vizepräsidenten Al Gore teilte. Im Lauf der Jahre erhielten Harvard-Professoren insgesamt 30 Pulitzer- und 30 Nobelpreise.

An den Colleges und den Fakultäten, den Graduate Schools, sind rund 18 000 Studenten aus aller Welt eingeschrieben. Heute kostet das Studium hier – zusätzlich zu Unterbringung und Verpflegung – jährlich etwa 35 000 US-Dollar. Im 17. Jahrhundert konnte man die Studiengebühren noch mit Kleidungsstücken, Werkzeugen, Lebensmitteln oder sogar mit einer Kuh bezahlen. Obwohl Harvard als weltliche Universität gegründet worden war, wurden viele seiner Absolventen zunächst Priester. Die in den ersten Jahren entwickelten Grundprinzipien dienen bis heute als Basis des universitären Lebens. So nannte die Universitätscharta von 1650 als Ziel »die Förderung jeder guten Literatur, der Künste und der Wissenschaften«. Überraschender als dieses Credo war der ausdrücklich formulierte Vorsatz, nicht nur die Engländer, sondern auch »die indianische Jugend in diesem Land« auszubilden. Im Jahr 1665 schloss Caleb Cheeshahteaumuck vom Wampanoag-Stamm als erster Indianer Amerikas sein Harvard-Studium ab.

Harvard-Studenten lernt man sehr leicht kennen – melden Sie sich einfach für eine der kostenlosen Führungen an, die am **Harvard Events & Information Center**

Links: Die Memorial Church, ein Beispiel für die stilvolle Architektur auf dem Harvard-Campus

im Holyoke Center beginnen. Möchten Sie lieber allein auf Erkundungstour gehen, so folgen Sie dem Rundweg (siehe S. 148f), um das alte Herz der Universität kennen zu lernen. Allerdings gibt es auch in anderen Teilen des ausgedehnten Campus etwas zu sehen: Nicht versäumen sollte man die **Memorial Hall** an der Cambridge Street, einen spätgotisch wirkenden Bau aus dem Jahr 1874, der zu Ehren der im Bürgerkrieg gefallenen Kommilitonen errichtet wurde. Im Norden, an der Oxford Street, liegen das **Peabody Museum** und das **Harvard Museum of Natural History** (siehe S. 156f). Südlich, an der Quincy Street, kann man die **Harvard-University-Kunstmuseen** (siehe S. 150f) und den Stahl-Glas-Komplex des **Carpenter Center for the Visual Arts** aus dem Jahr 1963 besuchen. Es ist übrigens der einzige Bau, den der französische Architekt Le Corbusier (1887–1965) je in den USA verwirklichte.

Stolz blickt Harvard zurück auf viele Ereignisse und Phänomene, die von hier im Lauf der Geschichte ihren Ausgang nahmen: Der älteste Theaterverein Amerikas, der 1795 gegründete **Hasty Pudding Club**, residiert an der Holyoke Street. Sechs spätere US-Präsidenten waren dort zu ihrer Harvard-Zeit Mitglied – von John Adams im 18. bis hin zu John F. Kennedy im 20. Jahrhundert. Unweit davon, an der Mount Auburn Street, liegt das **Harvard Lampoon Castle**, Sitz des ältesten amerikanischen Satiremagazins, des 1867 erstmals erschienenen *Harvard Lampoon*. Das **Radcliffe College** der Universität war eine der ersten universitären Einrichtungen für Frauen (siehe S. 149). ∎

Harvard-Studenten feiern ihren Abschluss unter den Bäumen des Universitätsgeländes

Harvard Events & Information Center
www.harvard.edu

145 C3

Holyoke Center, 1350 Massachusetts Ave.

617/495-1573

Geschl. So. Kostenlose Führungen: Mitte Sept.–Mitte Mai Mo–Fr 10 Uhr, 14 Uhr, Sa 14 Uhr; Juni–Aug. tägl. 10, 11.15, 14 Uhr, Sa 15.15 Uhr

T: Harvard Square

Rundgang durch Old Cambridge

Wie Boston, so lässt sich auch Cambridge am besten zu Fuß erkunden. Neben der Harvard University kann man in der Stadt die Spuren des Unabhängigkeitskrieges und der wohlhabenden Royalisten entdecken, die hier einst lebten. Überall finden sich Dokumente der Vergangenheit unmittelbar neben modernen Zeugnissen unserer Zeit.

Beginnen Sie den Rundgang am Informationsstand beim MBTA-Eingang des Harvard Square. Biegen Sie in die Massachusetts Avenue ab, vorbei an der Cambridge Savings Bank. Die Tische vor dem Imbiss »Au Bon Pain« tragen auf ihrer Fläche ein Schachbrettmuster – man kann zusehen oder (kostenlos) selbst eine Partie versuchen. Überqueren Sie dann die Mass. Ave., wie sie kurz genannt wird, und betreten Sie durch das McKean-Tor den **Harvard Yard** (Privatgelände), den ursprünglichen, 8,9 Hektar großen Campus der Universität. Links erhebt sich das gelbe **Wadsworth House**, das 1727 als offizielle Residenz der Universitätsleitung erbaut wurde. Folgen Sie dem Weg zum **Old Yard** ❶, der in den 1820er Jahren in einen Park umgestaltet wurde, nachdem Harvard-Präsident Kirkland die dortigen Kneipen und Lokalitäten der Studentenbünde hatte schließen lassen. Weiter geht es zu der von Charles Bulfinch (siehe S. 92f) gestalteten **University Hall** ❷.

Gehen Sie um die University Hall herum zum **New Yard**, der seit 1911 den Abschlussfeierlichkeiten dient und 1936 anlässlich des 300. Jubiläums der Universität den pompösen Titel »Tercentenary Theater« (»Theater der Dreihundertjahrfeier«) erhielt. An der einen Seite erhebt sich ein gewaltiger, tempelähnlicher Bau, die **Widener Library** ❸. Der erste Katalog der Harvard-Bibliothek stammt aus dem Jahr 1723, ist noch in Latein verfasst und listet rund 3500 Bücher auf. Heute umfasst der Bestand ca. eine Million Bände, die auf Regalen von insgesamt 80 Kilometer Länge stehen. Die Bibliothek entstand 1914 und wurde in Gedenken an Harry Elkins Widener benannt, einem Absolventen des Jahrgangs 1907 und Sammler seltener Bücher, der beim Untergang der *Titanic* ums Leben kam. Gegenüber der Bibliothek befindet sich die **Memorial Church**. Der Bau von 1932 ehrt die im Ersten Weltkrieg gefallenen Harvard-Absolventen und erinnert auch an alle Opfer aus Harvard, die in späteren Krie-

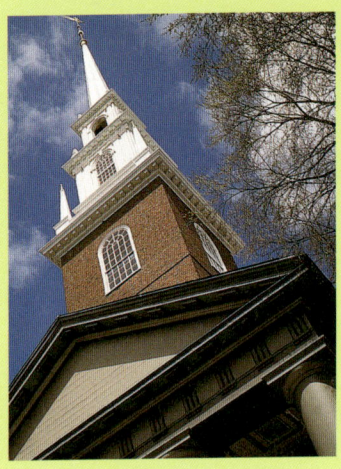

Die Memorial Church erhebt sich mitten auf dem Campus

gen ihr Leben ließen. An der Westseite fällt rechts neben den Eingangstüren ein Stein auf; er stammt aus jener Londoner Kirche, in der John Harvard 1607 getauft wurde.

Kehren Sie vom Old Yard zurück und wenden Sie sich nach Westen, in Richtung Johnston Gate. Das schmiedeeiserne Tor selbst ist nur ein Jahrhundert alt, doch befand sich an dieser Stelle der ursprüngliche Universitätseingang. Links davon steht die **Massachusetts Hall** aus dem Jahr 1720, eines der ältesten Campusgebäude. 1775 waren hier die Truppen von Washington einquartiert. Heute bewohnen die Erstsemester die oberen Stockwerke über den Büros des Universitätspräsidenten.

Verlassen Sie den Hof durch das Tor, überqueren Sie die Peabody Street und die Massachusetts Avenue. Auf der linken Seite ist die **First Church in Cambridge** ❹ (unitaristisch-universalistische Kirche). Der Bau (*3 Church St., Tel. 617/876-7772*) stammt aus

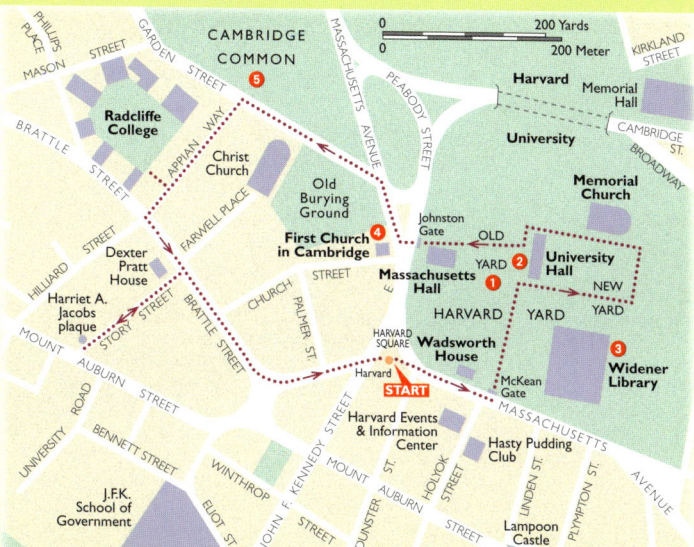

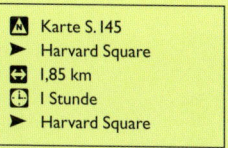

dem Jahr 1833, die lange Liste der Priester geht jedoch bis in die 1630er Jahre zurück. In dieser Kirche hielt der einstige Harvard-Student Ralph Waldo Emerson (1803–82) seine berühmte Rede »American Scholar«, die der Schriftsteller Oliver Wendell Holmes (1809 bis 1894) als »Amerikas intellektuelle Unabhängigkeitserklärung« bezeichnete.

Folgen Sie nun der Massachusetts Avenue, die links auf die Garden Street zuführt. Der **Cambridge Common** ❺ ist heute genauso groß wie früher und wurde einst – wie alle Stadtplätze – als Weide, Versammlungsort und Exerzierplatz benutzt. An der Südseite des Platzes, an der Kreuzung von Garden Street und Appian Way, erinnert eine Bronzetafel an die »Washington-Ulme«, jenen Baum, unter dem George Washington 1775 offiziell das Kommando über die Kontinentalarmee übernahm.

Biegen Sie links auf den Appian Way ab; der Eingang zum Radcliffe Yard liegt rechter Hand. Das 1879 gegründete **Radcliffe College** diente Studentinnen, die bis zur Zusammenlegung aller Kurse 1943 getrennt von männlichen Kommilitonen durch Professoren unterrichtet wurden. Allerdings sollte es noch einmal 20 Jahre dauern, bis die »Cliffies« offiziell als Harvard-Studentinnen anerkannt wurden.

🅰	Karte S. 145
▶	Harvard Square
↔	1,85 km
⏱	1 Stunde
▶	Harvard Square

NICHT VERSÄUMEN
Harvard Yard • Massachusetts Hall • Cambridge Common

Folgen Sie dem Appian Way bis zur **Brattle Street**, wenden Sie sich nach links und folgen Sie der Story Street bis zu deren unterem Ende. Dort befindet sich an der Kreuzung zur Mount Auburn Street eine Tafel zur Erinnerung an die »Abolitionistin, Schriftstellerin und Frauenrechtlerin« Harriet A. Jacobs (um 1813–97), die in einem Haus an dieser Stelle lebte. Das Buch der einstigen Sklavin wurde 1861 unter dem Titel *Incident in the Life of a Slave, Written by Herself* (*Sklavenmädchen. Die Geschichte meiner Befreiung*, 1989) veröffentlicht.

Gehen Sie dann zurück zur Brattle Street und weiter bis Sie den Harvard Square erreichen.

Kunstmuseen der Harvard University

Harvard University Art Museums

www.harvardartmuseum.org

145 C3

Fogg & Busch-Reisinger: 32 Quincy St., Sackler: 485 Broadway

617/495-9400

Geschl. So vormittags

$$. Freier Eintritt bis 18 Jahre. Sa 10–12 Uhr

T: Harvard

DIE DREI KUNSTMUSEEN DER UNIVERSITÄT ERREICHEN zusammen genommen internationales Spitzenniveau. Jede Stadt wäre stolz auf diese Sammlungen – ob mit oder ohne Harvard. Die Museen stehen Studenten wie Besuchern für eine Reise durch die westeuropäische und asiatische Kunstwelt offen.

Das älteste und beliebteste der drei Museen ist das **Fogg Art Museum**, welches auf Kunst aus Italien, Großbritannien und Frankreich vom Mittelalter bis zur Gegenwart spezialisiert ist. Das nahe gelegene **Busch-Reisinger Museum** präsentiert vor allem Werke deutscher und nordeuropäischer Meister, während die Ausstellung im **Arthur M. Sackler Museum** antike Kunst aus Asien, dem islamischen Raum und jüngere indianische Arbeiten vereint. Sowohl das Fogg als auch das Busch-Reisinger Museum sind seit Juni 2008 wegen umfangreicher Renovierungsarbeiten geschlossen. Einige wichtige Werke aus diesen Häusern werden daher im Sackler Museum gezeigt. Die interessante, einstündige Führung (um 14 Uhr im Sackler Museum) erlauben es, die Fülle an Exponaten in relativ kurzer Zeit durchzugehen.

Rote Boote, Argenteuil (1875) von Claude Monet hängt im Fogg Art Museum

FOGG ART MUSEUM

Die ersten Mäzene des Fogg Art Museum nannten es »ein Labor der schönen Künste« – der nachgebaute Innenhof eines italienischen Palazzos aus dem 15. Jahrhundert bestimmt seine Atmosphäre.

In der Warburg Hall lockt eine Ausstellung unter dem Titel »Die Renaissance entdecken« mit zahlreichen Exponaten aus jener Zeit. Jede Führung widmet sich einem eigenen Spezialgebiet, so dass keine Tour der anderen gleich. In einer Epoche, da nur wenige lesen konnten, verwendete die Kunst viele Symbole: Ein Schädel versinnbildlichte etwa die Vergänglichkeit; der Lebensbaum verwies auf die Erlösung und der Pelikan mit blutender Brust auf das Opfer Christi. Diese drei Symbole erscheinen auch in Fra Angelicos (1387–1455) Gemälde Der Gekreuzigte zwischen der Jungfrau und dem Kardinal Torquernada und dem Heiligen Johannes von 1451.

Natürlich kann man die Führung auch umgehen und etwa – wie viele Besucher – direkt die **Maurice Wertheim Collection** ansteuern. Sie enthält Arbeiten berühmter (Post-)Impressionisten, darunter Dufy, Gauguin, Matisse, Monet, Seurat und van Gogh, deren wechselseitige Beeinflussung die geschickte Anordnung der Bilder augenfällig macht. Zu den Klassikern zählen Monets *Gare de Saint-Lazare* (1877) und *Rote Boote, Argenteuil* (1875). In den Lesezimmern des **Agnes Mongan Center** können Besucher sich nach ihren Wünschen Skizzen, Zeichnungen und Fotografien aus der herausragenden Sammlung zeigen lassen.

Werke von Ingres und John Singer Sargent zum Beispiel oder Aquarelle von Winslow Homer wie etwa *Key West* (1903) oder *Segelboot und Feuerwerk 4. Juli* (1880) – zwei Gemälde aus der Zeit, als Homer im Leuchtturm auf der Ten Pound Island in Glucester Harbor lebte.

Links: Galerien rund um den italienischen Renaissance-Innenhof des Fogg Art Museum. Der Hof lehnt sich stilistisch an Gebäude aus dem 16. Jahrhundert des italienischen Ortes Montepulciano an

BUSCH-REISINGER MUSEUM

Weit kleiner als das gegenüberliegen-
de Fogg Museum, ist das Busch-Reisinger Museum doch zu Recht stolz
darauf, das »einzige Museum seiner
Art in der westlichen Welt« zu sein.
Die Sammlung ist – recht ungewöhnlich – auf Kunst aus mittel- und
nordeuropäischen Ländern spezialisiert. Besonders stark vertreten sind
dabei der deutsche Expressionismus,
Werke der Sezession aus Wien und
Designstücke der Bauhaus-Schule.
Es bietet sich an, in der Abteilung mit
Werken der »Jahrhundertwende« zu
beginnen, dann zu den Exponaten
des »Frühen Expressionismus« und
weiter zur Bauhaus-Ausstellung zu
gehen, um den Rundgang schließlich
mit »Realistischer Kunst« der 1930er
und 1940er Jahre zu beenden.

Beim Vergleich mit dem Fogg
Museum und seinen impressionistischen Gemälden kann man starke
Unterschiede feststellen: Max Beck-
manns (1884–1950) *Selbstportrait im
Smoking* (1927) befand sich einst in
der Nationalgalerie in Berlin, wurde
aber als »entartete Kunst« entfernt.
1941 wurde es als erstes »modernes«
Werk für die spätere Sammlung des
Museums angekauft. Beckmann
emigrierte 1937 aus Deutschland
und versteckte sich in den Nieder-
landen.

Die Bauhaus-Sammlung ist
klein, enthält aber das Archiv des
Bauhaus-Mitbegründers und späteren Harvard-Professors Walter Gropius (siehe S. 180).

Er und die anderen Vertreter jener Schule wollten mit Hilfe neuer
Techniken und Materialverwen-
dung die Lücke zwischen Kunst und
Kunsthandwerk schließen.

Der mit Segeltuch bespannte
Stahlrohrstuhl von Marcel Breuer
(der ebenfalls Harvard besuchte) ist
heute ein Klassiker.

SACKLER MUSEUM

Der Gegensatz zwischen der Fassade
und dem Innenraum des Arthur M.
Sackler Museum könnte kaum größer sein: Das Gebäude wurde von

**Paul Klees *Wilde
Jagd* stammt von
1939 und ist im
Fogg Art Museum
zu sehen**

Dieses tänzelnde Pferd aus der T'ang-Dynastie schmückte einst ein chinesisches Grab und ist heute im Sackler Museum ausgestellt

dem zeitgenössischen britischen Architekten James Stirling entworfen, die Sammlung aber umfasst sowohl Schätze aus dem antiken China, Kora und der islamischen Welt als auch römische und griechische Klassiker.

Eine Führung empfiehlt sich, vor allem wenn man nicht mit asiatischer Kunst vertraut ist.

Wer das Museum auf eigene Faust erkundet, sollte im obersten Stockwerk beginnen, wo die antiken chinesischen Jade-, Bronze- und Keramikarbeiten ausgestellt sind. Aus der Shang-Dynastie in China stammt ein Gefäß, welches das Gesicht eines Tigers schmückt – es ist wahrscheinlich mehr als 3300 Jahre alt.

Den Höhepunkt der Sammlung buddhistischer Steinskulpturen bildet die fein verzierte Darstellung Kniender dienender Bodhisattva: Sie wurde in den Höhlen der Tausend Buddhas in der Provinz Gansu in China gefunden und geht auf das 7. Jahrhundert zurück.

Setzen Sie Ihren Rundgang durch die Säle mit Kunstwerken aus Japan, Thailand und Kambodscha fort, bis zur Abteilung mit antiker griechischer und römischer Kunst gelangen.

Neben einer Auswahl vertraut erscheinender Gefäße, die mit Terrakottafiguren verziert sind (340–500 v.Chr.), kann man hier die römische Kopie einer griechischen Skulptur aus dem 4. Jahrhundert v. Chr. bewundern.

In der **Ägyptischen Sammlung** sollte man dem *Porträt einer Frau mit Ohrringen* besondere Beachtung schenken.

Es handelt sich dabei um ein Mumiengemälde aus der Zeit zwischen den Jahren 130 und 150 n.Chr.

Würde man diese Frau auf einem ägyptischen Bazar treffen, könnte man sie sofort an ihrer Kleidung und den Ohrringen erkennen: Das Bild ist so realistisch gemalt, dass es fast wie eine moderne Fotografie wirkt! ∎

Die Kennedys in Cambridge

John Fitzgerald Kennedy, der 35. Präsident der USA (1961–1963), wird für immer mit der Geschichte Bostons verbunden sein. Die gesamte Politdynastie der Kennedys reicht zurück bis zum Bostoner Bürgermeister John F. Fitzgerald, auch »Honey Fitz« genannt. Seine Tochter Rose heiratete den Sohn eines irischen Einwanderers und brachte am 29. Mai 1917 ihren Sohn John F. Kennedy zur Welt. Hinweise auf J. F. Kennedy finden sich überall in Boston und Cambridge: So gibt es eine J.F.K. Street, den J.F.K. Park, die J.F.K. School of Government und sogar eine U-Bahnstation »J.F.K.«.

John F. Kennedy aus der Bostoner Politikerdynastie

Kennedy verbrachte die ersten vier Jahre seines Lebens in einem Haus in Brookline, der heutigen John F. Kennedy National Historic Site *(83 Beals St., Tel. 617/566 7937, geschl. Mo–Di u. Nov.–Apr., $)*. Das Haus kann nur auf geführten Rundgängen besichtigt werden. Es enthält einige der Möbel, die den Kennedys von 1914 bis 1921 gehörten, darunter ein Flügel, Perserteppiche und ein Klapptisch im Wohnzimmer. Eines der Lieblingsbücher Kennedys, *Die Ritter der Tafelrunde*, liegt auf einem Stuhl im oberen Stockwerk – eine Vorwegnahme von *Camelot*, mit dem seine Regierung oft verglichen wurde.

Kennedy beendete sein Studium an der Harvard University 1940 mit Auszeichnung. In seiner Abschlussarbeit untersuchte er die politische Situation in Großbritannien und Europa in den Jahren vor dem Zweiten Weltkrieg; dies war die Grundlage seines erfolgreichen Buches *Warum England schlief*. Im Zweiten Weltkrieg war er Kommandant eines Schnellbootes und wurde mit dem »Purple Heart« für seinen mutigen Einsatz ausgezeichnet. In der Politik zog er als Abgeordneter der Demokraten für Massachusetts in das Repräsentantenhaus des Kongresses ein und wurde 1952 sogar US-Senator. Im Jahr 1960 war er bereits Präsidentschafts-

kandidat. Er war der erste katholische und der jüngste US-Präsident – und wurde am 22. November 1963 bei einem Attentat erschossen.

Für jeden nichtamerikanischen Besucher unter 50 Jahren, der sich die damalige Aufbruchstimmung kaum mehr vorstellen kann, ist ein Besuch der John F. Kennedy Library and Museum *(Columbus Point, Tel. 617/514-1573 oder 1600, $$)* südlich der Stadt am Columbia Point sehr aufschlussreich. Der von I. M. Pei (geb. 1917) gestaltete Bau selbst ist atemberaubend. Bevor Sie mit dem chronologischen Rundgang des Museums beginnen, sollten Sie den Kurzfilm über John F. Kennedys erste Jahre als Politiker ansehen. Die Bilder und Töne aus der Los Angeles Convention Hall, wo er 1960 zum Präsidentschaftskandidaten der Demokratischen Partei gekürt wurde, versetzen jeden unmittelbar zurück in jene Zeit. Alle Phasen seines Wahlkampfes finden dabei Berücksichtigung; zudem zeigen einige Filmausschnitte die späteren Höhepunkte und Krisen seiner kurzen Präsidentschaft: Kennedys berühmte Berlin-Rede, die Gründung des Peace Corps, die Kuba-Krise, das Wettrennen im All und seine Bürgerrechtsgesetzgebung. Zurück bleibt insgesamt ein merkwürdig zwiespältiger Eindruck: Die Bedrohung durch den heute fast vergessenen Kalten Krieg wird ebenso präsent wie der grenzenlose Optimismus, der die Stimmung in den 1960er Jahren allem zum Trotz prägte.

Der Eintritt zu beiden Museen ist in »J.F.K.'s Boston« (eine 3,5 Stunden lange Bustour mit Führung) bereits enthalten *(Old Town Trolley Tours, Tel. 617/269-3626, $$$)*.

Die beeindruckende Gestaltung der John F. Kennedy Library and Museum stammt von I. M. Peis und befindet sich an der Südseite des Museums

Harvard Museum of
Natural History

**Harvard Museum
of Natural History**

www.hmnh.harvard.edu

145 C3

26 Oxford St.

617/495-3045

$$. Frei So vormittags & Mi nachmittags

T: Harvard

MIT SEINEN ABTEILUNGEN FÜR BOTANIK, ZOOLOGIE UND Mineralogie bietet das Haus gleich drei Museen in einem und wirkt dabei wie eine Forschungseinrichtung. Ohne jede technischen Spielereien werden die beschrifteten Exponate ganz schlicht – und fast ein wenig altmodisch – hinter Glas präsentiert. Die meisten Ausstellungsstücke sind zudem so alt, dass sie selbst unter Denkmalschutz gestellt werden sollten ...

Tausende Besucher kommen eigentlich nur, um eines zu sehen: die berühmten Glasblumen in der **Botanischen Abteilung**. Offiziell **Ware Collection of Blaschka Glass Models of Plants** genannt, sind diese Glaskunstwerke alles andere als kitschiger Schmuck. Es handelt sich vielmehr um originalgetreue Nachbildungen, die all das ersetzen sollten, was Botaniker einst für ihr Studium nutzten (Zeichnungen, Drucke und getrocknete Ableger). Man mag kaum glauben, dass die völlig natürlich wirkenden Exponate tatsächlich aus Glas bestehen! Unter dem Titel »Modeling Nature« wird erläutert, wie der Glasbläser Leopold Blaschka und sein Sohn Rudolph zwischen 1886 und 1937 insgesamt 3000 Modelle von 830 Pflanzen hergestellt haben. Ob es sich um die winzigen Haare auf dem Stängel eines Frauenschuhs oder um bis zu 75 Zentimeter lange Bananenblätter handelt – die Präzision dieser Arbeiten ist unglaublich, zumal wenn man die einfachen Werkzeuge aus dem Dresdner Atelier der Blaschkas sieht.

Das Harvard Museum of Natural History wird von Schulkindern der Umgebung wie auch von Studenten besucht

Weiter geht es in die **Zoologische Abteilung** mit ihren ausgestopften Tieren. Die Thayer Hall of North American Birds bildet so etwas wie ein dreidimensionales Lexikon der Vogelwelt. An anderer Stelle lässt eine Reihe von Skeletten den Knochenbau eines Gibbons, eines Orang-Utans und eines Menschen vergleichen. Oder schauen Sie sich den Kopf eines Triceratops an, eines »Musterexemplars«, das als erster dokumentierter Fund zum Maßstab aller weiteren Ausgrabungen dieser Art wurde. Zu sehen sind außerdem die (heute ausgestopften) Goldfasane, die George Washington 1786 von dem französischen General Lafayette erhielt. Trotz einer kürzlich erfolgten Renovierung und besserer Beleuchtung ist die **Mineralogische Ausstellung** eher etwas für Spezialisten.

Das **Peabody Museum** verfügt über zwei Eingänge: Der eine befindet sich im dritten Stock des Museum of Natural History (durch die Mineralogische Ausstellung); der direkte Zugang erfolgt über die Divinity Avenue. Die Gründung des Museums im Jahr 1866 geht auf eine Schenkung von George Peabody zurück; er war es, der auch das Peabody Essex Museum in Salem (siehe S. 186) finanzierte. Als eines der weltweit ersten Museen widmete sich das Haus ausschließlich der Anthropologie und Ethnologie. Zwar wirken die meisten Räume wenig anziehend, doch sind die neu gestalteten Säle im ersten Stock besucherfreundlicher gehalten. Hier hilft ein Farbleitsystem (das sich auf dem Übersichtsplan des Museums wiederfindet) dabei, sich in der **Hall of the North American Indians** zu orientieren. Zu sehen sind Überreste, welche von dem Kulturschock zeugen, den die Indianer bei Ankunft der weißen Europäer erlebten. Sie übernahmen so manche Aspekte der fremden Kultur und ihrer Alltagsgegenstände, um sie bei der Gestaltung ihrer eigenen Kleidung, Decken und Körbe anzuwenden. Ein Beispiel dafür stellt ein Mantel aus Hirschleder dar, dessen Stil an die 1780er Jahre in Europa erinnert, während die Verzierungen typisch indianisch sind.

Für die **Portrait Gallery of Southeast Indian Chiefs** sollte man sich ruhig Zeit lassen: Sie ist ein »Who's who« der Seminol-, Cherokee- und Creek-Häuptlinge, deren stolze Gesichter – aber westliche Kleidung – kaum den gängigen Hollywood-Klischees entsprechen. Besonders beeindruckend sind die Totempfähle aus dem amerikanischen Nordwesten, deren gesamte Herstellung vom Baumstamm bis zum Pfahl zu erkennen ist. Die Pacific Islands Hall und die Encounters with the American Hall beschäftigen sich abermals mit den Beziehungen zwischen europäischen Kolonisten und Indianerstämmen. ■

Eine gläserne Iris aus der Ware Collection of Blaschka Glass

Brattle Street

MIT IHREN GROSSEN ALTEN HÄUSERN IST DIE BRATTLE Street lange Zeit eine exklusive Wohngegend gewesen: Im 18. Jahrhundert bildete die Straße eine richtige kleine Enklave mit nur sieben Stadtvillen reicher Familien, die alle miteinander verwandt waren.

Die Longfellow National Historic Site erinnert an den beliebten Schriftsteller des 19. Jahrhunderts

Longfellow National Historic Site

www.nps.gov/long

- 144 B3
- 105 Brattle St.
- 617/876-4491
- Im Winter geschl.
- Telefonisch erfragen
- T: Harvard

Der Weg zwischen Christ Church und dem Friedhof führt zum Farewell Place, von welchem wiederum die Brattle Street abgeht. Direkt gegenüber liegt das **Dexter Pratt House** (Nr. 54), Heimstatt des Dorfschmieds aus dem gleichnamigen Gedicht von Longfellow. Der »ausladende Kastanienbaum« steht schon lange nicht mehr, aber neben dem Haus befinden sich die Skulptur eines schmiedeeisernen Baumes sowie Hammer und Werkzeuge, die an Pratt, den Schmied und Freund des Autors, erinnern.

Das berühmteste Haus, die schöne gelbe **Longfellow National Historic Site** (Nr. 105), weist eine Geschichte wie nur wenige Wohnhäuser Amerikas auf. Im Jahr 1775 diente es Washington als Hauptquartier. Im 19. Jahrhundert lebte in seinen Mauern der Schriftsteller Henry Wadsworth Longfellow

(1807–82), der populärste amerikanische Autor seiner Zeit. Er wohnte dort 45 Jahre lang, und auch nach seinem Tod blieb das Haus in Familienbesitz. Bis heute ist es mit Gemälden, Büchern und Erinnerungsstücken, die Longfellow gehörten, ausgestattet. Auf der Führung kann man den Menschen hinter dem Schriftsteller kennen lernen: Longfellow war ein liebevoller Ehemann, Vater und Freund einiger der größten Literaten und Philosophen seiner Epoche. Zu seinen Frühstücksgästen im Speisezimmer zählte beispielsweise Charles Dickens (1812–70).

Das Haus wird nach umfassender Renovierung im Jahr 2002 wieder eröffnet. Höhepunkt des Rundgangs sind das Speisezimmer mit Porträts von Longfellows Töchtern und seiner Ehefrau Fanny. Man sieht sie hier, wie von ihm in dem

Gedicht *Die Kinderstunde* beschrieben: »die ernste Alice und die lachende Allegra und Edith mit goldenem Haar«. Im Arbeitszimmer glaubt man die Anwesenheit Longfellows am stärksten zu spüren: Wer hier die Fotografie seines Zimmers betrachtet, wird feststellen, dass sich kaum etwas verändert hat. Die berühmtesten seiner Gedichte schrieb Longfellow an dem ausgestellten Klapptisch. ■

Henry Wadsworth Longfellow mit seiner Frau Frances Appleton Longfellow und ihren Söhnen Charles und Ernest (um 1849)

Henry Wadsworth Longfellow

Longfellow (1807–82) schrieb sich mit Texten wie The Courtship of Miles Standish oder Paul Revere's Ride in den Rang eines der erfolgreichsten Schriftsteller seiner Zeit. Er griff in seinem Werk zwar typisch amerikanische Themen auf, wurde aber auch in Großbritannien viel gelesen und war ein Lieblingsautor von Königin Viktoria. Als erster amerikanischer Schriftsteller wurde er nach seinem Tod sogar im Poets' Corner in der Westminster Abbey geehrt.

Longfellow wuchs in Portland, Maine, auf, besuchte das Bowdoin College und wurde 1835 Professor für moderne Sprachen in Harvard. Er reiste oft durch Europa, sprach acht Sprachen – und verstand weitere vier. Nach dem Tod seiner ersten Frau May heiratete er Fanny, die 1861 starb, nachdem ihr Kleid Feuer gefangen und sie Verbrennungen erlitten hatte. Longfellow zog sich bei den Löschversuchen eine Narbe zu, die er fortan unter einem Bart zu verbergen versuchte.

Christ Church

GEGENÜBER DEM CAMBRIDGE COMMON ERHEBT SICH DIE Christ Church aus dem Jahr 1759. Wie auch die King's Chapel in Boston (siehe S. 60f) wurde sie von Peter Harrison aus Newport entworfen. Beide Gotteshäuser waren anglikanische Kirchen – und daher auch Hauptangriffsziel der Kolonisten in den 1770er Jahren.

In der Christ Church, einer der ältesten Kirchen in der Region um Boston, werden bis heute Gottesdienste abgehalten

Christ Church

🅰 145 C3
✉ Zero Garden St.
☎ 617/876-0200
🕐 Geschl. Sa nachmittags
Ⓣ T: Harvard

Angeblich waren die Briten für diesen Schuss verantwortlich; in Wahrheit aber dürfte er von den Kolonisten ausgegangen sein, als sie die Kirche während der Trauerfeier für einen britischen Soldaten im Jahr 1778 stürmten. Dies war einer von nur zwei Gottesdiensten, die hier zwischen 1774 und 1790 abgehalten wurden – der andere fand Silvester 1775 statt, während der Belagerung von Boston. Gegenüber der Christ Church befindet sich der **Old Burying Ground**: Auch wenn der Friedhof an der belebten Massachusetts Avenue liegt, ist er mit seinen Gräbern doch ein friedlicher Ort. Hier finden sich auch die Gräber des ersten Harvard-Präsidenten John Dunster (1610–59) sowie einiger seiner Nachfolger: John Leverett (gest. 1724), Benjamin Wadsworth (gest. 1737) und Edward Holyoke (gest. 1769). Seine letzte Ruhe fand hier auch Stephen Day (gest. 1668), der 1639 in Cambridge eine Druckerei eröffnete – die erste in den englischsprachigen Kolonien. Die Gräber auf dem Friedhof sind mitunter schwer zu finden: Leicht erkennbar ist dagegen jenes von Washington Allston (1779 bis 1843), einem Dichter und Maler, der für seine romantischen Landschaftsgemälde bekannt ist. ∎

Hooper/Lee/Nichols House

WER AUF NOCH MEHR LOKALGESCHICHTE NEUGIERIG IST, geht von Longfellows Haus einfach weiter auf der Brattle Street. Nach 15 Minuten trifft man auf das Hooper/Lee/Nichols House, das zweitälteste Haus in Cambridge. Es stammt aus dem späten 17. Jahrhundert und ist heute Sitz der Cambridge Historical Society.

Das Gebäude, fast ein Jahrhundert älter als Longfellows Haus, ist beim Anblick allein zeitlich nur schwer einzuordnen. Da jeder Besitzer dem Hooper/Lee/Nichols House Eigenes aus seiner Epoche hinzufügte, kann man heute an ihm die Entwicklung von Stil und Geschmack in der Architektur und Inneneinrichtung der letzten 300 Jahre ablesen.

Im Inneren veranschaulichen Holzmodelle, wie das Haus im Laufe der Jahrhunderte verändert wurde: vom schlichten Wohnhaus aus dem Jahr 1688 hin zur eleganten Villa im georgianischen Stil der 1740er Jahre. Ein Jahrhundert später waren Tapeten mit Landschaftsmotiven der letzte Schrei – im westlichen Wohnzimmer zeigen sie die Meerenge des Bosporus, im oberen Bereich den Golf von Neapel. Wirklich zum Leben erwacht das Haus aber erst im Tagebuch des damals elfjährigen John Nichols. Bitten Sie einen Mitarbeiter auf einer der informativen Führungen, Passagen daraus vorzulesen. Sie schildern das alltägliche Leben, das sich hier in den 1860er Jahren abspielte. Plötzlich sieht man Cambridge so, wie es damals gewesen sein muss – als kleine ländliche Stadt am Ufer des Charles River. ∎

Die verschiedenen Stilrichtungen im Hooper/Lee/Nichols House spiegeln die Entwicklung der Architektur in Boston wider

Hooper/Lee/Nichols House

- 144 B3
- 159 Brattle St.
- 617/547-4252
- Geöffnet Di & Do nachmittags
- $$
- T: Harvard

Mount Auburn Cemetery

BOSTONER WAREN AUF VIELEN GEBIETEN – VON DER POLI-
tik über die Wissenschaft bis hin zur Literatur – führend … und dies
gilt sogar bezüglich der Friedhofsgestaltung! So stellte der Mount Auburn Cemetery eine bewusste Abkehr von den herkömmlichen, über-
füllten Friedhöfen dar. Während auf dem Granary Burying Ground
(siehe S. 90) Revolutionshelden begraben liegen, finden sich auf dem
Mount Auburn Cemetery die letzten Ruhestätten berühmter Persönlichkeiten aus dem 19. Jahrhundert.

Der 1831 von einem Hobbygärtner
und Mitglied der noch jungen Massachusetts Horticultural Society angelegte Mount Auburn Cemetery war
der erste ländliche »Garten«– Friedhof, der als idyllischer, leicht zugäng-
licher und friedlicher Ort geplant
wurde. Dieses Konzept erwies sich
als erfolgreich und wurde USA-weit
nachgeahmt.

Das 70 Hektar große Areal durch-
ziehen reizvolle Hügel und kleine Tä-
ler; der höchste Punkt erreicht 38
Meter oberhalb des Charles River
und wird von **Washington Tower**
(1850er Jahre) gekrönt. Von hier aus
sind der Flusslauf und einige Wahrzeichen der Stadt (etwa das Bunker
Hill Monument, die glitzernde Kuppel des State House oder der John
Hancock und der Prudential Tower)
zu sehen. Beachten Sie auf Ihrem
Rundgang über den Friedhof die
schöne **Sphinx** nahe dem Haupteingang, dem Tor an der Mount Auburn
Street. Die klassische Statue war ein
nach dem Bürgerkrieg errichtetes
Denkmal für all jene, die im Kampf
gegen die Sklaverei ihr Leben gelas-
sen hatten. Nur einige Schritte entfernt davon steht die **Bigelow Chapel** (1850er Jahre) mit Buntglasfens-
tern aus Schottland.

Das älteste Grab ist das eines tot
geborenen Babys und stammt aus
dem Jahr 1832. Seitdem haben bedeutende Bostoner wie Henry Wadsworth Longfellow (siehe S. 159) und
sein Freund, der Schriftsteller Oliver
Wendell Holmes (1809–94), hier ihre

letzte Ruhestätte gefunden. Auch die
Kunstsammlerin Isabella Stewart
Gardner (siehe S. 124ff), der Architekt Charles Bulfinch (siehe S. 92f.),
die freigelassene Sklavin Harriet A.
Jacobs (siehe S. 149) sowie die Verfasserin der »Schlachthymne der Republik«, Julia Ward Howe (1819–1910),
sind bekannte Persönlichkeiten, die
hier begraben liegen. In ihrer Nachbarschaft finden sich außerdem
Charles Dana Gibson (1867–1944)
und Fannie Merritt Farmer (1857–
1915), Autorin des Buches *Boston
Cooking-School Cook Book* aus dem
Jahr 1896.

Unter den 5000 Bäumen gibt es
rund 20, die zu den größten ihrer Art
in Massachusetts oder ganz Neuengland zählen. Im Frühling sollte man
nach dem 11,5 Meter hohen, blühenden Hartriegel Ausschau halten. Im
Herbst wirken die Äste des japanischen Fadenblattahorns wie ein rot-
gelbes Federmeer.

Das Friedhofsbüro hält einige
Broschüren über das Vogelleben, die
Bäume, blühende Pflanzen und die
bekanntesten Gräber bereit. Die Vereinigung »Friends of Mount Auburn« bietet außerdem Führungen
an. 35 Rundgänge sind es pro Jahr,
die sich stets einer einzelnen Person
an deren jeweiligem Geburtstag widmen (Beginn: 14 Uhr am Eingangstor). Andere Touren informieren
über die Vogelwelt, die Gartenbau-
kunst oder die Geschichte des Friedhofs; außerdem gibt es ein einstündi-
ges Hörband ($$) zu kaufen. ■

**Mount Auburn
Cemetery**
🅰 144 A3
✉ 580 Mount
Auburn St.
☎ 617/547-7105
🚉 T: Harvard, dann Bus
71 oder 73

**Auf dem Mount
Auburn Cemetery
stehen historische
Grabsteine in einer
wunderschönen
Landschaft**

Massachusetts Institute
of Technology

JE NACH STANDPUNKT WIRD DAS MIT, DAS MASSACHUSETTS
Institute of Technology, als die beste oder schlicht als die »zweite« Universität in Cambridge bezeichnet. Im Gegensatz zum Konkurrenz-
kampf zwischen vielen anderen amerikanischen Universitäten, werden die Rivalitäten zwischen dem MIT und Harvard nicht auf dem
Footballfeld, sondern in den Labors ausgetragen. Beide Privatuniver-
sitäten sind im technologischen Bereich weltweit führend. Die 1000
Professoren des MIT gehören zur Spitze ihrer Fächer; mehr als 4000
Absolventen haben heute Lehrstühle rund um den Globus inne.

MIT
http://web.mit.edu
145 E2
Information Center,
Building 7–121, 77
Massachusetts Ave.
617/253-1000
T: Kendall/MIT

Cambridge zeigt sich mancherorts
von einer überraschenden Seite.
Denn ganz im Gegensatz zu den grünen Innenhöfen der Harvard University und den alten Häusern in der
Brattle Street tauchen plötzlich
nüchterne Büro- und Geschäftsvier-
tel auf – ein Überrest der Industrialisierung Ende des 19. Jahrhunderts.
Südlich des Central Square liegt
Cambridgeport; East Cambridge findet man – von der Innenstadt aus gesehen – gleich auf der anderen Seite
des Charles River. Der Campus des

MIT erstreckt sich zwischen diesen
beiden Vierteln auf 1,6 Kilometer
Länge am Charles River und reicht
von der Longfellow Bridge bis kurz
vor die Boston University Bridge.
Ironischerweise führt die **Harvard
Bridge** direkt in das Herz des MIT.
Doch während Harvard mit seinen
alten Backsteinbauten und dem vielen Efeu romantisch ist, wirkt das
MIT mit seinen Glas-, Beton- und
Stahlelementen sehr modern und
eher eckig. Wenn Sie Zeit haben,
sollten Sie an der 75-minütigen

Führung teilnehmen, die Studenten
anbieten *(am Information Center,
werktags 10 und 14 Uhr)*. Man kann
aber auch einen kostenlosen Prospekt mitnehmen und den Campus
auf eigene Faust erkunden.

Den Kern des Campusgeländes
bildet der **Killian Court** mit dem
beeindruckenden Great Dome. Die
großen Namen der Wissenschafts-
welt sind hier in Stein gehauen – da
Vinci, Faraday, Newton und Darwin.
Architektonisch bedeutsam ist u.a.
das **Baker House**, ein Studenten-
wohnheim, das der finnische Architekt Alvar Aalto (1898–1976) entwarf. I.M. Pei, ein anderer bekannter
Architekt des 20. Jahrhunderts und
MIT-Absolvent, errichtete hier
drei Gebäude, darunter das **Green
Building**, in welchem sich das Center for Earth Sciences befindet.

Das MIT wird oft als technische
Universität betrachtet, verfügt aber
auch über eine lebendige Fakultät für
bildende Künste. Auf dem Campus
gibt es zahlreiche Skulpturen, darunter Arbeiten von Henry Moore und
Pablo Picasso. Alexander Calders *La
Grande Voile* (»Das große Segel«,
1965), heute das Emblem der Univer-

sität, steht zwischen Green Building
und Charles River. Was jedoch nach
wie vor besonders fasziniert, ist der
Forscherdrang des MIT in Diszipli-
nen wie Informatik, Astronautik
oder Gehirnforschung; ja sogar die
Meeresingenieurswissenschaften
werden hier vorangetrieben. ■

**Die Memorial Wall
in der Roger's Hall
des MIT**

Cambridge und seine Erfinder

Cambridge blickt auf eine lange
Tradition der Technikverbun-
denheit und des Erfindergeistes
zurück. Berühmt geworden ist
hier z. B. ein gewisser Student
namens Bill Gates, der in den
1970er Jahren eine Firma
namens Microsoft gründete.

1972 erfand Ray Tomlinson,
ein Informatiker bei BB & N
(Bolt, Beranek and Newman)
ein einfaches E-mail-Adressen-
system, das wir heute alle benutzen: meyer@firma.de. Am
MIT wurde schon 1928 an
einem Computer gearbeitet;
der »Harvard Mark I« ver-
wendete bereits eine Synchro-

nisationsuhr und ein Register
zur Datenspeicherung: Er war
der weltweit erste vollautoma-
tische Rechner (1944).

Im Zweiten Weltkrieg ar-
beiteten Wissenschaftler am
»Rad Lab« (»Strahlenlabor«)
des MIT mit Mikrowellen, die
später in den gleichnamigen
Geräten Anwendung fanden.
1948 konnte man die ersten
Polaroidkameras für US $ 89.75
kaufen: Ihr Erfinder, Dr. Edwin
Land (geb. 1909) vom MIT, hatte
sich von seiner dreijährigen
Tochter inspirieren lassen, die
das fertige Foto sofort sehen
wollte.

MIT Museum

DAS KLEINE MIT MUSEUM LIEGT UNWEIT DES CENTRAL Square und ist derart unterhaltsam, dass Eltern mit technikinteressierten Kindern es unbedingt besuchen sollten. Auch Erwachsene, die sich für Technisches begeistern können, werden hier kaum aus dem Staunen herauskommen.

MIT Museum
http://web.mit.edu/museum
🅰 145 D2
✉ 2nd Floor, 265 Massachusetts Ave.
☎ 617/253-5927
🕐 täglich 10–17 Uhr, in der Hauptferienzeit geschl.
💲 $$
🚇 T: Central

Der erste Abschnitt der Dauerausstellung widmet sich der Holografie: Sie wird heute z.B. auf Kreditkarten oder für Architekturmodelle verwendet und erleichtert heute sogar Archäologen die Arbeit. Einen bleibenden Eindruck hinterlässt *Kiss I* (1973): Während Sie an ihr vorbeigehen, blinzelt Ihnen die holografische Pamela Brazier zu und schickt Ihnen einen Luftkuss hinüber. Auch die kinetischen Skulpturen von Arthur Ganson sind ein Erlebnis: Drückt

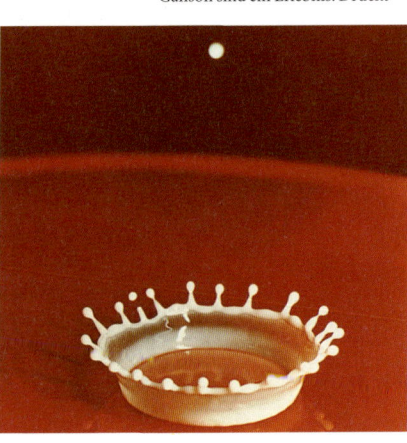

Milkdrop Coronet (1957) von Harold E. Edgerton

man einen Knopf, erwacht seine *Maschine mit Öl* (1990) und zieht die Besucher quasi hypnotisch an: Wie ein Perpetuum mobile wird ein Eimer in eine Schicht schwarzen Öls getaucht, um es herauszuschöpfen, zurückzuschütten und von vorne damit zu beginnen.

Die Röhrenlichtfotos von Harold Edgerton halten den Augenblick einer Millisekunde im Bild fest – ob es

dabei um die winzige »Krone« geht, die ein spritzender Milchtropfen bildet, oder um eine Kugel, die einen Apfel durchdringt. Edgertons Experimente mit der Nachtfotografie waren für die alliierte Landung in der Normandie im Zweiten Weltkrieg von Bedeutung.

Thinkapalooza ist eine interaktive Ausstellung, die Spaß auf High-Tech-Niveau verspricht. Hier kann man etwa eine Murmel durch einen Hindernislauf mit Löchern rollen. Im »Metafeld-Labyrinth« sind Sie selbst plötzlich die Murmel und müssen sich in einem virtuellen Labyrinth zurechtfinden. Man kann außerdem eine eigene Musik komponieren und lernen, wie ein Erfinder zu denken. Unter dem Titel »Roboter und die Zukunft: Künstliche Intelligenz am MIT« werden die Möglichkeiten und Grenzen der Robotertechnologie beleuchtet.

Der lustigste Teil des Museums ist jedoch die **Hall of Hacks**. Ein »hack« ist umgangssprachlich ein Schabernack – und solchen treiben seit jeher einige der besten Köpfe am MIT. Eine Vorstellung der cleveren, technisch stets brillanten Scherze vermittelt diese Ausstellung. So wurde der 45 Meter hohe und 33 Meter breite Great Dome im Lauf der Jahre immer wieder Ziel der Streiche: Fand er sich einmal in einen Halloween-Kürbis verwandelt, so zierte ihn ein anderes Mal mitten im Sommer ein Schneemann, und 1982 stand plötzlich eine Telefonzelle auf der Kuppel. Als die Polizei hinaufkletterte, um sie zu untersuchen, klingelte auch noch das Telefon. ■

In Concord, gleich außerhalb von Boston gelegen, wurde die amerikanische Unabhängigkeit politisch und militärisch errungen. Auch das benachbarte Lexington spielte bei der Gründung der USA 1775 eine wichtige Rolle. Lowell und Lincoln waren hingegen die Schrittmacher der industriellen Revolution

Westlich und nordwestlich von Boston

Ein Schauspieler im Revolutionskostüm in Lexington

Westlich und nordwestlich von Boston

DIE NAMEN LEXINGTON UND CONCORD SIND SEIT MEHR ALS ZWEI JAHR-
hunderten wegen der Ereignisse am 18. und 19. April 1775 untrennbar miteinander verbunden. Kaum ein historisches Datum des amerikanischen Unabhängigkeitskrieges ist wohl
besser dokumentiert als der Ausbruch des Krieges in jenen beiden Städten. Berühmt ist die
idealisierte Darstellung in Henry Wadsworth Longfellows Gedicht *Paul Revere's Ride*.

Um herauszufinden, was sich damals tatsächlich abgespielt haben mag, muss man zunächst
nach Lexington und anschließend nach Concord fahren.

In beiden Städten gibt es Museen und historische, für Besucher geöffnete Häuser. Lexington liegt näher an Boston und wirkt daher wie
eine typische Vorstadt; Concord hat sich dagegen den Charme einer traditionellen neuenglischen Kleinstadt bewahrt. Beide Orte verbindet
der Minute Man National Historical Park mit
seinem ausgezeichneten Battle Road Visitor
Center. Die Einwohner fühlen sich sowohl in
Lexington als auch in Concord alljährlich am
Patriots' Day (19. April) richtig in ihrem Ele-
ment, wenn sie in koloniale Uniformen schlüp-

fen, ihre (nicht geladenen) Musketen schultern
und die Schlacht ihrer Vorväter noch einmal
aufleben lassen.

Concord ist jedoch auch als bedeutendes li-
terarisches und philosophisches Zentrum bekannt. In der Mitte des 19. Jahrhunderts lebten
und diskutierten hier wichtige amerikanische
Schriftsteller wie Ralph Waldo Emerson, Henry
David Thoreau, Nathaniel Hawthorne oder
Louisa May Alcott.

Der Kontrast zwischen dem gepflegten
Concord und dem rau wirkenden Lowell weiter nördlich könnte indes-
sen kaum größer sein: Lowell
am Merrimack River spielte

**Die Textilindus-
trie erlangte beim
wirtschaftlichen
Aufstieg Bostons
große Bedeutung**

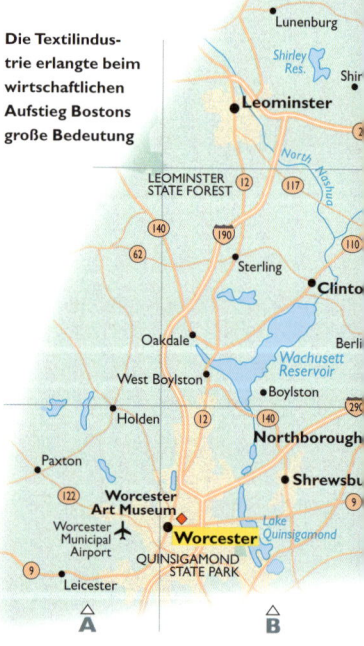

NICHT VERSÄUMEN

nämlich bei einer ganz anderen Revolution Amerikas eine wichtige Rolle: bei der industriellen Revolution. In den riesigen Baumwollspinnereien wurden hier endlose Stoffbahnen produziert, woran der Lowell National Historical Park bis heute erinnert.

Zur Orientierung

NEW HAMPSHIRE

Boston

MASSACHUSETTS

Providence

CONN.

R.I.

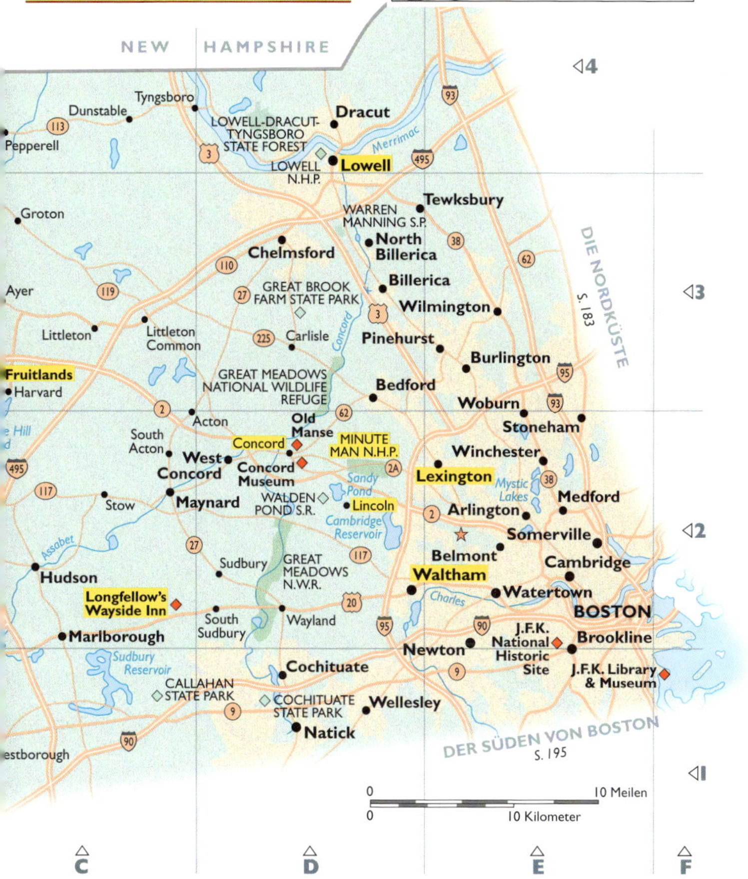

NEW HAMPSHIRE

◁4

Tyngsboro

Dunstable

93

Dracut

113

Pepperell

LOWELL-DRACUT-TYNGSBORO STATE FOREST

Merrimac

3

495

LOWELL N.H.P.

Lowell

Groton

Tewksbury

WARREN MANNING S.P.

North Billerica

38

62

DIE NORDKÜSTE

◁3

Chelmsford

110

Billerica

S. 183

Ayer

119

GREAT BROOK FARM STATE PARK

27

Wilmington

3

Littleton

Littleton Common

225

Carlisle

Pinehurst

Burlington

Fruitlands

Harvard

GREAT MEADOWS NATIONAL WILDLIFE REFUGE

Bedford

95

2

Acton

Old Manse

62

Woburn

93

Stoneham

South Acton

Concord

MINUTE MAN N.H.P.

Winchester

West Concord

Concord Museum

2A

Lexington

Mystic Lakes

38

Medford

Maynard

WALDEN POND S.R.

Sandy Pond

Lincoln

Arlington

2

Somerville

◁2

Stow

117

Cambridge Reservoir

☆

Belmont

Cambridge

27

GREAT MEADOWS N.W.R.

117

Waltham

Hudson

Sudbury

Charles

Watertown

Longfellow's Wayside Inn

BOSTON

Marlborough

South Sudbury

Wayland

20

95

J.F.K. National Historic Site

Brookline

Sudbury Reservoir

Cochituate

90

Newton

9

J.F.K. Library & Museum

CALLAHAN STATE PARK

COCHITUATE STATE PARK

Wellesley

9

estborough

90

Natick

DER SÜDEN VON BOSTON

S. 195

◁1

0 — 10 Meilen

0 — 10 Kilometer

△ C   △ D   △ E   △ F

Den besten Zu-
schauerplatz am
Patriots' Day bie-
tet die North
Bridge in Concord

Lexington und der Minute Man National Historical Park

AUS ALLER WELT PILGERN TOURISTEN NACH LEXINGTON, um einmal am Geburtsort der Vereinigten Staaten von Amerika gewesen zu sein. Die Stadt hat sich längst zu einem wohlhabenden Vorort Bostons entwickelt, doch lassen einige gut erhaltene Überreste und Museen die Ereignisse von 1775 lebendig werden: Der Minute Man National Historical Park gewährt Einblick in die Vergangenheit.

Minute Man Natio-
nal Historical Park
www.nps.gov/mima
169 D2

Lexington
Battle Road Visitor
Center, Mass. 2A,
westlich von Lexing-
ton
781/674-1920

Concord
North Bridge Visitor
Center, 174 Liberty
St., Concord
978/369-6993

Die wichtigste Sehenswürdigkeit in Lexington stellt der dreieckige **Battle Green** dar, auf dem das erste Gefecht zwischen britischen Soldaten und Kolonisten stattfand. Hier erhebt sich die Statue von Hauptmann John Parker, dem Kommandeur der örtlichen Miliz, dessen Blick hinab auf die Massachusetts Avenue fällt – gerade so, als ob er noch immer auf die britischen Rotröcke warte. Als damals die rund 700 Soldaten am Battle Green aufmarschierten, erwartete sie Parker mit nur 77 Mann. Bis heute ist unklar, wer den ersten Schuss abfeuerte, doch als sich der Pulverdampf verzog, waren acht Kolonisten gefallen.

Viele Besucher fahren von hier aus direkt nach Concord – doch wer sich wirklich mit der Geschichte rund um den 19. April 1775 auseinander setzen möchte, sollte in Lexington einige weitere geschichtsträchtige Orte besuchen. Unweit des Battle Green liegt die **Buckman Tavern** (Bedford St., Tel. 781/862 5598, geschl. Dez.–Feb.), wo eine Reihe so genannter Minute Men den britischen Truppen auflauerte. Ihren Namen verdankten die Minute Men übrigens der Tatsache, dass sie als Bürgermiliz blitzschnell einsatzbereit waren. In der Nähe befinden sich zudem das Hancock-Clarke House (siehe S. 172), sowie – drei Kilometer

weiter östlich an der Massachusetts Avenue in Richtung Cambridge – die **Munroe Tavern** (siehe S. 172) und das **Museum of Our National Heritage** (siehe S. 172).

MINUTE MAN NATIONAL HISTORICAL PARK

Der lang gezogene Park erstreckt sich vom Battle Green in Lexington bis zur North Bridge in Concord. Neben Wiesen, von Steinmauern eingefasst und seit dem 18. Jahrhundert kaum verändert, finden sich in ihm die Paul Revere Capture Site und Meriam's Corner (siehe S. 173).

Besuchen Sie das **Battle Road Visitor Center**, eine Art moderner Blockhütte. Hier ist jede halbe Stunde die Multimediashow *The Road to Revolution* zu sehen, welche den Besucher zurück in die Ereignisse des Jahres 1775 versetzt. Aus angenehm ausgewogener Perspektive erfährt man, was wann wo und warum an jenem 19. April 1775 geschah. Daneben gibt es eine Ausstellung »Prelude to Battle« mit einem Diorama von Bostons Belagerung, die im Juni 1775 begann.

Veranschlagen Sie genügend Zeit, um zu Fuß oder mit dem Fahrrad den neun Kilometer langen **Battle Road Interpretative**

Trail zu erkunden. Er beginnt östlich des Besucherzentrums, ist unterwegs von mehreren Parkplätzen aus erreichbar und endet am Meriam's Corner.

Zu den Sehenswürdigkeiten des Nationalparks in Concord gehören The Wayside (siehe S. 175) und die **North Bridge**. Zwischen Mai und Ende Oktober erläutern Park Ranger die Szenerie. Die Statue *Minute Man* von Daniel Chester French wurde 1875 anlässlich des hundertsten Jubiläums hier aufgestellt ∎

Rechts: Hauptmann John Parker, Kommandeur der örtlichen Miliz, diente als Vorbild der bekannten »Minute-Man«-Statue auf dem Dorfplatz von Lexington

»Wer sie nur als einen chaotischen Pöbelhaufen betrachtet, dürfte sich gewaltig irren. Unter ihnen sind Männder, die sehr genau wissen, wofür sie kämpfen.«
Earl Percy Hugh, britischer General, 1775 ∎

Paul Revere war nicht allein

Henry Wadsworth Longfellow (1807–82) muss sich einige Fragen gefallen lassen: Sein in den USA berühmtes Gedicht *Paul Revere's Ride* prägen ein mitreißender Rhythmus – und sehr viele inhaltliche Freiheiten. Dem Dichter zufolge wartete Paul Revere gar nicht in Charlestown auf das »Lichtsignal« – er wusste bereits, dass die Briten über das Meer kommen würden. Die entzündete Laterne diente angeblich allein dazu, andere im Falle seiner Festnahme zu warnen. Unerwähnt bleibt in Longfellows Version zudem der zweite Bote, William Dawes, der von Boston aus auf der längeren Landroute unterwegs war. Beide Männer erreichten Lexington, doch wurde Revere dann von einer britischen Patrouille gefasst. Warum also wird Paul Revere in den USA bis heute so verehrt? Einige sagen, weil Longfellow mit seinen Nachfahren befreundet war, andere meinen, dass sich auf den Namen »Revere« ganz einfach leichter als auf Dawes oder Prescott reimen lässt.

Auf den Spuren der Revolution

Die Fahrt von Lexington nach Concord folgt dem einstigen Weg der britischen Soldaten auf ihrem Marsch nach Lexington, der weiter nach Concord führte, bevor an diesem ersten Tag des amerikanischen Unabhängigkeitskrieges, dem 19. April 1775, der Rückzug nach Boston anstand.

Fahren Sie von Boston aus zunächst auf der Mass. 2 in Richtung Westen und nehmen Sie die Ausfahrt Mass.4/225 (Pleasant Street), die in die Massachusetts Avenue übergeht. Biegen Sie hier links ab nach **Lexington**. Ungefähr 1,5 Kilometer weiter liegt auf einem Hügel linker Hand das **Museum of Our National Heritage** ❶ *(33 Marrett Rd./Mass. 2A, Tel. 781/861 6559)*. Die Ausstellung »Lexington Alarm'd!« informiert über das Stadtleben im Jahr 1775 und über die Vorgeschichte des 19. April. Die Massachusetts Avenue folgt der Route, die Paul Revere einst bei seinem Gewaltritt nach Lexington nahm, wo er John Hancock und Samuel Adams warnte (beide wurden von den Briten gesucht). Weiter links liegt die **Munroe Tavern** ❷ *(1332 Massachusetts Ave., Tel. 781/862-1703, geschl. Nov.–Ende Mai)*.

Die Massachusetts Avenue führt direkt durch das Zentrum von Lexington zum dreieckigen **Battle Green** ❸ mit der Statue von Hauptmann John Parker (siehe S. 170). Halten Sie sich rechts vom Green auf der Bedford Street und biegen Sie dann rechts ab in die Hancock Street. Unter der Nr. 36 finden Sie das **Hancock-Clarke House** ❹ *(Tel. 781/862 1703, geschl. Nov.–Mitte April)*, einstiges Wohnhaus von Reverend Jonas Clarke (1730–1805). Die ausgezeichneten Exponate des kleinen Museums umfassen die silbernen Pistolen des

britischen Majors John Pitcairn (1722–75) und die Trommel von William Diamond (1758 bis 1828), dem Jungen, der die »Minute Men« auf dem Battle Green zusammenrief.

Kehren Sie zum Platz, dem Green, zurück und fahren Sie auf der Massachusetts Avenue aus der Stadt heraus zur 81–91/Mass. 12. Biegen Sie rechts ab in die Wood Street und dann nochmals rechts auf die Mass. A2. Die Straße folgt der Marschroute, welche die Briten in Richtung Concord einschlugen und die im **Minute Man National Historical Park** ❺ (siehe S. 171) verewigt worden ist. Rechts findet sich das **Battle Road Visitor Center**. Lassen Sie Ihren Wagen dort auf dem Parkplatz stehen und legen Sie auf der Nelson Road rund 800 Meter zurück. 1775 sah die gesamte Straße

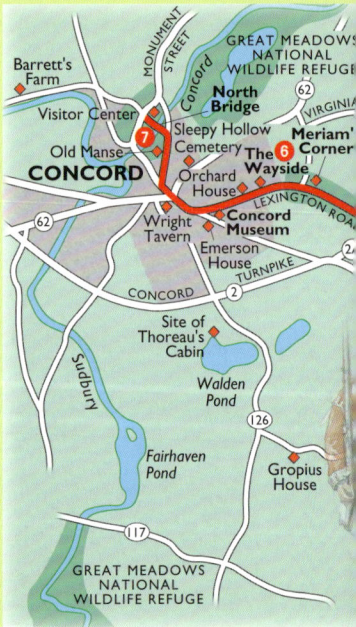

ⓜ	Siehe Karte S. 168f
►	Lexington
⟷	18,5 Kilometer
⏱	Mit Stopps ein halber Tag
►	Concord

NICHT VERSÄUMEN

Battle Green • Minute Man National Historical Park • North Bridge

so aus wie dieser Abschnitt – ein ziemlich einfacher Schotterweg.

Fahren Sie dann weiter auf der Mass. 2A in Richtung Westen. Ein Denkmal auf der rechten Seite markiert die Stelle, an der Revere festgenommen wurde (**Paul Revere Capture Site**), während Dr. Samuel Prescott entkommen konnte (siehe S. 171).

Wo die Mass. 2A nach links abzweigt, halten Sie sich rechts auf der Lexington Road, die in das Stadtzentrum von Concord führt. An **Meriam's Corner** nahmen die Kolonisten die Briten während ihres Rückzugs nach Boston unter Feuer. Schließlich erreichen Sie **The Wayside** ❻ (siehe S. 175f) und das **Concord Museum** (siehe S. 174f) – das einen Besuch lohnt, sofern die Zeit reicht.

Als die Briten in Concord ankamen, durchsuchten sie die Stadt nach Waffen und Munition. Eines der bekannten Verstecke war die Barrett's Farm nördlich der Stadt. Um dorthin zu gelangen, mussten die Briten die **North Bridge** ❼ über dem Concord River überqueren: Wenn Sie den Green in Concord erreichen,

biegen Sie rechts ab auf die Mass. 62 (Bedford St.), dann gleich wieder links und rechts in die Monument Street. Sie führt zur North Bridge, dem Schauplatz des ersten, von den Amerikanern siegreich ausgetragenen Gefechts des Unabhängigkeitskrieges. Gehen Sie den Hügel hinauf zum Besucherzentrum oder fahren Sie zurück nach Concord, wo weitere Sehenswürdigkeiten auf Sie warten.

Lexington Church am Lexington Green

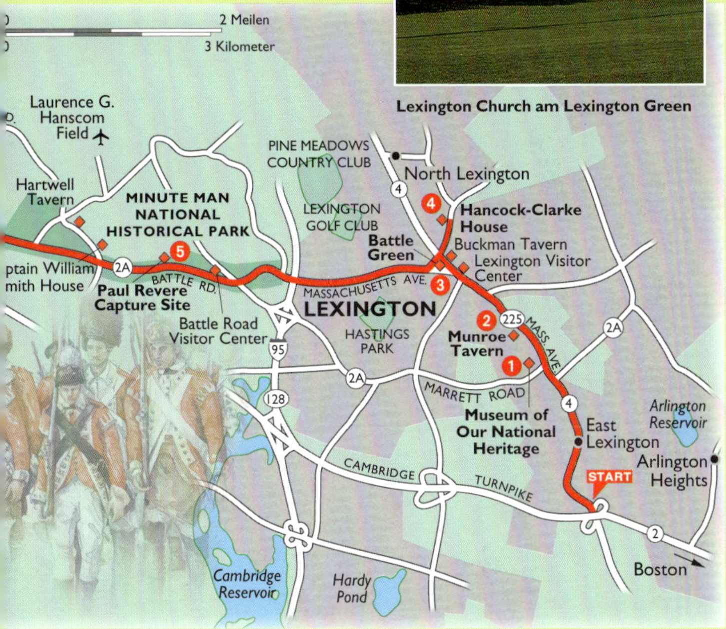

Concord

DIE WEISSE KIRCHE, DIE HISTORISCHEN HÄUSER UND EIN-
ladenden Geschäfte machen Concord zu einer reizvollen, für Neuengland typischen Kleinstadt. Concord liegt nur 35 Kilometer westlich von Boston und ist für jeden Amerikaner ein Begriff: Hier fand
1775 das Gefecht an der North Bridge statt, und hier entstand im
19. Jahrhundert das geistige Zentrum des noch jungen Landes.

Dementsprechend gibt es in Concord jede Menge zu besichtigen: historische Nationalparks, ehemalige
Wohnhäuser berühmter Schriftsteller, ein sehr gutes Museum und sogar einen geschichtlich bedeutsa-
men Friedhof.

Das **Concord Museum,** das
mit der Zeit des Unabhängigkeitskrieges und der literarischen Blüte
der Stadt vertraut machen soll, stellt
seit seiner Erweiterung viel mehr
dar als eine reine Sammlung von
Erinnerungsstücken aus der näheren Umgebung.

Concord bot sich für die Errichtung militärischer Vorratslager an,
weil es an der Kreuzung mehrerer
Straßen und nur sechs Stunden
Fußmarsch von Boston entfernt lag.
Eines der wertvollsten Exponate ist
die Laterne, die einst an der Old
North Church hing und Paul Revere
als Signalfeuer diente, wie es Longfellows berühmtes Gedicht beschreibt.

Politische Aspekte des 18. Jahrhunderts erfahren in der Ausstellung ebenso Berücksichtigung wie
neue philosophische Strömungen
des 19. Jahrhunderts und die Bewe-
gung der Transzendentalisten (siehe
S. 178f). Das nachgebildete Arbeitszimmer von Ralph Waldo Emerson
wirkt so, als hätte der bedeutende
Schriftsteller gerade eben den Raum
verlassen. Hier sind nicht nur Bücher von ihm und Möbel (auch aus
seiner Hütte am Walden Pond, siehe
S. 176) zu sehen; über Kopfhörer
kann man außerdem den Erinne-
rungen seiner Freunde lauschen,
darunter die junge Louisa May
Alcott.

Einige Schritte vom Concord
Museum entfernt steht das **Emerson House** *(28 Cambridge Turnpike, Lexington Rd., Tel. 978/369
2236, geschl. Nov.–Mitte April).* Die
Nachbildung des 1829 errichteten
und 1872 bei einem Feuer zerstörten
Originalgebäudes ist wie einst voll
gestopft mit den vielen Alltagsgerä-
ten einer Familie. Die Führung präsentiert Emerson als einflussreichen
Schriftsteller, der forderte, amerikanische Autoren müssten sich von der
literarischen Tradition der Alten
Welt lösen. Dennoch besuchte Emer-

Concord
169 D2
**Besucher-
information**
www.concordchamber
ofcommerce.org
Besucherzentrum: 58
Main St.
978-369-3120

**Links: Louisa May
Alcott lebte mit
ihrer Familie im
Orchard House,
als sie 1868 das
Buch** *Little Women*
schrieb

Concord Museum
- ✉ 200 Lexington Rd.
- ☎ 978/369-9763
- 🕐 Geschl. So vormittags
- 💲 $$
- 🚇 Concord

Orchard House
- ✉ 399 Lexington Rd.
- ☎ 978/369-4118
- 🕐 Geschl. So vormittags
- 💲 $
- 🚇 Concord

son das alte Europa gerne – und das Wohnzimmer ist mit Erinnerungsstücken seiner Reisen überfüllt.

In der Nähe stehen mit dem Orchard House und The Wayside zwei weitere historisch interessante Häuser. Das zweistöckige, mit Schindeln verkleidete **Orchard House** bewohnte zwischen 1858 und 1877 die Familie Alcott. Beim Rundgang durch das Haus erzählen die Führer Geschichten aus dem Familienleben, die sie mit jenen aus *Little Women*, einem der erfolgreichsten amerikanischen Kinderbücher von Louisa May Alcott, vergleichen.

»Es sieht ganz anders aus als im Film«, ist häufig aus dem Mund amerikanischer Besucher zu hören. Sie beziehen sich dabei auf Louisas Schlafzimmer mit dem Schlittenbett und dem schräg abfallenden Fußboden. Hier schrieb sie innerhalb von

zwei Monaten das Buch *Little Women*, das 1868 veröffentlicht und seitdem immer wieder neu aufgelegt wurde. Wie die Dokumentation deutlich macht, war Louisas Vater, A. Bronson, mit seinen liberalen Ansichten oft der Zeit voraus.

An derselben Straße befindet sich auch **The Wayside** *(455 Lexington Rd., Tel. 978/369 6993, geschl. Mi u. Okt.–Mai, Führungen um 10, 11, 12, 13.30, 15, 15.45 Uhr, $).* Bevor Sie an einem der geführten Rundgänge teilnehmen, sollten Sie sich die Ausstellung über die Schriftsteller ansehen, die hier einst lebten: Louisa May Alcott, Nathaniel Hawthorne und Harriet Lothrop, welche die Buchserie *The Five Little Peppers* unter dem Pseudonym Margaret Sydney verfasste. Im Vergleich zur lebendigen Atmosphäre im Orchard House wirkt The Wayside

eher ein wenig museal. Gleichwohl gibt es hier viel zu entdecken – Zeugnisse vom Einrichtungsstil der 1920er Jahre ebenso wie literarische Spuren unterschiedlicher Art. Am interessantesten ist Hawthornes Salon »im Himmel«: Über eine steile Treppe gelangt man in einen Turm nach oben. Dies war sein Zufluchtsort, wo er an einem Stehpult *Tanglewood Tales* (1853) verfasste.

An der North Bridge gelegen, ist auch das **Old Manse** *(Monument St., Tel. 978/369 3909, geschl. Nov. bis Ende März/Anf. April, $$)* einen Besuch wert. Das 1770 für William Emerson (den Großvater von Ralph Waldo Emerson) errichtete Gebäude war bis 1939 in Familienbesitz; das Wohnhaus ist noch immer vollständig mit den alten Originalmöbeln eingerichtet und vermittelt einen guten Eindruck vom Alltagsleben im 18. und 19. Jahrhundert. Doch allein die interessanten Bewohner und Besucher des Hauses rechtfertigen einen Besuch: William Emerson war der Pastor im Ort und für seine Unterstützung des Unabhängigkeitskrieges bekannt. Seine Familie genoss gewissermaßen einen Logenblick auf das Gefecht an der North Bridge, sodass William Emerson einen Augenzeugenbericht darüber verfassen konnte. Im frühen 19. Jahrhundert lebte dann Ralph Waldo Emerson, Autor des Buches *Nature*, im Old Manse, bis dieses in den 1840er Jahren der Romancier Nathaniel Hawthorne und seine Braut Sophia bewohnten. Hier entstanden große Teile von Hawthornes Werk *Mosses from the Old Manse*. Bei der Führung wird man

Noch heute kann man – wie einst Henry David Thoreau – die stimmungsvolle Atmosphäre am Walden Pond genießen

Sie auf Kritzeleien an den Fenstern aufmerksam machen – dort stehen Dinge wie »Nathaniel Hawthorne. Dies ist sein Arbeitszimmer 1831.«

AUSSERHALB VON CONCORD

In und um Boston gibt es zahlreiche Friedhöfe, doch der **Sleepy Hollow Cemetery** *(gleich außerhalb von Concord an der Bedford St., Mass. 62)* ist zweifellos einer der schönsten davon. Hohe Bäume werfen ihre Schatten auf sanfte Hügel und verschlungene Pfade. Eine Karte der Chamber of Commerce (siehe S. 147) hilft bei der Orientierung, etwa um The Author's Ridge zu finden, wo die Gräber von Emerson, Thoreau, Hawthorne, Louisa May Alcott und Harriet Lothrop liegen.

Südlich von Concord versteckt sich der **Walden Pond**, fast ein Wallfahrtsort für begeisterte Leser von Henry David Thoreaus *Walden oder Leben in den Wäldern* (1854). In dem Buch schildert der Autor seinen zweijährigen Aufenthalt in der Abgeschiedenheit dieses Ortes. Ein Nachbau seiner Blockhütte steht am Parkplatz, doch die Schönheit der Gegend kann man besser auf einem der Wanderwege auf der anderen Seeseite erkunden. Walden Pond gehört zu einem 123 Hektar großen Naturschutzgebiet, das Familien aus der Umgebung gerne zum Picknicken nutzen *(915 Walden St., Mass. 126, Tel. 978/369 3254).* ■

Das Grabmal der Emerson-Familie liegt an der Author's Ridge auf dem Sleepy Hollow Cemetery

Ralph Waldo Emerson (links) und Louisa May Alcott (rechts) waren Mitte des 19. Jahrhunderts einflussreiche Mitglieder der Literaturszene in Concord

Das literarische Boston

Boston und Neuengland werden oft als die Wiege der amerikanischen Kultur bezeichnet – nicht zuletzt, weil hier eine bestimmte Gruppe bedeutender Schriftsteller lebte. Die frühe Literatur Amerikas beschäftigte sich fast ausschließlich mit Alltagsbeschreibungen der jungen Kolonie. Puritanische Theologen wie etwa Cotton Mather waren produktiv, doch eher konservativ. Zu den Verfassern politischer Pamphlete gehörte u.a. der Bostoner Anwalt James Otis, der bis heute für den von ihm geprägten Schlachtruf der amerikanischen Revolution, »No taxation without representation« berühmt ist. Doch erst Anfang des 19. Jahrhunderts erlebte die Literatur in und um Boston ihre wirkliche Blütezeit.

Im frühen 19. Jahrhundert trafen sich prominente Autoren und eine Gruppe etwas weniger wichtiger Schriftsteller in Cambridge, Concord sowie in den Räumen des Verlags Ticknor & Fields über dem berühmten Old Corner Bookstore in Boston (siehe S. 66). Aus einer ursprünglich gegen die konservative Kirche gerichteten geistigen Opposition entwickelte sich die Transzendentalisten-Bewegung Neueng-lands. In einer Rede an der Harvard University im Jahr 1837 formulierte Ralph Waldo Emerson (1803–82) seinen unerschütterlichen Glauben an die Individualität, die Unabhängigkeit und die Eigenständigkeit des Menschen. Sein Schüler Henry David Thoreau (1817–62) setzte die Theorie für sich in die Praxis um, indem er für zwei Jahre »zu den Wurzeln der Natur« zurückkehrte: Seine Zeit in einer Hütte am Walden Pond (siehe S. 177) verarbeitete er in einem viel beachteten Buch.

Zwei Schriftsteller, die sich vor allem mit dem fortwährenden Kampf des Menschen gegen das Böse auseinandersetzten, waren Nathaniel Hawthorne (1804–64) und Herman Melville (1819–91). Hawthorne stammte aus Salem (siehe S. 186) und war vom puritanischen Gedankengut mit den zentralen Begriffen Schuld, Sünde und Reue geprägt. Melville, der in seiner Jugend als Matrose auf einem Walfangschiff aus New Bedford zu See gefahren war, schrieb *Moby Dick*, einen umfangreichen, tragischen und nicht zuletzt allegorisch zu verstehenden Roman.

Der größte Dichter seiner Zeit war jedoch Henry Wadsworth Longfellow (1807–82, siehe

Ralph Waldo Emersons Arbeitszimmer ist im Concord Museum nachgebildet worden und lässt die Arbeitsatmosphäre von einst spürbar werden

S. 159), dessen Verse die Phantasie einer ganzen Nation beflügelten – gleichsam über Nacht schuf er Helden wie Paul Revere und Hiawatha. Eine vergleichbare Popularität erreichte Louisa May Alcott, die in Concord aufwuchs und von der dortigen literarischen Prominenz beeinflusst wurde, mit ihrem Roman *Little Women*. Nach dem Bürgerkrieg verlor Boston an kultureller Bedeutung, obwohl wichtige Verlagshäu-

ser wie Little, Brown (1847), Houghton, Mifflin (1852) und E.P. Dutton (1852) in der Stadt ansässig blieben. Aus der jüngeren Vergangenheit seien stellvertretend zwei Bostoner Autoren genannt: Robert Lowell (1917–77), dessen Gedichtband *For the Union Dead* in den 1960er Jahren gefeiert wurde, sowie Jack Kerouac (1922–69), dessen Roman *Unterwegs* (1955) die Beatgeneration inspirierte.

***Little Women* von Louisa May Alcott ist seit mehr als 130 Jahren ein beliebtes Kinderbuch**

Lincoln und Lowell

LINCOLN UND LOWELL BIETEN SEHR UNTERSCHIEDLICHE Bilder einer typischen Kleinstadt in Neuengland: Lincoln, südlich von Concord gelegen, wirkt mit seinen Feldern, die einfache Steinmauern begrenzen, und mit den im Herbst so farbenfrohen Ahornwäldern eher ländlich. Lowell dagegen hat sich zu einem Musterbeispiel für die frühe amerikanische Industriegeschichte entwickelt.

Stillleben im Herbst von Scott Prior, einem der vielen Künstler der Region, die im DeCordova Museum vertreten sind

Lincoln

🅰 169 D2

DeCordova Museum & Sculpture Park
www.decordova.org
✉ 51 Sandy Pond Rd.
☎ 781/259-8355
🕐 Museum: geschl. Mo. Führungen Do, So
💲 $$ (Museum)

Gropius House
✉ 68 Baker Bridge Rd.
☎ 781/259-8098
🕐 Geschl. Mo—Di Juni—15. Okt., Mo—Fr 16. Okt. bis Mai
💲 $$ (mit Führung)

LINCOLN

Touristen fahren vor allem aus zwei Gründen nach Lincoln: wegen des Gropius House und des **DeCordova Museum and Sculpture Park.** Letzteres beschäftigt sich als einziges Museum in Neuengland ausschließlich mit Künstlern der Umgebung. Hauptattraktion ist ein unter freiem Himmel angelegter Skulpturengarten. Das 14,2 Hektar große Areal ist bei gutem Wetter besonders einladend – ganz gleich, ob man der Museumskarte folgt oder auf gut Glück umhergeht. Alexander Libermans *Cardinal Points* (1965) stellt eine der wenigen hier präsentierten Arbeiten aus der Zeit vor 1980 dar.

Unweit des Museums liegt das **Gropius House**. Nachdem Walter Gropius (1883–1969), der Begründer der berühmten Bauhaus-Schule, aus Deutschland emigrieren musste, ging

er an die Harvard University (siehe Busch-Reisinger Museum, S. 150). Das kleine, kastenähnliche Haus aus dem Jahr 1938 gibt sehr gut zu erkennen, wie Gropius die eigene Architekturtheorie in Stein fasste. Im Inneren wirkt alles so, als hätten er und seine Frau Ise die Räume nur kurz verlassen. Im Arbeitszimmer liegen einige Briefe und Gropius' Brille auf einem Tisch, den Marcel Breuer (1902–81) – ein Bauhaus-Kollege – entworfen hatte. Bei dem Rundgang erfährt man einiges über Gropius und seine Vorstellungen von Architektur. Das für die damalige Zeit revolutionäre Haus wirkt auch heute noch modern. Zwischenzeitlich bewohnte es der heute berühmte Architekt I.M. Pei.

LOWELL

Überall in Neuengland findet man Städte, die im 19. Jahrhundert ganz der Spinnerei verschieben waren – aber geboren wurde die moderne Textilindustrie in Lowell: Die Firmen produzierten hier erstmals massenhaft und bis zum Endprodukt, den Stoffrollen. Bis 1876 bestanden 70 Prozent der Stadt aus elf großen Spinnereien, deren Arbeiter jeweils in unmittelbarer Nähe

nen gleichzeitig laufen, ist das Getöse drinnen ohrenbetäubend. Früher mussten die Arbeiter nicht nur den Lärm stundenlang ertragen, sondern auch den Staub und die hohe Luftfeuchtigkeit (die notwendig war, damit der Faden feucht blieb und nicht brüchig wurde). Im ersten Stock zeichnet die Ausstellung »Dawn of

Die Webmaschinen sind in den Boott Cotton Mills des Lowell National Historic Park noch immer in Betrieb

Lowell
169 D4

Boott Cotton Mills Museum
www.nps.gov/lowe
67 Kirk St.
978/970-5000
$
Zug: Gallagher Terminal, Lowell Line

wohnten. Zwischen 1823 und 1924 florierte Lowell – doch der Boom nahm ein jähes Ende. Heute gibt es Open-Air-Konzerte und Bootsfahrten auf den Kanälen. Man kann auch einen Workshop am **New England Quilt Museum** belegen oder auf den Spuren von Jack Kerouac (1922–69) wandeln, der aus Lowell stammte.

Das bedeutendste Wahrzeichen der industriellen Revolution in Lowell ist jedoch das **Boott Cotton Mills Museum**, ein Teil des **Lowell National Historical Park**. Da die vorgeführten Maschinen noch ebenso laut sind wie im 19. Jahrhundert, müssen die Park Ranger schon am Eingang einen ersten Überblick geben. Dann ist man in dem zweistöckigen Museum auf sich gestellt: Obwohl jeweils nur 15 bis 20 der insgesamt 89 Maschi-

an Era« die Geschichte der Industrialisierung in Lowell nach. Modelle veranschaulichen die zehn Produktionsstufen – vom Rohmaterial bis zum fertig gestellten Stoffprodukt.

Auf der anderen Seite der historischen Innenstadt befindet sich das **American Textile History Museum**, das aus North Andover hierher gebracht wurde. Die 100 Ausstellungsstücke zeigen, wie einst Textilien hergestellt wurden. Noch interessanter sind die präsentierten Stücke selbst – von historischen Kleidern bis hin zu Bettüberwürfen. Einen Blick wert ist auch ein Buch über Haushaltsführung aus den 1840er Jahren, worin auf drei Seiten detailliert das Bettenmachen erklärt wird! Im Souvenirladen kann man Tagesdecken und Tischsets kaufen, die auf einem der Webstühle des Museums hergestellt worden sind. ■

New England Quilt Museum
18 Shattuck St.
978/452-4207
$
Zug: Lowell

Lowell National Historical Park
169 D4
Visitor Center, 246 Market St.
978/970-5000

American Textile History Museum
491 Dutton St
978/441-0400
Geschl. Mo–Mi
$$
Zug: Gallagher Terminal, Lowell Line

Weitere Sehenswürdigkeiten

FRUITLANDS, HARVARD

Zur Blütezeit der Transzendentalisten-Bewegung (siehe S. 178) war Fruitlands ein idealistisches Experiment – als selbstverwaltete Kommune. Amos Bronson Alcott (1799–1888), der Vater der Schriftstellerin Louisa May Alcott, gründete die vegetarisch und keusch lebende Gemeinschaft 1843 rund 24 Kilometer nordwestlich von Concord. Er und seine (männlichen) Freunde philosophierten, während die Frauen die Feldarbeit verrichteten. Das Experiment hielt genau sieben Monate. Fruitlands liegt einsam und ist ein »Schaukasten der Landschaften Neuenglands«. Im alten Farmhaus wird an die Kommune erinnert, in einem Original-Shaker-Bau auch an die Shaker-Sekte und die Indianer. Eine Kunstsammlung zeigt Gemälde der Hudson River-Schule.

⚑ 169 C3 ✉ 102 Prospect Hill Rd. ☎ 978/456-3924 🕐 geschl. Nov.–Mitte Mai 💲 $$

Abschied vom Lincoln Square
von Ralph Sayer

LONGFELLOW'S WAYSIDE INN, SUDBURY

Zwar gibt es dieses Landgasthaus schon seit 1716, doch dass man heute manchmal an der alten Bar lange warten muss, liegt an Longfellow: Der Dichter verewigte nämlich die schlichten Räume des Gasthauses und den offenen Kamin in seinem Gedichtband *The Tales of a Wayside Inn* (1863) – das berühmteste daraus war natürlich *Paul Revere's Ride*. Als man das Gasthaus von »Red Horse Inn« in »Wayside Inn« umbenannte, konnte man sich einer nie enden wollenden Gästeschar sicher sein. Henry Ford kaufte das Haus 1923 und ließ eine Mühle sowie ein Schulhaus aus dem Jahr 1798 auf dem Gelände aufstellen.

⚑ 169 D2 ✉ 72 Wayside Inn Rd. (ab Mass. 20) ☎ 978/443-1776

LYMAN ESTATE, WALTHAM

Das Lyman Estate aus dem Jahr 1793 ist eines jener Gartenkleinodien, die Hobbygärtner so gerne besuchen. Die Gewächshäuser gehören zu den ältesten in den USA und werden liebevoll von der S.P.N.E.A. (Society for the Preservation of New England Antiquities) unterhalten. Zwar kann man das Haupthaus nur nach Vereinbarung besichtigen, doch das Anwesen und die Gewächshäuser sind das ganze Jahr über für Besucher geöffnet. Neben den regelmäßig stattfindenden Blumenschauen lockt vor allem die Sammlung mit über hundert Jahre alten Kamelien und Weinstöcken.

⚑ 169 D2 ✉ 185 Lyman St. ☎ 781/893-7232 💲 Spende

WORCESTER ART MUSEUM, WORCESTER

Weniger als eine Autostunde westlich von Boston liegt dieses Museum – das angeblich zweitgrößte in Neuengland. Es erhebt überdies den Anspruch, als erstes Kunstmuseum der USA, nämlich bereits im Jahr 1910, Werke von Monet (seine Seerosen) und Gauguin (seine nachdenklichen Tahiti-Frauen) angekauft zu haben. Seither wurde die Sammlung stetig erweitert. Neben herkömmlichen Arbeiten holländischer und flämischer Meister gibt es eine Zusammenstellung hervorragender Mosaiken aus der römischen Antike. Eines der besten darunter wurde auf dem Boden eines Innenhofs im Stil der Neorenaissance wieder angelegt. Um das Museum zu genießen, sollte man einen Audiotour mieten oder an einer der sonntäglichen Führungen teilnehmen.

⚑ 168 B1 ✉ 55 Salisbury St. ☎ 508/799-4406 🕐 Geschl. Mo–Di 💲 $$. Sa Vormittag freier Eintritt ■

Der North Shore erstreckt sich nördlich von Boston in
Richtung New Hampshire. An diesem Küstenabschnitt liegen
historische Kleinstädte wie Salem und Marblehead, Rockport
und Essex. Dazwischen verstecken sich Badebuchten und
abwechslungsreiche, kleine Museen

North Shore

Bojen in Rockport

North Shore

DIE KÜSTE NÖRDLICH VON BOSTON UNTERSCHEIDET SICH DEUTLICH VON jener südlich der Stadt: Während das Land dort generell sehr flach bleibt, dominieren im Norden felsige Landzungen mit reizvollen, zumeist kleinen Buchten. Typisch englische Städtenamen wie Gloucester, Essex, Ipswich, Salisbury, Amesbury und Newbury erinnern daran, dass die ersten Siedler hier aus Großbritannien stammten.

Die geschwungene Küstenlinie zieht sich von Lynn nordwärts über den Merrimack River hinaus bis zur Grenze nach New Hampshire. Diese abwechslungsreiche Region mit ihren landeinwärts gelegenen Kleinstädten ist allgemein als North Shore bekannt. Heute lockt sie Touristen an dank interessanter Museen und historischer Bauten sowie charmanter Küstenstädtchen wie Rockport, Marblehead und Manchester-by-the-Sea. Außerdem lässt sich in North Shore selbstverständlich die Natur genießen, vor allem an den Stränden, auf Wanderwegen und im Parker River Wildlife Refuge, einem wahren Vogelparadies.

Früher lebten die Menschen hier vor allem von Ackerbau und Fischfang – kein Wunder, dass im North Shore einige der weltweit besten Seefahrer und Schiffsbauer geboren wurden. Sie jagten einst vor allem Kabeljau und Wale, befuhren als Matrosen auf den Handelsschiffen die ganze Welt und bauten – wenn nötig – auch Schlachtschiffe und Kreuzer. In ihren Heimat-

häfen werden ihre Geschichten bis heute erzählt. Der Wohlstand, den die Städte ihren Reedereien verdanken, ist noch immer sichtbar. In Salem kann man das bereits im Jahr 1799 eröffnete Peabody Essex Museum besichtigen. Mit seinen Schätzen aus dem China-Handel ist es zweifellos eines der besten seiner Art. Das raue Gloucester heißt seine Besucher mit der Statue *Mann am Steuerrad* willkommen – hier finden sich im Cape Ann Historical Museum zahlreiche maritime Exponate. In Essex bietet es sich an, auf Antiquitätenjagd zu gehen oder das Schiffsbaumuseum zu besuchen, während in Newburyport hübsche Wohnhäuser und das Custom House Maritim Museum locken. Marblehead war schon seit 1629 als »die beste Fischfangstadt Neuenglands« bekannt.

Doch der North Shore blickt teilweise auch auf eine bittere Geschichte zurück: In Salem werden die Opfer der Hexenprozesse heute oft kommerzialisiert – wobei es in der Stadt auch eine seriöse Auseinandersetzung mit dieser

Der malerische Hafen von Rockport

kurzen, aber schrecklichen Episode gibt. Der Schriftsteller Nathaniel Hawthorne (1804–64) ließ sogar seinen Namen ändern, um jede Verbindung mit einem Vorfahren abzuschütteln, der als Richter bei den Hexenprozessen mitgewirkt hatte. Die kompakte Halbinsel Cape Ann war lange eine Künstlerkolonie; die Felslandschaft, die hohen Leuchttürme und das klare, schimmernde Licht inspirierten hervorragende Maler wie Winslow Homer (1836–1910) und Edward Hopper (1882–1967).

NICHT VERSÄUMEN

Natur pur: Landzungen und Buchten der North Shore 184

Dokumente der Hexenprozesse und Schätze des China-Handels im Peabody Essex Museum in Salem 186

Einen Stadtbummel durch Gloucester, das älteste Hafenstädtchen der USA 191

Die felsige Küstenlandschaft von Cape Ann und die dortige Künstlerkolonie 196

Map of the North Shore region with labeled towns including Amesbury, Salisbury, Newburyport, Haverhill, Methuen, Lawrence, North Andover, Andover, Georgetown, Rowley, Ipswich, Essex, Gloucester, Rockport, Annisquam, Manchester-by-the-Sea, Beverly, Salem, Marblehead, Danvers, Peabody, Lynn, Saugus, Reading, Wakefield, Malden, Revere, Chelsea, Boston, Winthrop. Inset map "Zur Orientierung" showing New Hampshire, Massachusetts, Boston, Providence, Connecticut, and Rhode Island.

Salem

WER IN DEN USA DEN NAMEN SALEM HÖRT, DENKT SOFORT an Hexen. Cafés, Kitsch aus Wachs und andere Souvenirs florieren in der Stadt ebenso wie ein Museum dank der schaurigen Faszination, die die Hexenprozesse von 1692 bis heute ausüben. Doch diese schrecklichen Vorgänge bildeten eigentlich nur eine tragische Episode innerhalb einer durchaus vielfältigen Stadtgeschichte.

Die East India Marine Hall im Peabody Essex Museum in Salem

Um etwas über die Geschichte von Salem zu erfahren, sollte man zunächst einen Prospekt über den Heritage Trail im **National Park Service Regional Visitor Center** mitnehmen und dem knapp drei Kilometer langen Rundgang (entlang einer roten Linie auf dem Bürgersteig) durch die Stadt folgen.

Das **Peabody Essex Museum** bildet einen besonderen Anziehungspunkt: Es verfügt nicht nur über Unmengen an Kunst aus aller Welt, sondern auch über wertvolle Archive. In ihnen befinden sich unter anderem Dokumente aus den Hexenprozessen in Salem sowie Manuskripte des Schriftstellers Nathaniel Hawthorne.

Das Museum entstand aus einem Club, der 1799 gegründeten East India Marine Society. Um Mitglied werden zu können, musste man entweder das Kap Hoorn oder das Kap der Guten Hoffnung umsegelt ha-

ben. Die Gesellschaft unterstützte Witwen, engagierte sich in der Navigationsausbildung und stellte Erinnerungsstücke der Seefahrer aus. Im Jahr 1825 wurde die East India Marine Hall als eine Art Kuriositätenkabinett gebaut. 1840 umfasste die Sammlung bereits 4300 Objekte, heute sind es rund zwei Millionen. Neben regelmäßig wechselnden Schauen gibt es im Eingangsbereich eine Dauerausstellung, die unter dem Titel »Maritime New England« die Seefahrtsgeschichte Neuenglands aufrollt. Zu sehen sind hier Kunstwerke wie *Das Schiff* Southern Cross *verlässt den Hafen von Boston* (1851), ein Werk des Malers Fritz Hugh (1804–65) aus Salem.

Ein besonderes Exponat stellt die 1,5 Meter hohe Statue von Kuka'ilimoku aus Hawaii dar; sie ist eine von weltweit drei erhaltenen. Die Sammlung mit Fotografien aus dem China des 19. Jahrhunderts gewährt einen Einblick in das Land vor dem Kommunismus. Viele der Kunstwerke aus dem asiatischen Raum, die hier zu sehen sind, wurden speziell für den Verkauf in den Westen gefertigt. Ein Ehrenplatz gebührt dabei dem Moon Bed mit feinen Schnitzereien und Einlegearbeiten, das 1876 für die Ausstellung zum hundertjährigen Bestehen der USA angefertigt wurde. Es besteht aus 83 Einzelteilen, die durch nur drei hölzerne Keile zusammengehalten werden. Daneben gibt es eine sehenswerte Abteilung mit japanischer Volkskunst des 19. Jahrhunderts sowie Kunst aus Korea, und auch die

Zusammenstellung indianischer Schätze kann sich sehen lassen. Sie entstammen – ebenso wie die gezeigte chinesische Kunst – als direkter Gewinn dem Handel mit Robbenfellen.

Zu Salems Blütezeit (1780–1820) waren die Molen an der Derby Street mit importierten Artikeln überfüllt. In nur einem Jahr wurden beispielsweise 5,5 Millionen Tonnen Pfeffer allein durch diesen Hafen in die USA eingeführt. Das schöne Zollhaus bildete das Zentrum des Hafens und ist heute Teil der **Salem Maritime National Historic Site**.

Am Wasser findet man auch das **House of the Seven Gables**, das noch immer so aussieht, wie es Nathaniel Hawthorne in seinem gleichnamigen Roman 1851 beschrieb. Auf dem Rundgang erklären die Führer so manches über Hawthornes Leben zur Zeit, als er in dem Zollhaus arbeitete. Unbedingt anschauen sollte man die Geheimtreppe, die zu einem Schlafzimmer unter dem Dach führt: Manche glauben, dass sich hier entflohene Sklaven aus dem Süden auf ihrem Weg der Underground Railroad versteckten. Auf das Anwesen versetzt wurde übrigens auch Hawthornes Geburtshaus.

Auf dem Salem Common, gleich neben dem **Salem Witch Museum**, steht eine bedrohlich wirkende Statue von Roger Conant, der Salem 1626 gründete. Im Museum zeigt ein 25-minütiger Film in Ton und Bild die Geschichte der Hexenprozesse. Zwar erinnert die Grabesstimme des Erzählers eher an einen Horrorfilm als an reale Geschichte, doch sind die präsentierten Fakten gut recherchiert. Unter den Namen der wegen Hexerei Hingerichteten finden sich John Proctor und Giles Cory, die aus dem Theaterstück *Hexenjagd* von Arthur Miller bekannt sind. Der Film von 1996 basierte auf diesem Drama.

Für den **McIntire Historic District** sollte man sich etwas mehr Zeit nehmen. Das Viertel ist nach dem autodidaktisch ausgebildeten Architekten Samuel McIntire (1757–1811) aus Salem benannt; einige seiner Häuser sind noch in der reizvollen Chestnut Street zu sehen. ∎

Das House of the Seven Gables inspirierte Nathaniel Hawthorne zu seinem gleichnamigen, populären Roman (1851)

Hexen

Im 17. Jahrhundert galt Hexerei – obwohl Wahnvorstellungen dieser Art nicht selten waren – als Verbrechen. Als die Hexenhysterie 1692 eine Gruppe junger Mädchen erfasste, wurden 19 unschuldige Männer und Frauen angeklagt und zwischen dem 10. Juni und 22. September gehängt. Andere starben im Gefängnis. Ende Oktober setzte Gouverneur William Phipps ein neues Gericht ein, um die Verurteilten zu begnadigen. Doch noch lange sollte man sich schuldig fühlen: Einer der Richter war John Hathorne, sein Nachfahre, der Schriftsteller Nathaniel Hawthorne, fügte als Zeichen seiner klaren Abkehr ein »w« in den Geburtsnamen. Und Salem Village, einst Teil von Salem Town, benannte sich 1752 in Danvers um.

Salem Maritime NHS
www.nps.gov/sama
✉ 160 Derby St.
☎ 978/740-1650
💲 $ für Rundgänge

House of the Seven Gables
✉ 54 Turner St./Derby St.
☎ 978/744-0991
💲 $$
🚌 Zug und Bus: Salem Depot
⛴ Nach und von Boston

Salem Witch Museum
✉ Washington Sq.
☎ 978/744-1692
💲 $$
🚌 Zug und Bus: Salem Depot
⛴ Nach und von Boston

Fahrt entlang dem North Shore

Diese Tour beginnt in Salem und folgt dann der felsigen Küste bis nach Cape Anne. Dabei fährt man an beeindruckenden Villen, weiten Meerlandschaften und geschützten Buchten vorbei. Man sollte zudem Zeit für die verschiedenen Museen einplanen.

Nehmen Sie in Salem die Bridge Street (Mass. 1A) über den Danvers River und fahren Sie auf der Mass. 127 weiter nördlich in Richtung Manchester-by-the-Sea. Die Straße wirkt zunächst wie eine kleine Landstraße – und öffnet sich plötzlich zu wunderschönen Aussichten auf das Meer. Am Bahnhof in **Pride's Crossing** wird das Warten zum politischen Statement – es gibt hier nämlich eine Bank für Demokraten (links) und eine für Republikaner (rechts).

Die Mass. 127 führt durch das kleine Dorf **Beverly Farms** und weiter nach **Manchester-by-the-Sea** ❶. Die alte Hafenstadt liegt versteckt inmitten felsiger Küstenlandschaft. In der Siedlung gibt es Häuser der verschiedensten architektonischen Stilrichtungen – doch das am häufigsten fotografierte Gebäude ist zweifellos das am Hafen gelegene Feuerwehrhaus Seaside No. 1 aus dem Jahr 1885. Fahren Sie weiter an der Küste entlang, machen Sie bei Belieben einen Abstecher nach Hammond Castle (siehe S. 191), um schließlich in Gloucester (siehe S. 191) zu halten. Weiter geht es auf der Mass. 127A, einer Panoramastraße, nach **Rockport** ❷. Hier wurde 1999 Steven Spielbergs Film *Der Liebesbrief* mit Tom Selleck in der Hauptrolle gedreht. Einst war Rockport eine für ihren Granit berühmte Künstlerkolonie (siehe S. 192): Die hier aus dem Steinbruch geschlagenen Steine wurden nach dem großen Feuer beim Wiederaufbau von Chicago, nach dem Erdbeben in San Francisco und sogar beim Bau des Panamakanals verwendet. Eine Karte mit eingezeichneten Rundgängen erhalten Sie bei der Chamber of Commerce (*3 Main St., Tel. 978/546 6575*). Besuchen Sie auch die berühmte rote Fischerhütte, die **Motif No. 1** (siehe S. 192) genannt wird, und genießen Sie den Blick auf Hafen und Hummerfangboote. Auf einem Hügel liegt die **First Congregational Church**, die Fischer scherzhaft »Old Sloop« (»alte Schaluppe«) nennen.

Die Mass. 127 führt weiter in Richtung Norden nach Pigeon Cove, vorbei an Granitmauern, die früher als Verkaufsmuster für Granitstein dienten. Aus alten Zeitungen besteht dagegen **The Paper House** ❸ (*52 Pigeon Hill St.,*

Tel. 978/546 2629, geschl. Nov. bis März), im Jahr 1922 von der Familie Stenman errichtet. Es dauerte insgesamt 20 Jahre, bis das Haus aus 100 000 alten Zeitungen fertig gestellt war; die Wände sind jeweils 215 Seiten dick. Im Inneren kann man Möbel und sogar eine Standuhr aus Papier ansehen.

Fahren Sie nach Gloucester zurück, biegen Sie jedoch am Verkehrskreisel auf die Mass. 128 ab und dann rechts auf die Mass. 133 nach Essex. In dem Ort scheint jedes zweite Haus ein Antiquitätengeschäft zu sein. Doch der eigentliche Wirtschaftsmotor der Stadt war der Schiffsbau – im Laufe der Jahrhunderte liefen hier mehr als 4000 Zweimaster vom Stapel. Im **Essex Shipbuilding Museum** ❹ (*66 Main St., Tel. 978/768 7541, geschl. Mo–Fr*) erfährt man mehr über diese Geschichte und kann beim Bau oder bei der Reparatur von Booten zuschauen.

Bleiben Sie auf der Mass. 133 nach **Ipswich** und biegen Sie über die Argilla Road zum Strand ab, um dort spazieren zu gehen oder in der Crane Beach zu schwimmen. Sie können auch das Great House mit seinen 59 Zimmern auf dem **Castle-Hill**-Anwesen besichtigen (*290 Argilla Rd., Tel. 978/356 4351, Führungen Juni–Okt.: Mi, Do*). Auf der Mass. 1A in Richtung Salem kommen Sie wieder zum Ausgangspunkt der Tour zurück.

Siehe Karte S. 184f
Salem
85 Kilometer
1 Tag
Salem

NICHT VERSÄUMEN
Manchester-by-the-sea
• Rockport • Essex

Das idyllische Rockport

Newbury
Old
Town

PARKER RIVER
NATIONAL
WILDLIFE REFUGE

HALIBUT POINT
STATE PARK

The Paper House

CAPE ANN
Pigeon
Cove

Motif #1

PLUM ISLAND

Ipswich Bay

Plum Island Sound

PLUM ISLAND
STATE PARK

Annisquam
Light

Rockport

THATCHER ISLAND

Rowley

Crane
Beach

Castle Hill

Annisquam

127A

2

Ipswich

Essex Bay

Essex Shipbuilding Museum

128

WILLOWDALE
STATE FOREST

Ipswich

4

Essex

133

Gloucester

BRADLEY
W. PALMER
STATE PARK

1A

Hammond
Castle
Museum

Eastern Point

South
Hamilton

Chebacco Lake

Hamilton

128

Magnolia

Wenham

1

Manchester-by-the-Sea

Prides Crossing

127

Beverly Farms

BAKERS ISLAND

Danvers

1A

Beverly

95

Beverly Harbor

Salem

Salem Maritime
National Historic Site

Marblehead

Peabody

128

START

Marblehead Neck

Boston

Swampscott

Massachusetts Bay

0   5 Meilen
0   5 Kilometer

Das Paper House in Pigeon Cove

Leuchtturm in Annisquam

Marblehead

MARBLEHEAD LIEGT AUF EINER HALBINSEL UND WIRKT SO malerisch, dass man seinen Augen kaum trauen mag: Das kleine, gebogene Hafenbecken, in dem im Sommer rund 900 Boote ankern, ist ein tolles Fotomotiv – ebenso wie die beeindruckenden Häuser der Kapitäne und Kaufleute, die Marblehead 1760 zur sechstgrößten Stadt der amerikanischen Kolonien aufsteigen ließen. Da die Straßen recht eng sind, sollten Sie die Stadt zu Fuß erkunden.

Außerhalb der Saison ist Marblehead ein idyllisches Küstenstädtchen

Marblehead
185 C2

**Marblehead
Museum &
Historical Society**
170 Washington St.
781/631-1768
Geschl. Mo und So

**Colonel Jeremiah
Lee Mansion**
161 Washington St.
781/631-1768
Geschl. So, Mo und
Mitte Okt.–Juni
$$

Gleich an der Hauptstraße residiert die seit mehr als hundert Jahren bestehende **Marblehead Historical Society**. Im oberen Stockwerk präsentiert eine Kunstausstellung Werke von John Orne Johnson Frost, der aus Marblehead stammte und erst im Alter von 70 Jahren mit der Malerei begann. Seine Heimatstadt diente ihm häufig als Vorbild, wie etwa in dem Gemälde *Vogelperspektive* (1867), das den Hafen und Marblehead Neck zeigt, den Platz an dem früher die Fischbratereien standen.

Auf der anderen Straßenseite steht das aufwendig restaurierte **Colonel Jeremiah Lee Mansion** aus dem Jahr 1768. Mit seinen 16 Räumen war es eines der zehn beeindruckendsten Wohnhäuser der Kolonien und mit allem ausgestattet, was man damals für Geld kaufen konnte: Dazu zählen eine palladianische Architektur, feines Porzellan,

Holzschnitzarbeiten und teure Stoffe. Das Innere ist so gestaltet, dass es wie Stein wirkt, weil es an die Villen der englischen Aristokratie erinnern sollte. Besonders sehenswert sind die handbemalten (nicht gedruckten!) englischen Tapeten mit römischen Landschaftsmotiven.

Ein kurzer Spaziergang auf der Washington Street führt zur **Abbot Hall** *(188 Washington St., Tel. 781/631 0528)* aus dem 19. Jahrhundert. Bitten Sie darum, Archibald M. Willards Gemälde *Der Geist von 76* (1876) sehen zu können – eines der bekanntesten, immer wieder reproduzierten Bilder Amerikas. Es hängt im Flur des Sitzungssaals des Stadtrats.

Begeben Sie sich (von der Historical Society aus) in die andere Richtung, so erreichen Sie das **Old Town House** am Market Square aus dem Jahr 1727. ■

Gloucester

GLOUCESTER WURDE 1623 GEGRÜNDET UND IST DAMIT
ältester Hafen der USA. Es bildet das Tor zum Cape Ann und erlangte
seit Sebastian Jungers Bestseller *Der Sturm* (1997) einige Berühmt-
heit. Der Roman beschreibt den (realen) Untergang der *Andrea Gail*,
eines Schwertfischfängerbootes aus Gloucester, das Anfang der 90er
Jahre in einem Sturm sank. Einen Besuch wert ist auch Hammond
Castle, eine nachgebaute mittelalterliche Burg.

Gloucester

◪ 185 D3
**Besucher-
information**

✉ Stage Fort Park
☎ 978/281-8865

In der Nähe der wuchtigen City Hall
liegt auf der Spitze eines Hügels das
Cape Ann Historical Museum.
Im Gegensatz zu vielen überquel-
lenden und unterfinanzierten Museen historischer Gesellschaften
wird hier auf drei Stockwerken eine
sorgsam ausgewählte Sammlung
präsentiert; auch die Erklärungsta-
feln sind ungewöhnlich gut. Für Fitz
Hugh Lanes (1804–65) Gemälde
sollte man sich Zeit lassen: Als Sohn
eines Matrosen aus Gloucester
konnte der Künstler das stille Meer
ebenso überzeugend darstellen wie
die furchtbaren Atlantikstürme. In
der »Fish and Maritime Collection«
befindet sich das winzige Beiboot
Dory, in welchem Kapitän Alfred
Johnson 1876 die erste Atlantiküberquerung mit einem Einruder-
boot gelang.

HAMMOND CASTLE
Zwischen Manchester-by-the-Sea
und Gloucester erhebt sich Hammond Castle hoch über der See. Es
wurde in den 1920er Jahren von
dem amerikanischen Erfinder John
Hays Hammond jr. gestaltet und
eingerichtet. Das schillernde Wohnhaus mit Museum liegt etwas versteckt am North Shore und wird
deshalb von vielen übersehen. Beginnen Sie Ihre Besichtigung mit
dem beeindruckendsten Raum, der
Great Hall. Dieser Saal hat die Kathedrale St.-Nazaire im südfranzösi-
schen Carcassonne zum Vorbild. Er
ist 30 Meter lang, 20 Meter hoch
und war eigens für die Orgel mit

vier Manualen und 8200 Pfeifen gebaut worden. Hammond schaffte
ganze Gebäudeteile aus Europa
hierher: Der **Innenhof** oben ist mit
Fassadenteilen aus französischen
Häusern des 15. Jahrhunderts gestaltet. Das **Speisezimmer** im Re-
naissance-Stil enthält eine Kasset-
tendecke aus Spanien und Kloster-
wände aus Frankreich. Hammond
zeichnete sich durch einen schrägen
Humor aus: Angeblich soll er, um
seine Gäste zu erschrecken, aus
einem der oberen Fenster in den
äußerst flach wirkenden Pool ge-
sprungen sein – der aber in Wirklichkeit 2,40 Meter tief ist.

Hammond stammte aus einer
wohlhabenden Familie und sprach
selten über seine Erfindungen – von
denen viele im US-Verteidigungs-
ministerium geheim gehalten
wurden. Sie sind heute in den
Exhibit and Invention Rooms
ausgestellt. ■

*Der Mann am Steuer-
rad erinnert an die
Fischfangflotte von
Gloucester*

**Cape Ann
Historical Museum**
www.capeannhistorical
museum.org

✉ 27 Pleasant St.
☎ 978/283-0455
⊕ Geschl.
So vormittag–Mo

$ $

**Hammond Castle
Museum**
www.hammondcastle.org/

◪ 185 D2
✉ 80 Hesperus Ave.
☎ 978/283-2080
⊕ Variabel; bitte tele-
fonisch erfragen

$ $$

Cape Anns Künstlerkolonien

Die felsige Küstenlandschaft von Cape Ann mit ihrem kraftvollen, klaren Licht und dem wechselnden Anblick des Meeres zog Künstler seit mehr als 150 Jahren an. Zu ihnen zählten auch die Maler Winslow Homer (1836–1910), Edward Hopper (1882–1967) und Maurice Prendergast (1859 bis 1924). Dank ihrer Werke kennen viele Menschen, die Cape Ann nie gesehen haben, den Squam-Leuchtturm und den Hafen von Gloucester mit seinen Fischerbooten. Die Halbinsel Rocky Neck auf der anderen Seite des Hafens ist die älteste Künstlerkolonie der USA. Fitz Hugh Lane (1804–65) aus Gloucester gilt als amerikanischer Meister in der Darstellung von Meereslandschaften. Er ist im Peabody Essex Museum in Salem (siehe

Überall in Rockport trifft man auf Künstler, die mit Stift, Pastell- oder Ölfarbe arbeiten

S. 186) und im Cape Ann Historical Museum (siehe S. 191) umfassend vertreten, unter anderem mit der unvergesslichen Ansicht *Der Hafen von Gloucester von Rocky Neck aus betrachtet* (1844). Die Galerien an der Rocky Neck Avenue beweisen ihrerseits, dass die Gegend noch heute Künstler anzieht.

Der Bostoner Winslow Homer (1836–1910) verbrachte seine Sommer auf Cape Ann, weil er hier ohne Atelier seine verträumten Aquarelle malen konnte. Um 1900 folgten ihm immer mehr amerikanische Künstler, von denen sich viele dem Lehrer Frank Duveneck (1848–1919) anschlossen. Der berühmteste dieser »Duveneck-Jungs« war wohl Maurice Prendergast (1859–1924) aus Boston, dessen lebendige Aquarelle wegen ihrer starken Farben auffallen. Er hatte sich von den französischen Malern Henri Matisse (1869–1954) und Paul Cézanne (1839–1906) beeinflussen lassen und häufig Motive aus seiner Umgebung rund um Cape Ann gewählt. Dort hielt sich im frühen 20. Jahrhundert auch Childe Hassam (1859–1935)

auf, den 1886 die impressionistischen Gemälde in Paris derart beeindruckt hatten, dass er nach seiner Rückkehr die amerikanische Impressionismus-Bewegung anführte.

Der wohl berühmteste Sommerurlauber auf Cape Ann war jedoch zweifellos Edward Hopper (1882 bis 1967). Seine unvergesslichen Darstellungen der Stadt gelten als Quintessenz urbanen Lebens – doch ließ der gebürtige New Yorker sich ebenso von der Küste Neuenglands inspirieren. Seine Liebe zum Segeln zeigt sich in den Darstellungen von Segelbooten; ein anderes beliebtes Motiv waren Leuchttürme. Als Erster malte er den Squam-Leuchtturm in Annisquam.

Ebenso beeindruckend waren seine Bilder von »normalen« Häusern: Wohngebäude und Kirche, Mietshäuser und Schuppen, Bahngelände und Fabriken. Hopper war fasziniert vom Spiel zwischen Licht und Schatten auf Dachlinien und in offenen Fenstern.

Am östlichen Zipfel von Cape Ann liegt Rockport, eine andere Künstlerkolonie. Die seit 80 Jahren bestehende Rockport Art Association *(12 Main St., Tel. 978/546 6604)* repräsentiert dort 250 Künstler aus der Umgebung. Das bei Malern und Fotografen mit Abstand beliebteste Motiv ist die dunkelrote Fischerhütte auf der Mole am Hafen. Die ungewöhnliche Farbe überdeckt inzwischen eine Schicht Patina; sie entstand durch eine Mischung aus Autogetriebeöl und roter Farbe. In den 1920er Jahren zeigte ein Student seinem Lehrer Lester Hornby eine weitere Zeichnung der Hütte, worauf der Lehrer gefragt haben soll: »Was? Noch einmal Motiv Nr. 1?« Seitdem ist das Gebäude als »Motif No. 1« bekannt.

Oben rechts: Der Leuchtturm von Annisquam, ein weiteres bevorzugtes Motiv
Unten rechts: Das Motif No. I, die Fischerhütte in Rockport, ist bei Malern noch immer beliebt

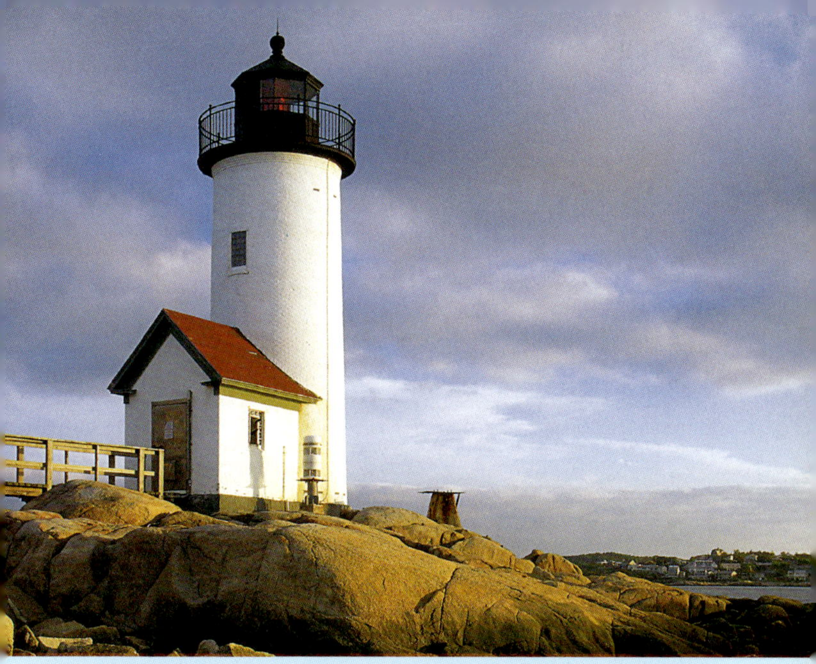

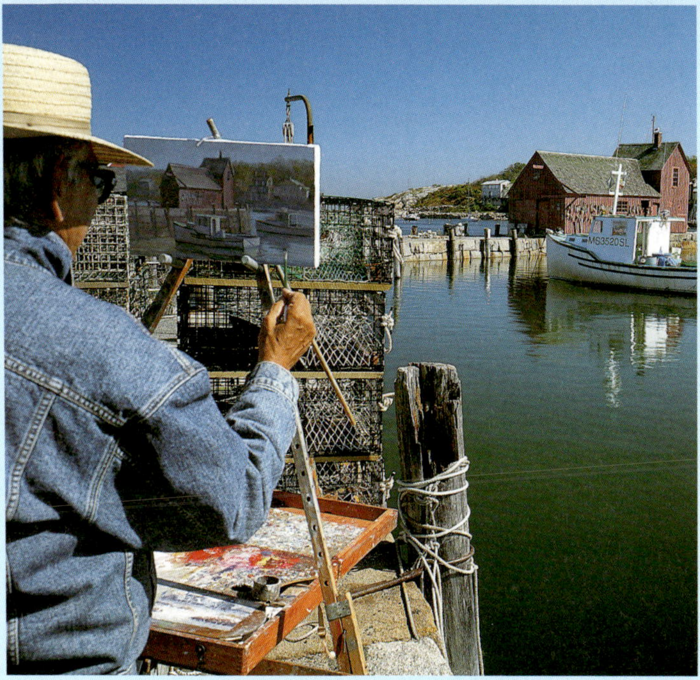
MS3520SL

Newburyport

Newburyport
185 C4

**Custom House
Maritime Museum**
✉ 25 Water St.
☎ 978/462-8681
🕐 Geschl. Jan.–März
💲 $

**Cushing House
Museum**
✉ 98 High St.
☎ 978/462-2681
🕐 Geschl. So–Mo und
Nov.–April
💲 $

Lowell's Boat Shop
✉ 459 Main St.
☎ 978/834-0050

NEWBURYPORT LIEGT AN DER MÜNDUNG DES 285 KILOME-
ter langen Merrimack River und ist daher ein beliebter Ausflugsort.
In den 1970er Jahren wurden die alte Hafenviertel renoviert – heute
liegen rund um den lebendigen Market Square Geschäfte, Restaurants, schöne Kapitänshäuser und eine Flusspromenade.

Besuchen Sie zunächst das **Custom House Maritime Museum**
(1835): Dieses kastenähnliche Gebäude aus Granitstein war einst das
Zentrum des Hafens, wo Zoll erhoben und Waren angemeldet wurden.
Die Ausstellung lässt die stolze Geschichte des Handels und des
Schiffsbaus in dieser Stadt wieder lebendig werden. Um 1770 wurden in
den Werften von Newburyport zwei Fregatten der noch jungen US-Marine gefertigt.

im Federal Style. Im Innern kann
man sehen, wie bequem die Kaufleute des 19. Jahrhunderts wohnten.
Alte Uhren zeugen von der örtlichen
Handwerkskunst; die hohen Teak-
und Elfenbeinschränke aus Japan
brachten die Kapitäne aus den ent-
ferntesten Winkeln der Erde mit
nach Hause.

Die Fahrt landeinwärts über
Amesbury, Sitz von **Lowell's Boat
Shop**, lohnt durchaus. Die 1793 gegründete Firma ist der älteste noch
existierende Holzschiffsbauer der
USA – und berühmt für zwei Neue-
rungen: den Amesbury-Skiff und
die flache Dory, kleine Holzboote,
die auf großen Schiffen und Walfängern früher als Beiboote dienten.
Man kann eine Dory stundenweise
mieten und auf dem Fluss eine Ru-
derpartie unternehmen.

Die »Society for the Preservation
of the New England Antiquities«
(S.P.N.E.A.) unterhält vier historische Anwesen in der Gegend; zwei
sind regelmäßig für Besucher geöffnet: Die **Spencer-Pierce-Little-
Farm** (5 Little's Lane, Newbury, Tel.
978/462 2634, geschl. Mitte Okt.–Ende Mai) ist in archäologischer Hinsicht als Baudenkmal interessant. Das **Coffin House** von
1654 (14 High Rd., Newbury, Tel.
978/462 2634, geschl. Mitte Okt.–Ende Mai) bildet ein Beispiel für neuenglische Architektur.

Die Geschichte
von Newburyport
wird im Custom
House Maritime
Museum lebendig

**Parker River
Wildlife Refuge**
www.parkerriver.org
✉ 261 Northern Blvd.,
Plum Island
☎ 978/465-5753

Ein Spaziergang durch das alte
Herz von Newburyport ist wie das
Blättern in einem Architekturlexi-
kon, finden sich hier doch Häuser
im Federal und Queen Anne, im
italienischen und im Greek Revival
Style. Das **Court House** (1807) an
der High Street gestaltete Charles
Bulfinch (siehe S. 92f). Unweit davon liegt das **Cushing House Museum**, ein weiterer klassischer Bau

An der Flussmündung des Merrimack River liegt Plum Island mit
dem **Parker River National
Wildlife Refuge**, das vor allem
wegen seiner Wasser-, Stelz- und
Greifvögel beliebt ist. ■

Ein Besuch in Plymouth und der Plimoth Plantation führt zu den Spuren der Pilgerväter an der Südküste von Massachusetts. Noch weiter südlich, im benachbarten Rhode Island, locken das elegante Newport und das historische Providence

Südlich von Boston

Detail einer Kirchenbank in der **Old Ship Church**

Südlich von Boston

AUCH DIE REGION SÜDLICH VON BOSTON ZIEHT BESUCHER IN IHREN BANN:
In Massachusetts wandelt man auf den Spuren der Pilgerväter, kann die Häuser zweier
US-Präsidenten und eine Walfängerstadt aus dem 19. Jahrhundert besuchen. Südlich da-
von liegen Rhode Island mit Providence sowie Newport mit vielen Sehenswürdigkeiten.

Die erste Siedlung der Pilgerväter war Plymouth, heute weniger als eine Autostunde südlich von Boston in der Cape Cod Bay gelegen.
Die Hauptattraktionen bestehen hier in einem
detailgetreuen Nachbau der *Mayflower*, dem
legendenumwobenen Plymouth Rock und im
spannenden Open-Air-Museum Plimoth
Plantation. In Boston sind der Freedom Trail
und seine Gebäude sozusagen steingewordene
Zeugen der Geschichte – doch die Plimoth
Plantation ermöglicht als ein von Menschen
bevölkertes Museum die seltene Chance, die
Geburtsstunde der ersten 13 Kolonien hautnah
zu erleben. Allerdings ist das Museum keine
oberflächliche Nachahmung des Lebens Mitte
des 17. Jahrhunderts: Die kostümierten Menschen, die hier wohnen, verrichten ihre alltäg-
lichen Arbeiten ohne moderne Erleichterun-
gen und versuchen, die Lebensbedingungen
der Siedler von 1627 nachzuempfinden. Im
schlechten Boden wächst der Mais nur langsam, in der Sommerhitze schwirren die Flie-
gen, und die Puritaner schwitzen in ihren
handgenähten Kleidern aus rauen Stoffen. In
einem eigenen Dorf in der Plimoth Plantation
wohnen »Indianer« und zeigen, wie die Einge-
borenen vor 400 Jahren lebten.

New Bedford, weiter südlich an der Buzzards Bay zu finden, erlebt gegenwärtig einen
Wiederaufstieg. In der legendären Walfängerstadt heuerte der junge Herman Melville einst
als Decksjunge an.

Hinter der Staatsgrenze befindet sich Rhode
Island mit Newport und Providence: Newport
war im 19. Jahrhundert berühmt als Sommer-
ferienort der Schönen und Reichen, deren beeindruckende Stadtvillen man heute besichtigen kann. Die Gewässer der Narragansett Bay,
einst Austragungsort der Yachtrennen des
America's Cup, ziehen noch immer Tausende
von Seglern an. Ebenso viele Musikfans reisen
zu einigen international renommierten Som-

**Die Seefahrtstradition in Newport lebt
heute in Gestalt moderner Yachten fort**

merkonzerten an, darunter das berühmte Jazz Festival. Newports lange Geschichte reicht bis in die Kolonialzeit zurück, und so finden sich in dieser wohl schönsten Küstenstadt die älteste Synagoge wie auch die älteste ständig benutzte Bibliothek der USA.

Providence, 1636 von Roger Williams gegründet, ist ein wahres städtisches Kleinod. Hier gibt es nicht nur die Brown University, sondern auch hübsche Stadthäuser an der Benefit Street zu sehen.

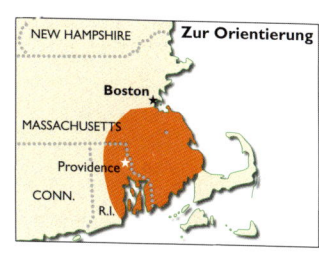

Zur Orientierung

NEW HAMPSHIRE

Boston

MASSACHUSETTS

Providence

CONN.

R.I.

DER WESTEN UND NORDWESTEN VON BOSTON
S. 167

DIE NORDKÜSTE
S. 183

BOSTON HARBOR ISLANDS NATIONAL RECREATION AREA

BOSTON

Needham   Milton   Adams National Historic Site   Hull

Westwood   Dedham   Blue Hills   **Quincy**   **Hingham**   Cohasset

Charle

Norwood   Braintree   Weymouth   WOMPATUCK STATE PARK   Scituate

Medfield   Canton   Randolph   Assinippi   3A

Walpole   Holbrook   Rockland

Sharon   27   Stoughton   AMES NOWELL S.P.   Abington   Marshfield

Franklin   495   BORDERLAND STATE PARK   Whitman   3

Bellingham   F. GILBERT HILLS STATE FOREST   Foxboro   Brockton   18   Hanson   27   MYLES STANDISH MON. S.R.   South Duxbury

126   South Easton   Elmwood   Kingston   Gurnet Point

Woonsocket   Plainville   Mansfield   106   Plymouth Bay   **Mayflower II**

Cumberland Hill   North Attleboro   138   Bridgewater   **Ocean Spray Cranberry World**   **Plymouth**

Slater Mill Historic Site   Attleboro   118   Taunton   **Plimoth Plantation**

295   North Rehoboth   MASSASOIT STATE PARK   North Carver   3A   Cape Cod Bay

Greenville   **Pawtucket**   44   Assawompset Pond   **Middleboro**   MYLES STANDISH STATE FOREST   3

North Providence   **PROVIDENCE**   Dighton   24   Great Quittacas Pond   SCUSSET BEACH S.R.

RHODE   **East Providence**   DIGHTON ROCK S.P.   18   495   58   Snipatuit Pond

Cranston   195   Somerset   Long Pond   140   25

ISLAND   T.F. Green State Airport   Barrington   FREETOWN-FALL RIVER S.F.   Buzzards Bay

West Warwick   COLT STATE PARK   Warren   North Watuppa Pond   New Bedford Regional Airport   Marion   CAPE COD UND DIE INSELN S. 213

Warwick   GODDARD MEM. S.P.   **Fall River**   South Watuppa Pond   6

95   Bristol   Fairhaven   Buzzards Bay

East Greenwich   Homestead   24   **New Bedford**   **Whaling Museum**

4   Prudence Island   Tiverton   South Dartmouth

Exeter   Conanicut Island   Rhode Island   Portsmouth   ATLANTISCHER

Wickford   Narragansett Bay   Westport Point   DEMAREST LLOYD STATE PARK   OZEAN

Jamestown   **Hunter House**   HORSENECK BEACH STATE RESERVATION

Kingston   FORT ADAMS STATE PARK   **Newport**   Sakonnet

1   **The Breakers**

Narragansett Pier   Rhode Island Sound

SCARBOROUGH STATE BEACH   ATLANTISCHER OZEAN

0   20 Meilen
0   30 Kilometer

A   B   C   D

Quincy

Die Stone Library in der Adams National Historic Site, dem Geburtsort von zwei US-Präsidenten

SIEBEN MEILEN SÜDLICH VON BOSTON LIEGT QUINCY. Heute ziehen junge Familien und Singles in die Stadt und geben dem Vorort ein lebendiges Gesicht. Man erreicht Quincy leicht mit der roten T-Linie oder der Fähre. Die Stadt war einst für den Schiffsbau und für mehr als 50 Granitsteinbrüche bekannt. Der Stein wurde über das Meer in Städte an der Ostküste zum Bau von Häfen und Amtsgebäuden transportiert.

Quincy

🗺 197 B4

Besucherinformation

✉ 1250 Hancock St.

Adams National Historic Site

✉ 135 Adams St.

☎ 617/770-1175

🕐 Geschl. 11. Nov. bis 19. April

💲 $

🚇 Zug und Bus: Quincy Center

ADAMS NATIONAL HISTORIC SITE

Der Vorort trägt den Spitznamen »Präsidentenstadt«: Hier steht ein graues, schindelbedecktes Haus, das vier Generationen der Familie Adams zwischen 1787 und 1946 bewohnten. John Adams (1735–1826), der zweite Präsident der USA, und sein Sohn John Quincy Adams (1767–1848), der sechste US-Präsident, lebten beide hier. Das 5,3 Hektar große Anwesen wird heute vom National Park Service verwaltet. Im **Olde House** ist das aus Europa mitgebrachte Stehpult zu sehen, an welchem John Adams im Alter lange

Briefe an Thomas Jefferson verfasste. Die scheunenähnliche **Stone Library** im Garten birgt die Präsidentenbibliothek, in welcher sich unter anderem die Mendi-Bibel befindet, die John Adams von den Mendi in Westafrika bekam. Die Geschichte wurde 1997 durch den Kinofilm *Amistad* bekannt. Zu den elf Gebäuden des Anwesens gehört auch ein einfaches Saltbox-Haus aus dem 17. Jahrhundert, in dem beide Männer geboren wurden. Die Präsidenten sind in der **United First Parish Church** (*1306 Hancock St., Tel. 617/773 1290, Führungen Mitte April–Mitte Nov., $*) bestattet. ∎

Plymouth

DIE STADT PLYMOUTH LIEGT RUND 65 KILOMETER SÜDlich von Boston und lebt vor allem von ihrem historischen Status als Geburtsort des modernen Amerika und der USA. Nach einem kurzen und eher enttäuschenden Aufenthalt auf Cape Cod stachen die Pilgerväter mit der *Mayflower* noch einmal in See und durchquerten die Bucht. Schließlich gingen sie an einer Stelle an Land, die heute in der Nähe der Leyden Street in Plymouth zu finden ist.

Der Überlieferung zufolge gingen die Pilgerväter am Plymouth Rock an Land

Plymouth
🔺 197 D3
Besucherinformation
✉ 130 Water St.
☎ 508/747-7533

Pilgrim Hall Museum
www.pilgrimhall.org
✉ 75 Court St.
☎ 508/746-1620
🕐 Geschl. Jan. sonst tgl. 9.30–16.30 Uhr

Mayflower II
www.plimoth.org
✉ State Pier
☎ 508/746-1622
🕐 Geschl. Dez.–April
💲 $$–$$$$ (Plimoth Plantation eingeschlossen)

An der Küstenseite der Water Street erhebt sich ein neoklassizistisches Gebäude, das wie ein griechischer Tempel über dem **Plymouth Rock** thront. Im Jahr 1741 behauptete Elder Faunce, dass sein »Vater ihm bestätigte, die Pilgerväter hätten bei ihrer ersten Ankunft ihren Fuß auf diesen Felsen gesetzt«. Ob es nun stimmt oder nicht – der Stein ist zu einem symbolischen Ort geworden.

Ein weiterer griechisch wirkender Tempel von 1824 beherbergt das **Pilgrim Hall Museum**. Zu den Ausstellungsstücken gehören die Bibel von Gouverneur Bradford und die Wiege von Peregrine White.

Die beiden Sehenswürdigkeiten in Plymouth, die man auf gar keinen Fall versäumen sollte, sind die **Mayflower II** und die **Plimoth Plantation**.

**Plimoth
Plantation**
www.plimoth.org

🅰 197 D3

✉ Zwischen Mass. 3
und Mass. 3A
(Main St.)

☎ 508/746-1622

🕐 Geschl. Jan.

💲 $$$ (*Mayflower II*
eingeschlossen)

**Die *Mayflower II*
segelte 1957 aus über
den Atlantik**

Die am State Pier, einige Schritte vom Plymouth Rock entfernt vertäute *Mayflower II* überrascht wohl jeden mit ihrer Zerbrechlichkeit. Der Nachbau des Schiffes, das einst in 66 Tagen von England aus in die Neue Welt segelte, ist 32 Meter lang. Es ist nur schwer vorstellbar, dass 102 Männer, Frauen und Kinder für so lange Zeit im Innern zusammengepfercht waren. Das Schiff, das man heute besichtigen kann, stellt ein typisches Modell aus dem 17. Jahrhundert dar. Es wurde vor über 40 Jahren in England aus Devon-Eichenholz gebaut und mit Hanfseilen

sowie handgenähten Leinensegeln ausgerüstet. Im Jahr 1957 segelte das Schiff über den Atlantik. Kostümierte Führer erläutern die Beweggründe für die Emigration der Kolonisten aus England, ihr zwischenzeitliches Leben in den Niederlanden vor der Auswanderung nach Amerika, die Beschwernisse und Gefahren der transatlantischen Reise und schließlich die harte Ankunft mitten im Winter an einer rauen Küste. Jeder der Führer spricht mit echtem britischen Akzent, ist begeistert bei der Sache und sehr gut informiert.

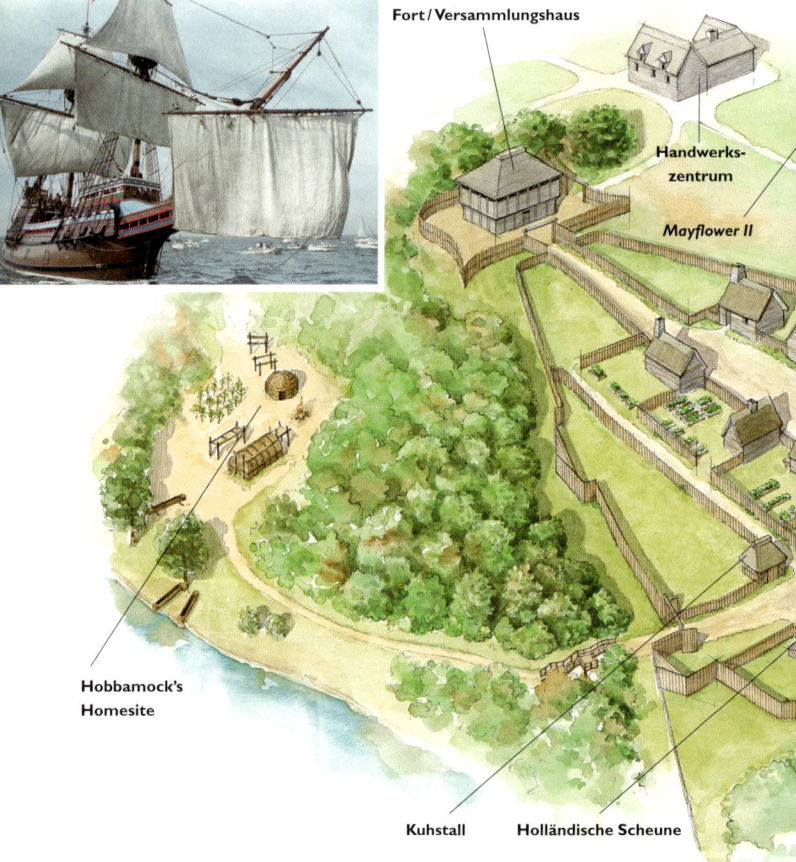

Fort / Versammlungshaus

Handwerks-
zentrum

Mayflower II

Hobbamock's
Homesite

Kuhstall   Holländische Scheune

PLIMOTH PLANTATION

Hat man sich über den historischen Hintergrund der Pilgerväter informiert, ist in der Plimoth Plantation zu sehen, wie sie in ihrem neuen Land lebten. Zwar sind von Schauspielern bevölkerte Open-Air-Museen heute nicht mehr selten, doch stellt die Plimoth Plantation das beste in Neuengland – wenn nicht in ganz Amerika – dar. Anders als in einem reinen Freizeitpark ist das Leben der Pilgerväter zunächst exakt erforscht worden, um dem Besucher hier eine möglichst genaue Darstellung zu präsentieren. Sie lädt ein zu einer Zeitreise vom 21. in das 17. Jahrhundert und zeigt die grob gewebte Kleidung der Pilger, ihre täglichen Arbeiten, die eher bescheidene Ernte und die einfachen Häuser, in denen es im Sommer zu warm und im Winter bitterkalt ist. Die einstigen Erfolge der Siedler erscheinen noch bedeutender, wenn man mit eigenen Augen sieht, wie schwierig das bloße Überleben war.

So ist die Plimoth Plantation für Erwachsene und Kinder gleichermaßen spannend – einen ganzen Tag lang!

Beginnen Sie die Tour am Besucherzentrum, wo ein kurzer Videofilm in das Thema einführt und viele Mythen und Stereotypen rund

um die Pilgerväter und die Wampanoag-Indianer entlarvt. Die Ausstellung »Irreconcilable Differences« (Unvereinbare Gegensätze) macht deutlich, wie die beiden so unterschiedlichen Kulturen sich gegenseitig durchdrangen. Von hier aus führt der Rundgang zu vier verschiedenen Orten: Hobbamock's Homesite (siehe S. 202) zeigt den Nachbau einer Wampanoag-Siedlung – und wie die Indianer vor Ankunft der Weißen lebten. Im Crafts Center (siehe S.202) demonstrieren Handwerker die Fertigkeiten des 17. Jahr-

Die Plimoth Plantation stellt das harte Leben der ersten Siedler in einem Dorf des 17. Jahrhunderts nach

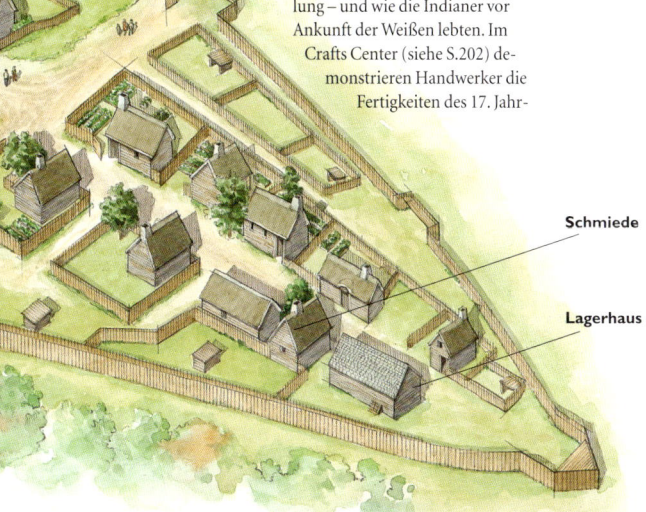

Gouverneurs-residenz

Schmiede

Lagerhaus

hunderts. Tierfans schauen vielleicht zunächst bei den selten gezüchteten Arten in der **Nye Barn** vorbei. Oder man schließt sich einfach der Mehrheit an und besucht das **1627 Pilgrim Village**.

Geht man den Abhang zum Dorf hinunter, sieht man ein zweistöckiges Gebäude auf dem Hügel: Dieses Holzfort diente der Verteidigung und als Kirche, als Meeting House. Unten, dicht an den Hang geduckt, liegt die Siedlung. Den staubigen Weg säumen Tierverschläge und kleine, reetgedeckte Hütten. Auf der

In der Plimoth Plantation arbeiten, essen und kleiden sich die Bewohner wie die Pilgerväter

(kostenlos erhältlichen) Karte ist genau zu erkennen, welche Familie einst wo lebte. Vielleicht möchten Sie Hauptmann Myles Standish (1584–1656) ausfindig machen, den Kommandanten der Soldaten, oder den Priester Samuel Fuller (1580 bis 1633), der auch als Arzt diente. Auf der *Mayflower* kann man Elizabeth Hopkins nach der Geburt ihres Sohnes fragen oder dem Dorfklatsch über Francis Billington (gest. 1684) lauschen, einen jungen, »nicht sehr gut erzogenen« Mann. Egal, wo man vorbeikommt: Jeder Einwohner bleibt seiner Rolle stets treu und beantwortet bereitwillig Fragen – und das in der englischen Mundart des 17. Jahrhunderts.

Gleichzeitig haben die Darsteller stets irgendwelche Arbeiten zu verrichten: Im Frühjahr graben sie den Erdboden um und pflanzen; im Herbst bringen sie die Ernte ein. Jeden Tag treiben sie die Schafe ins Freie, bereiten Mahlzeiten zu und hängen Decken und Laken an die frische Luft. Man kann die Häuser betreten und auch dort Fragen stellen. So erklärt ihnen Priscilla aus dem Alden House etwa die Zusammensetzung des Abendessens, eines »Pottage«: Die dicke Gemüsesuppe besteht aus Kohl, Zwiebeln und Brühe, gewürzt mit Salz und Pfefferkörnern. Ihr Haus besteht, wie die anderen auch, aus einem einzigen, dunklen und verräucherten Raum. Niemand in der Siedlung besitzt eine Uhr, so dass die Bewohner ihren Lebensrhythmus nach der Sonne ausrichten. Da sie keine Honigbienen haben, müssen sie teuren Zucker und Kerzen aus England kaufen.

In der **Hobbamock's Homesite** trifft man auf die Wampanoag, das »Volk der Morgendämmerung« oder »Ostvolk«, dessen Mitglieder in Familienverbänden, nicht in Dörfern lebten. In diesem Teil des Museums wird das Leben im 17. Jahrhundert nicht unmittelbar nachvollzogen, sondern von Führern in traditioneller Kleidung erläutert. Man kann sie beim Kochen, beim Bauen eines *wetu* (Hauses), beim Gerben von Fellen oder – mit etwas Glück – beim Herstellen eines Kanus beobachten. Dafür wird ein Holzstamm langsam von innen ausgebrannt.

Das **Crafts Center** ist in einem modernen Gebäude untergebracht: Da die ersten Siedler keine Handwerker waren, mussten sie Möbel, Porzellan, Schuhe und Körbe aus England importieren. Heute wird hier die Herstellung dieser und weiterer Gebrauchsgegenstände demonstriert. ■

New Bedford

EINE AUTOSTUNDE SÜDLICH VON BOSTON LIEGT NEW BEDford, die einstige Welthauptstadt des Walfangs. Dass die Stadt Mitte des 19. Jahrhunderts über den viertgrößten Hafen und einen beachtlichen Reichtum verfügte, verdankte sie allein dem Walfang, der übrigens auch in dem berühmten Roman *Moby Dick* beschrieben wird.

Modell eines Segelschiffs im New Bedford Whaling Museum

Im Jahr 1841 schrieb der junge Herman Melville, dass man »nirgendwo in Amerika aristokratischere Häuser, Parks und so überladene Gärten findet wie in New Bedford«. 1996 konnte das heruntergekommene Hafenviertel dank der Einrichtung eines Nationalparks erneuert werden: Noch immer bringt die Fischfangflotte hier den zweitgrößten Umsatz im Land. Am Hafen erinnert das offizielle Staatsschiff, der 100 Jahre alte Schoner *Ernestina*, an New Bedfords Vergangenheit.

Auf dem Johnny Cake Hill liegt die **Seamen's Bethel** *(Tel. 508/992 3295)*, eine Kirche, die 1832 zur »moralischen und geistigen Erbauung der Seeleute« errichtet wurde. Die Wände sind mit Gedenktafeln all jener geschmückt, die auf See starben – kein ermutigender Anblick für junge Matrosen wie Herman Melville. Die wie ein Bug geformte Kanzel wurde erst 1959 hinzugefügt, doch die Figur des Father Maple aus der Whaleman's Chapel in *Moby Dick* könnte auf Reverend Enoch Mudge (1776–1850) zurückgehen, der hier von 1832 bis 1846 Kaplan war.

Auf der anderen Straßenseite befindet sich das **New Bedford Whaling Museum** mit einer der weltweit besten Ausstellungen über Walfänger und die Walfangindustrie. Besonders auffallend ist das Modell (1:2) der *Lagoda*, eines Walfangschiffes, das ursprünglich zwischen 1841 und 1890 segelte und dessen 27 Meter langen Nachbau Kinder betreten dürfen. Die Atmosphäre auf dem Schiff lässt verstehen, weshalb die Männer aus New Bedford vor Reisen,

die zwei bis fünf Jahre dauern konnten, seufzend ausriefen: »Um die ganze Welt.« Die Hauptattraktion des Museums besteht in dem riesigen Skelett eines Blauwals, das von der Decke herabhängt. Daneben werden in den Vitrinen mehr als hundert Gegenstände aus Walelfenbein und Knochen gezeigt sowie Informationen rund um den 1851 veröffentlichten Roman *Moby Dick*, den Melville ursprünglich mit *Der Wal* betitelt hatte. ■

New Bedford
🅰 197 C2

New Bedford N.H.P.
✉ 33 William St.
☎ 508/996-4095

New Bedford Whaling Museum
www.whalingmuseum.org
✉ 18 Johnny Cake Hill
☎ 508/997-0046
💲 $$

Das historische Newport hat sich seinen Charme bewahrt

Newport, R.I.

I97 BI

Besucherinformation

✉ 23 America's Cup Ave.

☎ 401/845-9123

International Tennis Hall of Fame and Museum

www.tennisfame.org

✉ 194 Bellevue Ave.

☎ 401/849-3990 od. 800-457-1144

$ $$–$$$$ (Beechwood und Belcourt eingeschlossen)

Hunter House

✉ 54 Washington St.

☎ 401/847-1000

🕐 Geschl. Mitte Sept.– Mitte Juni

$ $$

Newport, R. I.

ES GIBT WOHL KAUM EINE SCHÖNERE ANFAHRT AUF EINE Stadt als den Weg über die Newport Bridge in Richtung Newport. Obwohl die Stadt gerade einmal 27 000 Einwohner zählt, kann sie auf eine fast beängstigende Zahl von Reichtümern stolz sein – darunter herrliche Villen, so groß wie jedes Schloss in Europa.

Schauen Sie zunächst im Besucherzentrum vorbei, um von dort Informationsmaterial für Rund- und Spaziergänge mitzunehmen. Das nahe gelegene **Museum of Newport History** (*127 Thames St., Tel. 401/846–0813, $$*) erzählt von der Stadtgründung im Jahr 1639 und ihrem Aufbau durch Quäker und Juden. Dar Stadtkern aus dem 17. und 18. Jahrhundert und die kulturellen Sehenswürdigkeiten aus dem 19. Jahrhundert lassen sich am besten zu Fuß erkunden (siehe S. 208f). Die vergangenen, glorreichen Tage des America's Cup finden ihre Würdigung im **Museum of**

Yachting (*Fort Adams State Park, Tel. 401/847 1018, geschl. Nov.–Mitte Mai*). Die **International Tennis Hall of Fame and Museum** im Newport Casino dient als berühmter Austragungsort für Tennisspiele: Das 1880 als Herrenclub gegründete Kasino umfasst die ältesten noch bespielten Rasentennisplätze der Welt. Versuchen Sie sich ruhig auf einem der 13 öffentlichen Plätze selbst am Netz – genau dort, wo 1881 die ersten US Open ausgetragen wurden! Das Museum zeigt Videofilme früher Tennisstars wie Bill Tilden (1920er Jahre) und Don Budge (1930er Jahre). Zu den

Gründerzeit gab es in Newport wohlhabende Kaufleute und Schiffseigner, darunter die beiden ersten Besitzer des **Hunter House**. Kenner von Möbeln aus dem 18. Jahrhundert pilgern heute hierher, um die wunderschönen Arbeiten der berühmten Firma Townsend and Goddard aus Newport zu bewundern. Achten Sie auf ihr Firmenlogo, eine Muschel, und die geschwungenen, krallenartigen Füße an Stühlen und Schränken. Zu sehen ist auch das erste Ölgemälde des amerikanischen Malers Gilbert Stuart, welches Dr. William Hunter, der Vater des Hausbesitzers, als Geschenk erhielt. ■

wertvollsten Exponaten gehört das Patent für einen »mobilen Rasentennisplatz« von 1874, das Königin Viktoria dem Erfinder des Spiels, Major Wingfield (1833–1912), ausstellen ließ.

Schon mehr als ein Jahrhundert vor Beginn der amerikanischen

Oben: Auf den Rasenplätzen im Newport Casino wird auch nach 120 Jahren noch Tennis gespielt

Unten: Der America's Cup, die weltweit berühmteste Segeltrophäe

ERLEBNIS: Der America's Cup

Zwischen 1851 und 1983 hielt der New Yorker Yachtclub eine 3,8 Kilogramm schwere Silbertrophäe namens America's Cup. 1851 war John Cox Stevens vom New Yorker Yachtclub mit der Yacht America nach England gesegelt und hatte dort den One Hundred Guinea Cup bei der jährlichen Royal Yacht Squadron-Regatta gewonnen. Er nahm den Cup mit nach Amerika. Seitdem heißt er America's Cup und wurde die weltweit wichtigste Trophäe im Segelsport.

1983 endete die 24-malige erfolgreiche Titelverteidigung, als die *Australia II* die amerikanische *Liberty* mit nur einem Rennsieg Vorsprung schlug. Im Sommer kann man ehemalige Teilnehmer des America's Cup noch heute über die Gewässer vor Rhode Island gleiten sehen.

Regatta-Informationen: The Museum of Yachting, Fort Adams State Park, Newport, Tel. 401/847 1018. America's Cup Charters bietet zweistündige Segelfahrten bei Sonnenuntergang an (Tel. 401/849 5868).

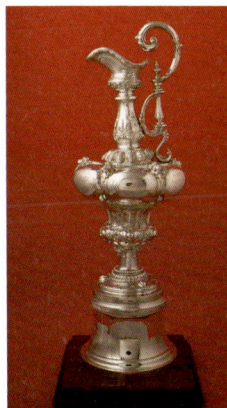

Der Glanz vergangener Tage wird heute im Ballsaal des Beechwood Mansion wieder belebt

Die Villen von Newport

Die Stadtvillen von Newport sind so prunkvoll wie die Adelshäuser in England oder die Loire-Schlösser in Frankreich.

Bei einem Besuch in der Villa Kingscote *(Bellevue Ave., Tel. 401/847 1000, geschl. Okt.–Mai, $$)* erfährt man, wie Newport zum Eldorado der Reichen und Berühmten aufstieg: Im Jahr 1839, zu einer Zeit, da die Sommergäste in Hotels wohnten, baute George Noble Jones, ein Plantagenbesitzer aus Georgia, die erste (und einfachste) der Stadtvillen. Diese kaufte nach dem Bürgerkrieg eine Familie King, welche den Architekten Stanford White mit der Umgestaltung des Hauses beauftragte. 1881 wurde ein Speisezimmer angefügt, dessen Wände aus den damals neumodischen Glassteinen von Louis C. Tiffany (für 25 Cents das Stück) bestanden.

Bevor die Villa der Breakers einen neuen Standard in Protzigkeit setzte, war das bereits 1852 gebaute Chateau-sur-Mer *(Bellevue Ave., Tel. 401/847 1000, $$)* das luxuriöseste Haus Newports. Es spiegelte den Geschmack von George Peabody Wetmore wider, der die Villa im Alter von nur 16 Jahren geerbt hatte. Der Architekt Richard Morris Hunt renovierte den Bau in den 1870er Jahren. Interessant sind die Fußbänkchen unter dem Tisch: Sie dienten nicht etwa der Bequemlichkeit, sondern sollten den Parkettboden vor den scharfen Hacken der Damenschuhe schützen.

Als Alva Vanderbilt elf Millionen Dollar in ihr Marble House von 1892 investierte *(Bellevue Ave., Tel. 401/847 1000, $$)*, hatte die goldene Gründerzeit der USA, das »Gilded Age«, begonnen. Die Stadtvilla orientierte sich an dem Petit Trianon in Versailles – und war teurer als jedes andere Haus. Den Eingang schmückte mit Gold durchsetzter Marmor aus Siena; der rosafarbene Marmor im Speisezimmer stammte aus algerischen Steinbrüchen. Die Bronzestühle wogen je 27 Kilogramm, so dass hinter jedem ein Diener stehen und den Gästen beim Hinsetzen helfen musste. Schlicht atemberaubend ist der Great Ballroom, in dem Mia Farrow und Robert Redford in dem Film *Der große Gatsby* (1974) tanzten.

Doch die am verschwenderischsten ausgestattete und meistbesuchte aller Villen in Newport ist The Breakers *(Ochre Point Ave., Tel.*

Die Fassade des Breakers ist ebenso prachtvoll wie das Innere

401/847 1000, $$$)… ein wahres Schloss – und das in den USA! Vergoldungen, Marmor und Seide zeugen vom gesellschaftlichen Status, den Cornelius Vanderbilt II., Kopf der reichsten Familie Amerikas, sichtbar genoss. Für ihn war die Villa mit den 70 Zimmern nur eine Hütte; sein wirkliches Wohnhaus in New York City hatte doppelt so viele Räume. Der Lieblingsarchitekt der Vanderbilts war Richard Morris Hunt; er orientierte sich beim Bau von The Breakers 1895 an den Renaissance-Palästen Italiens. In der Bibliothek gibt es einen 400 Jahre alten Kamin aus dem Château d'Arnay-le-Duc in Frankreich; das Speisezimmer verfügt über einen Tisch für 34 Personen und ist zwei Stockwerke hoch. Hinter Glas sind die 200 Gedecke des »Alltagsgeschirrs« aus Meißener Porzellan zu sehen; das Silber wurde stets in einem drei Mieter tiefen Tresorraum untergebracht.

Rosecliff *(Bellevue Ave., Tel. 401/847 1000, $$)* aus dem Jahr 1902 ist womöglich die schönste der Villen und bildete die ideale Kulisse für jene legendären Partys und Diners, die Therese Oelrichs hier für ihre Gesellschaften gab. Der Ballsaal ist mit 12 × 24 Metern der größte in Newport; in ihm wurden die Tangoszenen aus dem Film *True Lies* (1994) und das Staatsdiner in *Amistad* (1997) gedreht.

1904 fand in dem Haus ein *Bal Blanc* statt – ein Ball, auf dem alle Gäste ganz in Weiß gekleidet waren und sogar die Blumen ausschließlich weiß waren. Als sich der Marineminister weigerte, einige weiße Schiffe am Fenster vorbeifahren zu lassen, organisierte »Tessi« Oelrich ihre eigene, mit weißen Lichtern dekorierte Flotte. Das Haus wurde von Stanford White gestaltet; der Bau dauerte vier Jahre und kostete zwei Millionen US-Dollar.

Einen Hauch Glamour kann man im Beechwood Mansion der Astors noch heute spüren. Hier wird man nämlich von einem Diener in Livree begrüßt, bevor ein anderer Diener oder ein Mitglied der Astor-Familie durch das Haus führt: Die kostümierten Schauspieler versetzen Sie zurück in das Jahr 1891; sie informieren über die Inneneinrichtung und erzählen auch so manche Geschichte zu Mrs. Astor, der »Königin der amerikanischen Gesellschaft«.

Acht Villen werden von der Preservation Society of Newport County unterhalten. Chepstow *(Narrangansett Ave.)* und The Elms *(Bellevue Ave.)* können nur nach Anmeldung besichtigt werden. Wollen Sie mehr als zwei Villen anschauen, sollten Sie ein Kombiticket kaufen. Um Wartezeiten zu vermeiden, ist es ratsam, früh oder spät am Tag zu kommen.

Rundgang durch das alte Newport

Das reizvolle Newport und seine historischen Bauten laden zu einem Spaziergang ein, der an Sehenswürdigkeiten aus der Kolonialzeit ebenso wie an Statuen von Kriegshelden vorbeiführt.

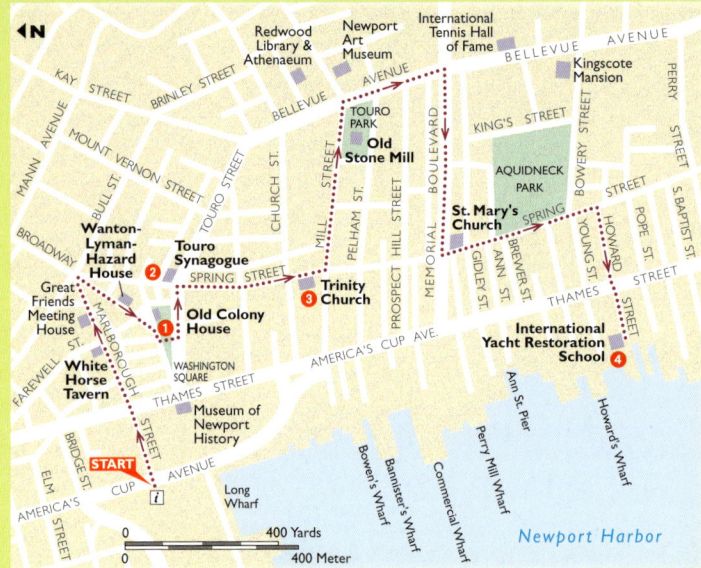

Beginnen Sie Ihre Tour am Besucherzentrum (*23 America's Cup Ave.*), wo Sie die Straße überqueren, um dann der Marlborough Street zu folgen. An der Ecke zur Farewell Street liegt die **White Horse Tavern** (*Marlborough & Farewell St., Tel. 401/849 3600, geschl. Di mittags*), schon seit 1673 ein Gasthaus. Gegenüber, etwas zurückgesetzt von der Straße, steht das Great Friends Meeting House (1699). Biegen Sie rechts ab auf den Broadway und machen Sie eine kleine Pause vor dem 1675 erbauten **Wanton-Lyman-Hazard-House** (Nr. 17), dem ältesten Haus in Newport.

Am Washington Square mit Blick auf den Hafen erhebt sich das **Old Colony House** ❶ (*Tel. 401/846 2980, geschl. So–Mi, Okt.–Mai, $*). Der aus englischen Backsteinen errichtete Bau war der ursprüngliche Sitz der Kolonialregierung. Von diesem Balkon aus erfuhren die Bürger 1760 von der Thronbesteigung König

Georges III. Die Statue im Park zeigt Oliver Hazard Perry, den Helden der Schlacht am Lake Erie v; im Brick Market versteckt sich das **Museum of Newport History** (siehe S. 204).

Gehen Sie quer über den Platz in die Touro Street, dann nach links und schließlich die Spring Street hinauf. Vor ihnen steht die **Touro Synagogue** ❷ (*Touro St., Tel. 401/847 4794, Öffnungszeiten tel. erfragen*) aus dem Jahr 1763. Sie ist die erste und älteste Synagoge in den USA und wurde von Peter Harrison erbaut. Das Gebäude steht schräg, so dass die Thora in Richtung Osten – Jerusalem – zeigt.

Biegen Sie rechts in die Spring Street ein, wo fast jedes Haus historisch bedeutsam zu sein scheint und immer auch ein Blick in die Seitengassen lohnt.

Rechter Hand sehen Sie die **Trinity Church** ❸ (*Queen Anne Sq., Tel. 401/846 0660, geschl. Nov.–April*) von 1726. Im Innern der Kirche findet sich eine dreigliedrige Kanzel, die wie ein Weinglas wirkt.

Biegen Sie links ab und folgen Sie bergan der Mill Street bis zum Touro Park, wo die **Old Stone Mill** steht, die wahrscheinlich von Benedict Arnold (1615–78) – nicht dem Verräter, sondern seinem Vorfahr, dem ersten Gouverneur von Rhode Island – erbaut wurde.

An der Bellevue Avenue entlang können Sie weiter zur **Redwood Library** (*50 Bellevue Ave., Tel. 401/847 0292, Führungen Mo–Fr, 10.30 Uhr*) schlendern. Die 1747 von Abraham Redwood gegründete Bibliothek zeigt eine beeindruckende Sammlung mit Gemälden, antiken Möbeln und Plastiken.

Bleiben Sie auf der Bellevue Avenue, bis von dieser rechts der Memorial Boulevard abgeht, dem sie hinunter bis zur Ecke Spring Street folgen. 1953 heirateten Jacqueline Bouvier und John F. Kennedy in der **St. Mary's Church** (*William St. Tel. 401/847 0475, geschl. Mi nachmittags*) aus dem 19. Jahrhundert. Gehen Sie links in die Spring Street und dann hinauf zur Howard Street, wo Sie sich wieder rechts halten, um die **International Yacht Restoration School** ❹ (*449 Thames St., Tel. 401/848 5777*) zu besuchen: Hier können Sie zuschauen, wie Studenten klassische Segelboote bauen und restaurieren.

Das Old Colony House am Washington Square diente als Kulisse im Film *Amistad*

🅰	Siehe Karte S. 197
►	Besucherzentrum
↔	4,2 Kilometer
🕒	2 Stunden
►	International Yacht Restoration School

NICHT VERSÄUMEN
Old Colony House • Touro Synagogue • Trinity Church • International Yacht Restoration School

---

Die Redwood Library ist nur eine von vielen historischen Sehenswürdigkeiten in Newport

Providence, R.I.

DIE HAUPTSTADT VON RHODE ISLAND LIEGT 83 KILOMETER
südlich von Boston und ist eine kleine, anziehende Stadt am Providence River. Wer sich für Geschichte interessiert, den zieht es sicher in
die Benefit Street, die so genannte »Geschichtsmeile«. Kunstliebhaber
pilgern zum Museum of Art der Rhode Island School of Design, und
Feinschmecker können sich auf die Restaurants freuen.

Amerikanische Touristen, die Providence in den vergangenen zehn Jahren nicht besucht haben, werden
überrascht sein: Seit der Eröffnung
des **Waterplace Park and Riverwalk** in den 1990er Jahren hat die
Stadt ihre Flussuferseite neu entdeckt. Im Sommer sollte man sich
Water-Fire nicht entgehen lassen,
eine traumhafte Serie von 80 Feuern
am Providence River, die das Wasser
und die Gebäude am Ufer erhellen.

Die Stadt teilt sich in Viertel mit
jeweils eigenem Flair. Im Westen
wirkt der **Federal Hill** mit seinen

Cafés und Lebensmittelgeschäften
fast italienisch (Atwells Avenue und
De Pasquale Square). Auf der anderen Flussseite am **College Hill** liegen die Brown University und die
Rhode Island School of Design. Ein
weiteres Viertel erstreckt sich rund
um das **State House** (*Smith St., Tel.
401/222 2357*), auf dessen Kuppel
sich das Staatssymbol, die vergoldete
Statue des »unabhängigen Menschen«, erhebt. Die Gründungschar-
ta, die König Charles II. Rhode Island
1663 gab, ist im Innern ausgestellt.

Am Fluss finden sich renovierte
historische Gebäude und neue
Einkaufszonen, obwohl Shopping
Malls in Providence nichts Neues
sind: Hier liegt das älteste Einkaufszentrum Amerikas, **The Arcade**
(*65 Weybosset St., Tel. 401/331-0050,
geschl. So*) aus dem Jahr 1828. An allen Sehenswürdigkeiten vorbei führt
für 50 Cents The Link, eine Art Stra-
ßenbahn, auf deren Fahrt Sie nach
Belieben ein- und aussteigen können.

Ab dem Jahr 2002 wird man in einem umgebauten Kraftwerk die Geschichte von Rhode Island – von der
Gründung durch Roger Williams
1636 bis heute – erleben können.

BENEFIT STREET

Die beeindruckendste Straße der
Stadt ist die von alten Häusern ge-
säumte Benefit Street. Hier finden
sich zahlreiche Spuren der vier
außergewöhnlichen Brown-Brüder,
die im 18. Jahrhundert eine wichtige
Rolle in Providence spielten. Nicholas Brown (1729–91) war ein Mäzen
des Rhode Island College, der heuti-

Providence, R.I.
 197 A2
**Besucher-
information**
✉ Roger Williams
   National Memorial
   Park
☎ 401/785-9450

**Die Thayer Street
verläuft mitten
durch das Herz
der Stadt**

Der **Waterplace Park** und der **Riverwalk** markieren die wiederbelebten Uferviertel von Providence

John Brown House Museum

✉ 52 Power St.
☎ 401/273-7507
🕐 Geschl. Mai–Dez.:
So–Mo und Jan.–
Apr.: So–Do
💲 $$

RISD Museum of Art

✉ 224 Benefit St.
☎ 401/454-6500
🕐 Geschl. Mo
💲 $$

gen Brown University. Moses (1738–1836) finanzierte die Slater Mill in Pawtucket (siehe S. 212), welche die industrielle Revolution in Neuengland auslöste. Ein dritter Bruder, Joseph (1733–85), war Architekt und gestaltete die **First Baptist Church** (75 N. Main St., Tel. 401/454 3418) sowie ein Stadthaus für John Brown (1736–1803), heute als **John Brown House Museum** bekannt. Das elegante Haus passte zum »reichsten Kaufmann in Providence«.

Die **Brown University** ist die siebtälteste Universität der USA. An der Prospect Street kann man das schöne schmiedeeiserne Van Wickle Gate besichtigen, das in den viereckigen Hof führt. Im ältesten Campusgebäude, der 1770 errichteten University Hall, waren während des Unabhängigkeitskrieges französische und amerikanische Truppen einquartiert. Dem heutigen Univer-

sitätsleben steht die **Rhode Island School of Design**, schlicht als RISD (ausgesprochen als »Risdieh«) bekannt, in nichts nach. Das sehenswerte Museum of Art umfasst drei Stockwerke und zeigt eine Sammlung, die von ägyptischen Mumien bis hin zu Picasso-Werken reicht.

Unbedingt ansehen sollten Sie sich den 800 Jahre alte Buddha aus Japan. Die impressionistische Abteilung zeigt Motive aus Osny bei Paris von Gauguin und Pissaro. Weitere wichtige Kunstwerke stammen von Cézanne, Monet, Manet und Renoir.

Auch amerikanische Künstler sind gut vertreten, darunter George Innes (1825–94) und Fitz Hugh Lane (1804–65), John Singer Sargent (1856–1925), George Bellows (1882 bis 1925) sowie Mary Cassatt (1845 bis 1926).

Das Pendleton House präsentiert amerikanische Möbel des 18. und 19. Jahrhunderts. ∎

Ernte der für Neuengland typischen Cranberry

Weitere Sehenswürdigkeiten

OCEAN SPRAY CRANBERRY WORLD

Im Südosten von Massachusetts sind Cranberries ein wichtiger Wirtschaftszweig für die Menschen; der Saft und die Beeren selbst werden in alle Welt exportiert. Ocean Spray informiert auf seiner Homepage über alles rund um die kleine, harte, rote Frucht. Man erfährt etwa, dass schon 1683 das Buch *The Compleat Cooks Guide* ein Rezept für Cranberrysaft enthielt, dass 450 Beeren ziemlich genau 450 Gramm ergeben oder dass Cranberries an Reben wachsen, die teils noch nach hundert Jahren Früchte tragen. Deren Name stammt wohl von den rosafarbenen, krugförmigen Blüten. Es gibt für Interessierte die Möglichkeit, Erzeuger zu besuchen. In Massachusetts zum Beispiel die Garretsons und die Gilmores in South Carver. Auch einige der vorgestellten Rezepte regen zum Ausprobieren an.
www.oceanspray.com

OLD SHIP CHURCH

Die Old Ship Church stellt ein hervorragendes Beispiel für einen puritanischen Versammlungs- und Kirchenraum dar. Schon seit 1681 werden in ihr Gottesdienste abgehalten. An der Decke erkennt man starke Eichenholzstreben – daher auch der Name der Kirche.

197 C4 (Hingham) ✉ 107 Main St., Hingham ☎ 781/749-1679 ⏰ Geöffnet Sommer: Di–Fr nachmittags; So Gottesdienst Sept.–Juni: 10.25 Uhr 🚆 Zug zum Quincy Center, dann mit dem Bus

SLATER MILL HISTORIC SITE

Die industrielle Revolution Amerikas begann 1793 an dem so friedlich wirkenden Ufer des Blackstone River: Samuel Slater (1768–1835), ein cleverer Arbeiter aus einer Spinnerei in England, verließ seine Heimat – und hatte sich zuvor die Geheimnisse der Textilmaschinen und der Stoffherstellung genau eingeprägt. Denn die Parlamente des neuen Staates vergaben Prämien für technisches Wissen. Slater und seine Partner bauten Amerikas erste Baumwollspinnerei und brachen damit das britische Produktionsmonopol. Die Spinnerei von Slater wurde mit Wasserkraft angetrieben; seine Arbeiter waren Kinder: sieben Jungen und zwei Mädchen, alle unter zwölf Jahre alt. Die Methoden dieses »Rhode Island Systems« wurden schnell in ganz Neuengland nachgeahmt. Auf einer Führung erfährt man mehr über die drei restaurierten Gebäude, die noch so aussehen wie 1830.

197 A3 ✉ 67 Roosevelt Ave., Pawtucket, R.I. ☎ 401/725-8638 ⏰ Öffnungszeiten bitte telefonisch erfragen 💲 $ ■

Cape Cod wie auch die Inseln Nantucket und Martha's Vineyard bieten einige der besten Strände an der amerikanischen Ostküste. Hier gibt es zudem Küstenorte voller Antiquitätengeschäfte, jede Menge Seefahrtsgeschichte und die allgegenwärtigen Preiselbeeren

Cape Cod und die Inseln

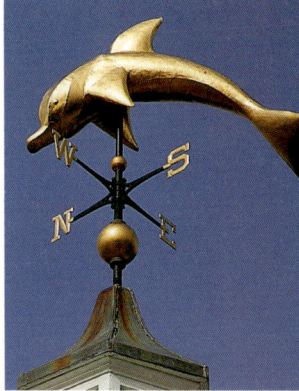

Eine Wetterfahne mit Meeresmotiv in Chatham

Cape Cod und die Inseln

CAPE COD UND DIE INSELN MARTHA'S VINEYARD SOWIE NANTUCKET GEHÖ-
ren zu den berühmtesten Feriengebieten Amerikas. Familien erholen sich hier im Urlaub
am Meer, Pärchen genießen ein romantisches Wochenende in einer Bed & Breakfast-
Unterkunft. An der Atlantikküste begeistert eine wunderbare Dünenlandschaft, während
die Binnenseite, die Cape Cod Bay, mit vielen geschützten Stränden aufwartet. Jede Stadt
hat ihr eigenes Flair, und Cape Cod und die Inseln sind so idyllisch geblieben wie eh und je.

Die Form von Cape Cod – kurz »das Cape«
genannt – wird oft als angewinkelter Arm mit
Ellbogen und gekrümmter Hand beschrieben. Die Einheimischen benutzen eigene
Namen für die verschiedenen Regionen ihrer
Halbinsel: Das »Upper Cape« ist der dem
Festland am dichtesten vorgelagerte Teil zwischen Sandwich und Falmouth. Als »Mid
Cape« wird der Bereich mit den Orten Barnstable, Hyannis, Dennis und Yarmouth bezeichnet. Das »Lower Cape« liegt am »Ellbogen« und schließt Brewster, Chatham,
Harwich und Orleans ein, während das
»Outer Cape« den »Vorderarm« mit Orten
wie Eastham, Wellfleet, Truro und Provincetown umfasst. Je nachdem, wo man seine
Tour beginnt, fährt man also aufs »obere
Cap« nach Hyannis oder ins »untere Cap«
nach Provincetown.

Die lange Ge-
schichte des Wal-
fangs macht den
Wal zu einem
beliebten Motiv
auf Cape Cod
und den Inseln

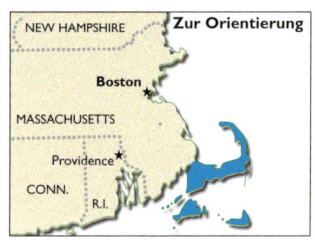

Auch wenn das Kap vor allem wegen seiner Sandstrände berühmt ist, kann man hier auch Wanderwege erkunden, Golf spielen und sogar Wale beobachten. An der Mass. 6A, dem Old King's Highway, lohnt es sich, nach Antiquitäten und Kunsthandwerk aus der Region Ausschau zu halten. Provincetown an der Spitze von Cape Cod ist eine lebendige, stets gut besuchte Stadt, die lange Zeit als Künstlerkolonie bekannt war.

Südlich der Halbinsel liegen die Inseln Martha's Vineyard und – noch weiter draußen auf See – Nantucket. Wer sie nicht kennt, stellt sich die beiden oft als fast identische Zwillinge vor – schließlich wurden sie auch 1602 gemeinsam von Bartholomew Gosnold (gest. 1607) erkundet. 40 Jahre später kaufte Thomas Mayhew (1593–1682) sie der Massachusetts Bay Colony für 40 Pfund (rund 65 $ heutiger Wert) und eine Biberpelzmütze ab. Heute sind beide Inseln beliebte Urlaubsziele. Gleichwohl sehen sie nicht nur unterschiedlich aus, sondern haben auch ein gegensätzliches Flair. Das größere »Vineyard«, wie Martha's Vineyard kurz genannt wird, verfügt über eine abwechslungsreichere Landschaft und viele Kleinstädte. Nantucket ist flacher, windumtost und hat nur eine Stadt, Nantucket Town. Wie dem auch sei: Jede der Inseln hat ihre eingeschworene Fangemeinde.

Auf Cape Cod und den Inseln herrscht im Sommer Hochsaison, aber immer mehr Touristen entdecken die Vorzüge der weniger überlaufenen Wochen vor Anfang Juni und ab September. Zwar ist es an Weihnachten hier sehr kalt, doch abendliche Führungen durch alte Häuser und knisternde Lagerfeuer sorgen auch dann für Unterhaltung.

Mit dem Segelboot lässt sich Cape Cod gut erkunden

Sandwich

EGAL, WELCHE STADT AUF CAPE COD SIE ZUERST ANLAU-
fen – auf jeden Fall haben Sie damit eine der schönsten Kleinstädte
Neuenglands gesehen. Sandwich ist die älteste Stadt auf dem Kap und
wurde schon 1637 besiedelt. Viele Bewohner der hübschen weißen
Häuser pendeln heute zur Arbeit nach Boston. Mit seinem Teich, den
Kunsthandwerksläden und Bed & Breakfast-Pensionen wirkt Sandwich sehr idyllisch.

Besorgen Sie sich bei der Chamber
of Commerce einen Prospekt mit
Karte und schlendern Sie dann die
Water Street hinunter; vorbei an der
Dexter Grist Mill, die noch immer Mehl produziert *(neben der
Town Hall, geschl. Okt.–Mitte Juni)*.
Einige Schritte weiter liegt das
Thornton W. Burgess House
*(84 Water St., Tel. 508/888 6870,
geschl. Okt.–April)*, ein Museum,
das Thornton W. Burgess (1874 bis
1965), dem Verfasser der Peter Cot-
tontail-Kinderbücher, gewidmet ist.
An derselben Straße findet sich

auch das **Hoxie House** *(18 Water
St., Tel. 508/888 1173, geschl. Mitte
Okt.–Mitte Mai)*, ein Saltbox-Haus,
dessen Einrichtung so aussieht
wie bei seiner Entstehung im Jahr
1675.

Gegenüber vom Rathaus, der
Town Hall, lädt das **Sandwich
Glass Museum** zu einem Besuch
ein. Das gezeigte Buntglas glitzert in
den Fensterscheiben und stellt Aufstieg und Niedergang der Glasin-
dustrie im Sandwich des 19. Jahrhunderts dar. Beginnen Sie Ihren
Besuch mit der audiovisuellen Vor-

Sandwich

🅰 214 C4

**Besucher-
information**

www.sandwichchamber.com

✉ Sandwich Chamber
of Commerce,
70 Main St.,
Buzzards Bay

☎ 508/888-5144

🕐 Geschl. Sa–So

💲 $

führung und setzen Sie ihn in Gallery 1 fort, wo sich ein Porträt von Deming Jarves (1790–1869) befindet. Nach dem Krieg von 1812 entschied sich der Bostoner Geschäftsmann, Glas nicht länger aus England zu importieren, sondern es selbst herzustellen. Er warb Glasbläser aus Boston und Großbritannien an; ein schönes Beispiel ihrer ausgezeichneten Kunstfertigkeit ist die ausgestellte Zucker- und Kompottschüssel (1830). Das Museum zeichnet die Entwicklung eines eigenständigen, amerikanischen Glasbläserstils nach. Als sich um das Jahr 1888 herum der Konkurrenzdruck von Glasproduzenten aus anderen Bundesstaaten erhöhte, musste die Boston & Sandwich Glas Company schließen.

HERITAGE PLANTATION OF SANDWICH

Die Hauptattraktion in Sandwich ist gleichzeitig die größte Sehenswürdigkeit auf dem ganzen Kap: Rund 1,6 Kilometer vom Stadtzentrum entfernt liegt eine Plantage mit dem Beinamen »Americana Museum and Garden«, die wohl für Besucher jeden Alters geeignet ist. Man kann auf eigene Faust das landschaftlich reizvoll gestaltete Gelände erkunden oder einen der kleinen Shuttlebusse nehmen, die quer durch das 30 Hektar große Anwesen fahren und die Museen ansteuern.

Gleich am Haupteingang findet sich eine Rundscheune, die nach einem berühmten Vorbild des Hancock Shaker Village im westlichen Massachusetts gebaut ist. Hier präsentiert das **J.K. Lilly III Automobile Museum** Oldtimer. Der Star unter den Wagen ist ein Duesenburg, der 1930 speziell für Gary Cooper gebaut wurde. Auch der erste offizielle Wagen eines amerikanischen Präsidenten ist zu sehen: ein White Steamer von 1909,

den US-Präsident William Howard Taft bestellte.

Am gegenüberliegenden Ende des Anwesens befindet sich das **Art Museum** mit einer abwechslungsreichen Sammlung amerikanischer Volkskunst. Man kann hier eines der 29 Holzpferde auf einem Karussell aus dem Jahr 1912 erklimmen, handgeschnitzt von Charles Loof (1852–1918). Außerdem sind Schnitzereien aus Walelfenbein, Figuren aus Zigarrenläden, Kunst des amerikanischen Westens und eine Auswahl von 200 Currier & Ives-Drucken zu bewundern. Auf dem Gelände gibt es auch ein **Military Museum** mit alten Gewehren und rund 2500 Miniatursoldaten in Dioramen. Falls Sie Ende Mai oder Anfang Juni in Sandwich sind, so sollten Sie die Plantage in jedem Fall, besuchen, denn 125 Rhododendronarten stehen dann in voller Blüte. ■

Sandwich Glass Museum
✉ 129 Main St.
☎ 508/888-0251
🕐 Geschl. Jan. und Feb. und März nur Mi von 9.30–16 Uhr geöffnet
💲 $

Heritage Plantation of Sandwich
✉ 67 Grove St.
☎ 508/888-3300, 508/888-1222 (Bandansage rund um die Uhr)
🕐 Geschl. Jan. bis Ende März
💲 $$

Seit mehr als 150 Jahren ist Sandwich für seine Glasbläserei bekannt

Dörfer an der Bay

DIE DÖRFER AN DER BAY LASSEN SICH AM BESTEN BEI EINER
Fahrt auf der Mass. 6A am nördlichen Kap, dem Old King's Highway,
erkunden. In Dennis und Brewster lebten früher wagemutige Kapitäne; ihre Häuser erinnern bis heute an ihren Wagemut und Wohlstand.

Das Josiah Dennis
Manse in der
Stadt Dennis ist
nach einem be-
liebten Priester
benannt, der hier
einst wohnte

Dennis

🅼 215 D3

**Besucher-
information**

✉ Chamber of Com-
merce, 242 Swan
River Rd.,
W. Dennis

☎ 508/398-3568 oder
800/243-9920

**Cape Playhouse
Center for the
Arts**

✉ 820 Mass. 6A

☎ Theater und Kino:
508/385-3911.
Museum:
508/385-4477

💲 $$

Brewster

🅼 215 E4

**Besucher-
information**

✉ Town Office

☎ 508/896-3500

DENNIS

Dennis ist ein ruhiger Küstenort,
der seit 1783 besteht und nach Re-
verend Josiah Dennis, Pastor der
East Parish von Yarmouth, benannt
ist. Sein Saltbox-Haus, das **Josiah
Dennis Manse**, ist zeitgenössisch
eingerichtet.

Überall in Neuengland, doch
vor allem auf dem Kap, gibt es die
Tradition der Sommertheater. Eine
der berühmtesten Spielstätten, das
**Cape Playhouse Center for the
Arts**, liegt in Dennis und umfasst
ein Kino, ein Museum und ein The-
ater. Im Jahre 1927 überzeugte Ray-
mond Moore Schauspieler davon,
dass ein Sommer-Engagement an
seinem Haus *(geschl. Okt.–Mai)*
dem heißen und schwülen New
York vorzuziehen war. Unter den
Schauspielern, die in dem umge-
bauten, 600 Menschen fassenden
Meeting House auftraten, waren
Stars wie Henry Fonda, Humphrey
Bogart und Gregory Peck. Das Cape
Cinema blickt auf eine ebenso gla-
mouröse Geschichte zurück: 1939
fand hier die Weltpremiere des

Films *Der Zauberer von Oz* statt. In
dem Kino befindet sich auch ein
beeindruckendes Mosaik des Malers
Rockwell Kent (1882–1971) von
1930; es ist eines von nur dreien in
den USA. In dem kleinen **Cape
Museum of Fine Arts** werden
Künstler aus Cape Cod aus allen
Zeiten in interessanten Dauer- und
Wechselausstellungen präsentiert.

Ganz in der Nähe locken zwei
schöne Picknickplätze: Fahren Sie
auf der Old Bass River Road land-
einwärts, biegen Sie dann auf die
Scargo Hill Road zum **Scargo Hill
Observatory** (1901) ab. Der
Steinturm mit seinen 36 Stufen bie-
tet eine wunderbare Aussicht über
die Cape Cod Bay bis nach Pro-
vincetown. **Sesuit Harbor** liegt
an der Küste zwischen Dennis und
Brewster. Die gewundene Sesuit
Neck Road führt Sie zu einer ruhi-
gen Bucht mit kleinen Booten, die
im Wasser dümpeln.

BREWSTER

Das Städtchen ist wegen der elegan-
ten Häuser berühmt, die sich hier

Das New England Fire & History Museum in Brewster, teilweise ein Open-Air-Museum, zeigt Feuerwehrausrüstungen aus der Kolonialzeit

Kapitäne bauten. Ihre Gräber finden sich auf dem Friedhof hinter der **First Parish Church**, der »Kirche der Kapitäne« *(1969 Main St., Tel. 508/896 5577)*.

Brewster verfügt über zwei kleine Museen: Das **Cape Cod Museum of Natural History** zeigt, wie sich das Kap vor 20 000 Jahren durch zurückziehende Eismassen formte und wie es sich noch immer verändert. Jeder Besucher ist von der Walausstellung begeistert. Von einem Fenster aus kann man unbemerkt Kornweihen und Großblaureiher in den Salzwassermarschen beobachten. Gleich in der Nähe liegt das **New England Fire & History Museum** mit einem ungewöhnlichen Diorama, welches das Große Feuer von Chicago im Jahr 1871 darstellt – komplett mit Feuerlöschzügen, Beleuchtung und Rauch. ■

Cape Cod Museum of Natural History
⚠ 215 D4
✉ 869 Main St.
☎ 508/896-3867
$ $$

New England Fire & History Museum
⚠ 215 D4
✉ 1439 Main St.
☎ 508/896-5711
🕐 Geschl. Mitte Okt.–April
$ $

ERLEBNIS: Old King's Highway

Von Bourne nach Orleans verläuft die Mass. 6 A auf einer Länge von 55 Kilometern entlang der Cape Code Bay unter dem Namen Old King's Highway (siehe S. 220f).

Die Straße schlängelt sich durch sieben Orte und war ursprünglich ein Indianerpfad. Heute säumen ihn historische Häuser, Antiquitätengeschäfte und Bed & Breakfast-Pensionen. Aufzeichnungen aus der Kolonialzeit berichten bereits von diesem keiner auch nur annähernd geraden Linie folgenden Weg.

Als der Schriftsteller Henry David Thoreau vor 150 Jahren auf dem Kap wanderte, befand er ihn noch immer als »einfachen Karrenpfad durch Sand, meist ohne Zäune als Markierung und dauernd von einer Seite zur anderen sich richtend, wegen des härteren Bodens, oder um der Flut auszuweichen«.

Fahrt auf dem Old King's Highway

Diese Tour folgt der Mass. 6A, dem Old King's Highway. Die Straße windet sich über Hügel und durch malerische Dörfer, sie durchquert Wälder und gibt plötzlich wieder den Blick auf die Cape Cod Bay oder einen der Seen frei. Bei schönem Wetter bietet sich die Route auch zu einer Fahrradtour an.

Beginnen Sie in **Sandwich** ❶ an der Town Hall, einem griechisch wirkenden Tempel in Miniaturform von 1834. Das **Sandwich Glass Museum** (siehe S. 216) befindet sich auf der gegenüberliegenden Straßenseite. Bleiben Sie auf der Main Street und passieren Sie das komplett wieder aufgebaute **Dan'l Webster Inn** (149 Main St., Tel. 508/888 3622 oder 800/444-3566, www.danlwebsterinn.com). Das weiße Haus daneben gehörte einst Ezra Nye (1798–1858), Kapitän auf einem Schnellsegler, der die Atlantiküberquerung von Liverpool nach Boston 1829 in damaliger Rekordzeit von nur 20 Tagen schaffte. Biegen Sie links ab auf die Jarves Street und dann rechts auf die Mass. 6A: Jetzt befinden Sie sich auf dem Old King's Highway, wo sich hinter jeder Straßenbiegung eine neue Aussicht eröffnet.

Rechter Hand führt die Discovery Hill Road in eine ganz eigene kleine Welt, die sich um den in Sandwich geborenen Schriftsteller Thornton W. Burgess und seine Kinderbücher dreht (siehe S. 216): das **Green Briar Nature Center and Jam Kitchen** (6 Discovery Hill Rd., Tel. 508/888 6870, geschl. So–Mo). Hier gib es Naturpfade zur Briar Patch Conservation Area, naturhistorische Ausstellungen und eine Küche, in der Gelee auf traditionelle Weise hergestellt wird.

Kurz vor der Stadtgrenze von **Barnstable** ❷ eröffnet sich ein wunderbarer Ausblick: Im Süden liegen die Marschen, im Norden die Feuchtgebiete und vor der Cape Cod Bay die Dünen. Gleichzeitig unterbrechen zahlreiche alte Gebäude die Landschaft: Das weiße, schindelgedeckte **Olde Colonial Courthouse** (Rendezvous n. & Mass. 6A, Tel. 508/362 8927, selten geöffnet) war einst ein Gerichtsgebäude, doch wurde es 1772 durch ein Feuer zerstört und 1827 durch eine Rekonstruktion ersetzt. Teile der **Sturgis Library** (3090 Main St., Tel. 508/362 6636, geschl. So. Juli u. Aug.) gehen auf das Jahr 1644 zurück – damit ist sie die älteste öffentliche Bibliothek der USA. Sehenswert ist

eine Bibel von 1604 im Lothrop Room, wo einst Gottesdienste stattfanden. Hinter der Kreuzung mit der Mass. 132 halten Sie Ausschau nach historischen Gebäuden auf beiden Seiten der Straße: Bevor Sie das Stadtzentrum von **Yarmouth** ❸ erreichen, sehen Sie schon das **Winslow Crocker House** von 1780 und die 1870 von der Swedenborg-Sekte erbaute New Church. Auf der weiteren Fahrt auf dem Old King's Highway passiert man zahlreiche Bed & Breakfast-Pensionen, Antiquitäten- oder Kunsthandwerksgeschäfte, darunter Silber- und Goldschmiede, Glasbläser, Töpfer und Holzschnitzer.

In **Dennis** ❹ ist das **Cape Playhouse Center for the Arts** (siehe S. 218) mit seinem Theater, Kino und Museum die Hauptattraktion. Am Eingang des Playhouse steht ein verwitterter Markstein mit Richtungsschildern – rechts geht es nach Provincetown (61 Kilometer), links nach Plymouth (63 Kilometer). Wenn Sie die Stadt verlassen haben, halten Sie auf der rechten Seite Ausschau nach dem **Scargo Lake**, einem von vielen Süßwasserseen auf dem Kap.

Bei der Einfahrt nach **Brewster** ❺ kommen Sie am **Cape Cod Museum of Natural History** (siehe S. 219) und dem **New England Fire & History Museum** (siehe

S. 219) vorbei. Rechts birgt ein gelbbraunes Gebäude die **Brewster Ladies Library**; sie wurde 1852 von einer Gruppe junger Frauen gegründet. Die Stadt ist berühmt für ihre schönen Kapitänshäuser. Die **First Parish Church** *(1969 Main St., Tel. 508/896 5577)* wurde am 16. Oktober 1700 geweiht; in ihrem Innern wird an 39 Kapitäne, von denen zwölf auf hoher See starben, erinnert. Am Eingang des **Nickerson State Park** *(Mass. 6A, Tel. 508/896 3491)* überquert der **Cape Cod Rail Trail** die Mass. 6A. Dies ist ein beliebter Fahrradweg, da hier die alte Eisenbahnstrecke in einen gepflasterten Weg verwandelt wurde. Die Mass. 6A endet an einem Verkehrskreisel außerhalb von Orleans.

NICHT VERSÄUMEN

Sandwich Glass Museum •
Cape Cod Museum of Natural
History • Cape Playhouse
Center for the Art

Siehe Karte S. 214f

Sandwich

44 Kilometer

Ein Tag (ohne Stopps)

Orleans

Typisches Cape-Cod-Haus in Sandwich

Leuchtturm auf Cape Cod

Cape Cod National Seashore

DER 64 KILOMETER LANGE UFERSTREIFEN ZWISCHEN Chatham und Provincetown gilt vielen als das schönste Stück unberührter Küste am Atlantik. Seit seiner Einrichtung im Jahr 1961 ist der Naturschutzpark Cape Cod National Seashore kontinuierlich auf heute 10 800 Hektar erweitert worden.

Cape Cod National Seashore

www.nps.gov/caco

🅰 215 E5

✉ Salt Pond Visitor Center, US 6, Eastham

☎ 508/255-3421

Der größte Teil des National Seashore liegt auf dem Outer Cape; als Ausgangspunkt innerhalb des Parks dient das Salt Pond Visitor Center (siehe S. 223). Wendet man sich von hier aus in Richtung Norden, so erlebt man den Atlantik, wie er vor hohen Dünen an den breiten Sandstrand donnert oder sich an Klippen bricht, die von Wind und Wetter geformt und bis zu 30 Meter hoch sind. Dies ist »The Great Beach«, der »großartige Strand«, den Thoreau in seinem Buch *Cape Cod* (1865) beschrieb.

Die Küste verändert hier ständig ihr Gesicht, da das Meerwasser Sand abträgt und ihn an anderer Stelle wieder anschwemmt – weiter südlich bei Chatham etwa oder an der nördlichen Spitze des Kaps bei Provincetown. Wind und Sturm formen

die gesamte Landschaft, entreißen der Halbinsel Land oder bilden Förden und sorgen natürlich für eine starke Erosion. Leuchttürme sind den Naturgewalten in besonderem Maß ausgesetzt, so wie das 1797 errichtete **Highland Light** *(Highland Rd., ab Mass. 6A. geschl. Okt.–Mai)* in North Truro, welches 1996 zum Schutz vor den Einwirkungen des Meeres rund 150 Meter landeinwärts versetzt wurde.

Nicht überall am National Seashore geht es so dramatisch zu. Es gibt hier auch friedliche Wälder mit Kiefern und Rotzedern, versteckte Buchten und Marschen wie die **Nauset Marsh**, ein bevorzugter Ort für Vogelbeobachter. Im benachbarten **Salt Pond** trifft man im Sommer bei Ebbe zahlreiche Muschelsucher *(Genehmigung erfor-*

derlich). Im Winter können Sie Robben entdecken, die zu den Sandbänken vor der **Coast Guard Beach** schwimmen.

Doch der National Seashore lockt nicht nur mit Land, Sand und Meer – es gibt hier auch einige sehenswerte Gebäude. Das **Atwood Higgins House** (*Bound Brook Rd., Wellfleet, geschl. Sa–Mi u. Fr vormittags, Mitte Okt.–Ostern*) in Wellfleet ist ein so genanntes »Half-Cape«-Haus aus den 1730er Jahren, das später zu einem »Three-Quarter-« und schließlich zu einem »Full-Cape-«-Haus erweitert wurde. In der Ausstellung am Salt Pond Visitor Center (siehe unten) wird die Entwicklung dieser Architekturstile genau erklärt. Das eleganteste Haus der Halbinsel war 1868 das **Captain Penniman House** (*ab Mass. 6 in Eastham, 1,25 Meilen von der Verkehrsinsel in Orleans entfernt, Öffnungszeiten telefonisch erfragen*), das ein Walfangkapitän sich hatte bauen lassen.

Um den National Seashore wirklich kennen zu lernen, sollte man seinen Rundgang im **Salt Pond Visitor Center** beginnen. Ein Modell von Cape Cod, den Inseln und dem Atlantik dient zur ersten Orientierung, während der Kurzfilm *The Sands of Time* über die Entstehung der Halbinsel informiert. Wie die Menschen einst auf Cape Cod lebten, beleuchtet die Dauerausstellung. Fotografien und Werkzeuge lenken die Aufmerksamkeit auf zentrale Gewerbezweige der Region, darunter Schiffsbau, Walfang, Salzgewinnung und die Preiselbeerernte.

Den National Seashore kann man auf viele Arten erkunden und genießen: auf den Wander- und Fahrradwegen, beim Schwimmen oder Surfen wie auch bei einem Picknick oder einem abendlichen Lagerfeuer (an dafür ausgewiesenen Stellen). Einige Gegenden und Wege sind für Rollstuhlfahrer geeignet; der **Buttonbush Trail** beginnt am Besucherzentrum und ist speziell für sehbehinderte Besucher ausgelegt.

An der Spitze des Kaps liegt das **Province Lands Visitor Center**. Von der Aussichtsplattform kann man über die Dünen hinweg bis nach Provincetown und auch auf das Meer hinaus blicken – wo Sie vielleicht sogar einen Wal erspähen … ∎

Nur selten sieht man ein Haus zwischen den Dünen am Cape Cod National Seashore

Province Lands Visitor Center

⛺ 215 D5

✉ Race Point Rd., Provincetown

☎ 508/487-1256

Outer Cape

FÄHRT MAN VON ORLEANS NÖRDLICH ÜBER DAS OUTER
Cape nach Provincetown, verändert sich die Landschaft allmählich:
Die Bäume sind verkrüppelter, doch hohe Dünen am Meer schützen
vor den Naturgewalten des Atlantiks. Dies ist das alte Cape Cod, wie
die Einheimischen es lieben. Sie können hier die Mass. 6 verlassen
und auf einer Nebenstraße zur Bay fahren oder nach rechts abbiegen,
um direkt zu den Stränden (siehe S. 228f) zu gelangen.

In **Eastham** liegen das **Salt Pond
Visitor Center** (siehe S. 223) und
die älteste Windmühle des Kaps aus
dem Jahr 1680. Westlich der Mass. 6
erstreckt sich die unberührte Kleinstadt **Wellfleet** auf einem Abhang
über den Salzmarschen. Sie trägt
den Spitznamen »Port aux Huitres«
(Austernhafen), den ihr der französische Entdecker Samuel de
Champlain 1606 gab – und noch
immer ist Wellfleet für seine Austern
bekannt. Die Turmuhr der **First
Congregational Church** zählt
wie eine Schiffsuhr: Schlagen ihre
Glocken acht Mal, ist es erst 16 Uhr.
Alte Segelmacherwerkstätten

wurden in rund 20 Galerien mit
Schmuck, Gemälden und Keramik-
artikeln verwandelt.

An dem Ort **Truro** kann man
leicht vorbeifahren. Wer Einsamkeit,
eine unberührte Landschaft und
schöne Strände sucht, ist hier jedoch
genau richtig. **Corn Hill** markiert
eine wichtige historische Stätte:
1620 fanden die Pilgerväter dort
Maisvorräte der Indianer, die ihnen
den ersten Winter zu übersehen
halfen. Weiter nördlich liegt der **Pilgrim Spring Trail**, der zu jener
Quelle führt, aus der die Urväter
erstmals »Wasser in Neuengland
schöpften«.

PROVINCETOWN

Provincetown liegt geschützt inmitten einer halbkreisförmigen Dünenlandschaft am Ende des Kaps. Man sollte den Wagen vor der Stadt abstellen, denn das Zentrum ist dicht mit kleinen Häusern und Läden bebaut, obwohl es nur zwei Hauptstraßen gibt: Während die **Bradford Street** auf der Landseite verläuft, erstreckt sich die **Commercial Street** als Einbahnstraße über fünf Kilometer am Meer entlang. Ihrem Namen entsprechend, bildet sie das Geschäftszentrum der Stadt. Hier kann man ein Fahrrad mieten, T-Shirts oder Sandwiches kaufen, in Kunstgalerien stöbern oder das Angebot guter Restaurants genießen.

Gegenüber der Chamber of Commerce liegen die MacMillan und Fisherman's Wharves, zwei Molen, an denen Fischer ihre kleinen Boote entladen, aber auch Ausflugsschiffe zur Walbeobachtung oder Hafenrundfahrt ablegen. P-town, wie die Stadt kurz genannt wird, ist bei homosexuellen Touristen sehr beliebt; es gibt hier das ganze Jahr über viele Festivals (siehe S. 258).

Am nördlichen Stadtrand erhebt sich das 76 Meter hohe **Pilgrim Monument**. Um den tollen Rundblick von oben zu genießen, muss man 116 Stufen und 60 Rampen erklimmen. Ein angegliedertes kleines Museum erzählt die Geschichte der Stadt. ■

Oben rechts: Abendliches Angeln auf einer Mole in Provincetown

Provincetown

🗺 215 D5

Besucherinformation

✉ Chamber of
   Commerce,
   307 Commercial St.

☎ 508/487-3424

Pilgrim Monument and Provincetown Museum

✉ High Pole Hill Rd.

☎ 508/487-1310

🕐 Geschl. Nov.–Mitte
   April; geöffnet Fr–So
   im Nov

 $$

ERLEBNIS: Künstlerische Freiheit

Provincetown feierte 1999 das 100-jährige Bestehen der vom Impressionismus beeinflussten Cape Cod School of Art, die Charles W. Hawthorne (1872 bis 1930) gegründet hatte. Die Provincetown Art Association *(460 Commercial St., Tel. 508/487 1750)*, der heutige Mittelpunkt der Kunstszene, zeigt Werke alter und zeitgenössischer Künstler aus Provincetown, Truro und Wellfleet. Auch das Theater blickt auf eine lange

Tradition zurück: Die Provincetown Players wurden 1916 gegründet und brachten kurz darauf Eugene O'Neills erstes Stück, *Bound East for Cardiff*, auf die Bühne.

Tennessee Williams kam in den 1940er Jahren hierher und überarbeitete seinen Roman *Die Glasmenagerie*. In den 1960er Jahren traten Schauspieler wie Richard Gere, Al Pacino und Jill Clayburgh im avantgardistischen Act IV Theater auf.

Fischerboote ent-
laden ihren Fang
noch immer
am Fish Pier in
Chatham

Von Chatham nach Woods Hole

CHATHAM UND WOODS HOLE SIND WIE ZWEI KLAMMERN, die die Küste des Kaps am Nantucket Sound festhalten. Idyllisch verstreut liegen die Dörfer Harwich, Osterville und Centerville, und der Shining Sea Bikepath bildet zwischen Falmouth und Woods Hole eine kurze, aber hübsche Route am Wasser entlang. In der Mitte befindet sich Hyannis, das Zentrum der Halbinsel, dessen eher abstoßende Gebäude und große Einkaufszentren sich deutlich von den malerischen Dörfern auf Cape Cod unterscheiden.

Chatham
215 E3
**Besucher-
information**
Chatham Chamber
of Commerce,
2377 Main St.
508/945-5199 oder
800/715-5567
Geschl. Mo—Fr
außerhalb der Saison

Hyannis
215 D3
**Besucher-
information**
Hyannis Chamber
of Commerce,
397 Main St.
508/362-5230
Geschl. So Okt.—Mai

Direkt am Ellbogen des Cape liegt **Chatham**. Im überschaubaren Ortskern trifft man auf zwei Wahrzeichen der Stadt: den hohen Kirchturm der **First Congregational Church** und den gezähnten Turm der **First Methodist Church**, beide an der Main Street mit ihren exklusiven Geschäften gelegen. Etwas nördlich von Chatham erhebt sich am Fish Pier die Statue *The Provider* zu Ehren all der Fischer, die hier noch immer mit ihren Hummer-, Flunder-, und Muschelfängen festmachen. In südlicher Richtung ist das **Chatham Lighthouse** zu finden, Sitz der US-

Küstenwache und des US-Wetterdienstes. Der Turm bildet gleichzeitig den Eingang zum **Monomoy National Wildlife Refuge**, dem einzigen Naturschutzgebiet im südlichen Neuengland. Die beiden Monomoy Inseln wurden 1958 durch einen Sturm vom Festland getrennt und sind heute nur per Boot erreichbar (Ausflüge organisiert das Cape Cod Museum of Natural History in Brewster, siehe S. 219).

Von Chatham führt die Mass. 28 nach Harwichport, einem ruhigen Flecken mit schönen Stränden. Etwas weiter landeinwärts liegt **Har-**

wich **Center**, das nur aus einer Hand voll weißer Gebäude besteht. Zu ihnen zählt das **Brooks Academy Museum** *(80 Parallel St., Tel. 508/432 8089)*. Es zeigt alte Fotos aus der Gemeinde und illustriert die Geschichte der Cranberryindustrie. In westlicher Richtung erreicht man über die Mass. 28 **Hyannis**, das an der Main Street mit vielen Restaurants und Geschäften aufwartet. Eine wahre Institution von Cape Cod stellt die Open-Air-Konzertbühne **Melody Tent** dar. Überall bekannt ist natürlich auch das Anwesen der Kennedys – seit Joseph P. und Rose Kennedy hier 1926 ihr erstes Haus mieteten, sind Hyannis und der Kennedy-Clan eng miteinander verbunden. Während der Präsidentschaft von John F. Kennedy diente das Anwesen als »Summer White House«, als inoffizieller Sommersitz der US-Regierung. Diese Geschichte illustrieren Fotos im kleinen **John F. Kennedy Hyannis Museum** *(397 Main St., Tel. 508/790 3077)*. Mit seinem Flughafen und den Fähren nach Nantucket (ganzjährig) und Martha's Vineyard (saisonal) bildet Hyannis das Verkehrszentrum von Cape Cod.

Das weiter westlich gelegene **Woods Hole** überlaufen jeden Sommer Besucher, die nach Martha's Vineyard übersetzen möchten oder von dort zurückkehren. Das malerische Dorf ist wohl vor allem wegen

der **Woods Hole Oceanographic Institution** bekannt, die das Wrack der *Titanic* aufspürte. Im Exhibit Center *(15 School St., Tel. 508/457 2000 oder 508/289 2252, geschl. 1. Mo im Sept.–30. Mai, $)* dokumentieren Videos des Mini-U-Bootes ALVIN die Geschichte dieser Entdeckung.

Nebenan liegt das **Marine Biological Laboratory** *(Water St., Tel. 508/289 7623, eine Woche vor Besuch tel. nach Führungen erkundigen, nur im Sommer)*. Das 1888 gegründete Institut zieht rund ums Jahr Forscher und Studenten aus aller Welt an. Die kleine Ausstellung im Besucherzentrum lässt nur erahnen, woran man in dem großen Backsteingebäude arbeitet; falls möglich, nehmen Sie daher an einer der Laborführungen teil. ∎

Die beeindruckende Fassade des John F. Kennedy Hyannis Museum

---

Falmouth
📍 214 B3
Besucherinformation
✉ 20 Academy Ln.
☎ 508/548-8500 oder 800/526-8532
🕐 Geschl. Sa–So außerhalb der Saison

Die Strände auf Cape Cod

Cape Cod ist berühmt für seine mehr als 483 Kilometer lange, breite und sandige Küste. An der nördlichen Seite der Halbinsel, in der Cape Cod Bay, ist das Wasser selbst im Hochsommer erfrischend kühl. Dies gilt erst recht für den Cape Cod National Seashore, wo die Fluten des Atlantiks an die Strände rollen. Kein Wunder also, dass die beliebtesten (und vollsten) Strände an der Südseite, gegenüber den Inseln Martha's Vineyard und Nantucket Island, zu finden sind. Hier sorgt der Golfstrom aus dem Süden für angenehme Wassertemperaturen.

Jeder Besucher wird auf Cape Cod einen Strand finden, der seinen Bedürfnissen entspricht: Windsurfer schleppen ihre Ausrüstung an den windigen Cape Cod National Seashore, der zwischen Nauset Beach, Orleans und Provincetown sechs Strände bietet. Zu ihnen zählt der Coast Guard Beach, der unterhalb des Highland Light (siehe S. 222) liegt, für seine starke Brandung bekannt ist und von 30 Meter hohen Lehmfelsen begrenzt wird.

Familien mit kleinen Kindern zieht es dagegen eher an die Strände Kalmus Beach in Hyannis oder Old Silber Beach in North Falmouth, wo das Wasser klar, ruhig und selbst weiter draußen noch flach ist. Spaziergänger werden wiederum – vor allem bei Sonnenuntergang – vom Corporation Beach in Dennis (an der Buchtseite) angezogen. Die elf Kilometer lange Dünenlandschaft bei Sandy Neck ist Teil eines 526 Hektar großen Naturschutzgebietes.

Das zwischen Mai und Oktober beliebte Brandungsangeln ist an der Spitze des Kaps, am Race Point Beach, Provincetown, besonders viel versprechend. Die Küste fällt hier plötzlich steil ab, so dass neben Streifen- und Blaubarschen sogar Wale recht dicht an den Strand heran schwimmen. Unglaublich viel Spaß macht es, mit einem in Provincetown gemieteten Fahrrad den acht Kilometer langen Province Lands Bicycle Trail durch die Dünen zu erkunden. Von diesem Rundweg führen mehrere Pfade direkt zum Strand.

So belebt der State Beach bei Edgartown auf Martha's Vineyard ist, so leer und ruhig präsentiert sich der East Beach im benachbarten Chappaquiddick. Auf Nantucket zieht vor allem der kilometerlange Sandstrand Surfside Beach mit einer guten Infrastruktur Badegäste und Sportler an. Am westlichen Strand von Nantucket, Madaket, trifft man sowohl auf Einheimische als auch auf Touristen, die den Sonnenuntergang bewundern.

Überall an den Stränden finden sich Spuren der Geschichte. Am First Encounter Beach in Eastham gehen Sie eben dort entlang, wo die Pilgerväter auf die ersten Indianer trafen; surfen Sie an der Marconi Beach, so können Sie sich an den Italiener erinnern, dessen transatlantische Telegrafenstation hier einst stand. Im Jahr 1849 wanderte der Schriftsteller Henry David Thoreau zur Spitze des Kaps, bemerkte das Strandgut der Schiffswracks und schrieb sinngemäß: »Hier kann man stehen und ganz Amerika hinter sich lassen« – und Sie können es ihm gleichtun.

> **Tipp:**
> Die Parkgenehmigung für 20 $ gestattet während der gesamten Saison das kostenlose Parken an allen Stränden des National Seashore. Die Normalgebühr beträgt 7 $ am Tag. Genehmigungen ab Mai in Besucherzentren und Strandkiosken.

Oben: Mit seinen hohen Dünen und der Brandung des Atlantiks ist Nauset Beach einer der schönsten Strände von Cape Cod, der auch zum Spazierengehen einlädt
Unten: Kinder genießen im Hochsommer das Baden und Sandbuddeln am Strand von Truro

Martha's Vineyard

MARTHA'S VINEYARD LIEGT NUR ACHT KILOMETER SÜD-
lich von Cape Cod. Von den Fähren, die in Falmouth oder Woods
Hole ablegen, ist die flache Küstenlinie der Insel schon von weitem
erkennbar. Auf ihr geht es beschaulicher zu als auf dem Festland.
Hinter den schönen, breiten Stränden liegen flache Hügel und von
Steinmauern umfasste Weiden.

**Die viktoriani-
schen Ferien-
häuser zeigen,
dass Oak Bluffs
seit mehr als ei-
nem Jahrhundert
ein beliebtes
Urlaubsziel ist**

Martha's Vineyard
🅰 214 C1
**Besucher-
information**
www.mvy.com
✉ Martha's Vineyard
Chamber of Com-
merce, Beach Rd.,
Vineyard Haven
☎ 508/693-0085 oder
800/505-4815

Die Insel mit ihren versteckten
Buchten und hoch aufragenden
Klippen ist nur 37 Kilometer breit.
Die wichtigsten Orte befinden sich
an der Ostküste, darunter die größte
Stadt **Vineyard Haven** mit dem
einzigen Hafen mit ganzjährigem
Fährbetrieb. Von hier aus kann man
gut den Rest der Insel erkunden.

Weiter südlich an der Ostküste
liegt **Oak Bluffs**, das 1835 als me-
thodistisches Bibellager entstand
und sich dann zu einem Ferienort
entwickelte. Die Häuser hier haben
noch immer farbenfrohe neogoti-
sche »Pfefferkuchen«-Verzierungen.
Man kann auf dem Flying Horse
Karussell fahren, das hier neben einer Rollschuhbahn und einem kleinen Theater schon 1876 für Unterhaltung sorgte. Der Höhepunkt und
Abschluss der Sommersaison war
jeweils ein Feuerwerk.

Viele der Gäste wohnten in
Camp Ground, westlich der Cir-
cuit Avenue. Das damalige Straßennetz ist heute noch erhalten, doch
säumen es inzwischen pistaziengrü-
ne, lila- und gelbfarbene Feriendo-
mizile, die wie Puppenhäuschen
wirken.

Im Zentrum liegt der Trinity
Park mit dem riesigen, schmiedeeisernen **Tabernacle** aus dem Jahr
1879. In dem Kirchenbau können
unter einem 30 Meter hohen Baldachin bis zu 3000 Menschen zu-
sammenkommen. Da die methodisti-
sche Kirche keine Rassentrennung
kannte, war Oak Bluffs einer der ersten Ferienorte Amerikas, in dem
auch Afroamerikaner Urlaub machen konnten.

Während es in Oak Bluffs es eher
laut zugeht, ist **Edgartown** ruhig
und elegant. An der North und

South Water Street errichteten die Seekapitäne einst hübsche Wohnhäuser, die von ihrem Wohlstand zeugten.

Geht man die Water Street weiter in südlicher Richtung, kann man einen 150 Jahre alten Pagodenbaum bewundern; in Richtung Norden liegen die Docks der Stadt. Hier legen auch die Fähren ab.

durch alle drei Bauten beginnen am Museum; weitere Informationen können Sie telefonisch erfragen. Einige Häuserblocks entfernt weiht das kleine **Vineyard Museum** *(School u. Cook St., Tel. 508/627 4440, geschl. So–Mo im Sommer; So–Di im Winter)* in die Geschichte der Insel ein. Der Ausstellungsbereich zur Seefahrt zeigt einige exoti-

Die erste Siedlung auf Martha's Vineyard wurde bereits 1642 gegründet, doch stammen die meisten Häuser aus dem 19. Jahrhundert, finanziert aus den Gewinnen der Walfangindustrie. Das besonders elegante **Daniel Fisher House** an der Main Street entstand 1840 für die damals enorme Summe von 250 000 $. Zwei Jahre später wurde nebenan die ebenso aufwendige **Old Whaling Church** errichtet; sie dient heute als Kunstzentrum. Die großflächigen Fenster erstrecken sich über die Höhe eines gesamten Stockwerks, und im 28 Meter hohen Turm verkündet die Glocke noch immer zu jeder vollen Stunde, was die Uhr geschlagen hat. Dahinter versteckt sich das älteste Haus der Insel, das **Vincent House Museum** von 1672 *(Tel. 508/627 8619, geschl. So im Sommer)*. Führungen

sche Objekte, die Walfänger von ihren Reisen mitbrachten. Außerdem kann man einen Blick in die Logbücher der Schiffe werfen: Sie verzeichneten, wie viele Wale getötet wurden und wie viele Barrel Öl sie erbrachten. Interessant ist auch der Nachbau der Schmelzapparate.

All die genannten Orte liegen auf der »unteren« Inselhälfte. Wer sich nach Westen in die »obere« Inselhälfte begibt, trifft auf die kleinen Gemeinden **Chilmarck**, **West Tisbury** und **Aquinnah** (früher Gay Head). Am äußersten Zipfel der Insel gelegen, begeistert Aquinnah durch seinen Strand und die hoch aufragenden, von einem Leuchtturm gekrönten Klippen.

Die Insel lässt sich per Bus, Taxi oder Fahrrad leicht erkunden, so dass man keinen eigenen Wagen benötigt. ∎

Die hoch aufragenden Klippen in Aquinnah markieren den westlichsten Zipfel von Martha's Vineyard

»Fünfzehntauend Paar Strümpfe, dreitausend Fäustlinge und sechshundert Perücken für Seeleute wurden jährlich hergestellt. Man sagte früher, wenn man Cape Poge Light erreicht habe, könne man die Stricknadeln in Edgartown hören.«
– S. A. Devens, *Sketches von Martha's Vineyard* (1838) ∎

Nantucket

NANTUCKET HAT DIE FORM EINES BUMERANGS. ES LIEGT 48 Kilometer vom Festland entfernt und erlebte in den vergangenen Jahrhunderten ein ständiges Auf und Ab, da zentrale Wirtschaftszweige wie Walfang, Fischerei und Handel ebenso wie der Schmuggel zuerst florierten und dann zusammenbrachen. Heute ist der Tourismus das hauptsächliche Erwerbsfeld. Sobald im Sommer Urlauber aus ganz Amerika zur »Little Gray Lady« pilgern, wächst die Bevölkerung von eigentlich nur 7000 Insulanern auf bis zu 40 000 Menschen an.

Man kann sich dem Charme dieser Insel kaum entziehen, vor allem, wenn man mit dem Schiff anreist: Ob die Überfahrt nun mit der Fähre gut zwei Stunden oder aber mit dem Katamaran von Hyannis aus nur eine Stunde dauert – der erste Blick auf die Insel fällt stets auf **Nantucket Town**, einen Küstenort mit weiß und grau gestrichenen Häusern rund um einen Yachthafen. Die Szenerie wirkt wie die Filmkulisse für einen Historienschinken – fast meint man, hier Damen in Reifröcken und Männer im Gehrock auf den gepflasterten Straßen treffen zu müssen. Neonbeleuchtungen und Fastfood-Restaurants sind in dem Städtchen verboten, es gibt keine Ampeln, und sogar die Verkehrsschilder sehen stilvoll aus.

Da Nantucket nur etwa halb so groß wie Martha's Vineyard ist, kommt man bestens ohne eigenes

Auto aus. Die Stadt lässt sich bequem zu Fuß erkunden, und ein kleiner Bus fährt regelmäßig zum Strand. Als besonders praktisch erweist sich hier jedoch ein Fahrrad: Das System der farbig markierten Radwege erstreckt sich mittlerweile bis nach Siasconset (ausgesprochen wie Skonßett) im Osten und Madaket im Westen (siehe S. 263).

Bummeln Sie zunächst durch Nantucket Town mit seinen rund 800 Gebäuden aus der Zeit vor dem Bürgerkrieg. Viele sind in schicke Geschäfte, Restaurants und Bed & Breakfast-Pensionen umgewandelt worden. Schlendern Sie die **Main Street** entlang, die durch jenes Viertel führt, das nach dem großen Feuer von 1846 als erstes mit Backsteinhäusern wieder aufgebaut wurde. Fast an der Hügelspitze liegt die imposant wirkende **Pacific National Bank**, die an Nantuckets Blütezeit im frühen 19. Jahrhundert erinnert. Einige Schritte entfernt, an der Ostseite der Main Street, erlernte ein gewisser R.H. Macy (1822–1877) von seinem Vater, wie man ein Schuhgeschäft führt, bevor er nach New York ging und dort das berühmte Kaufhausimperium aufbaute. Eine Gedenktafel markiert die Stätte, an welcher die geblichene rosafarbene Baumwollbekleidung, bekannt als »Nantucket Reds«, verkauft wurde.

Ein Stückchen weiter steht in der Main Street Nr. 96 das **Hadwen House** (*Infos bei der Nantucket His-*

Nantuckets Straßen (oben links) strahlen ebenso viel Flair aus wie der geschäftige und schöne Küstenstreifen (oben rechts)

torical Association), eine der zahlreichen Stadtvillen dieses Viertels, die dem äußerst wohlhabenden William Hadwen (1791–1862) gehörte. In der Nähe, Liberty Street Nr. 12, ist das um ein Jahrhundert ältere **Macy-Christian House** (Information bei der Nantucket Historical Association) zu sehen, dessen Räume im Stil des 18. und des 19. Jahrhunderts eingerichtet sind.

Die **Centre Street** verläuft parallel zur Hafenfront und war als »Petticoat Row« bekannt, weil hier zur Blütezeit des Walfangs die Geschäfte von den Frauen betrieben wurden, während ihre Männer auf See waren. Rechts liegt das **Nantucket Atheneum** (1 India St., Tel. 508/228 1110, geschl. So–Mo, So von 30. Mai–1. Mo im Sept.), ein eleganter Bau im Greek Revival Style aus dem Jahr 1847. Die Bücherei ist eine der ältesten in den USA und je-

dem zugänglich: Auch als Tourist kann man hier in Ruhe Zeitung lesen oder die Gemälde und Schiffsmodelle betrachten.

Dichter am Hafen, in der Broad Street Nr. 13, befindet sich das **Whaling Museum** (Information bei der Nantucket Historical Association). Auf den regelmäßig angebotenen Führungen wird vom Walfang erzählt – von den Seeleuten, den Jagdgründen und den Fangmethoden. Boote zum Walfang waren die ersten »Fabrikschiffe«, die drei bis fünf Jahre auf See blieben.

Zwischen 1820 und 1840 bestand die Flotte der Insel aus 88 solchen Schiffen. Der Walfang war durchaus gefährlich: Vergleichen Sie nur einmal eines der kleinen Boote mit dem 13 Meter langen Skelett eines Finnwals! Und stellen Sie sich dann vor, in einem solchen Boot von einem verletzten Wal, der zu

Nantucket Life-saving Museum

www.nantucketlifesaving
museum.com

✉ 158 Polpis Rd.

☎ 508/228-1885

🕐 Geschl. Mitte Okt.–
Mitte Juni

💲 $

Das Whaling Museum in Nantucket, eines der besten in Neuengland, zeichnet die Geschichte des Walfangs nach

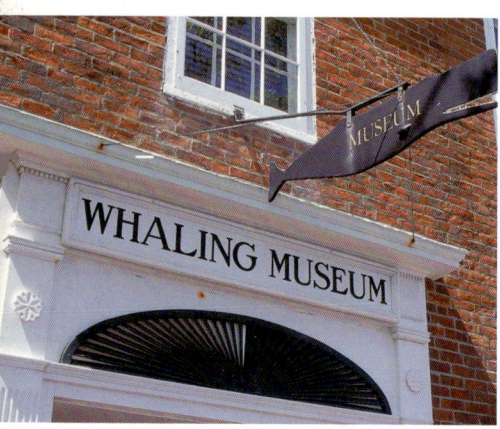

entkommen versucht, an der Harpune mitgezogen zu werden … Einheimische nannten das die »Nantucket-Schlittenfahrt«!

In dem Museum sind neben Harpunen und Speckspießen auch Schnitzereien aus Walelfenbein und Kapitänsporträts zu sehen. Ein Bild zeigt Mayhew Folger (1794–1828), der 1808 auf der Insel Pitcairn jene Besatzungsmitglieder der H.M.S. *Bounty* fand, die die Meuterei überlebt hatten. Nicht versäumen sollte man den Navigation Room, in dem eine riesige Karte die Fahrten nachzeichnet, zu denen einige Walfänger 1846 von Nantucket aus aufbrachen und wohin sie vier Jahre später wieder zurückkehrten. Durch die Entdeckung von Petroleumöl brach die Walfangindustrie bis 1860 jedoch endgültig zusammen.

cken zu sehen, die von schweren Stürmen weggefegte Häuser hinterlassen haben. Fahren Sie über die Polpis Road zurück nach Nantucket Town, so dass Sie an dem kleinen **Nantucket Lifesaving Museum** vorbeikommen. Es ist in dem Nachbau einer Lebensrettungsstation untergebracht; das Vorbild stand bis 1874 an der Surfside Beach. Die (ehrenamtlichen) Mitarbeiter erzählen so begeistert, dass die vielen Exponate lebendig werden: Plötzlich kann man sich vorstellen, wie die »Soldaten der Brandung« Schiffbrüchige aus den berüchtigten Untiefen vor Nantucket retteten.

Von einer Kork-Schwimmweste aus dem Jahr 1877 bis zum cleveren Blockbojen-Rettungssystem erläutert das Personal alles. Zu den herausragenden Exponaten gehört ein seltenes Surfbrett, das aus dem 19. Jahrhundert stammt.

Nantucket ist stolz darauf, sich vom amerikanischen Festland zu unterscheiden: Vieles wird hier konservativer gehandhabt – und so ist beispielsweise auch die höfliche Bitte zu verstehen, sich gepflegt zu kleiden: In Badeanzug, Badehose oder gar barfuß in Geschäften und Restaurants aufzutauchen (wie in anderen Teilen Amerikas durchaus üblich), wäre hier undenkbar. Doch selbst diese Insel verändert sich: Wer noch das alte Nantucket kennt, erzählt wehmütig von jenen Tagen, als die Urlauber Wochen oder Monate blieben und fast zu den Bewohnern der Insel gehörten. Heute kommen Konzernchefs und Vorstandsvorsitzende im Firmenjet, spielen einen Tag lang Golf und rauschen wieder davon. Riesige Besuchervillen entstehen, die nichts mehr mit den einfachen, alten Ferienhäuschen gemeinsam haben. Immerhin macht man sich hier über den wachsenden Tourismus und Maßnahmen zum Naturschutz viele Gedanken – und spricht darüber. ∎

RUND UM DIE INSEL

Wem es in Nantucket Town zu voll ist, der kann nach **Siasconset** an der östlichen Inselspitze ausweichen. Mit nur einem Postamt, einem Lebensmittelladen und wenigen Häuschen, deren kleine Gärten und Veranden ein weisser Lattenzaun abtrennt, präsentiert sich dieser Ort wie aus dem Märchen. An der Codfish Park Road sind Baulü-

Reise-
informationen

**Die Region rund um Boston
lässt sich gut mit dem Fahrrad erkunden**

REISEINFORMATIONEN

REISEPLANUNG

REISEZEIT

Boston ist das ganze Jahr über ein lohnendes Reiseziel. Die Stadt hat für jeden Besucher etwas zu bieten – und ob man die vielen Sehenswürdigkeiten und Attraktionen eher von außen oder innen kennen lernt, hängt allein vom Wetter ab. Ganz gleich, ob als Familie oder Senior, mit großer oder kleiner Reisekasse, ob elegant oder schlicht: Boston zieht jeden in seinen Bann. (Hinweis: Alle in diesem Kapitel genannten Städte liegen – soweit nicht anders angegeben – in Boston.)

In den ersten zwei Monaten des Jahres, den kältesten in Boston, erleben vor allem die Theater, Museen und Ausstellungen einen großen Zustrom. Da das öffentliche Nahverkehrsnetz effizient und relativ preiswert ist, kann man bequem von einer Sehenswürdigkeit zur anderen fahren. In der Innenstadt zeugen Gourmet- und Weinfestivals (siehe S. 257f) von der lebendigen Restaurantszene der Stadt. Die Hotels sind zu dieser Jahreszeit sehr günstig – eine interessante Reisezeit also für alle mit schmalem Geldbeutel!

Im Frühjahr wechselt das Wetter mitunter innerhalb weniger Tage von Minusgraden zu milden Temperaturen. Die Bostoner freuen sich schon auf den Beginn der Spielsaison mit den Red Sox (siehe S. 260) im April, auf den Boston Marathon und die alljährlichen Feiern am Patriots' Day (siehe S. 257); beides findet am 19. April statt. Außerdem lockt das Narziss-Festival auf Nantucket und in Bristol, Rhode Island (siehe S. 257), mit einem gelben Blütenmeer. Zu dieser Jahreszeit kann man bereits wieder – warm bekleidet – eine Bootsfahrt auf dem Charles River (siehe S. 261) oder mit den Schwanenbooten im Public Garden (siehe S. 108f) antreten. Im Mai kann es in der Stadt recht voll werden, da

stolze Eltern und Verwandte die rund 60 Universitäten und Colleges in und um Boston stürmen, um die Abschlussfeiern ihrer Kinder zu besuchen. Anfang Mai beginnt zudem die Saison des Boston Pops Orchestra (siehe S. 258).

Das musikalische Angebot in Neuengland ist für amerikanische Verhältnisse fast konkurrenzlos; im Sommer scheint es überall Konzerte zu geben. Man hört Jazz, Kammer- sowie klassische Musik – und das alles zu vertretbaren Eintrittspreisen. Im August werden zahlreiche italienische Festas (Feiertage der Heiligen) abgehalten; bunte Prozessionen mit geschmückten Wagen ziehen durch das North End. Die etwas modernere Carnival Week (siehe S. 258) in Provincetown betreibt die schwul-lesbische Gemeinschaft mit Partys und einer Kostümparade.

Der Herbst in Neuengland ist aus gutem Grund berühmt. Nicht nur auf dem Land, sondern auch in Boston lässt er sich hervorragend genießen. Wenn Anfang September das Semester wieder beginnt, kann die Suche nach einer Unterkunft allerdings schwierig werden. Im September beginnt auch die Saison des seit hundert Jahren bestehenden Boston Symphony Orchestra (siehe S. 258). Im Oktober, vor allem rund um Halloween (siehe S. 258), schlachtet Salem schonungslos seine Hexengeschichte mit Führungen durch »spukende« Häuser und Hexenmärkten aus. Rund um Thanksgiving locken viele Veranstaltungen in und um Plymouth.

Die Vorweihnachtszeit bietet im Großraum Boston besonders viel Abwechslung. Abgesehen von den beeindruckenden Weihnachtsbäumen auf dem Common und vor dem Prudential Center werden historische Wohnhäuser auf Cape Cod, Cape Ann und in Newport, R.I., mit Kerzen erleuchtet und mit viktorianischem Baumschmuck dekoriert. Das Jahr

endet in Boston stilvoll mit der First Night (siehe S. 258), einer gigantischen Feier, die heute vielerorts nachgeahmt wird. Millionen von Menschen ziehen am Silvesterabend in die Innenstadt, um die Paraden und das Feuerwerk sowie Musik und Shows in Kneipen, Clubs, Konzerthallen und sogar Kirchen zu erleben. Ab Mitternacht ist die Benutzung der U-Bahnen kostenlos.

Weitere Informationen speziell zu den vielen kulturellen, sportlichen und anderen Ereignisse in Boston siehe S. 259–264.

KLIMA

In Neuengland unterscheiden sich die vier Jahreszeiten deutlich voneinander. Das Bostoner Klima wird generell stark vom Meer beeinflusst; die Einheimischen beklagen sich gerne über die so genannten »nor'easters« (Nordöstliche), Tiefdruckgebiete, die zu starken Regenfällen führen. Dichter Nebel hüllt bisweilen den Logan International Airport ein; richtige klimatische Extreme sind jedoch selten. Da das Wetter in Boston und Umgebung nicht immer vorhersehbar ist, sollte man in jedem Fall einen Regenschutz dabei haben. Wenn Sie einen Schiffsausflug (etwa zur Walbeobachtung) unternehmen, denken Sie unbedingt an warme Kleidung!

Im Winter kann es in Boston bitterkalt werden, wobei der Sommer wiederum sehr hohe Temperaturen und eine hohe Luftfeuchtigkeit mit sich bringt. Daher eignen sich der Mai und der Herbst (zwischen September und Anfang November) besonders gut für einen Besuch der Stadt. Die maximale tägliche Durchschnittstemperatur zwischen Dezember und Februar liegt bei ca. 3° C. Im Frühling steigt sie rasch an (März 9° C, April 13° C, Mai 19° C), wobei bis September stets Mittelwerte von über 21° C verzeichnet werden. Im Oktober erreichen die Temperaturen wieder angenehme 17° C bzw. 10°C im November.

NICHT VERGESSEN

In Boston mag man es leger; leichte Kleidung ist für die meiste Zeit des Jahres ausreichend (im Juli und August kann sie gar nicht leicht genug sein). Schickere Restaurants bestehen bei Herren teilweise auf Jackett und Krawatte – fragen Sie bei der Reservierung nach der Kleiderordnung.

LESETIPPS

Neben den Autoren und ihren Veröffentlichungen, die auf S. 178–179 vorgestellt wurden, empfehlen sich folgende Bände zur weiterführenden Lektüre:

Im Herzen der See. Die letzte Fahrt des Walfängers Essex (Blessing Verlag 2000) von Nathaniel Philbrick erzählt die abenteuerliche Geschichte eines neuenglischen Walfängers. Dessen Zusammentreffen mit einem Pottwal inspirierte Herman Melville 1820 zu seinem Roman *Moby Dick*. Sebastian Junger verfasste den Bestseller *Der Sturm. Die letzte Fahrt der Andrea Gail* (Heyne Verlag 2000), in welchem er die Gefahren beschreibt, unter denen die Fischer von Neuengland auf See arbeiten. *Die Kennedys: Glanz und Tragik des amerikanischen Traums* (Campus Verlag 2001) von Robert von Rimscha zeichnet die Geschichte der berühmtesten amerikanischen Politdynastie von den Anfängen bis in die Gegenwart nach. In seinen vier berühmten, ironisch-kritischen Romanen beschreibt John Updike den Aufstieg der weißen Mittelschicht in Neuengland: *Die Rabbit-Romane. Sonderausgabe* (Rowohlt Taschenbuchverlag 1994).

ANREISE

REISEDOKUMENTE UND VISA

Bundesbürger und Bürger aus der Schweiz und Österreich – wie auch aus den meisten westeuropäischen Staaten – benötigen für die Einreise in die USA bei einem Aufenthalt bis zu 90 Tagen kein Visum. Ein gültiger Reisepass und ein Rück- oder Transitticket sind jedoch erforderlich. Zusätzlich müssen Reisende seit Januar 2009 auch eine gebührenfreie elektronische Einreiseerlaubnis (Electronic System for Travel Authorization, ESTA) einholen. Die dazu erforderliche Abwicklung via Internet (https://esta.cbp.dhs.gov) kann auch über Dritte wie etwa einem Reisebüro erfolgen. Sind Sie sich nicht sicher, ob Sie ein Visum benötigen, sollten Sie vor Reiseantritt das nächstgelegene US-Konsulat oder die US-Botschaft in Ihrem Land kontaktieren.

MIT DEM FLUGZEUG

Bostons Flughafen, der **Logan International Airport** (Tel. 800/23 LOGAN oder 800/262 3335), zählt zu den großen Flughäfen der Welt.

Der **T.F. Green Airport** (Tel. 401/737 8222, bei Providence, R.I.) bietet eine zunehmend beliebte Alternative, da er von fast allen Billigfluglinien angesteuert wird und in unmittelbarer Nähe der Sehenswürdigkeiten südlich von Boston liegt. Nach Boston gelangt man von hier aus in einer Autostunde.

Vom Logan-Flughafen in Bostons Innenstadt

Der Logan-Flughafen liegt 4,8 Kilometer von der Bostoner Innenstadt entfernt. Man erreicht die Stadt leicht mit dem öffentlichen Nahverkehr, der Fähre, Taxis (oder Wassertaxi) und dem Limousinenservice.

Massport bietet einen Shuttlebus zwischen den wichtigen Terminals und den Bus- bzw. U-Bahnhaltestellen an. Bus Nr. 11 steuert jeden Terminal an (A, B, C, D und E); Bus Nr. 33 verkehrt zwischen den Terminals C, D, E und fährt auch zu den U-Bahnhöfen (»T«). Diese und die Terminals A und B verbindet untereinander Bus Nr. 22. Eine **Taxifahrt** vom Flughafen in die Innenstadt kostet zwischen 10$ und 12$, während sich das Ticket für eine Fahrt mit der U-Bahn (»T«) auf 1,70 $ beläuft. Der **Airport Water Shuttle** (Tel. 800/235 6426) fährt in nur sieben Minuten durch den Hafen zur Rowes Wharf und bietet dabei noch eine großartige Aussicht auf die Stadt. Tickets erhält man an Bord: Erwachsene 10$, Rentner 5$, Kinder unter 12 Jahren fahren frei. Abfahrt: Alle 15 Minuten, Mo–Fr 6–20 Uhr u. Fr 18–23 Uhr; Sa u. So alle 30 Minuten, 10–23 Uhr. Keine Verbindungen an wichtigen Feiertagen.

City Water Taxi, Tel. 617/422 0392. Die Schiffe steuern zehn Haltestellen in Bostons Hafen an, vom World Trade Center bis zum Charlestown Navy Yard. Bus Nr. 66 bringt Sie zur Ablegestelle; Tickets sind an Bord erhältlich ($10). Die Schiffe verkehren von April bis Mitte Okt., 7–19 Uhr.

Harbor Express, Tel. 617/222 6999. Diese Schiffslinie verbindet South Shore (Quincy), den Logan Airport und die Bostoner Innenstadt miteinander. Ganzjährige Verbindung (ab 5$).

MIT DEM ZUG

Amtrak, Tel. 800/872 7245, bietet Züge von New York City (325 km), Philadelphia, Pa., und Washington, D.C.; stündliche Zugankunft in der South Station.

MIT DEM BUS

Greyhound-Busse, Tel. 800/229 9424, halten an der South Station, die meisten anderen Buslinien verkehren am Trailways Bus Terminal, 555 Atlantic Avenue, gegenüber der South Station (Tel. 617/482 6620).

MIT DEM AUTO

Boston ist eine Stadt für Fußgänger und bietet darüber hinaus ein hervorragendes Nahverkehrsnetz. Daher lohnt ein Mietwagen nur dann, wenn man die Stadt auch verlassen möchte. Außerdem sind Parkplätze nur schwierig zu finden.

UNTERWEGS IN BOSTON

Boston verfügt über eines der ältesten, aber auch der besten öffentlichen Nahverkehrssysteme in den USA. Die **Massachusetts Bay Transport Authority (MBTA)**, Tel. 617/222 3200, www.mbta.com, unterhält ein System mit Zügen, Straßenbahnen, Bussen und U-Bahnlinien, deren Netze sich weit über den Großraum Boston hinaus erstrecken. Um zu den wichtigsten Sehenswürdigkeiten der Region zu gelangen, empfiehlt sich die Bostoner U-Bahn, die »T«-Bahn. Stationen sind mit einem schwarzen T auf weißem Kreis markiert. Fahrscheine in Form von Münzen, die so genannten »Tokens«, erhält man für je einen Dollar an jedem U-Bahnhof.

Als Tourist sollte man unbedingt den Boston Passport kaufen, der einen, drei oder sieben Tage lang unbegrenzte Fahrten mit der »T« und Bussen gestattet. Je nach Gültigkeitsdauer kostet er 6$, 11$ oder 22$. Erwerben können Sie den Pass im Logan Airport (Terminal E), an vielen U-Bahnhöfen sowie am Touristeninformationsstand am Boston Common.

MIT DEM BUS

Wer unbedingt mit dem Bus fahren möchte, kann sich im Hotel oder an einem U-Bahnhof nach den wichtigen Linien erkundigen. Busse verkehren zwischen 5.30 und 1 Uhr; Fahrpläne und eine Überblickskarte finden sich auf der »Official Public Transport Map« (erhältlich bei der MBTA, siehe oben).

MIT DEM TAXI

Taxis gelten in der Stadt fast als Luxus. Allerdings werden sie nach der Schließung der U-Bahn (zwischen 0 und 0.30 Uhr) eifrig genutzt.

Vor den Hotels lässt sich meist ein freies Taxi finden; in Cambridge ist man eher am Harvard Square erfolgreich.

MIT DEM FLUGZEUG

Neben dem Logan International Airport (Boston) und dem T. F. Green Airport (Providence, R.I.) gibt es folgende weiteren Flughäfen in der Region:

Barnstable Municipal Airport, Hyannis, Tel. 508/775 2020

Martha's Vineyard Airport, www.mvyairport.com, Tel. 508/693 7022

Nantucket Memorial Airport, www.nantucketairport.com, Tel. 508/325 5300

Provincetown Municipal Airport, Tel. 508/487 0241

Fluggesellschaften

Cape Air, Tel. 508/771 6944 oder 800/352 0714, www.flycapeair.com. Die Airline fliegt Hyannis, Martha's Vineyard, Nantucket, Provincetown, Boston, New Bedford und Providence, R.I. an.

Continental Connection, Tel. 703/368-8880, www.colganair.com. Mit Verbindungen nach Hyannis, Nantucket und La Guardia, New York City.

Island Airlines, Tel. 508/228 7575 oder 800/248 7779, www.islandair.net Fliegt nach Nantucket und Hyannis.

Nantucket Airlines, Tel. 800/352 0714 oder 508/771 6944, www.nantucketairlines.com. Flüge nach Hyannis, Martha's Vineyard, Nantucket, Provincetown, Boston, New Bedford und Providence, R.I.

US Airways Express, Tel. 800/428 4322, www.usairways.com. Fliegt Hyannis, Martha's Vineyard, Boston und New York an.

MIT DEM SCHIFF

Vor der Küste von Massachusetts verkehren etliche Expressfähren,

die die beliebtesten Ziele auf dem Festland untereinander und mit den Inseln Nantucket und Martha's Vineyard verbinden. Fährfahrten bieten oft besonders schöne Aussichten.

Bay State Cruises, Tel. 877-783-3779, www.baystatecruisecompany.com. Verkehrt von Mai bis Mitte Okt. zwischen Boston und Provincetown. Fahrtdauer: 3 Stunden (2 Stunden mit Schnellboot).

Capt. John Boats, Tel. 800/225 4000 oder 508/747 2400,,www.provincetownferry. com. Verkehrt von Mai bis Sept. zwischen Plymouth und Provincetown; Fahrtdauer: 95 Minuten.

Cape Island Express Lines, Tel. 508/477 8600, www.mvferry.com. Verkehrt von Mai bis Anfang Okt. zwischen zwischen Woods Hole und Martha's Vineyard (45 Min.) bzw. Oak Bluff (45 Min.) sowie Hyannis und Nantucket (135 Min., Fast Ferry: 60 Min.).

Falmouth Ferry Service, Tel. 508/548 9400. Verkehrt zwischen Falmouth und Edgartown, Martha's Vineyard, von Mai bis Mitte Okt.; einstündige Fahrt.

Freedom Cruise Line, Tel. 508/432 8999, www.nantucketislandferry.com. Die Fahrt von Harwich Port nach Nantucket dauert 80 Minuten (Mai bis Mitte Okt.).

Hy-Line Cruises, Tel. 800/492 8082, www.hy-linecruises.com. Von Hyannis in zweistündiger Fahrt nach Nantucket (Mai bis Sept.) oder einstündige Fahrt mit der Expressfähre (ganzjährig). Von Hyannis nach Martha's Vineyard (ganzjährig), Fahrtdauer: 1,45 Stunden. Von Nantucket nach Martha's Vineyard in 2,15 Stunden (Juni bis Mitte Sept.). **Island Queen**, Tel. 508/548 4800, www.islandqueen.com. Von Falmouth in 35 Minuten nach Martha's Vineyard (Ende Mai–Mitte Okt.).

Steamship Authority,
Tel. 508/477 8600,
www.steamshipauthority.com
Von Hyannis nach Nantucket in
2,15 Stunden, und von Woods
Hole nach Martha's Vineyard in
45 Minuten. Beide Fähren verkehren ganzjährig. Die Reederei betreibt auch die Fast-Ferry-Linien
(siehe S. 238).

Yankee Fleet, Tel. 800/942 5464
oder 978/283 0313,
www.yankeefleet.com.
Verbindungen zwischen Gloucester und Nantucket, Juni–Sept; die
Fahrt dauert 4,5 Stunden.

MIT DEM AUTO

Boston ist Ausgangspunkt für alle
wichtigen Sehenswürdigkeiten in
Neuengland. Die meisten großen
Autovermieter finden sich im
oder am Flughafen; es empfiehlt
sich – vor allem im Herbst – vorab einen Wagen zu reservieren.

In Massachusetts beträgt die Geschwindigkeitsbegrenzung auf allen größeren Highways 55 Meilen
pro Stunde (88 Stundenkilometer). Allerdings darf man auf dem
Massachusetts Turnpike (auch als
Mass. Pike oder I-90 bekannt) bis
zu 65 Meilen pro Stunde (104
Stundenkilometer) fahren. Schärfere Geschwindigkeitsbegrenzungen gelten in Wohngebieten. Kinder unter 12 Jahren müssen zu jeder Zeit im Wagen angeschnallt
sein. An einer roten Ampel darf
man rechts abbiegen, sofern dies
durch ein Verkehrsschild nicht
ausdrücklich verboten ist. Alkohol am Steuer verstößt in Massachusetts gegen das Gesetz und
wird hart bestraft.

PRAKTISCHE TIPPS

ALKOHOL

In Massachusetts ist der Alkoholgenuss ab 21 Jahren erlaubt; es
kann sein, dass man Sie nach dem
Reisepass oder Führerschein als
Altersnachweis fragt. Anders als
Bars bleiben reine Alkoholgeschäfte sonntags geschlossen. Es

ist illegal, sich in einem Park, auf
der Straße oder auf einem Platz
mit einer geöffneten Flasche
Alkohol aufzuhalten oder in der
Öffentlichkeit Alkohol zu
konsumieren. Alkohol am Steuer,
in den USA als »Driving while
intoxicated« (DWI) oder
»Driving under the Influence«
bekannt, ist kriminell und wird
hart bestraft.

BESUCHER-INFORMATION

Da es oft spezielle Angebote und
Vergünstigungen für Urlauber
gibt, lohnt ein Besuch in der Touristeninformation, um sich über
die aktuelle Auswahl zu erkundigen. Das Neueste in Boston ist
der »City Pass«, eine neun Tage
lang gültige Karte, mit der man in
den sechs größten Museen der
Stadt nur den halben Eintrittspreis zahlt.

Die Zentrale der Touristeninformation von Boston liegt am
Copley Square. Wenden Sie sich
an dieses Büro, um schon vor
Ihrer Reise Informationen zu erhalten:

**Greater Boston Convention
and Visitors' Bureau**, 2 Copley
Place, Suite 105, Boston, MA
02116-6501, Tel. 617/536 4100,
888/733 2678,
www.bostonusa.com

Informationen über Nationalparks und Freizeitmöglichkeiten
finden Sie auf der Website des
National Park Service unter
www.nps.gov

Die Büros der Touristeninformation helfen mit Kartenmaterial,
»T«-Fahrkarten, Sightseeing-Touren oder auch Telefonkarten
weiter:
Boston Common, 147 Tremont
Street, Boston

**Prudential Center
Cambridge**, Harvard Square, an
der MBTA, Tel. 800/862 5678

Weitere nützliche Informationsbüros in und um Boston:

Massachusetts Office of Travel & Tourism, 10 Park Plaza,
Suite 4510, Boston, MA 02116,
Tel. 617/973 8500,
www.massvacation.com

**North of Boston Convention
& Visitors Bureau**, 17 Peabody
Square, Peabody, MA 10960,
Tel. 978/977 7760,
www.northofboston.org

**Greater Merrimack Valley
Convention & Visitors
Bureau**, 9 Central St., Lowell, MA
01852, Tel. 978/459 6150,
www.merrimackvalley.org

**Rhode Island Tourism
Division**, 1 West Exchange St.,
Providence, R.I. 02903, Tel. 800/
556-2484, oder 401/222 2601,
www.VisitRhodeisland.com

Newport Visitors Information Center, 23 America's Cup
Ave., Newport, R.I. 02840, Tel. Tel.
800/976 5122 oder 401/8498048,
www.GoNewport.com

**Cape Cod Chamber of
Commerce**, Hyannis, MA 02601,
Tel. 508/362 3225,
www.capecodchamber.org

**Martha's Vineyard Chamber
of Commerce**, Tel. 508/693
0085, www.mvy.com

**Nantucket Island Chamber
of Commerce**, 48 Main Street,
Nantucket, MA 02554,
Tel. 508/228 1700,
www.nantucketchamber.org

EINRICHTUNGEN FÜR BEHINDERTE

Am Logan Airport bietet der
Airport Handicap Van, Tel.
617/561 1770, einen Shuttlebusservice zwischen den Terminals.

Behindertengerechte Taxis sind
an jedem Terminal zu finden.

Bostoner Hotels und Sehenswürdigkeiten wie Museen sind gesetzlich zur Einrichtung von Behindertenzugängen verpflichtet. Bei historischen Gebäuden kann der Zutritt gleichwohl noch immer recht beschwerlich sein. Um sicher zu gehen, dass man am jeweiligen Ort tatsächlich gut zurecht kommt, sollte man daher telefonisch nach den genauen Gegebenheiten fragen.

Access First Travel (Tel. 781/322 1610 oder 800/557 2047, E-mail-Adresse: accessfir@aol.com) ist ein genossenschaftlich betriebenes Reisebüro in Malden, etwas nördlich von Boston. Es hält besondere Reiseangebote für Behinderte bereit, bucht Flüge und Hotels und kümmert sich dabei ggf. um besondere Anforderungen. Besucher auf Cape Cod sollten auf das *Cape Cod Disability Access Directory*, Tel. 508/430 0136, www.capecoddisability.org, zurückgreifen.

FEIERTAGE

Neben den nationalen US-Feiertagen gibt es in Boston und Massachusetts folgende besondere Feiertage:

Evacuation Day (17. März); Patriots' Day (3. Mo im April); Bunker Hill Day (17. Juni). In Rhode Island ist der Victory Day (14. August) ein Feiertag.

Wollen Sie eine Sehenswürdigkeit an einem dieser Feiertage besuchen, empfiehlt es sich in jedem Fall, vorher anzurufen.

GESUNDHEIT

Ihr Hotel wird Ihnen im Notfall Namen und Telefonnummern eines Arztes oder Zahnarztes geben können; Sie finden in Boston einige der weltweit besten medizinischen Einrichtungen.

Krankenhäuser
Massachusetts General Hospital, 55 Fruit St., an der Cambridge Street, Tel. 617/726 2000, T: Charles/MGH

Brigham & Women's Hospital, 75 Francis Street, Tel. 617/732 5500, T: Brigham Circle

Apotheken
Die »CVS«-Kette unterhält Filialen mit Apotheken in ganz Boston. Zentral gelegen ist:

CVS, 155–157 Charles St., - Beacon Hill, Tel. 617/523 1028. 24 Stunden geöffnet; Apotheke geöffnet von 7 bis 24 Uhr.

IM NOTFALL

Der Notruf für Polizei, Krankenwagen und Feuerwehr ist 911 (gebührenfrei).
Teilen Sie dem Notrufdienst die Adresse mit (am besten mit Angabe eines bekannten Gebäudes oder einer Sehenswürdigkeit in der Nähe) und sagen Sie, worum es sich bei dem Notfall handelt. Sie sollten am Telefon warten, bis Hilfe eingetroffen ist. Die Massachusetts State Police ist unter Tel. 508/820 2300 erreichbar.

MEDIEN

Zeitungen
In Boston gibt es zwei große Zeitungen: Der seriöse *Boston Globe* erscheint bereits seit 120 Jahren und wird oft als die Stimme des (linksliberalen) Establishments der Stadt betrachtet, während der Konkurrent *Boston Herald* eher eine Boulevardzeitung ist. In der Donnerstagsausgabe des *Boston Globe* gibt es eine Unterhaltungsbeilage, die eigentlich alles abdeckt, was es in Boston zu sehen oder zu tun gibt.

MEHRWERTSTEUER

In Massachusetts wird eine Mehrwertsteuer von fünf Prozent auf alle Waren erhoben. Eine Ausnahme bilden Bekleidungsartikel und Nahrungsmittel (außerhalb von Restaurants) bis zu einem Wert von US $ 175. Eine Abgabe von 5,7 Prozent wird auf den Hotelzimmerpreis aufgeschlagen, hinzu kommt weiter die lokale Steuer von vier Prozent, so dass zum ausgewiesenen Zimmerpreis bis

zu 9,7 Prozent Abgaben hinzugerechnet werden müssen.

ÖFFNUNGSZEITEN

In Boston selbst sind die meisten beliebten Sehenswürdigkeiten das ganze Jahr über geöffnet. Außerhalb des Stadtzentrums gelten im Frühjahr und Herbst oft eingeschränkte Öffnungszeiten für Attraktionen, die im Sommer sieben Tage in der Woche zu besichtigen sind. Viele öffnen im Winter sogar nur am Wochenende ihre Türen.

SICHERHEIT

Man sollte einige allgemeine Vorsichtsmaßnahmen beachten:

• Überlassen Sie Ihr Gepäck am Flughafen, auf dem Bahnhof oder an der Busstation nur den dafür ausgewiesenen Mitarbeitern.
• Tragen Sie keine großen Mengen Bargeld bei sich und zeigen Sie es nie. Ihr Portemonnaie sollten Sie in einer der vorderen Hosentaschen aufbewahren.
• Benutzen Sie keine Geldautomaten, wenn Sie völlig alleine sind.
• Falls Sie ausgeraubt werden, sollten Sie Ihr Portemonnaie widerstandslos aushändigen und später unter der Nummer 911 die Polizei anrufen.

TRINKGELD

Sofern das Trinkgeld (»gratuities« oder »tip«) nicht schon im Rechnungsbetrag enthalten ist, sollten Sie dafür – wenn Sie zufrieden waren – in Restaurants zwischen 15 und 20 Prozent veranschlagen. Taxifahrer erhalten 15 Prozent und 1$ oder 1,50 $ für jedes Gepäckstück. Lassen Sie 1–2 $ pro Tag für den Zimmerservice im Hotelzimmer liegen. Bedenken Sie, dass in den USA das Trinkgeld nicht nur eine Geste des Danks für guten Service ist, sondern dass viele Angestellte unmittelbar darauf angewiesen sind. Dennoch ist natürlich niemand zur Großzügigkeit verpflichtet, wenn die erbrachte Leistung schlecht war.

HOTELS & RESTAURANTS

Boston ist eine überschaubare Stadt, die sich gut zu Fuß erkunden lässt und zudem über ein effizientes Nahverkehrsnetz verfügt. Daher ist die Lage eines Restaurants oder Hotels weniger entscheidend als in manch anderen Städten. Einige neue Hotels an der Uferseite befinden sich in unmittelbarer Nähe vieler historischer Sehenswürdigkeiten. Die großen Luxushotels sind vorwiegend in der Innenstadt zu finden; da hier meist Geschäftsreisende absteigen, bieten diese Häuser gute Wochenendpreise an. Besonders stilvoll ist das Viertel der Back Bay mit seinen eleganten Geschäften und Restaurants. Cambridge, auf der anderen Flussseite, strahlt eine künstlerisch-intellektuelle Atmosphäre aus. Teuer ist es in Boston allerdings überall – die vielen Geschäftsreisenden, Kongressteilnehmer und Touristen lassen die Preise in die Höhe schnellen.

UNTERKUNFT

Reisen Sie in der Hauptsaison nach Boston, müssen Sie unbedingt frühzeitig eine Unterkunft reservieren. Zwischen November und April gibt es oft überraschende Spezialangebote, die »normale« Ermäßigungen wie Wochenendpreise oder Familienraten noch deutlich unterbieten.

Eine Privatunterkunft in einer Bed & Breakfast-Pension stellt eine preiswerte Alternative zu Hotelzimmer oder Apartment dar – und ermöglicht es viel eher, Einblick in das Leben der Bostoner zu nehmen. Denken Sie bei Ihren Kalkulationen daran, dass die angegebenen Zimmerpreise normalerweise keine Steuern enthalten und Sie 12 bis 15 % hinzurechnen müssen.

Die Hotels in diesem Buchteil sind nach Regionen unterteilt. Innerhalb jeder Rubrik erfolgt die Gliederung nach Preis und Alphabet. Sofern nicht anders angegeben, verfügen alle Zimmer über ein eigenes Bad, Fernseher, Klimaanlage und Telefon. Die meisten Hotels sind ganzjährig geöffnet und bieten – außer bei Bed & Breakfast-Pensionen – kein Frühstück an. Da es grundsätzlich schwierig ist, in Boston einen Parkplatz zu finden, sollten Sie davon ausgehen, dass Hotel- oder Restaurantparkplätze gebührenpflichtig sind.

Nachfolgend sind einige Agenturen aufgelistet, die besondere Unterkünfte vermitteln:

AGENTUREN FÜR HOTEL-RESERVIERUNGEN

Boston USA, Greater Boston Convention & Visitors Bureau, Two Copley Place, Suite 105, Boston, MA 02116-6501, www.bostonusa.com

Boston Reservations Inc., 67 Lincoln Woods Road, Waltham, MA 02451, Tel. 781/547-5427, www.bostonreservations.com

Central Reservation Service of New England, 300 Terminal C, Logan International Airport, East Boston, MA 02128, Tel. 617/569 3800 oder 800/332 3026, www.bostonhotels.net

BED & BREAKFAST-AGENTUREN

A B&B Agency of Boston (und **Boston Harbor B&B**), 47 Commercial Wharf, Boston, MA 02110, Tel. 617/720 3540 oder 800/248 9262 BNB, www.boston-bnbagency.com

ABC: Accommodations of Boston & Cambridge, 335 Pearl St., Cambridge, MA 02139, Tel. 800/253 5542 oder 617/491 0274
Bed & Breakfast Reservations, 11A Beach Rd., Gloucester, MA 01930, Tel. 617/964 1606 oder 978/281-9505, Fax 978/281 9426, E-mail info@bbreserve.com, www.bbreserve.com. Bereits seit 1985 vermittelt die Agentur Unterkünfte im Großraum Boston einschließlich Cape Cod sowie North and South Shores.

RESTAURANTS

Bostons Restaurantszene genoss lange Zeit keinen besonders guten Ruf – es hieß, die Küche sei langweilig geworden. Das hat sich glücklicherweise geändert: Heute gibt es in der Stadt viele kleine Restaurants und Cafés, die zu Recht als »Trendsetter« gelten. Eine neue Generation von Köchen kreiert aus frischen Zutaten eine moderne neuenglische Küche.

Selbst das North End, eigentlich nur für Restaurants bekannt, in denen riesige Spaghettiportionen in roter Hackfleischsoße serviert werden, brachte in jüngster Zeit eine Reihe neuer, gehobener und gleichwohl authentisch italienischer Restaurants hervor. Die einst auf chinesische Küche begrenzten asiatischen Restaurants gewannen in den vergangenen Jahren an Bedeutung; Thailänder und Vietnamesen sorgen inzwischen für ein breiteres Angebot. Es ist in Boston sehr beliebt, auswärts essen zu gehen, so dass die besten Restaurants eine frühzeitige Reservierung verlangen.

Die kulinarische Revolution in Boston wird von den Einheimischen mindestens ebenso gut aufgenommen wie die politische Revolution vor 225 Jahren. Die meisten Restaurants servieren zwischen 12 und 14 Uhr Mittagessen, abends sind sie in der Regel von 17.30 oder 18 bis 22 Uhr (an Wochenenden auch länger) geöffnet. Anders als etwa in New York oder Los Angeles ist es hier nicht ganz einfach, zu fortgeschrittener Stunde noch etwas Warmes serviert zu bekommen.
Die Restaurants sind (wie in den Reisekapiteln) nach Regionen und innerhalb dieser nach Preis und Alphabet geordnet.

M = Mittagessen, A = Abendessen

KREDITKARTEN

Die meisten Hotels und Restaurants akzeptieren alle gängigen, kleinere Häuser jedoch nur einige bestimmte Kreditkarten, wie in der folgenden Übersicht angegeben. Die verwendeten Abkürzungen bedeuten: AE (American Express), DC (Diner's Club), MC (Euro- und Mastercard), V (Visa).

DOWNTOWN BOSTON

🏨 LANGHAM HOTEL
🍴 $$$$$
250 FRANKLIN ST., 02110
TEL. 617/451-1900 ODER
800/543-4300
FAX 617/423-2844
http://boston.langhamhotels.com
In einem ehemaligen Gebäude der US-Notenbank untergebrachtes Luxushotel mit elegantem Touch und original erhaltenen Neorenaissance-Bauelementen. Im Restaurant Julien und im Café Fleuri wird französische Küche geboten, was nicht verwundert, gehört das Hotel doch zu der französischen Kette Le Meridien. Es liegt im Bankenviertel und ist bei Geschäftsleuten beliebt.
🛏 325 🚉 State 🅿 Valet
📞 🚫 📶 📺 📶 Alle gängigen Kreditkarten

🏨 WYNDHAM BOSTON CHELSEA
$$$
201 EVERETT AVENUE, 02150
TEL. 617/884-2900
www.wyndham.com
Der Art-déco-Bau war 1928 Bostons höchster Wolkenkratzer; inzwischen wurde er renoviert und in ein Hotel umgewandelt. Dieses liegt im Herzen des Banken- und Finanzviertels, nahe der Uferseite und des New England Aquarium. Auch der Freedom Trail und Quincy Market/Faneuil Hall befinden sich in direkter Nähe. Die Caliterra Bar and Grill bietet nordkalifornische und norditalienische Küche.
🛏 359 🚉 State, Aquarium
🅿 Valet 📞 🚫 📶 📺
📶 Alle gängigen Kreditkarten

🍴 DURGIN-PARK
$$
340 FANEUIL HALL MARKETPLACE, 02109
TEL. 617/227-2038
Das 150 Jahre alte Restaurant wird gerne als »Marktrestaurant« bezeichnet, weil es unweit des alten Obst- und Gemüsemarktes liegt. Hier gelangen traditionelle Gerichte wie Bostoner Brown Bread und gebackene Bohnen, Clam Chowder oder Indian Pudding auf den Tisch. Das Restaurant ist wegen seiner oft schlecht gelaunten Kellnerinnen und der Gemeinschaftstische legendär.
🪑 200 🚉 Government Center 🅿 🚫 📶 Alle gängigen Kreditkarten

🍴 KINGFISH HALL
$$
188 FANEUIL HALL SOUTH MARKETPLACE, 02109
TEL. 617/523-8862
Der berühmteste Koch von Boston, Todd English (Figs, Olives, siehe S. 247), bietet in dieser beliebten Sehenswürdigkeit hervorragende Fischgerichte wie Cajun-Speisen oder Sushi an. Im Jahr 2000 eröffnet, wirkt das Restaurant modern mit legerer Atmosphäre. Abends Live-Musik.
🪑 225 🚉 Government Center 🅿 🚫 📶 Alle gängigen Kreditkarten

🍴 SEL DE LA TERRE
$$
255 STATE ST., 02109
TEL. 617/720-1300
Die 2000 eröffnete »kleine Schwester« des herausragenden Restaurants L'Espalier (siehe S. 246) bietet französisch inspirierte Gerichte zu erschwinglicheren Preisen,. Empfehlenswert sind Gerichte wie etwa Waldpilzsuppe mit Trüffeln oder überbackener Streifenbarsch. Es erwarten Sie braune Lederbänke, Holztische, eine lockere, gemütliche Atmosphäre sowei ein stets freundlicher und sehr gut ausgebildeter Service.

PREISKATEGORIEN

HOTELS
Die Angaben beziehen sich auf ein Doppelzimmer ohne Frühstück:

$$$$$	Über $200
$$$$	$150– $200
$$$	$100–$150
$$	$75–$100
$	Unter $75

RESTAURANTS
Die Angaben beziehen sich auf ein Dreigangmenü ohne Getränke:

$$$$$	Über $75
$$$$	$50–$75
$$$	$35–$50
$$	$20–$30
$	Unter $20

🪑 135 🚉 Aquarium 🅿 🚫 📶 AE, MC, V

NORTH END UND WATERFRONT

🏨 BOSTON HARBOR HOTEL
$$$$$
70 ROWES WHARF, 02110
TEL. 617/439-7000
FAX 617/330-9450
www.bhh.com
Von hier haben Sie eine schöne Aussicht auf den Hafen.. Messing und Glas in der Lobby schaffen ein luxuriöses Ambiente, das auch die modern eingerichteten Zimmer bestimmt. Das Banken- und Finanzviertel wie auch die Sehenswürdigkeiten am Freedom Trail liegen in unmittelbarer Nähe; die Fähre zum Flughafen legt am Hotel ab. Es gibt zwei Restaurants, bei schönem Wetter kann man draußen sitzen.
🛏 230 🚉 Aquarium, South Station 🅿 Valet
📞 🚫 📶 📺
📶 Alle gängigen Kreditkarten

🏨 HILTON BOSTON LOGAN AIRPORT
$$$$$

🏨 Hotel 🍴 Restaurant 🛏 Zimmer 🪑 Sitzplätze 🚉 Haltestelle 🅿 Parkplatz 🕐 Öffnungszeiten 📶 Lift

McClelland verarbeitet Zutaten aus Neuengland in französischer Manier; zudem gibt es zwei je siebengängige Menüs zu Festpreisen.

🔲 125 🚇 Hynes/ICA, Copley 🅿 Valet 🕐 Geschl. So M 🚭 ❄ 🍴 Alle gängigen Kreditkarten

🍴 GRILL 23 AND BAR
$$$$
161 BERKELEY ST., 02116
TEL. 617/542-2255

Die Barkeeper, die hier viele verschiedene Cocktails mixen, sind eine Show für sich; daneben gibt es eine gute Auswahl offener Weine. Die Bar zieht eher Geschäftsleute als junge Gäste an, so dass die Stimmung etwas gedämpft wirkt. Als Spezialität gibt es hier Steaks – also nichts für überzeugte Vegetarier.

🔲 350 🚇 Arlington 🅿 Valet 🚭 ❄ 🍴 Alle gängigen Kreditkarten

🍴 TOP OF THE HUB
$$$$
800 BOYLSTON ST., 02199
TEL. 617/536-1775

Der Blick vom 52. Stockwerk des Prudential Tower ist einmalig: Man muss einmal hier gewesen sein, ganz gleich ob zum Mittag- oder Abendessen oder nur auf einen Drink oder Imbiss an der Bar. Das Essen ist recht gut und reicht von Steak Tatar über Thunfischspezialitäten bis hin zu gegrilltem Rinderfilet oder Hummer.

🔲 180 🚇 Prudential 🅿 Public 🚭 ❄ 🍴 Alle gängigen Kreditkarten

DER BESONDERE TIPP

🍴 HAMERSLEY'S BISTRO

Gordon Hamersley ist einer der besten Küche Bostons, doch ist sein Restaurant bewusst leger gehalten. Der große Raum wirkt einladend, und die Bedienung ist ebenso freundlich wie professionell. Die Hauptrolle spielt hier jedoch das Essen: modern zubereitete Saisongerichte mit intensivem Geschmack.

$$$
553 TREMONT ST. (AN DER CLARENDON ST.)
TEL. 617/423-2700

🔲 120 🚇 Back Bay, Copley 🅿 🕐 Geschl. M 🚭 ❄ 🍴 Alle gängigen Karten

🍴 FRANKLIN CAFE
$
278 SHAWMUT AVE., 02118
TEL. 617/350-0010

Ein kleines Restaurant um die Ecke, das nicht nur Gäste aus ganz Boston anzieht, so dass es eigentlich immer voll ist. David Dubois, der Koch und Besitzer, serviert ein vielfältiges Angebot an Vorspeisen und Hauptgerichten. Mit seiner Frau Maureen eröffnete Dubois 2000 das Franklin Cape Ann am Fischereihafen Gloucester und 2008 das Franklin Southie im Süden von Boston.

🔲 40 🚇 Back Bay 🕐 Geschl. M 🚭 ❄ 🍴 Alle gängigen Karten

FENWAY UND BROOKLINE

🍴 ELEPHANT WALK
$$
900 BEACON ST., 02215
TEL. 617/247-1500

Auf den ersten Blick erscheinen die zwei Speisekarten, eine französisch, die andere kambodschanisch, merkwürdig – doch der Erfolg gibt diesem Konzept Recht. Das Restaurant ist wegen seiner fröhlichen Atmosphäre beliebt und zieht ein sehr gemischtes Publikum an. 1998 eröffnete die Familie De Monterio ein weiteres Restaurant: Elephant Walk, Cambridge (2067 Massachusetts Ave., Tel 617/492 6900). 🔲 170 🚇 St. Mary's 🅿 Valet 🕐 Geschl. So M 🚭 ❄ 🍴 Alle gängigen Karten

🍴 BETTY'S WOK AND NOODLE DINER
$

250 HUNTINGDON AVE., 02115
TEL. 617/424-1950

Neue Restaurants versuchen immer öfter, Gäste mit einem Motto oder durch andere Besonderheiten anzuziehen. Hier kann man zwischen Reis und Nudeln wählen, asiatische oder lateinamerikanische Soßen aussuchen, Gemüse, Fleisch oder Hähnchen bestellen und sich entspannen, während die Speisen zubereitet werden. Schnell, preiswert und ein Spaß für jedes Alter.

🔲 82 🚇 Symphony 🚭 ❄ 🍴 AE, MC, V

CHARLESTOWN

🍴 FIGS
$$
67 MAIN ST., MONUMENTAL AVE.
TEL. 617/242-2229

Todd English (siehe unten) war einer der ersten, der Gourmetpizzas herstellte. Das Restaurant ersetzte seinen Vorgänger Olives und hat heute Ableger nicht nur in Charlestown (42 Charles Street, Tel. 617/742 3447), sondern in Boston und ganz Amerika. Sehr gut geeignet für Familien, die preiswert essen wollen.

🔲 25 🚇 Community College 🕐 Geschl. M 🚭 ❄ 🍴 Alle gängigen Karten

🍴 OLIVES
$$
10 CITY SQUARE, 02129
TEL. 617/242-1999

Vor über zehn Jahren bereicherte Todd English Charlestown mit seinem ersten Restaurant Olives (siehe Figs, oben) um eine kulinarische Adresse. In dem größer und eleganter gewordenen Haus gibt es heute eine leicht modernisierte italienische Küche, wovon karamellisiertes Filet vom Engelbarsch, geschmorte Lammhaxe oder Püree aus Süßkartoffeln zeugen. Keine Reservierung für Gruppen unter sechs Personen.

🚭 Nichtraucher ❄ Klimaanlage 🏊 Hallenbad 🏊 Swimmingpool 🏋 Fitnessclub 🍴 Kreditkarten

110 🚉 North Station
P Valet 🕐 Geschl. So u. M
🔲 🔲 🔲 AE, MC, V

CAMBRIDGE

🏨 INN AT HARVARD
$$$$$

1201 MASSACHUSETTS AVE.,
02138
TEL. 617/491-2222 ODER
800/458-5886
FAX 617/520-3711

Das Hotel gehört eigentlich
der Harvard University, wird
jedoch schon seit etwas länge-
rer Zeit von der Hilton-Grup-
pe unterhalten. Es bietet elegante Zimmer mit Kirschholz-
möbeln, Messingbeschlägen
und Fenstersitzen. Die auffälli-
gen Drucke, die an fast jeder
Wand des Hotels hängen, sind
eine Leihgabe des Fogg Museums der Universität. Im zentralen, schön gestaltetem
Atrium kann man in der Bibliothek schmökern, Schach spielen und frühstücken, zu Mittag
oder Abend essen.

🛏 113 🚉 Harvard P 🔼
🔲 🔲 🔲 Alle gängigen
Kreditkarten

🏨 A CAMBRIDGE HOUSE
BED & BREAKFAST INN
$$$

2218 MASSACHUSETTS AVE.,
02140
TEL. 617/491-6300 ODER
800/232-9989
FAX 617/868-2848
www.acambridgehouse.com

Mit den alten Betten, einem
Deckenmeer, wahren Kissen-
bergen und noch mehr Kami-
nen ist dieses umgebaute
Wohnhaus ideal für frisch Ver-
heiratete in den Flitterwochen
oder Paare, die ihren Hoch-
zeitstag feiern möchten. Auch
Akademiker auf Besuch in
Harvard steigen hier ab, da das
kleine und persönlich geführte
Hotel in Laufnähe zur Univer-
sität liegt.

🛏 15 🚉 Davis Square,
Porter Square P 🔲 🔲
🔲 Alle gängigen Karten

🏨 CHARLES HOTEL IN
🍴 HARVARD SQUARE
$$

1 BENNETT ST., 02138
TEL. 617/864-1200 ODER
800/882-1818
FAX 617/864-5715
www.charleshotel.com

Das komfortable Hotel ist
ganz modern gehalten, mit
bunten Quilts im Lobbybe-
reich und in den Zimmern. An
den Wochenenden steigen
hier statt Geschäftsleuten Familien und Paare ab. Das legere und lebendige Henrietta's
Table Restaurant bietet für
jeden Geschmack etwas; im
Rialto-Restaurant (gehört
nicht zum Hotel, siehe unten)
verwöhnt ein Starkoch den
Gaumen, während in der Re-
gattabar regelmäßig Jazzgrö-
ßen auftreten.

🛏 293 🚉 Harvard P 🔼
🔲 🔲 🔲 🔲 Alle
gängigen Kreditkarten

DER
BESONDERE TIPP

🍴 RIALTO

Jody Adams ist einer der beliebtesten Köche in Boston
und verwandelt Kombinationen
aus der französischen, italienischen und spanischen Land-
küche zu modernen Gerichten.
Versuchen Sie einmal die Kürbis-
Cannelloni mit Muscheln und
Räucherspeck oder den gebratenen Rochen mit Hummer-
Lorbeer-Soße. Eine Spezialität
sind hier die Desserts. Die Bedienung ist ebenso angenehm
wie die Atmosphäre in dem
großzügig eingerichteten Restaurant.
$$$
CHARLES HOTEL. IN HARVARD
SQUARE, 1 BENNETT ST., 02138
TEL. 617/661-5050
🛏 184 🚉 Harvard P
🕐 Geschl. M 🔲 🔲
🔲 Alle gängigen Kreditkarten

🍴 UPSTAIRS
ON THE SQUARE
$$$$

91 WINTHROP ST., 02138
TEL. 617/864-1933

»Einfache Küche, perfekt zube-
reitet« – so lautet das Motto
so lautet das Motto dieses
Hauses. Der in der Pfanne ge-
schmorter Lachs wird mit ge-
bratenem Wurzelgemüse ser-
viert; das geschmorte Hähn-
chen schmeckt wunderbar
intensiv, und der Apfelkuchen
mit Cidre, Karamell und Eis-
krem aus braunem Zucker ist
unschlagbar.

🛏 100 🚉 Harvard 🔲 🔲
🔲 AE, MC, V

🍴 CASABLANCA
$

40 BRATTLE ST., 02138
TEL. 617/876-0999

Nicht nur der Name, auch ein
Wandmosaik, das Sam am
Klavier in Rick's Café zeigt, er-
innert an den berühmten Film
Seit 1955 ist das nur wenige
Schritte vom Harvard Square
entfernte Restaurant ein be-
liebter Treffpunkt für Professo-
ren, die sich hier die recht
günstigen arabischen Gerichte
schmecken lassen.

🛏 120 🚉 Harvard 🔲 🔲
🔲 Alle gängigen Karten

🍴 MR. BARTLEY'S
BURGER AND SALAD
COTTAGE
$

1246 MASSACHUSETTS AVE.,
02138
TEL. 617/354-6559
Schon seit vierzig Jahren ist dies
ein beliebter Studententreff mit
alten Werbeschildern und Pos-
tern an den Wänden. Bekannt
sind die nach mehr oder weniger berühmten Persönlichkeiten
benannten Hamburger, doch
gibt es ebenso Chili, Spaghetti
und Hackbraten. Probieren Sie
einen Frappe, die Bostoner
Version eines Milch-Shakes.
🪑 60 🚇 Harvard
🕐 Geschl. So
🛇 Keine

🍴 REDBONE'S BARBECUE
$
55 CHESTER ST., 02144
TEL. 617/628-2200
Dieses Restaurant wurde im
im Stil der Südstaaten angelegt
und eingerichtet, liegt in Somerville und ist wegen seiner
Spare Ribs seit über zehn Jahren beliebt. Es gibt 24 Sorten
Bier vom Fass und eine große
Auswahl an Flaschenbieren –
kein Wunder, dass Redbone
bei Studenten, aber auch bei
Älteren beliebt ist.
🪑 80 🚇 Davis Square 🛇
🛇 🛇 Keine

WESTLICH UND NORDWESTLICH VON BOSTON

CONCORD 01742

🏨 COLONIAL INN
$$$
48 MONUMENT SQUARE
TEL. 978/369-9200 ODER
800/370-9200
FAX 978/371-1533
Das Gasthaus von 1716 thront
am Green von Concord. An-
ders als die Räume im moder-
nen Anbau strahlen die Zim-
mer im Originalgebäude histo-
rische Atmosphäre aus. Für
Familien geeignet ist das kleine
Ferienhäuschen mit einer Suite
und zwei Schlafzimmern.
🛏 56 🚇 🛇 🛇
🛇 Alle gängigen Kreditkar-
ten

LOWELL 01854

🍴 BREWHOUSE CAFÉ AND GRILL
$$
201 CABOT ST.
TEL. 978/937-2690
Dieses äußerst beliebte und
lange geöffnete Restaurant
an der Brewery Exchange
konzentriert sich auf die einfachen Dinge des Lebens:
Prime Rib, Meeresfrüchte,
Hähnchen in Honig und
Knoblauch sowie klassische,
hausgemachte Desserts.
Das Restaurant liegt nur
drei Hausblöcke vom
Boott Cotton Mills Museum
entfernt.
🪑 180 🚇 🛇 🛇 🛇 Alle
gängigen Kreditkarten

NORTH SHORE

SALEM 01970

🏨 THE SALEM INN
🍴 $$$
7 SUMMER ST.
TEL. 978/741-0680 ODER
800/446-2995
FAX 978/744-8924
Drei zentral gelegene histo-
rische Gebäude in der
Nähe des Hafens wurden
in diese bequeme Pension
umgewandelt. Während
das Cuvee Restaurant im
West House (1834) unter-
gebracht ist und Frühstück
sowie Abendessen anbietet,
liegt nur wenige Gehminu-
ten entfernt das Curwen
House (1854). Im Peabody
House von 1874 gibt es nur
Suiten.
🛏 39 🚇 🛇 🛇 🛇 Alle
gängigen Kreditkarten

🍴 NATHANIEL'S
$$
18 WASHINGTON SQUARE W.
TEL. 978/825-4311
Gegenüber vom Salem Witch
Museum im historischen Haw-
thorne Hotel gelegen, hat sich
dieses legere Restaurant auf
Fisch und moderne Gerichte
aus Neuengland spezialisiert.
Wer wenig Zeit hat, kann in

der Tavern des Hotels gut zu
Mittag essen. Am Abend wird
hier auch Live-Unterhaltung
geboten.
🪑 60 🚇 🛇 🛇 🛇 Alle
gängigen Kreditkarten

MARBLEHEAD 01945

🏨 SPRAY CLIFF ON THE OCEAN
$$$
25 SPRAY AVE.
TEL. 781/631-6789 ODER
800/626-1530
FAX 781/639-4563
Von den Zimmern dieser
Bed & Breakfast-Pension er-
öffnet sich ein toller Blick
aufs Meer – das ideale Ziel
also für ein romantisches
Wochenende zu zweit!
Vor dem Haus gibt es einen
hübschen Garten und eine
Terrasse. Drei Zimmer sind
mit einem Kamin ausgestat-
tet; eines verfügt über eine
eigene Terrasse. Unterhalb
der Pension erstreckt sich der
Strand.
🛏 7 🚇 🛇 🛇
🛇 Alle gängigen Kreditkarten

🍴 CAFFE APPASSIONATO
$
12A ATLANTIC AVE., 01945
TEL. 781/639-3200
Das Appassionato wurde zum
besten Café der Stadt gewählt
– und zwar wegen seiner fünf
verschiedenen Sorten frisch
gebrühten Kaffees, seines
Milchkaffees und Capuccinos.
Es liegt in der Nähe der Be-
sucherinformation und eignet
sich gut für kleinere Mahlzeiten.
Im Sommer ist besonders das
Fruchteis beliebt.
🪑 44 🚇 🛇 🛇
🛇 MC, V

GLOUCESTER 01930

🏨 THOMAS RIGGS HOUSE
$$
27 VINE ST.
TEL/ FAX 978/281-4802
Außerhalb der Stadt, am
North Shore von Cape Ann
gelegen, ist dieses Bed &
Breakfast nach der Familie be-

nannt, die hier 350 Jahre lang lebte. Barbara Lambert öffnete die Pension 1999 und erhielt beim Umbau die alten Holzdielen und niedrigen Decken. In zwei Zimmern gibt es Kamine; das dritte bietet einen schönen Ausblick auf Annisquam.

🛏3 🅿 ⬛ 💳 Alle gängigen Kreditkarten

ROCKPORT 01966

🏨 **YANKEE CLIPPER INN**
$
127 GRANITE ST.
TEL. 978/546-3407 ODER
800/545-3699
FAX 978/546-9730
E-MAIL info@yankeeclipperinn.com
www.yankeeclipperinn.com
Das Familienhotel liegt auf einer hohen Felsklippe und bietet eine tolle Aussicht. Das Hauptgebäude stammt aus dem Jahr 1929; das Bullfinch House eignet sich besonders für Familien, und das moderne Quarterdeck liegt abseits im Garten. Die unterschiedlich großen Zimmer (teils mit Balkon) sind alle gemütlich und bequem. Veranda, siehe unten.

🛏26 🅿 ⬛ Geschl. Mitte Dez.–Feb. ⬛ ⬛ 🏊
💳 AE, MC, V

🏨 **INN ON COVE HILL**
$$$
37 MT. PLEASANT ST.
TEL. 978/546-2701 ODER
888/546-2701
FAX 978/546-1095
www.innoncovehill.com
Angeblich ist der Bau dieses 200 Jahre alten, schindelgedeckten Hauses mit einem Piratenschatz finanziert worden. Es liegt gleich außerhalb des Hafens auf einem Hügel, beherbergt heute eine komfortable Bed & Breakfast-Pension und bietet vom Holzterrassendeck im zweiten Stock eine herrliche Aussicht auf die nähere Umgebung. Zum Frühstück gibt es selbst gemachte Muffins. Preisbewusste Gäste nehmen gerne eines der Zimmer mit geteiltem Bad.

🛏 II 🅿 🕒 Geschl. Mitte Okt.–März ⬛ ⬛
💳 MC, V

🍴 **VERANDA**
$$
96 GRANITE ST.
TEL. 978/546-7795
Das Restaurant liegt im Hauptgebäude des Yankee Clipper Inn (siehe oben) und bietet eine schöne Aussicht aufs Meer. Die Speisekarte enthält amerikanische und toskanische Gerichte. So etwa die mit Krebsfleisch, Boursin-Käse, Shrimps und Polenta gefüllten Artischocken in Champagner-Chèvre-Soße. Da Rockport eine alkoholfreie Stadt ist, müssen Sie Ihren Wein selbst mitbringen.

🪑65 🅿 🕒 Geschl. Mitte Okt.–März ⬛ ⬛
💳 AE, MC, V

ESSEX 01929

🍴 **PERIWINKLES**
$
74 MAIN ST.
TEL. 978/768-6320
Nur zwei Schritte vom Essex Shipbuilding Museum entfernt, zaubert Tom Guertner eine einfache, bodenständige Küche. Da gibt es etwa Auflauf mit Krebsfleisch oder im Ofen gebratenen, frischen Schellfisch und warmen Apfel-Crisp zum Dessert. Bis 16 Uhr wird Mittagessen angeboten.

🪑75 🅿 ⬛ ⬛ 💳 MC, V

🍴 **WOODMAN'S OF ESSEX**
$
121 MAIN ST.
TEL. 978/768-6057
Das als »Woodie's« bekannte, einfache Restaurant ist stolz darauf, als Erfinder der überbackenen (d.h. frittierten) Muscheln zu gelten. Die meisten Gäste bestellen diese Spezialität, obwohl auf den typischen Papiertellern auch andere Gerichte – etwa Crab Cakes (kleine Kuchen aus Krebsfleisch) oder die neuenglische Clam Chowder – ser-

viert werden. Seit 1914 führt das Haus Familie Woodman.

🪑125 🅿 ⬛ ⬛
💳 Keine Kreditkarten

NEWBURYPORT 01950

🏨 **GARRISON INN**
$$$
11 BROWN SQUARE
TEL. 978/499-8500
FAX 978/499-8555
E-MAIL frontdesk@garrisoninn.com
Dieses Familienhotel liegt in einem Haus, das 1809 für den reichen Kaufmann Moses Brown gebaut wurde. Im Innern dominiert eine moderne Einrichtung. Es gibt drei Restaurants. Der Kid's Room ist für Kinder gedacht, die hier alleine (aber unter Aufsicht) essen können, während die Eltern bei David's Upstairs (gehobene Küche) oder Downstairs (einfache Gerichte) genießen.

🛏24 🅿 ⬛ ⬛ ⬛
💳 AE, MC, V

🍴 **SCANDIA**
$$
37 MAIN ST.
TEL. 978/834-0444
Seit 20 Jahren bietet das viktorianisch eingerichtete Restaurant der Familie Breidenbach preisgünstige Gerichte aus Neuengland: Crab Cakes mit Aioli, sautierte Muscheln in Dijon-Senfsoße, Meeresfrüchte mit Linguini oder Hummer, gefüllt mit Muscheln und Shrimps. Am Wochenende kann es voll werden.

🪑50 ⬛ ⬛ 💳 Alle gängigen Kreditkarten

SÜDLICH VON BOSTON

NEWPORT, R.I. 02840

DER BESONDERE TIPP

🏨 **CLIFFSIDE INN**
In einem ruhigen Viertel unweit der berühmten Stadtvillen liegt dieses geräumige Haus von

---

1880 mit dem besonderen Flair. Es beherbergt mehr als nur eine luxuriöse Bed & Breakfast-Pension: Wo immer man hinschaut, trifft der Blick auf eines der vielen Selbstporträts von Beatrice Turner, einer Künstlerin (1889 bis 1948) mit spannender Geschichte. Das Frühstück ist hervorragend, ebenso der reichhaltige Nachmittagstee.

$$$$$
2 SEAVIEW AVE.
TEL. 401/847-1811
FAX 401/848-5850
E-MAIL cliff@wsii.com
www.cliffsideinn.com
🛏 16 🅿 🚭 🅓
🅰 AE, MC, V

🏠 **FRANCIS MALBONE HOUSE INN**
$$
392 THAMES ST.
TEL. 401/846-0392 ODER 800/846-0392
FAX 401/848-5956
E-MAIL innkeeper@malbonecom
www.malbone.com
Dieses alte Kaufmannshaus liegt angenehm ruhig etwas zurückgesetzt an der geschäftigen Thames Street. Das Gebäude aus dem Jahr 1760 ist traditionell eingerichtet; die meisten Zimmer haben funktionierende Kamine und Himmelbetten mit bestickter Bettwäsche.
🛏 20 🅿 🚭 🅓
🅰 AE, MC, V

🍴 **BLACK PEARL**
$–$$$
BANNISTER'S WHARF
TEL. 401/846-5264
Hier hat man die Wahl zwischen drei Speiseräumen, alle mit Blick auf das Wasser. Bei Sonne kann man draußen im Patio einen Black Pearl Clam Chowder oder ein Bier genießen. Während man es im Tavern Room recht leger zugeht, muss man in der Commodore Room mit gehobener französischer Küche neben einem Jackett auch eine gut gefüllte Geldbörse mitbringen.
🍽 150, 50, 50 🚭 🅓
🅰 AE, MC, V

🍴 **CHRISTIE'S RESTAURANT**
$
OFF 351 THAMES ST.
TEL. 401/847-5400
Das älteste Hafenrestaurant in Newport ist nach 50 Jahren noch beliebt. Doch machen Sie sich auf die typische Einrichtung eines Fischrestaurants gefasst! In den drei Speiseräumen kann man sowohl ein einfaches Mittagessen wie in einer Kneipe als auch ein Chateaubriand-Steak bestellen. Zur Hochsaison ist eine Reservierung notwendig, möchte man auf der Terrasse mit Hafenblick sitzen.
🍽 600, Steg 130 🚭 🅓
🅰 Alle gängigen Karten

PROVIDENCE, R.I. 02903

🏠 **OLD COURT**
$$$
144 BENEFIT ST.
TEL. 401/351-0747 ODER 401/751-2002
FAX 401/272-4830
E-MAIL reserve@oldcourt.com
www.oldcourt.com
Diese Bed & Breakfast-Pension liegt in der Benefit Street, der »Geschichtsmeile«. Das 1863 erbaute viktorianische Backsteinhaus ist komplett mit antiken oder reproduzierten Möbeln eingerichtet. Die Zimmer an der Rückseite sind ruhiger und bieten einen Blick auf das angestrahlte Capitol. Oft übernachten hier Eltern von Studenten der nahen Brown University oder des RISD. Frühstück im Angebot.
🛏 10 🅿 🚭 🅓 🅰 AE, MC, V

🍴 **ECLECTIC GRILLE**
$$
245 ATWELLS AVE.
TEL. 401/831-8010
Dieses Restaurant liegt im Federal Hill-Viertel und bietet gute, moderne Gerichte wie Suppe aus geröstetem Mais und Chili oder gebratenen Thunfisch mit Kürbiskernen. Man kann am Tisch oder an der Bar sitzen und dort den Köchen über die Schulter sehen.

🍽 150 🅿 🕐 Geschl. M, jeden So u. Mo 🚭 🅓
🅰 AE, MC, V

SANDWICH 02563

🏠 **ISAIAH JONES HOMESTEAD**
$$$
165 MAIN ST.
TEL. 508/888-9115
FAX 508/888-9648
www.isaiahjones.com
Mitten in der hübschen Kleinstadt liegt das Bed & Breakfast von Jan und Doug Klapper, und zwar in einem Wohnhaus von 1849. Die Pension ist mit Antiquitäten im viktorianischen Stil und Reproduktionen eingerichtet; drei Zimmer verfügen über einen Kamin. Das Frühstück wird sogar mit Tischkerzen serviert.
🛏 7 🅿 🚭 🅓 🅰 Alle gängigen Kreditkarten

🍴 **DUNBAR TEA SHOP**
$
1 WATER ST.
TEL. 508/833-2485
Um den Geist des guten alten England zu erleben, sollte man in diesem britischen Bed & Breakfast eine Tasse Tee genießen – am besten mit Milch und selbst gebackenen Scones. Im Winter kann man am Feuer sitzen und Lesungen aus Charles Dickens' Romanen lauschen. Gute Suppen, Quiches und herzhafte britische Mittagsgerichte.
🍽 30 🅿 🚭 🅰 MC, V

YARMOUTH PORT 02675

🏠 **WEDGEWOOD INN**
$$
83 MAIN ST.
TEL. 508/362-5157
FAX 508/362-5851
Gerrie und Milt Graham sind die erfahrenen Gastgeber in diesem Klassiker unter Neuenglands Gasthäusern. Das

---

🚭 Nichtraucher 🅓 Klimaanlage 🏊 Hallenbad 🏊 Swimmingpool 🏋 Fitnessclub 🅰 Kreditkarten

Gebäude von 1812 ist mit Antiquitäten, bunten Quilts, Himmelbetten und Holzfußböden ausgestattet. Die Pension liegt an der Mass 6A, dem Old King's Highway, und hat einen großen Garten.

🛏9 🅿 📶 🔲
📇 AE, MC, V

🍴 ABBICCI
$$$
43 MAIN ST.
TEL. 508/362-3501
Das moderne italienische Restaurant könnte sich von den kleinen Fischrestaurants, die man überall findet, kaum deutlicher unterscheiden: Denn neben bekannten Nudelspezialitäten (Capellini, Fettucini) sowie Kalbsgerichten werden hier ungewöhnliche Kreationen gezaubert: Man sollte einmal das Kalb Nocciole (mit Haselnüssen), Polenta mit zerlassenem Fontina-Käse und Wildpilzen oder den Entenbraten »agrodolce« (süß-sauer) probieren! Zum sonntäglichen Brunch kommen die Gäste vom ganzen Cape hierher.

🪑75 🅿 Valet 📶 🔲
📇 Alle gängigen Karten

EASTHAM 02642

> **DER BESONDERE TIPP**

🏨 WHALEWALK INN
Das Haus eines Walfängerkapitäns aus den 1830er Jahren beherbergt heute eine nette Bed & Breakfast-Pension, nur wenige Minuten vom Boat Meadow Beach an der Cape Cod Bay entfernt. Neben Zimmern im Haupthaus gibt es auch einige in anderen Gebäuden auf dem großen Grundstück. Die meisten Zimmer haben einen Kamin, einige auch eine kleine Küche. Fahrradverleih.
$$$$
220 BRIDGE RD.
TEL. 508/255-0617 ODER
800/440-1281
FAX 508/240-0017
www.whalewalkinn.com

> **PREISKATEGORIEN**
>
> **HOTELS**
> Die Angaben beziehen sich auf ein Doppelzimmer ohne Frühstück:
>
> | | |
> |---|---|
> | $$$$$ | Über $200 |
> | $$$$ | $150–$200 |
> | $$$ | $100–$150 |
> | $$ | $75–$100 |
> | $ | Unter $75 |
>
> **RESTAURANTS**
> Die Angaben beziehen sich auf ein Dreigangmenü ohne Getränke:
>
> | | |
> |---|---|
> | $$$$$ | Über $75 |
> | $$$$ | $50–$75 |
> | $$$ | $35–$50 |
> | $$ | $20–$30 |
> | $ | Unter $20 |

🛏16 🅿 🕐 Geschl. Jan.–Feb., Mo–Fr im Dez.
📶 🔲 📇 AE, MC, V

WELLFLEET 02667

🍴 AESOP'S TABLES
$$–$$$
316 MAIN ST.
TEL. 508/349-6450
Trotz des geistreich-witzigen Namens wird hier das Kochen sehr ernst genommen. In der hübschen Stadtvilla (1805) eines Kapitäns sollte man Austern der Region (geöffnet oder überbacken) oder eines der raffinierten Fischgerichte probieren. Runden Sie den Genuss mit einem »Death by Chocolate«-Dessert ab – und bestellen Sie am besten gleich zwei Löffel!

🪑155 🅿 🕐 Geschl. Mitte Okt.–Mitte Mai u. Di, Mi in Vor- und Nachsaison 📶
📇 Alle gängigen Karten

TRURO 02666

🍴 ADRIAN'S
$
535 ROUTE 6
TEL. 508/487-4360

Obwohl es ein wenig außerhalb liegt, ist das Adrian's mit dem Auto rasch zu erreichen. Viele Fans kommen allein, um auf der Terrasse des legeren und gleichzeitig hervorragenden Restaurants einen Sonnenuntergang zu genießen. Auf der umfangreichen Karte stehen vor allem italienische Kreationen: z. B. Ravioli mit Hummerfleisch und Pizza aus dem Steinofen. Auch das Frühstück ist hier phantasievoll – Huevos Rancheros und Preiselbeer-Pancakes.

🪑200 🅿 🕐 Geschl. Mitte Okt.–Mitte Mai 📶
📇 AE, MC, V

PROVINCETOWN 02657

🏨 WATERMARK INN
$$
603 COMMERCIAL ST.
TEL. 508/487-0165
FAX 508/487-2383
E-MAIL info@watermark-inn.com
Das Hotel ist ideal für jeden, der zwar die Geschäfte und Restaurants von Provincetown besuchen, abends jedoch nur dem Klang der Wellen lauschen möchte: Das moderne Holzhaus liegt außerhalb der Stadt (zu Fuß 20 Minuten) direkt am Wasser mit einem eigenen kleinen Strand. Alle Suiten haben große Fenster, eine eigene Terrasse und Küche. Kinder sind hier willkommen.

🛏10 🅿 📶 🔲
📇 AE, MC, V

🍴 MARTIN HOUSE
$$
157 COMMERCIAL ST.
TEL. 508/487-6555
Das Restaurant ist ganzjährig beliebt: im Sommer wegen seiner Terrasse direkt am Wasser; im Winter wegen seiner heimeligen Räume mit Kamin. In dem Haus aus dem 18. Jahrhundert knarrt der Holzfußboden; die Einrichtung ist einfach, das Essen hingegen bemerkenswert gut.

🪑56 🕐 Geschl. L 📶
📇 Alle gängigen Karten

🏨 Hotel 🍴 Restaurant 🛏 Zimmer 🪑 Sitzplätze 🚏 Haltestelle 🅿 Parkplatz 🕐 Öffnungszeiten 🛗 Lift

CHATHAM 02633

🏨 CHATHAM BARS INN
$$$$$
SHORE RD.
TEL. 508/945-0096 ODER
800/527-4884
FAX 508/945-5491
www.chathambarsinn.com
Seit 1914 ist dieses luxuriöse
Ferienhotel mit Privatstrand
das führende Haus auf Cape
Cod. Man kann zwischen
Zimmern im Hauptgebäude
oder Cottages wählen und in
einem von drei Restaurants
speisen.
🛏 205 🅿 🍴 🚭 ❄
🏊 💪 🖎 Alle gängigen
Kreditkarten

🏨 CAPTAIN'S HOUSE INN OF CHATHAM
$$$$
369 OLD HARBOR RD.
TEL. 508/945-0127 ODER
800/315-0728
FAX 508/945-0866
www.captainshouseinn.com
E-MAIL info@captainshouse.com
Diese luxuriöse Landpension
aus dem Jahr 1839 liegt auf
einem fast einen Hektar
großen Anwesen. Die meisten
Zimmer sind mit Baldachin-
betten, Kamin und antiken
Möbeln ausgestattet. Das
reichhaltige Frühstück besteht
aus einem verführerischen
Buffet. Nachmittags wird Tee
gereicht.
🛏 19 🅿 🚭 ❄ 🖎 AE,
MC, V

🍴 CHRISTIAN'S
$$$
443 MAIN ST.
TEL. 508/ 945-3362
In dem ehemaligen Kapitäns-
haus kann man zwischen zwei
Stilen wählen: Das legere
Upstairs at Christian's-Restau-
rant wirkt wie eine Bibliothek
mit einigen Film-Memorabilia;
hier kann man hausgemachte
Pizzas ordern und einem
Klavierspieler lauschen. Der
unten gelegene, etwas elegan-
tere Speiseraum ähnelt eher
einem Fischrestaurant, wobei
es in beiden Bereichen

frischen Fisch vom Chatham
Pier gibt.
🍴 100 🅿 Privat 🕐 Geschl.
Di. A u. Mi A Jan.–Mitte März
🚭 ❄ 🖎 MC, V

HARWICH PORT 02646

🏨 SEA HEATHER INN
$$$$
28 SEA ST.
TEL. 508/432-1275 ODER
800/789-7809
Giebel und eine Veranda
schmücken dieses Haus aus
den 1850er Jahren mit Blick
auf den Nantucket Sound.
Ganz in der Nähe liegt der
öffentliche Sea Street Beach,
der jedoch fast wie ein Privat-
strand wirkt. Das Gasthaus
wurde 1997 als Bed & Break-
fast-Pension eröffnet. Anders
als das traditionell gehaltene
Hauptgebäude bietet der
Anbau (The Court) einfache,
motelähnliche Räume.
🛏 24 🅿 🚭 ❄ einige
🖎 AE, MC, V

🍴 CAPE SEA GRILLE
$$
31 SEA ST.
TEL. 508/432-4745
Das angenehme Restaurant
liegt direkt gegenüber vom
Sea Heather Inn (siehe oben)
und bietet eine phantasievolle
Küche, die Gäste vom ganzen
Kap anlockt. Thunfisch, mari-
niert in Orange und Ingwer,
wird mit Tempura-Shrimps
und einer Soße aus Ananas,
Mandarinen und Honig ser-
viert. Auch die Desserts sollte
man probieren.
🍴 110 🅿 🕐 Geschl.
Dez.–März 🚭 ❄
🖎 AE, MC, V

WOODS HOLE 02540

🏨 WOODS HOLE PASSAGE
$$$$
186 WOODS HOLE RD.
TEL. 508/548-9575 ODER
800/790-8976
FAX 508/540-4771
www.woodsholepassage.com
Auf halbem Weg zwischen
Falmouth und Woods Hole

gelegen, bietet dieses Bed &
Breakfast mit seinen fünf
Zimmern eine gute Ausgangs-
basis für Rad- oder Strand-
ausflüge, Touren durch das
Upper Cape oder nach
Martha's Vineyard. Die Zimmer sind gemütlich einge-
richtet. Es wird ein kostenloser
Fahrradverleih für die Hotel-
gäste angeboten.
🛏 5 🅿 🚭 ❄ 🖎 Alle
gängigen Kreditkarten

🍴 FISHMONGER'S CAFÉ
$$
56 WATER ST.
TEL. 508/540-5376
Das legere Restaurant ist seit
25 Jahren bei Einheimischen
und Touristen gleichermaßen
beliebt. Da man nicht reser-
vieren kann, muss man früh-
zeitig kommen, wenn man an
einem der Tische mit Meer-
blick sitzen möchte. Zu den
Spezialitäten zählen modern
variierte Fischgerichte, etwa
stark gebratener Seebarsch
mit Pfirsichsalsasoße oder
Thunfisch-Sashimi.
🍴 64 🚭 ❄ 🕐 Geschl.
Di A u. Anfang Dez. – Ende
Feb. 🖎 AE, MC, V

FALMOUTH 02540

🏨 MOSTLY HALL B & B
$$$$
27 MAIN ST.
TEL. 508/548-3786
E-MAIL mostlyhall@aol.com
www.mostlyhall.com
1999 kauften Bogdan and
Christina Simcic Mostly Hall,
eine der bekanntesten Bed &
Breakfast-Pensionen in Fal-
mouth. Die Stadtvilla von
1849 hat eine breite Veranda,
sie wird von einer Kuppel ge-
krönt und liegt zurückgesetzt
inmitten eines Gartens. Drei
der sechs Zimmer schmücken
etwas eigenwillige Wand-
mosaike, die die Simcics ge-
festigt haben; die anderen
sind mit Antiquitäten deko-
riert.
🛏 6 🅿 🕐 Geschl. Mitte
Dez.–Mitte März 🚭 ❄
🖎 AE, MC, V

🚭 Nichtraucher ❄ Klimaanlage 🏊 Hallenbad 🏊 Swimmingpool 💪 Fitnessclub 🖎 Kreditkarten

MARTHA'S VINEYARD

🏨 CHARLOTTE INN
🍴 $$$$$

27 SOUTH SUMMER ST.,
EDGARTOWN, MA 02539
TEL. 508/627-4151
FAX 508/627-4652

Die Pension und das Feinschmecker-Restaurant L'Etoile sind hervorragend und so teuer, dass man sie sich für besondere Gelegenheiten vorbehält. Die Einrichtung kann es mit den besten britischen Landhotels aufnehmen: alte Uhren, Regale voller interessanter Bücher und Vasen mit frischen Blumen. Es gibt allerdings drei Regeln: keine Hochzeiten, keine Familienfeste und keine Familien mit Kleinkindern.

🛏 25 🅿 🕐 Restaurant
Geschl. Jan.–Mitte Feb. 📶
🏧 AE, MC, V

🏨 GREENWOOD HOUSE
$$$$

40 GREENWOOD AVE.,
VINEYARD HAVEN, 02568
TEL. 508/693-6150 ODER
866/693-6150
E-MAIL innkeeper@greenwood
house.com
www.greenwoodhouse.com

Larry Gomez und Kathy Stinson sind freundliche und aufmerksame Gastgeber. Ihr bequemes Bed & Breakfast liegt nur einen kurzen Spaziergang von der Stadtmitte mit vielen Geschäften und Restaurants entfernt. Das Frühstück wird gemeinsam an einem langen Tisch eingenommen.

🛏 5 🅿 🚇 📶 🏧 Alle
gängigen Kreditkarten

🍴 ALCHEMY
$$$$

71 MAIN ST., EDGARTOWN,
02539
TEL. 508/627-9999

Dieses stilvolle Bistro mit Bar eröffnete 1999 und könnte geradewegs in Manhattan liegen. Die Küche hat sich einiges vorgenommen: karamellisierte Schalottencreme,

Engelsbarsch in der Pfanne gebraten mit Hummer in Butter oder Bananenreispudding mit einem Rum-Rosinen-Püree. Oben geht es rund um einen Billardtisch und eine Bar recht locker zu, unten wird gespeist.

🪑 170 🚇 📶 🏧 AE, MC, V

🍴 CAFE MOXIE
$$$

48 MAIN ST., VINEYARD HAVEN
TEL. 508/693-1484

Das kleine Restaurant um die Ecke wünscht sich wohl jeder für seine eigene Straße: eine schlichte Einrichtung, freundliche Bedienung und ausgezeichnetes Essen. Probieren Sie Muscheln in Safransud gedünstet oder in der Pfanne gebratene Entenbrust in Blackcurrant und mit Walnuss-Gerstenrisotto. Vineyard Haven ist eine »trockene« Stadt, also muss man seinen eigenen Wein mitbringen.

🪑 48 🕐 Geschl. Mo–Di u.
Okt.–April 🚇 📶
🏧 MC, V

NANTUCKET 02554

🏨 HAWTHORN HOUSE
$$$$

2 CHESTNUT ST.
TEL/FAX 508/228-1468
E-MAIL hhguests@nantucket.net
www.hawthornhouse.com

Die kreative Familie Carl hat mit ihren Buntglaswerken, Nadelarbeiten, Gemälden und Teppichen das 1849 erbaute Haus dekoriert. Die Pension liegt zentral, so dass man Geschäfte und Restaurants zu Fuß erreichen kann. Das Hawthorn House nennt sich selbst Gästehaus, da es kein Frühstück anbietet; doch gibt es einen Gutschein für nahe gelegene Cafés. Ein gutes Preis-Leistungs-Verhältnis!

🛏 10 🚇 📶 einige
🏧 MC, V

🏨 MARTIN HOUSE INN
$$

61 CENTRE ST.
TEL. 508/228-0678

www.martinhouseinn.net

Dieses Bed & Breakfast liegt in einem ruhigen Wohnviertel auf einem Hügel am Hafen. Im Sommer kann man sein Frühstück auf der Veranda genießen; im Winter sorgt der Kamin im Wohn- und Esszimmer für eine heimelige Atmosphäre. Das elegante Privathaus ist mit Antiquitäten, interessanter Kunst und Himmelbetten ausgestattet.

🛏 13 🚇 🏧 MC, V

🍴 BOARDING HOUSE
$$

12 FEDERAL ST.
TEL. 508/228-9622

Die sorgfältig und phantasievoll zubereiteten Speisen machen das Boarding House zu einem der besten Restaurants auf der Insel. Angeboten werden z.B. gegrillter Gelbflossenthunfisch mit Wasabi-Aioli und Shrimps in Ingwersoße mit Jasminreis – amerikanische Küche mit asiatischem Einschlag. Ideal, um es sich einmal richtig gut gehen zu lassen. Der Weinkeller hält mehr als 200 verschiedene Tropfen bereit; es gibt eine einladende Terrasse.

🪑 150 🕐 Geschl. So–Mo
Dez.–März 🚇 📶 🏧 AE,
MC, V

🏨 Hotel 🍴 Restaurant 🛏 Zimmer 🪑 Sitzplätze 🚇 Haltestelle 🅿 Parkplatz 🕐 Öffnungszeiten 📶 Lift

EINKAUFEN

In Boston findet man im Gegensatz zu vielen anderen US-Städten, wo es in anonymen Einkaufszentren die immer gleichen Geschäfte gibt, noch immer ein breites Angebot: Die Auswahl an Einkaufsmöglichkeiten ist enorm – von den exklusivsten Designerboutiquen und Schmuckgeschäften bis hin zu den Läden mit preiswerter, junger »In«-Mode. Auch außerhalb Bostons kann man in allen Regionen, die dieser Reiseführer vorstellt, hervorragend einkaufen. Einkaufszentren, die Shopping Malls, findet man überall; wer jedoch Antiquitäten, Handwerk oder Kunsthandwerk sucht, sollte sich an die Besucherinformationen wenden. Auch Souvenirläden in Museen bieten oft besondere Andenken und einzigartige Geschenke an.

BOSTON

Wie auch die Sehenswürdigkeiten, so sind die Geschäfte in ganz Boston verteilt. In einigen Stadtvierteln kann man jedoch besonders gut einkaufen.

Die Back Bay ist seit langem unter anspruchsvollen Konsumenten bekannt, vor allem die Boylston Street rund um das Four Seasons Hotel, wo sich etliche internationale Designergeschäfte konzentrieren. Einige Häuserblocks weiter westlich liegt der Copley Place (siehe S. 254), der durch eine gläserne Fußgängerbrücke zu The Shops at the Pru (siehe S. 254) führt.

Doch am einladendsten ist sicher die Newbury Street, in deren verschiedenen Geschäften mit Designermode und guten Lederwaren ebenso wie in Kunstgalerien ein ganzer Shoppingtag verleben lässt (www.newbury-st.com).

An der Charles Street und in Beacon Hill liegen weitere Antiquitäten- und Fachgeschäfte. An der Downtown Crossing finden sich eher uninteressante Läden, die alltägliche Produkte verkaufen; allerdings liegen hier auch Filene's Basement (siehe unten) und die Filialen einiger Ketten wie Macy's East (siehe unten), The Gap oder Levis Store.

ANTIQUITÄTEN

Devonia (erster Stock, 43 Charles St., Tel. 617/523 8313) ist auf Antiquitäten rund um den stilvoll gedeckten Tisch speziali-

siert. Hier gibt es Weingläser, Kochzubehör und manch ausgefallene Geschenke.

SONDERANGEBOTE

Filene's Basement, 497 Boylston St., Tel. 617/424-5520 und 426 Washington St., Tel. 617/350-7268. In dem berühmten Paradies für Schnäppchenjäger gilt es, sich schnell zu entscheiden! Liegen gebliebene Bekleidung wird im Verlauf von vier Wochen immer weiter im Preis reduziert – was dann noch unverkäuflich ist, wird gespendet.

BÜCHER

Brattle Bookshop, 9 West St., Tel. 617/542 0210. Das Geschäft für Bücher aus zweiter Hand existiert seit 1825. Draußen gibt es reduzierte Ware, innen Tausende gebrauchter Bände, während sich Antiquarisches in einem eigenen Raum befindet.

Peter L. Stern, 15 Court Square, Lobby 101, Tel. 617/542-2376, ist *die* Adresse für Sammler von Erstausgaben und antiquarischen Bänden, insbesondere was amerikanische und britische Literatur des 19. und 20. Jahrhunderts, Kriminalromane sowie signierte Bücher und Manuskripte betrifft. Im selben Gebäude befindet sich Lame Duck Books, spezialisiert auf seltene Literatur aus Europa, Lateinamerika, Großbritannien und Amerika von 1850 bis 1960.

BEKLEIDUNG

Alan Bilzerain, 34 Newbury St., Tel. 617/536 1001. Alan entwirft die Herrenkollektion, seine Frau Bé die Mode für Damen. Das

Geschäft verkauft auch internationale Marken wie Comme des Garçons, Yohji Yuammamoto und Issey Miyake.

Louis, Boston, 234 Berkeley St., Tel. 617/262 6100. Das wahrscheinlich exklusivste Bekleidungsgeschäft der Stadt – vor allem für Männer. Es liegt in einem 140 Jahre alten, wunderschönen Bau, dem ehemaligen Museum of Natural History.

KAUFHÄUSER

Macy's/East, 1775 Washington St., Tel. 781/826-0187. Hier findet man Herren-, Damen- und Kinderbekleidung sowie andere Artikel von Koffern bis zu Haushaltswaren in bekannter Macy's-Qualität.

Barney's New York, 100 Huntington Ave., Tel. 617/385-3300. Die Filiale in Boston bietet auf einer großen Verkaufsfläche das gleiche Angebot wie das Mutterhaus in New York an.

SCHMUCK

Shreve, Crump, & Low, 440 Boylston St., Tel. 617/267 9100. New York City ist stolz auf Tiffany & Co. – Boston auf Shreve, Crump &Low. Das nicht nur bei Bostoner beliebte Juweliergeschäft, das schon seit über zwei Jahrhunderte lang existiert, ist berühmt für Bestecke, Schmuck, Uhren und Antiquitäten. Zu der exklusiven Sammlung mit Boston-Motiven gehören »Gurgling-Cod«-Krüge.

KUNSTGALERIEN

Childs Gallery, 169 Newbury St., Tel. 617/266 1108. Diese Galerie ist auf Gemälde, Skulpturen und Papierarbeiten von der Renaissance bis zu den 1950er Jahren spezialisiert und bei Insidern seit 70 Jahren bekannt.

The Society of Arts & Crafts, 175 Newbury St., Tel. 617/266 1810. Nirgendwo sonst findet man mehr Glas-, Leinöl- und Keramikprodukte aus der Umgebung als hier.

LEDERWAREN

Cole Haan, 109 Newbury St., Tel. 617/536 7826. Hier kauft man handgearbeitete Damen- und Herrenschuhe – für die Freizeit, das Büro oder den Abend. Außerdem gibt es Gürtel, Koffer, Handtaschen und Portemonnaies.

EINKAUFSZENTREN

Copley Place, Huntington Ave., zwischen Dartmouth & Exeter St. Die Liste der Geschäfte in dieser Mall spricht für sich: Neiman Marcus, Gucci, Ralph Lauren und Louis Vuitton. Allein das Gebäude mit seinem riesigen Atrium aus Glas, den vielen Pflanzen und Geschäften ist beeindruckend.

Faneuil Hall Marketplace, www.faneuilhallmarketplace.com. Bostons meistbesuchte Sehenswürdigkeit ist auch die kommerziellste: Man sollte sich von den Fast-Food-Ständen und billigen Souvenirläden nicht abschrecken lassen; es gibt hier auch einige gehobene Bekleidungs- und Fachgeschäfte.

The Shops at the Pru, www.prudentialcenter.com, ist über eine gläserne Fußgängerbrücke mit dem Copley Place verbunden. Das Einkaufszentrum erstreckt sich rund um das elegante Bekleidungshaus Saks Fifth Avenue. Die Angebote der meisten Geschäfte sind gleichwohl günstiger als im Copley Place.

FACHGESCHÄFTE

Black Ink, 101 Charles St., Tel. 617/723 3883. Alles von Tinte und Briefmarken bis zu ungewöhnlichen Büroaccessoires und Glaswaren ist hier zu haben.

Crane & Co. Papermakers, The Shops at Prudential Center, Tel. 617/247 2822. Das Unternehmen stellt schon seit zwei Jahrhunderten Bürowaren in Massachusetts her. Das Papier besteht aus 100 Prozent Baumwolle, die Verzierungen sind Handarbeit.

Rugg Road Paper Company, 105 Charles St., Tel. 617/742 0002, präsentiert eine enorme

Auswahl an handgeschöpftem Papier und Bürobedarf.

Simon Pearce, 115 Newbury St., Tel. 617/450 8388. Dieses Geschäft bietet schöne Glasprodukte eines irischen Handwerkers aus Vermont an.

Stoddards, 50 Temple Pl., Tel. 617/426 4187. Das zweihundert Jahre alte Stoddards nennt sich stolz Amerikas ältestes Geschäft für Bestecke. Daneben verkauft es Messer und Scheren für alle Gelegenheiten. Am Copley Place unterhält Stoddards ein Fachgeschäft mit Zubehör für das Fliegenfischen.

CAMBRIDGE

Dank der vielen Studenten gibt es in Cambridge eine breite Auswahl an Geschäften – vom flippigen CD-Laden und Bekleidungsgeschäft bis hin zu schicken Boutiquen und natürlich vielen Buchhandlungen.

KUNSTHANDWERK

Cambridge Artists Cooperative, 59A Church St., Tel. 617/868 4434. Diese Schatzgrube ist viel größer, als man zunächst vermutet: Sieben Räume präsentieren Kunsthandwerk aus der Umgebung, darunter schöne Glas- und Silberprodukte, Strickwaren, Schals, Holzarbeiten, Schmuck und Keramik – tolle Mitbringsel und Geschenke!

BÜCHER

Grolier Poetry Book Shop, 6 Plympton St., Tel. 617/547 4648. Die Buchhandlung ist seit 1927 Treffpunkt für Dichter und Lyrikfans – mit Besuchern wie Allen Ginsberg und Seamus Heaney. Zwischen den überladenen Bücherregalen hängen Fotografien; jede Woche finden Lesungen statt (Di, Fr oder So).

SOUVENIRS

Harvard Co-op, 1400 Massachusetts Ave., Tel. 617/499 2000. Der große Laden mit Bekleidung, Büchern und Haushaltswaren

richtet sich nicht nur an die studentische Kundschaft, sondern auch an »gewöhnliche« Touristen. So gibt es z. B. Souvenirs mit dem Wappen der Harvard University zu kaufen.

WESTLICH UND NORDWESTLICH VON BOSTON

Das Stadtzentrum von Concord mit seinen kleinen Fachgeschäften ähnelt noch immer einem traditionellen Dorf in Neuengland. Das benachbarte Lowell ist auf Grund seiner Industriegeschichte weniger gediegen, aber auch dort kann man recht gut einkaufen.

CONCORD

Concord Bookshop, 65 Main St., Tel. 978/369 2405. Diese über 60 Jahre alte Buchhandlung bietet eine umfassende Auswahl, vor allem an Reiseführern und Kinderbüchern. Auch Schriftsteller der Umgebung sind hier vertreten: von Thoreau und Alcott aus dem 19. Jahrhundert bis hin zu modernen Autoren wie Doris Kearns Goodwin.

LOWELL

Lowell Gallery, 14 Jackson St., Tel. 978/458 3137. Der gediegene Geschenkladen ist auf Kunsthandwerk aus Neuengland und Souvenirs aus Lowell spezialisiert. Er führt ausgefallenen und klassischen Schmuck, Kunsthandwerk aus Boston, Zinngeschirr aus Connecticut und Mäntel aus Maine.

NORTH SHORE

Am North Shore kann man sehr gut nach Antiquitäten, Kunstwerken oder antiquarischen Büchern Ausschau halten.

ESSEX

White Elephant, 32 Main St., Tel. 978/768 6901. Mit 50 Jahren ist dies eines der ältesten Anti-

quitätengeschäfte der Stadt. Angeboten werden u.a. Silberprodukte, Porzellan, Glas, Puppen
und Möbel.

NEWBURYPORT

Piel Craftsmen, 31/2 Center
St., Tel. 978/462 7012. Die historischen Schiffsmodelle bilden u.a.
die *Massachusetts* nach, den ersten US-Zollkutter, 1791 in Newburyport vom Stapel gelaufen. In
der Werkstatt gegenüber kann
man beim Modellbau zuschauen.
Verkauft werden auch Drucke
mit maritimen Themen, Flaschen-
schiffe und Seesäcke.

ROCKPORT

KUNSTHANDWERK
Rockport Art Association, 12
Main St., Tel. 978/546 6604.
Wechselausstellungen der im
Verein zusammengeschlossenen
Künstler präsentieren Gemälde,
Drucke, Skulpturen und Foto-
grafien.

Rockport Quilt Shoppe, 2
Ocean Ave., Tel. 978/546 1001.
Die Besitzerin und Sammlerin
Gloria White hat über 150 Quilts
aus ganz Amerika zusammenge-
tragen. Sie repariert alte Quilts
und fertigt auf Bestellung neue
an. Das Geschäft ist unregelmäßig
geöffnet – melden Sie sich also
vorher telefonisch an!

SÜDLICH VON BOSTON

NEWPORT, R.I.

Wie jeder andere Ferienort ver-
fügt auch Newport über etliche
Souvenirläden, und zwar in brei-
ter Auswahl und von exklusiver
Qualität. Sie finden sich vor allem
in den Straßen Franklin und
Spring Street, America's Cup
Avenue, Thames Street und
Bellevue Avenue.

ANTIQUITÄTEN
Armory Antiques & Fine Art,
365 Thames St., Tel. 401/848 2398.

Hier bieten über 125 Händler ihre
Antiquitäten aus aller Welt an.

MÖBEL
Ball & Claw, 55 America's Cup
Ave., Tel. 401/848 5600. Jeffrey
Greene baut Möbel im Stil von
Townsend and Goddard, den be-
rühmten Möbelmachern aus
Newport, originalgetreu nach.

SCHMUCK
Down under jewelry, 479
Thames St. Tel. 401/849-1078,
www.downunderjewlry.com.
Seit 1978 bietet dieses Geschäft
in Newport Schmuck in allen er-
denklichen Formen an.

VERSCHIEDENES
Kunstgalerien, Cafés und Läden
locken Kunden in **Bannister's
Wharf** (20 Geschäfte) und
Brick Marketplace (32 Ge-
schäfte), Tel. 401/846 4733.

PROVIDENCE, R.I.

Providence ist zugleich stolz auf
das älteste und auf das neueste
Einkaufszentrum des Landes. In
der Thayer Street, Treffpunkt
vieler Collegestudenten, gibt es
skurrile, ausgefallene Geschäfte
und Cafés.

ANTIQUITÄTEN
Tilden-Thurber Co., 292
Westminster St., Tel. 401/272
3200. Das 1766 gegründete Ge-
schäft verkauft einige der besten
Antiquitäten in Neuengland, nicht
selten von Handwerkern aus der
Umgebung angefertigt.

BUCHHANDLUNGEN
Cellar Stories Book Store, 111
Mathewson St., Tel. 401/521 2665.
Die größte Secondhand-Buch-
handlung des Bundesstaates, mit
hoch aufgestapelten Erstausgaben und anderen Sammler-
stücken.

EINKAUFSZENTREN
The Arcade, 65 Weybosset St.,
Tel. 401/598 1199. Das 160 Jahre
alte Einkaufszentrum bietet auf
drei Etagen Boutiquen und
Geschäfte, die Souvenirs und
Geschenkartikel verkaufen.

Providence Place Mall,
Providence Pl., Tel. 401/270-1000.
Die 1999 eröffnete Mall in der
Innenstadt liegt zwischen den
Kaufhäusern Nordstrom, Lord &
Taylor und Filene's.

CAPE COD UND DIE INSELN

Cape Cod ist für seine Antiquitätengeschäfte, vor allem entlang
der Mass. 6A, dem Old King's
Highway, bekannt.

Die einhundert Mitglieder der
**Cape Cod Antique Dealers
Association** sind in einer Bro-
schüre aufgelistet (P. O. Box 191,
Yarmouth Port, MA 02675, Tel.
508/362 6875, www.ccada.com).

Auf dem Kap gibt es auch sehr
gute Künstler und Handwerker:

Cape Cod Potters (www.
capecodpotters.com) ist eine
Vereinigung von rund 20 Töpfe-
reien, die Terrakotta-Artikel,
Steingut, Skulpturen, Teppiche
und Bilder anbieten.

Gute Einkaufsmöglichkeiten gibt
es vor allem in Provincetown und
Chatham. Auf Martha's Vineyard
bieten Edgartown und Vineyard
Haven eine interessante Auswahl
an Geschäften; in Nantucket Town
finden sich überall hochwertige
Mode- und Fachgeschäfte.

PROVINCETOWN

Provincetowns Künstler versor-
gen die vielen Galerien der Stadt
mit ihren Werken. Die meisten
Galerien liegen rund um die
Commercial Street, doch gibt es
viele Umzüge, so dass man sich
jede Saison neu in der Kunst-
szene orientieren muss.

KUNSTGALERIEN
Julie Heller Gallery, 2 Gosnold
St., Tel. 508/487 2169. Eine der
seit längerem etablierten Galerien der Stadt (1980 eröffnet),
präsentiert vor allem Werke von
Künstlern aus Provincetown
(frühes 20. Jahrhundert und
Gegenwart).

BEKLEIDUNG
Silk and Feathers, 377 Commercial St., Tel. 508/487-2057. Neben aktueller Bekleidung auch Schuhe, Accessoires und Unterwäsche.

CHATHAM

ANTIQITÄTEN
Bob's Antiques, 1223 Main St., Tel. 508/945-0690

SCHMUCK
Chatham Jewelers, 532 Main St., Tel. 973/635 9100. Das Geschäft mit seinem altmodischen Service und dem gut informierten Personal verführt zum Kauf von hochwertigem Schmuck, Armbanduhren und anderen Uhren.

Ross Coppelman, 461 Main St., Tel. 508/945 7722.

EASTHAM

HANDWERK
Eastham Pottery, 105 Gigi Lane, Tel. 508/255-9457. Brian Brader findet die Motive für seine handgearbeiteten Skulpturen, Keramikwaren und Fliesen in der Natur um ihn herum. Seine Frau Lisa stellt hübsche Schals, Teppichläufer und handgewebte Decken her.

DENNIS

ANTIQUITÄTEN
Antique Center of Cape Cod, 243 Main St. (Rte. 6A), Tel. 508/385 0400.

Robert C. Eldred Co., 1483 Rte. 6A, East Dennis, Tel. 508/385 3116. Das Auktionshaus ist die berühmteste Adresse für Antiquitäten auf dem Kap. Wer Lust an einer Auktion hat, sollte vorher telefonisch die Termine erfragen.

HANDWERK
Scargo Stoneware Pottery, 30 Dr. Lord's Rd. South, Tel. 508/385 3894. Harry Holl stellt Gemälde und Skulpturen aus, in der Saison führt er auch

Töpferarbeiten vor. Geöffnet im Sommer 10–18 Uhr, 10–17 Uhr im Winter.

BREWSTER

ANTIQUES
ANTIQUITÄTEN
Huckleberry's Antiques
2271 Main St., Tel. 508/896 7189.

HANDWERK
Heart Pottery, 1145 Main St., Rte. 6A, Tel. 508/896 6189. Diane Heart sitzt hier an ihrem Töpferrad und stellt japanische Raku-, Steingut- und HaushaltsTöpferwaren her – und beantwortet gerne Fragen. Landschaftsaufnahmen sind ebenfalls ausgestellt. Sonntags geschl.

SANDWICH

ANTIQUITÄTEN
Sandwich Antique Center, 131 Rte. 6A, Tel. 508/833 3600.

YARMOUTH PORT

ANTIQUITÄTEN
The Town Crier, 153 Main St., Tel. 508/362 3138.

MARTHA'S VINEYARD

ANTIQUITÄTEN
C.W. Morgan Marine Antiques, Beach Rd., Vineyard Haven, Tel. 508/693 3622.

BEKLEIDUNG
Dream Weaver, 1 South Water St., Edgartown, Tel. 508/627 9683. Kleidungsstücke als Kunstwerke.

GESCHENKARTIKEL
Rainy Day, 66 Main St., Vineyard Haven, Tel. 508/693 1830. Wer noch Geschenkideen sucht findet sie bestimmt in diesem Geschäft, wie etwa Dekoratives zur Verschönerung des Hauses, etwas aus der maritimen Schatzkiste oder Luxusbade- und Babyartikel und vieles mehr.

SCHMUCK
Edgartown Jeweler's Studio, 261 Upper Main St., Vineyard Haven, Tel. 508/627 6820. Eine

Genossenschaft mit Produkten von vier Goldschmieden aus der Region.

NANTUCKET

ANTIQUITÄTEN
Manor House Antiques Co-op, 31 Centre St., Tel. 508/228 4335.

BEKLEIDUNG
Murray's Toggery Shop, 62 Main St., Tel. 508/228 0437. Hier kauft man die Nantucket Reds, die Baumwollhosen, die sich einst von einem Korallenrot zu einem blassen Rosa verfärbten. Heutzutage ist der Stoff vorgebleicht und wird auch zu Hemden, kurzen Hosen und Taschen verarbeitet – begehrte Inselsouvenirs.

KUNSTGALERIEN
Artists' Association of Nantucket, 19 Washington St., Tel. 508/228 0722. Seit mehr als 50 Jahren bietet die Vereinigung regelmäßige Wechselausstellungen von Malern und Bildhauern der Region an.

UNTERHALTUNG & FREIZEIT

Gemeinsam mit dem North Shore, Newport, Providence und Cape Cod bietet Boston eine immense Auswahl an Festivals, Unterhaltungs- und Sportveranstaltungen. Je nach Jahreszeit und Interesse findet sich dabei für jeden etwas.

VERANSTALTUNGEN

JANUAR
Boston Cooks!, Tel. 617/536 4100, Ende Jan.–Anfang Feb.

Boston Wine Festival, Boston Harbor Hotel, Tel. 617/439 7000, Jan.–April.

Chinesisches Neujahr, Boston, Tel. 617/542 2574, Jan. oder Feb. Dreiwöchige Feiern in Chinatown.

FEBRUAR
Black History Month, Boston, Tel. 888/SIEHE BOSTON. Ausstellungen, Vorträge und Sonderveranstaltungen in der ganzen Stadt.

Newport Winter Festival, Newport, R.I., Tel. 401/847 7666, Mitte Feb. Ein spiel- und spaßorientiertes Fest, das alles bietet: von Eisschnitzereien und Schneeskulpturen übers Schlittschuhlaufen bis hin zu Heißluftballonfahrten.

New England Boat Show, Tel. 617/242 6092, 20.–28. Feb.

Regatta Bar Jazz Festival, Charles Hotel, Cambridge, Tel. 617/876 7777, Mitte Feb.–Ende Mai.

Presidents' Day, Quincy, Tel. 617/376 1900, 3. Mo Feierlichkeiten in der Heimatstadt zweier US-Präsidenten.

MÄRZ
Boston Massacre Reenactment, Old State House, Boston, Tel. 617/720 3290, 5. März. Soldaten und Revolutionäre treten in Kolonialkostümen mit Musketen und Musikinstrumenten auf.

Celebrity Chefs Culinary Program, Fairmont Copley Plaza Hotel, Tel. 617/267 5300, gesamter Monat.

New England Flower Show, Tel. 617/536 9280, 17.–25. März.

St. Patrick's Day, Tel. 617/635 3911, 17. März und das nächstgelegene Wochenende. Feiern in der ganzen Stadt.

Women's History Month, Tel. 888/SEE BOSTON. Ausstellungen, Vorträge und Sonderveranstaltungen in der ganzen Stadt.

APRIL
Boston Marathon, Tel. 617/236 1652, 3. Mo.
Der älteste Marathonlauf weltweit findet seit 1897 jährlich anlässlich der Feiern zum Patriots' Day in Boston (siehe unten) statt. Tausende von Zuschauern jubeln den rund 40 000 Läufern an der 42,195 Kilometer langen Strecke zu – vom Vorort Hopkinton bis zum Copley Square.

Daffodil Festival, Bristol, R.I., Tel. 401/253 2707, gesamter Monat.

Daffodil Festival, Nantucket, Tel. 508/228 1700, letztes Wochenende.

Patriots' Day, Tel. 888 (siehe Boston), das eigentliche Datum ist der 19. April, doch wird der Feiertag stets am 3. Montag mit Paraden und Feierlichkeiten begangen, Veranstaltungen gibt es u.a. am Paul Revere's House und an der Old North Church.

MAI
Lilac Sunday, Arnold Arboretum, Boston, Tel. 617/524 1717, Mitte Mai.

WaterFire, Providence R.I., Tel. 401/272 3111, gesamter Monat.

Ein unvergessliches Erlebnis: 80 Feuer erleuchten den Providence River, dazu gibt es Musik.

JUNI
Bunker Hill Weekend, Bunker Hill, Boston, Tel. 617/242 5641, nächster So. vor/nach dem 17. Juni. Paraden und Feiern erinnern an das berühmte Gefecht in Charlestown.

Cambridge River Festival, Tel. 617/349 4380, 16. Juni.

Harborfest, Boston, Tel. 617/227 1528, www.july4th.org. Das Festival erreicht am 4. Juli seinen Höhepunkt. »Clam-Chowder«-Fest, Musik, Feuerwerk und mehr.

Newport International Film Festival, Newport, R.I., Tel. 401/846 9100, 1. Woche.

JULI
Fourth of July, Boston, Tel. 617/266 1492. Der Unabhängigkeitstag wird mit dem Boston-Pops-Orchester in der Hatch Shell und einem tollen Feuerwerk gefeiert.

Hall of Fame Tennis Championships, Newport, R.I., Tel. 401/849 3990 oder 800/457 1144, 2. Woche. Das einzige Tennisturnier auf Rasenplatz für Profispieler in den USA.

Newport Music Festival, Newport, R.I., Tel. 401/846 1133, Mitte Juli. Kammermusikkonzerte in berühmten Stadtvillen.

AUGUST
August Moon Festival, Chinatown, Boston, Tel. 617/542 2574, Ende des Monats.

Feast of the Blessed Sacrament, New Bedford, Tel. 508/992 6911, 1. Wochenende. Das Fest wird von den Portugiesen in der Stadt – aber auch allen anderen – gefeiert.

Festas, North End, Boston, Ende des Monats. Eine Reihe lebendiger italienischer Religionsfeste.

Gloucester Waterfront Festival, Gloucester, Tel. 978/283 1601, Mitte des Monats. Die Fischertradition des Ortes wird mit Hummeraufläufen, Bootsausflügen und einem Markt mit Kunsthandwerk gefeiert.

Newport Folk and Jazz Festivals, Fort Adams State Park, Newport, R.I., Tel. 401/847 3700, 2. u. 3. Wochenende. Musikgrößen aus aller Welt treten bei diesem renommierten, internationalen Open-Air-Festival auf.

Provincetown Carnival Week, Tel. 508/487 2313, 3. Woche.

SEPTEMBER
Boston Film Festival, Tel. 617/ 523 8388, zehn Tage ab dem 1. Wochenende.

Harwich Cranberry Festival, Harwich, Tel. Tel. 508/430 2811, Mitte des Monats. Ein Landfest, bei dem sich alles um die Preiselbeeren auf Cape Cod dreht.

OKTOBER
Columbus Day Parade, Boston, Tel. 617/635 4505, 2. Mo. Italienisch geprägte Parade.

Halloween, 31. Okt., Salem, Tel. 800/777 6848. Das Gruselfest wird zwei Wochen lang gefeiert – vor dem eigentlichen Halloween-Fest.

Head of the Charles Regatta, Tel. 617/868 6200, 20.–21. Okt. Auf dem Charles River begannen einige der weltweit besten männlichen und weiblichen Ruderer ihre Karriere. Mitte Oktober schauen Tausende am Ufer und auf den Brücken zu, wie Mannschaften aus aller Welt gegeneinander antreten.

Nantucket Arts Festival, Nantucket, Tel. 508/228 1700, 1. Woche.

NOVEMBER
Nantucket Island Noel Celebration, Nantucket, Tel. 508/228 1700. Zwischen

Thanksgiving und Mitte Dez. weihnachtet es hier schon sehr.

Thanksgiving, Plymouth, Tel. 508/746 2334 oder 800/USA 1620. Eine beliebte Feier und Parade am Ort des ersten Thanksgiving-Festes.

Veteran's Day, Boston, Tel. 617/635 3911, 11. Nov. Gedenken an die Kriegsopfer der USA.

DEZEMBER
Boston Tea Party Reenactment, Tel. 617/338 1773, nächster So vor/nach dem 16. Dez. Paraden und Reden am Old South Meeting House und Boston Tea Party Museum.

Christmas in Newport, Newport, R.I., Tel. 401/849 6454, gesamter Monat. Eine Reihe von Veranstaltungen in der Vorweihnachtszeit.

First Night Boston, Tel. 617/542 1399, www.firstnight.org, 31. Dez. Amerikas größte Silvesterparty. Seit 1976 eine Institution mit mehr als 250 Vorstellungen auf ca. 50 Bühnen drinnen und draußen. Viele Shows sind für Behinderte zugänglich. Das Programm beginnt am 31. Dezember mit Darbietungen für Familien und erreicht seinen Höhepunkt mit einem mitternächtlichen Feuerwerk. Gefeiert wird ohne Alkohol. Eine Eintrittskarte, als Ausweis getragen, gestattet Zutritt zu allen Veranstaltungen; Kinder unter vier Jahren zahlen nichts.

UNTERHALTUNG

KULTURELLE ZENTREN

KLASSISCHE MUSIK
Boston Symphony Orchestra, Symphony Hall, Tel. 617/266 1492 (Information), 617/266 1200; 888/266 1200 (Kreditkarten); www.bso.org. Das BSO konzertiert in der Symphony Hall in Boston (Okt.–April) sowie in Tanglewood, nahe Lenox im westlichen Massachusetts (Juli,

Aug.). In Boston finden die Konzerte am Freitagnachmittag, Samstagabend, an den meisten Dienstag- und Donnerstagabenden sowie an acht Freitagabenden statt.

BankBoston Celebrity Series, Informationen in der Presse. Seit über 60 Jahren zeigt die Celebrity Series, gesponsert von der BankBoston, das Beste aus Tanz, Musik und Theater.

Boston Lyric Opera, Shubert Theater, 265 Tremont St., Tel. 617/542 4912 oder 800/447 7400 (Karten), www.blo.org. Die 1976 gegründete BLO bringt viel versprechende Nachwuchstalente auf die Bühne. Vor den Vorstellungen gibt es oft eine Einführung.

Isabella Stewart Gardner Museum, 280 The Fenway, Boston, Tel. 617/566 1401, www.gardnermuseum.org, Di–So 11–17 Uhr. Konzerte im Tapestry Room.

Musik-Konservatorien
In Boston gibt es einige der besten Konservatorien, deren Nachwuchsmusiker das ganze Jahr über Stücke aus der Welt von Klassik und Jazz präsentieren.

Berklee College of Music, Tel. 617/266 1400.

The Boston Conservatory, Tel. 617/536 6340.

Longy School of Music, Tel. 617/876 0956.

New England Conservatory of Music, Tel. 617/585 1170.

TANZ
Boston Ballet, Tel. 617/695 6950, www.bostonballet.org. Eine der fünf besten Ballettgruppen der USA mit einem international bejubelten Repertoire. Die meisten Aufführungen finden im Shubert Theater statt (Boston Lyric Opera, siehe oben).

LEICHTE UNTERHALTUNG

Cape Cod Melody Tent, 21 W. Main St., Hyannis, Tel. 508/775 5630, www.melodytent.org. Auf der Open-Air-Bühne treten im Sommer einige der größten Showstars auf.

Cape Playhouse, 820 Rte. 6A, Dennis, Tel. 877/385 3911, www.capeplayhouse.com. »Amerikas älteste professionelle Sommerbühne« spielt zwar nur in der Hauptsaison, dies aber mit einem ausgezeichneten Repertoire an Stücken, Komödien und Musicals. Freitagvormittag wird Kindertheater geboten.

The FleetCenter, Fleet Center, Fleet Zoo, Tel. 617/624 1000, www.tdbanknorthgarden.com. Viele beliebte Konzerte; genaues Programm ist der Presse zu entnehmen.

NACHTLEBEN

KABARETT

Die Kabaretts in Boston umfassen traditionelles und alternatives Kabarett ebenso wie Sketchorientierte Darbietungen und Stand-up Comedies. Einige Häuser folgen dabei einem bestimmten Stil, andere bieten jeden Abend eine andere Richtung.

Comedy Connection, Faneuil Hall, Quincy Market, Tel. 617/248 9700. Hier treten Stars der Kabarettszene ebenso auf wie reine Amateurkünstler; entsprechend stark variieren die Eintrittspreise.

Improv Boston, Back Alley Theater, 1253 Cambridge St., Cambridge, Tel. 617/576 1253. Die Improvisationskünstler sind stolz darauf, die älteste Kabarettruppe der Region zu sein. Das Theater ist auch am Inman Square erfolgreich und bietet zudem Kabarett für Kinder an.

IRISH PUBS

Die besondere Verbindung zwischen Boston und Irland wird in den Irish Pubs gefeiert. Die meisten liegen in Vierteln, die Besucher kaum zu sehen bekommen, wie z. B. dem Jamaica Plain. Zwei Pubs in der Innenstadt, wo Starkbier in Strömen fließt und Geigenmusik mit lautem Gesang ertönt, sind:

The Black Rose, 160 State St., Tel. 617/742 2286.

The Irish Embassy, 234 Friend St., Tel. 617/742 6618 .

MUSIKCLUBS

Boston blickt auf eine lange Tradition der Live-Musik zurück; einige der regionalen Bands wurden sogar richtige Stars. Der »Calendar« im *Boston Globe* (donnerstags) und der *Boston Phoenix* listen Pubs und Clubs mit Live-Musik auf.

Club Passim, 47 Palmer St., Cambridge, Tel. 617/492 7679. In dem legendären Club traten einst Joan Baez und Bob Dylan auf; noch immer spürt man hier den Geist der 60er Jahre, als Cambridge Zentrum des politischen Protests war.

House of Blues, 15 Lansdowne St, Boston, Tel. 888/693-2583, Club einer ganzen Kette, die überall in den USA Musikläden unterhält. Der große Laden bietet Bands aus der Region eine wichtige Plattform.

Lansdowne Street Music Hall, 36 Lansdowne St., Tel. 617/351 2525. Der früher als »Mama Kin« bekannte Club gehört zum Teil der Band Aerosmith und bietet Bands aus der Region eine Plattform.

Plough & Stars, 912 Massachusetts Ave., Cambridge, Tel. 617/576-0032. Eines der besten Pubs mit Live-Musik. Herzhafte Speisen.

The Big Easy, 1 Boylston Place, Tel. 617/351 7000. Boylston Place, der durch den Theater District verläuft, ist auch als die »Alley« (dt. »Gasse«) bekannt. The Big Easy ist einer von mehreren Clubs, die vor allem Yuppies aus den umliegenden Büros anzieht.

KLEINBRAUEREIEN

In den vergangenen Jahren wurde Boston für seine besonderen Biersorten bekannt, die oft in so genannten »Microbreweries«, Kleinbrauereien, hergestellt werden. Probieren Sie renommierte Marken wie Tremont Ale, Sam Adams, Pilgrim Ale, Ipswich Ale oder Harpoon Ale – alle den Jahreszeiten folgend und nach Geheimrezept gebraut.

Boston Beer Works, 61 Brookline Ave., Tel. 617/536 2337. Neben einer guten Bierauswahl bietet ein Restaurant im Kellergewölbe Mittag- und Abendessen an.

Brew Moon, 113–115 Stuart St., Tel. 617/523-6467, und 52 Church St., Cambridge, Tel. 617/499 2739. Die beliebten Pubs, eines im Theater District, das andere in Cambridge, bieten Bier und überdurchschnittlich gute Speisen für ein elegantes, junges Publikum.

Cambridge Brewing Company Inc., 1 Kendall Square, Tel. 617/494 1994. Büroangestellte entspannen sich hier nach der Arbeit, schauen Sport im Fernsehen und schlürfen dabei ein Bier, während nebenan Billard gespielt wird.

Rock Bottom Restaurant & Brewery, 115 Stuart St., Tel. 617/742-2739. Diese Brauerei mit angeschlossenem Restaurant liegt im Herzen des Bostoner Theaterviertels. Neben den handelsüblichen Marken werden auch Eigenkreationen und saisonale Biere gebraut.

John Harvard Brew House, 33 Dunster St., Cambridge, Tel. 617/868 3585. Die holzgetäfelte Kleinbrauerei direkt am Harvard Square zieht mit ihrem guten Essen und ihren außergewöhnlichen Biersorten viele Studenten an.

Sevens Pub, 77 Charles St., Tel. 617/523 9074. Wer eine Atmosphäre wie aus der amerikanischen Sitcom *Cheers!* sucht, sollte das auf Touristen schielende Bull

& Finch meiden und den Abend lieber in den Sitznischen dieser beliebten Eckkneipe verbringen.

FREIZEIT

ANGELN

Das Angeln auf Hochsee, in Flüssen und Seen ist in Neuengland ein beliebtes Hobby; Ortsfremde sollten sich an die vielen Angebote von Bootvermietern halten, die auch geführte Touren umfassen. Vor allem Cape Cod eignet sich gut für das Hochseeangeln, in nur einer Stunde gelangt man weit hinaus aufs Meer. Um Streifenbarsche, Blauflossenthunfische, Blaubarsche, Köhleroder Bonitofische zu fangen, die alle zwischen Frühjahr und Herbst ausreichend vorkommen, benötigt man keine Angelerlaubnis. Auch das Grundangeln auf Ausflugsschiffen, am Strand oder auf Molen ist beliebt. Neben dem in der Gegend berühmten Dorsch und den Flundern gehen dabei auch Seebarsch oder Schellfisch an die Angel. In Seen und Flüssen sind hingegen meist Forelle, Zander, Hecht und Barsch zu finden sowie am Kap die widerspenstige Meeresforelle, hier »Salter« genannt.

GOLF

1999 erinnerte der Ryder Cup zwischen den USA und Europa im Country Club in Brookline endlich wieder daran, dass Golf in der Region lange Zeit ein sehr beliebter Sport gewesen ist. Öffentliche Golfplätze gibt es überall in Massachusetts, allein mehr als 40 davon auf Cape Cod. Soweit nicht anders angegeben, handelt es sich stets um 18-Loch-Plätze mit ganzjähriger Öffnungszeit.

FÜHRUNGEN

Nur wenige Städte bieten so viele verschiedene und spannende Angebote, um die Geschichte und Kultur der Region kennen zu lernen – ob nun bei einer Busrundfahrt, einem geführten Stadtrundgang oder per Boot.

Wer Boston zum ersten Mal besucht, sollte sich zunächst bei einer Stadtführung orientieren und dann die Sehenswürdigkeiten auf eigene Faust erkunden.

SPORT

Die Bostoner sind sportbegeistert: Ob sie bequem zu Hause Sportübertragungen im Fernsehen verfolgen, im Stadion mit ihrer Mannschaft zittern oder selbst wandern, joggen, Golf spielen oder angeln – die Sport- und Freizeitmöglichkeiten werden hier in jeder Hinsicht ausgenutzt.

WANDERN, REITEN & AUTOTOUREN

In der Region gibt es ein gutes Netz an Fahrradwegen und Wanderpfaden, die oft nach einem historischen Thema gestaltet sind. Viele dieser Wege werden vom National Park Service unterhalten, so dass es sich lohnt, vorher anzurufen und nach Führungen zu fragen.

WALE BEOBACHTEN

Wohl kaum eine andere Freizeitbeschäftigung hat einen so raschen Boom erlebt wie die Walbeobachtung. Die Schiffe hierfür legen in Häfen an der gesamten Küste von Neuengland ab und fahren in Richtung Stellwagen Bank, wo die Meeresriesen ihre Jungen aufziehen. Man sollte stets an warme Kleidung denken, da die Temperatur auf See selbst im Hochsommer plötzlich abfallen kann. Wichtig sind zudem Schuhe mit Gummisohle oder Sportschuhe sowie Sonnenschutz für Haut und Augen. Falls notwendig, packen Sie ein Medikament gegen Seekrankheit ein!

BOSTON

BASEBALL

Boston Red Sox, Fenway Park, 4 Yawkey Way, Tel. 617/267 9440, 617/267 1700 (Reservierungen), 617/236 6666 (Führungen im Stadion, Mai–Sept.), www.

redsox.com. Über die Boston Red Sox wird in der Stadt nicht nur unablässig diskutiert, sie ziehen auch die meisten Zuschauer an (April–Okt.). Spiele um 13.05 und 19.05 Uhr.

BASKETBALL

Boston Celtics, FleetCenter Fleet Zoo, Tel. 617/624 1000, www.nba.com/celtics/. Die Boston Celtics waren einst eine Legende; heute pilgern treue Fans noch immer in das FleetCenter. Spiele in der College-Liga sind am Boston College, an der Boston University und in Harvard ebenfalls beliebt

GOLF

Putterham Meadows, 1281 W. Roxbury Parkway, Brookline, Tel. 617/730 2078. Der im Jahr 2000 renovierte Brookline Golf Club (nicht zu verwechseln mit dem berühmten Country Club) gibt sich freundlich und flach, allerdings mit einigen schwierigen Löchern. Par 71, 6,307 Yards.

EISHOCKEY

Boston Bruins, FleetCenter (Basketball, siehe oben), http://bruins.nhl.com. Die einzige Sportart, in der die Bostoner Colleges in ganz Amerika anerkannt sind, ist Eishockey. Beim jährlichen Bean Pot (Feb.) im FleetCenter treten das Boston College, Harvard sowie die Northeastern und die Boston University gegeneinander an. Die Boston Bruins der NHL haben ebenso wie die Celtics eine große Vergangenheit, aber die treuesten Fans schauen sich ihre Spiele im FleetCenter (Okt.–Juni) noch immer an.

TENNIS

The International Tennis Hall of Fame, 194 Bellview Ave., Newport, R.I., Tel. 401/849-3990. Einer der weltweit ältesten Rasenplätze für internationale Turniere – auf dem jeder spielen kann (Mitte Mai–Sept.)! Man sollte vorab einen der 13 Tennisplätze reservieren, auf denen Profis gespielt haben, oder auch eine Trainerstunde nehmen.

STADTRUNDFAHRTEN
The Black Heritage Trail,
Tel. 617/742 5415, www.afroam
museum.org. Siehe S. 94. Die
Organisation Boston African-
American National Historical
Site bietet das ganze Jahr über
geführte Stadtrundgänge an. Der
2,5 Kilometer lange Weg wurde
1974 eingerichtet und beginnt am
Robert Gould Shaw Memorial
(Park u. Beacon St.). Zu den Stopps
gehören das 54th Regiment
Memorial, die Smith Court Resi-
dence und das African Meeting
House. Zwischen 1. Mo im Sept.
und 30. Mai zuvor anrufen.

Boston Duck Tours, Tel. 617/
267 3825, www.bostonduck
tours.com. Eine Stadtrundfahrt in
Amphibienfahrzeugen aus dem
Zweiten Weltkrieg. Die informative Tour ist vor allem auf Spaß
aus. Sie beginnt an Land (am
Prudential Center) und führt
dann durch den Charles River
(Mai–Nov.).

Boston by Foot, Inc., 77 N.
Washington St., Tel. 617/367 2345
oder 617/367-3766 (Informationen
auf Band), www.bostonbyfoot.org.
Die Rundgänge sind wegen der
Begeisterung und des Wissens
der Führer zu Recht so beliebt.
Neben den historischen Stadt-
rundgängen gibt es auch Touren
zu bestimmten Themen wie Architektur oder sogar Halloween.

Boston Harbor Cruises,
1 Long Wharf, Tel. 617/227 4321,
www.bostonharborcruises.com.
Spezialisiert auf historische
Rundfahrten und Schiffsausflüge
in der Dämmerung usw.

Boston History Collaborative,
www.bostonhistorycollaborative.
org, Sa vormittags. Halbtägl. Bus-
tour; die Eintrittskarte gestattet
auch den Besuch von Häusern
und Museen.

Boston's Literary Trail,
http://www.bostonhistorycolla-
borative.org/literarytrail. Die
Führung dauert einen halben Tage und zeigt Wohnhäuser und
Treffpunkte von Schriftstellern
aus dem 19. Jahrhundert, darunter das Omni Parker House, Harvard College, The Old Manse und
Walden Pond. Reservierung erforderlich! Sollten Sie nicht an
der Führung teilnehmen können,
kaufen Sie das Buch *The Literary
Trail: A Guide to Greater Boston's
Newest Trail Linking Sites in Boston,
Cambridge and Concord*. Damit
können Sie auch alleine den literarischen Spuren folgen. Der
Band ist in Buchhandlungen der
Region und bei der Boston
History Collaborative (siehe
oben) erhältlich.

Boston Spirits Walking Tour,
Tel. 781/235 7149, www.neweng
landghosttours.com. Verschiedene Abende, jeweils um 20 Uhr.
90-minütige Führung zu den
»Geisterorten« von Boston wie
dem Central Burying Ground
oder dem Boston Common.

Boston's Tall Ships, Tel. 617/
742 0333. Rundfahrt durch den
Bostoner Hafen entweder in
einem der beiden eleganten
Schoner oder in Nachbauten
alter Fischerboote. Die Touren
beginnen an der Long Wharf.

Charles River Boat Company,
Tel. 617/621 3001. Rundfahrt mit
dem einzigen Ausflugsschiff auf
dem Charles River. Informative
Erläuterungen. Die Tour beginnt
an der Cambridge Galleria.

Minuteman Trolley Tours, Tel.
617/269 3626. Mit historischen
Erzählungen durch Boston und
Cambridge. Die Teilnehmer können während der Fahrt nach Belieben aus- und wieder einsteigen.

North End Market Tours,
L'Arte di Cucinare, 6 Charter St.,
Tel. 617/523 6032, E-mail mtopor
@aol.com. Michele Topor führt
durch das italienische North End
mit seinen urigen Geschäften und
Delikatessenläden. Beim Verkos-
ten von Brot, Käse, Wein oder
Kuchen lernt man einiges über
die Geschichte und das heutige
Leben dieses Viertels. Zudem
gibt es Anekdoten über so manch
einen Prominenten zu hören.

**Old Town Trolley Tours of
Boston**, Tel. 617/269 7010,
www.historictours.com. Bietet
ein Programm besonderer Rundfahrten an, die der Besucher nach
eigenem Wunsch unterbrechen
kann. Die Themen reichen von
einer Führung rund um die
Kennedys bis hin zu solchen über
»Schokolade« oder »Hallo-
ween«.

S.P.N.E.A. Walking Tours, 141
Cambridge St., Tel. 617/227 3956,
www.historicnewengland.org.
Die Society for the Preservation
of New England Antiquities bietet einen zweistündigen Rundgang durch Beacon Hill samstags
um 11 Uhr an (Mitte Mai–Okt.).
Die gut geleitete Besichtigungs-
tour dreht sich um ein Thema
aus dem Jahr 1810. Sie führt
durch das Harrison Gray Otis
House sowie über beide Seiten
des Beacon Hill und wird durch
eine Diaschau ergänzt.

**ERKUNDUNGEN
AUF EIGENE FAUST**
Boston Irish Heritage Trail,
Tel. 617/696 9880 für eine Karte,
oder herunterladen bei:
www.irishheritagetrail.com.
Dieser knapp fünf Kilometer
lange Lehrpfad führt vom Boston
Irish Famine Memorial (siehe
S. 66) zu den historischen Stätten
irischer Geschichte in Boston.

**Boston Women's Heritage
Trail**, Tel. 617/522 2872. Auf eigene Faust zu unternehmende
Rundgänge, die in jeweils etwa
1,5 Stunden durch Downtown,
das North End, Beacon Hill,
South Cove, Chinatown und die
Back Bay führen. Eingeschlossen
sind die Wohnhäuser von Julia
Ward Howe und Louisa May Alcott. Ein Band mit Informationen
rund um die Touren ist in Buchhandlungen und Besucher-
informationen erhältlich.

The Freedom Trail,
Boston National Historical Park
Visitor Center, 15 State St.,
Tel. 617/242 5642 oder
617/227 8800 (Führungen),
www.thefreedomtrail.org (siehe

Ein vier Kilometer langer
...rt zu 16 sehenswerten
...chen Stätten in der
Bostoner Innenstadt. Die Tour
beginnt am Besucherzentrum auf
dem Boston Common und dauert
rund vier Stunden. 1,5 Stunden
lange Führungen beginnen am
Besucherzentrum und enden an
der Old North Church.

WALE BEOBACHTEN
**Boston Harbor Whale
Watch**, 50 Rowes Wharf, Tel.
617/345 9866. Sehr professionell
durchgeführte, fünfstündige
Schiffsausflüge auf See (Juni–
Sept.). Videos erläutern das
Leben der Wale.

Boston Harbor Cruises,
1 Long Wharf, Tel. 617/227 4321.
Der Anbieter organisiert Fahrten mit Hochgeschwindigkeits-
Katamaranen, so dass ein Ausflug
statt fünf nur drei Stunden
dauert. Naturforscher an Bord.

**New England Aquarium
Whale Watch**, Central Wharf,
Tel. 617/973 5200 oder 617/
973 5206 (Hafenrundfahrten),
www.neaq.org, April–Nov. Ex-
perten vom Aquarium begleiten
einen vierstündigen Ausflug zur
Walbeobachtung. Sehr beliebt,
daher unbedingt reservieren.

CAMBRIDGE

GOLF
Fresh Pond Golf Course, 691
Huron Ave., Tel. 617/349 6282.
Ein Neun-Loch-Golfplatz nur
fünf Minuten vom Harvard
Square entfernt; die Anlage lässt
sich gut zu Fuß bewältigen und
hat drei Par 3, zwei Par 5 und
vier Par 4. Par 35, 3100 Yards.

FÜHRUNGEN
Harvard Yard Tours, Holyoke
Center, 1350 Massachusetts
Ave., Tel. 617/495 1573, Mo–Sa
10, 11.15, 14 & 15.15 Uhr; So
13.30 & 15 Uhr. Gut informierte
Studenten begleiten auf
täglichen Führungen durch die
Universität.

**MIT (Massachusetts Insti-
tute of Technology) Tours**,
Information Center, 77 Massachusetts Ave., Tel. 617/253 4795,
Mo–Fr 10 & 14 Uhr. Ein von
Studenten geführter Rundgang
durch die weltweit besten
wissenschaftlichen Institutionen.

Tory Row: Brattle Street im
18. Jahrhundert, 3 Brattle St,
Tel. 617/876 8769, www.tory
row.us, Sa, Sa vormittags, Mitte
Juni–Mitte Okt. Die Cambridge
Historical Society bietet einen
2,5 Stunden langen Rundgang an
(siehe S. 158ff, Brattle Street).

SELBSTFÜHRUNGEN
**African–American Heritage
Trail**, Cambridge Office for Tou-
rism, 4 Brattle St., Tel. 617/441
2884, www.cambridge-usa.org.
An der Besucherinformation am
Harvard Square gibt es Material
für eine Selbstführung zu den
historischen Stätten, an denen
Einwohner von Cambridge wie
Harriet Jacobs und W.E.B. Du
Bois gewirkt haben.

Mount Auburn Cemetery,
580 Mount Auburn St., Tel.
617/547 7105 (siehe S. 162).
Mitarbeiter des Friedhofs halten
am Eingangstor kostenlose Karten sowie Broschüren zur Information bereit und verleihen/
verkaufen eine Audioführung.

WESTLICH UND
NORDWESTLICH
VON BOSTON

RADFAHREN
The Minuteman Bikeway,
MassBike, 20 Park Plaza #1028,
Boston, Tel. 617/542 2453,
www.massbike.org. Die ehe-
malige Eisenbahnstrecke verläuft
größtenteils parallel zu jenem
17 Kilometer langen Pfad, den
Paul Revere einst entlangritt.
Der Fahrradweg beginnt in der
Nähe der »T«-Station Alewife in
Cambridge und führt durch
Lexington und Arlington nach
Bedford. Eine Broschüre zu die-
sem Weg gibt es bei Besucherin-
formationen.

NORTH SHORE

GOLF
Cape Ann Golf Course,
99 John Wise Ave., Essex, Tel.
978/768 7544. Mit Aussicht auf
das Meer und die umliegende
Marschlandschaft lässt es sich auf
diesem ruhigen Golfplatz gut
spielen; an zwei Löchern wird
das Flutwasser sogar mit einbe-
zogen. An jedem Loch gibt es
zwei Marker zum Schlagen; man
kann den Neun-Loch-Platz zweimal durchspielen – und kommt
so auf 18 Loch. Par 69, 5900
Yards.

STADTRUNDFAHRTEN
Footprints, 15 North Rd.,
Bearskin Neck, Rockport, Tel.
978/546 7730, tägl. 11, 13 & 15
Uhr, 30. Mai–Columbus Day
(Mitte Oktober). Weitere
Termine telefonisch erfragen.
Drei verschiedene, jeweils ein-
stündige Rundfahrten durch
Rockport.

SELBSTFÜHRUNGEN
Salem Heritage Trail,
www.salem.org (siehe S. 186).

WALE BEOBACHTEN
Cape Ann Whale Watch,
Main St., Gloucester, Tel. 978/
283 5110. Seit 1979 bietet der
Veranstalter Ausflüge mit
Wissenschaftlern an Bord.

**Captain Bill's Whale Watch
and Deep Sea Fishing**,
30 Harbor Loop, Gloucester,
Tel. 978/283 6995 oder 800/33
WHALE. Dank der fünf Schiffe
des Veranstalters gibt es
mehrere Touren am Tag. Er-
fahrene Naturforscher an Bord
beantworten Ihre Fragen.

**Yankee Fleet Whale Watch
and Deep Sea Fishing**,
75 Essex Ave., Gloucester,
Tel. 978/283 0313 oder 800/942
5464. Ein weiterer, sehr er-
fahrener Anbieter, der Touren
zur Walbeobachtung und Angel-
ausflüge organisiert.

SÜDLICH
VON BOSTON

STADTRUNDFAHRTEN
Newport Historical Society, Museum of Newport History, Newport, R.I., Tel. 401/846 0813, Do–Sa Mitte Mai–Mitte Sept. Geführte Rundgänge beginnen am Museum und bringen die Teilnehmer zu den Stätten aus Bostons Kolonial- und Gründerzeit. Der Verein gibt auch Infobroschüren für Selbstführungen heraus.

AMERICAN FOOTBALL
New England Patriots, Foxboro Stadium, 60 Washington St., Foxboro, Tel. 508/543 1776 oder 800/543 1776, www.patriots.com. Foxboro ist die Heimat der New England Patriots. Das Stadion liegt südlich der Stadt Foxboro, auf halbem Wege zwischen Boston und Providence. Der Verein spielte schon in der »Super Bowl«, gewann aber nie.

FUSSBALL
New England Revolution, Foxboro Stadium (siehe oben), www.revolutionsoccer.net. Fußballmannschaft mit dem Foxboro Stadium als Heimatstadion.

WALE BEOBACHTEN
Captain John Boats, Inc., Town Wharf, Plymouth, Tel. 508/746 2643 oder 800/242 2469. Neben Ausflügen zur Walbeobachtung bietet der Veranstalter auch Hochseeangeln an.

CAPE COD
UND DIE INSELN

RADFAHREN
Cape Cod und die Inseln vor dem Festland eigenen sich dank der Radwege und zahlreicher Fahrradverleiher sehr gut zum Radfahren. Die Insel Martha's Vineyard lässt sich mit dem Rad an einem Tag umfahren, wobei man dann wenig pausieren und nicht viel ansehen kann.

Fahrradverleih
Arnold's, 329 Commercial St., Provincetown, Tel. 508/487 0844.

Holiday Cycles, 465 Grand Ave., Falmouth Heights, Tel. 580/540 3549, nur in der Hochsaison.

Rail Trail Bike Shop, 302 Underpass Rd., Brewster, Tel. 508/508/896 8200.

Young's Bicycle Shop, Steamboat Wharf, Nantucket, Tel. 508/228 1151.

R. W. Cutler Bicycles, Main St., Ecke Dock St., Edgartown, Martha's Vineyard, Tel. 508/627 405.

Martha's Bike Rentals, 4 Lagoon Pond Rd., Vineyard Haven, Martha's Vineyard, Tel. 508/693 6593.

Fahrradwege
Auf Cape Cod gibt es eine lange Strecke; kürze Radwege findet man in Provincetown, Falmouth und an anderen Orten auf dem Kap. Auch Martha's Vineyard und Nantucket warten mit Fahrradwegen auf; Karten und Material zu den Routen sind bei den Besucherinformationen erhältlich.

Boston–Cape Cod Bikeway. Die 112 Kilometer lange Route verläuft auf verkehrsarmen Straßen und auf mehreren autofreien Wegen, die oft früheren Eisenbahntrassen folgen. Am Beginn des Kaps kann man auf beiden Seiten des Cape Cod Canal fahren.

Cape Cod Rail Trail. Der 42 Kilometer lange Weg zwischen South Dennis und Eastham ist der längste und beliebteste Fahrradweg durch die Wildnis.

Shining Sea Trail. Die Route erinnert an die Lokalautorin Katherine Lee Bates. Der leicht zu bewältigende Pfad führt auf 5,6 Kilometern von Falmouth nach Woods Hole.

ANGELN
Cape Cod Chamber of Commerce, P.O. Box 790, Hyannis, MA 02601, Tel. 800/ASK FISH. Bietet weitere Auskünfte und ein umfassendes Verzeichnis an Anbietern.

Ladnav Sports Fishing, P.O. Box 2002, E. Dennis, Tel. 508/385 8150. Kapitän Roger Vandal fährt mit Anglern auf die Cape Cod Bay hinaus, wo man Streifen- und Blaubarsche fängt.

Sea Joy Sport Fishing, 209 Old Comers Rd., Chatham, Tel. 508/945 5014. Barsch, Kabeljau und sogar Haie sind auf den Angelausflügen an Bord der Sea Joy zu fangen.

GOLF
Umfassende Auskünfte über Golf auf Cape Cod erhält man bei:

Tee Ball Golf, P.O. Box 37, Bass River, MA 02664, Tel. 800/TEE BALL, E-mail tball@golfcapecod.com.

Golfplätze
Ballymeade Country Club, 125 Falmouth Woods Rd., North Falmouth, Tel. 508/540 4005. Der Golfplatz liegt auf dem höchsten Punkt des Kaps und bietet einen wunderbaren Meerblick. Tennis, Fitnesscenter und ein bequemes Clubhaus. Par 72; 6928 Yards.

Bass River Golf Course, 62 Highbank Rd., South Yarmouth, Tel. 508/398 9079. Der älteste städtische Golfplatz von Cape Cod konnte sich dank Donald Ross' genialer Gestaltung seinen Charme bewahren: eine begrenzte, aber schöne Anlage mit den ersten neun Loch und einer längeren, offenen Neun-Loch-Anlage dahinter. Par 72; 6129 Yards.

Bayberry Hills Golf Course, 635 West Yarmouth Rd., West Yarmouth, Tel. 508/394 5597. Mit seinen vielen Bäumen, Dogleg und geneigten Gras-Fairways ist der moderne Golfplatz eine

Herausforderung für Spieler aller Stufen. Fünf Abschlag-Tees. Par 72; 7172 Yards.

Cranberry Valley Municipal Golf Course, 183 Oak St., Harwich, Tel. 508/430 5234. Die vom Magazin *Golf Digest* zum besten öffentlichen Golfplatz der USA gewählte Anlage verfügt über 18 herausfordernde Löcher und dicht bewachsene Fairways. Par 72; 6296 Yards.

Dennis Highlands Golf Course, 825 Old Bass River Rd., Dennis, Tel. 508/385 8347. Direkt im Dorf Dennis gelegen, hat sich die Anlage seit der Eröffnung 1985 wunderschön entwickelt. Die terrassenförmig angepflanzten Bäume, 42 Bunker und wellige Grünflächen sorgen für ein schwieriges, aber vergnügliches Spiel. Par 71; 6464 Yards.

Dennis Pines, Mass. 134, Golf Course Rd., East Dennis, Tel. 508/385 8347. Der Championship-Golfplatz liegt auf einem 69 Hektar großen Kiefernwaldgrundstück und ist dank der guten Erhaltung und der landschaftlichen Schönheit seit 1966 bei Einheimischen und Besuchern gleichermaßen beliebt. Par 72; 6500 Yards.

Hyannis Golf Club, Mass. 132, Hyannis, Tel. 508/362 2606. Auf dem öffentlichen Championship-Golfplatz finden renommierte Turniere wie die Cape Cod Open und die Cape Cod PGA statt. Große Driving Range, vier Profi-Ranges und ein Restaurant – kein Wunder, dass der Platz so beliebt ist. Par 71; 6711 Yards.

Holly Ridge Golf Club, 121 Country Club Rd., South Sandwich, Tel. 508/428 5577. Der Golfplatz eignet sich besonders für Anfänger und all jene Erfahrenen, die eher aus Spaß am Spiel den Golfsport lieben. Reizvolle, grüne Umgebung. 2952 Yards.

Kings Way Golf Club, Old King's Hwy., Yarmouthport, Tel. 508/362 8820, April–Nov. Der beliebte Golfplatz wird von einem freundlichen Team stets tadellos gepflegt. Das King's Way Restaurant steht allen Gäste offen. Par 59; 4023 Yards.

Ocean Edge Resort and Gold Club, 832 Village Drive, Brewster, Tel. 508/896 5911. Herausragendes, an der Cape Cod Bay gelegenes Hotel mit eigenem Championship-Golfplatz, der als einer der besten an der amerikanischen Ostküste gilt. Es gibt 64 schottische Pot-Bunker und fünf Teiche auf dem Gelände. Weiche Pflöcke erforderlich. Besondere Angebote für Tennis und Golf. Par 72; 6667 Yards.

Quashnet Valley Country Club, 309 Barnstable Rd., Mashpee, Tel. 508/477 4412 oder 800/433 TOFF. Der Platz zieht sich am Flusstal entlang und ist ebenso schön wie herausfordernd. Das Clubhaus wurde renoviert. Restaurant. Profigeschäft. Par 72; 6602 Yards.

REITEN
Moon-A-Kiss Farm Stables, 809 Sandwich Rd., Falmouth, MA, Tel. 508/548 6702. Ganzjährig geöffnet, mit großer Halle für Schauspringen und Reitwegen durch die umliegenden Wälder. Der familienfreundliche Stall bietet guten Unterricht vor allem für Kinder und Jugendliche.

STADTRUNDFAHRTEN
Cape Cod Duckmobile, Tel. 508/790-2111 oder 888/225 DUCK. Das Amphibienfahrzeug fährt durch die Straßen von Hyannis und dann in das Hafenbecken; dazu gibt es eine witzige Stadtführung.

WALE BEOBACHTEN
Hyannis Whale Watcher Cruises, 269 Mill Way, Barnstable, Tel. 508/362 6088 oder 800/287 0374. Vom Mid-Cape aus bietet diese Reederei Touren auf Hochgeschwindigkeitsbooten an; Naturforscher sind an Bord.

Portuguese Princess, Commercial St., Provincetown, Tel. 508/487 2651 oder 800/442 3188, April–Okt. Mit einer Erfolgsquote von 99 Prozent garantiert dieser Anbieter das Sichten von Walen. An Bord gibt es portugiesische Speisen; abgelegt wird an der MacMillan Wharf.

ABBILDUNGS-NACHWEIS

Folgende Abkürzungen werden verwendet: (o) oben; (u) unten; (l) links; (r) rechts, (M) Mitte

Umschlag, Vorderseite: (o) Denis Jt. Tangney, (ul) Vicki Beaver, (ur) Kelly/Mooney Photography; Rückseite: (von oben nach unten) AA Photo Library/Chris Coe, AA Photo Library/Clive Sawyer, AA Photo Library/John Nicholson; Buchrücken: Ryan Schroder; 1, Kimberly Grant. 2/3, Image Bank/ Steve Dunwell. 4, Spencer Grant/ Stock Boston. 9, Catherine Karnow. 11, Kevin Fleming/Corbis UK Ltd. 12/13, Dan McCoy/Rainbow. 14, Chris Cheadle/Gettyone/Stone. 16/17, Siteman/Rainbow. 18, Frank Siteman/ Rainbow. 19, Kindra Clineff/Index Stock Photography Inc. 21, Catherine Karnow. 23, National Geographic Society. 24/25, Michael Freeman. 26, Kelly/Mooney Photography/Corbis UK Ltd. 27, Burstein Collection/Corbis UK Ltd. 28, Robert Holmes/Corbis UK Ltd. 29, Spectrum Colour Library. 30/31, Joel Sartore/National Geographic Society. 32/33, James Lemass. 35, Steve Dunwell. 36, Robert Llewellyn. 38/39, Marcus Brooke. 40/41, Kelly/ Mooney Photography. 42, James Lemass. 43, Private Collection/Bridgeman Art Library. 44, gift of Dr. and Mrs, Maurice Purnell/Dallas Museum of Art. 45, Kevin Fleming/Corbis UK Ltd. 46, Kimberly Grant. 49, Sarah Putnam. 51, Tom Mackie. 52, AA Photo Library/John Nicholson. 52/53, Kevin Fleming/Corbis UK Ltd. 54, Dave Bartruff/ Corbis UK Ltd. 55, Kevin Fleming/Corbis UK Ltd. 56, AA Photo Library/Robert Holmes. 57, International Institute of Boston. 59t, AA Photo Library/John Nicholson. 59(o), AA Photo Library/John Nicholson. 60/61, Kevin Fleming/ Corbis UK Ltd. 61, Dave Bartruff/ Corbis UK Ltd. 62, Hank Morgan/ Rainbow. 62/63, Denise Marcotte/ Index Stock Photography Inc. 64/65, Kevin Fleming/Corbis UK Ltd. 66, AA Photo Library/Clive Sawyer. 67, Dave Bartruff/Corbis UK Ltd. 68, Steve Rosenthal. 70, AA Photo Library/John Nicholson. 71(o), Paul Rocheleau. 71(u), J. Sartore/National Geographic Society. 72, Museum of Fine Arts – Boston. 72/73, D & J Heaton/Spectrum Colour Library. 74, William Albert Allard/National Geographic Society.75, AA Photo Library/ John Nicholson. 76/77, L. Clarke/ Corbis UK Ltd. 78/79, AA Photo Library/John Nicholson. 79, Frank Siteman/Index Stock Photography Inc. 80, R. Tidman/ Nature Photographers. 82, Kevin Fleming/ Corbis UK Ltd. 83, Kevin Fleming/ Corbis UK Ltd. 84, Robert Holmes/ Corbis UK Ltd. 85, AA Photo Library/ Chris Coe. 86, AA Photo Library/Chris Coe. 88, AA Photo Library/Chris Coe. 89, J Sartore/ National Geographic Society. 90, Robert Harding Picture Library. 91, Kevin Fleming Corbis UK Ltd. 92(l), AA Photo Library/Robert Holmes. 92(r), Bettmann/Corbis UK Ltd. 92/93, Corbis UK Ltd. 93, AA Photo Library/ Robert Holmes. 94, AA Photo Library/ Clive Sawyer. 95, Camilla Smith/Rainbow. 96, Kevin Fleming/Corbis UK Ltd. 97, AA Photo Library/Chris Coe. 98/99, Kevin Fleming/Corbis UK Ltd. 100, Jeremy Walker/Museum of Science. 102, Hank Morgan/Rainbow. 103, Jeremy Walker/ Museum of Science. 104, AA Photo Library/Clive Sawyer. 105, Michael A. Dwyer/Stock Boston. 107(o), Robert Harding Picture Library. 108, James Davis Worldwide. 109, Art Directors & Trip Photo Library/Tibor Bognar. 110, Mark Summerfield/Travel Ink. 111, AA Photo Library/ John Nicholson. 112, Gibson House Museum. 113, Todd Gipstein/Corbis UK Ltd. 114, Art Directors & Trip Photo Library/S Grant. 116/117, AA Photo Library/ John Nicholson. 117, Museum of Fine Arts, Boston, Massachusetts, MA, USA/ Bridgeman Art Library. 119(o), Museum of Fine Arts, Boston, Massachusetts, MA, USA/Bridgeman Art Library. 119(u), Museum of Fine Arts – Boston. 120, Museum of Fine Arts – Boston. 121, Museum of Fine Arts – Boston. 122, United States Postal Service. 123, Richard Pasley. 124, AA Photo Library/ Clive Sawyer. 125, Kevin Fleming/ Corbis UK Ltd. 126, Isabella Stewart Gardner Museum, Boston, Massachusetts, USA/Bridgeman Art Library. 127, Kevin Fleming/Corbis UK Ltd. 128, National Baseball Hall of Fame Library, Cooperstown, N.Y. 129, Richard Pasley. 130/131, AA Photo Library/John Nicholson. 131, Dave Bartruff/Corbis UK Ltd. 132, AA Photo Library/John Nicholson. 133, Jeff Greenberg/Rainbow. 135, Hank Morgan/Rainbow. 136/137, Bettmann/Corbis UK Ltd. 137, Jeff Greenberg/Robert Harding Picture Library. 139, Bonnie McGrath/ Rainbow. 140, AA Photo Library/ Robert Holmes. 141(o), AA Photo Library/ Robert Holmes. 141(u), Janet Stearns/ USS Constitution Museum, Boston. 142, Kevin Fleming/Corbis UK Ltd. 143, Kevin Fleming/Corbis UK Ltd. 144, Pictures Colour Library. 146, Gerry Walden/Travel Ink. 146/147, J Sartore/National Geographic Society. 148, AA Photo Library/John Nicholson. 150, AA Photo Library/John Nicholson. 151, Burstein Collection/ Corbis UK Ltd. 152, Burstein Collection/Corbis UK Ltd. 153, Bequest of Mrs Nicholas Brown/Arthur M. Sackler Museum, Harvard University Art Museums, USA/Bridgeman Art Library. 154, CORBIS/Corbis UK Ltd. 155, Russ Schliepman. 156/157, Charles Mayer/Harvard Museum of Natural History. 157, Harvard Museum of Natural History. 158, Glenn LeBlanc/Index Stock Photography Inc. 159, Longfellow National Historic Site. 160, AA Photo Library/Robert Holmes. 161, Lee Snider/Corbis UK Ltd. 163, Robert Holmes. 164, Kevin Fleming/ Corbis UK Ltd. 165, Kevin Fleming/ Corbis UK Ltd. 166, The Harold E. Edgerton Trust/MIT Museum. 167, Kimberly Grant. 168, AA Photo Library/ M. Lynch. 170/171, Kelly/Mooney Photography/ Corbis UK Ltd. 171, Lee Snider/Corbis UK Ltd. 173, Spectrum Colour Library. 174, Robert Holmes/ Corbis UK Ltd. 174/175, Concord Museum, Concord, MA. 176/177, Kelly/Mooney Photography. 177, Kevin Fleming/Corbis UK Ltd. 178(l), Hulton Getty Picture Collection Ltd. 178(r), Bettmann/Corbis UK Ltd. 179(o), Concord Museum, Concord, MA. 179(u), Ronald Grant Archive. 180, Private Collection/Decordova Museum and Sculpture Park. 181, Marilyn Root/ Index Stock Photography Inc. 182, Geoffrey Clements/Corbis UK Ltd. 183, Tom Mackie. 184, AA Photo Library/ Robert Holmes. 186, Peter Vanderwarker/Peabody Essex Museum. 187, AA Photo Library/Clive Sawyer. 188, Kevin Fleming/ Corbis UK Ltd. 189(o), James Davis Worldwide. 189(u), Greg Nikas/Corbis UK Ltd. 190, Kevin Fleming/Corbis UK Ltd. 191, Kevin Fleming/Corbis UK Ltd. 192, Hank Morgan/Rainbow. 193(o), Tom Mackie. 193(u), Richard Cummins/ Corbis UK Ltd. 194, Patricia Bashford/Newburyport Maritime Society. 195, Farrell Grehan/Corbis UK Ltd. 196, Roger Garwood & Trish Ainslie/Corbis UK Ltd. 198, Adams National Historic Park; US Dept. of the Interior, National Parks Service. 199, Buddy Mays/Corbis UK Ltd. 200, Bettmann/ Corbis UK Ltd. 201, AA Photo Library/Clive Sawyer. 202, Kevin Fleming/Corbis UK Ltd. 203, Paul Rocheleau. 204/ 205, Steve Dunwell. 205(o), Steve Dunwell. 205(u), Roger Garwood & Trish Ainslie/Corbis UK Ltd. 206, Ludwig Photography/Astors Beechwood. 207(l), AA Photo Library/Chris Coe. 207(r), AA Photo Library/Chris Coe. 209(o), Steve Dunwell. 209(u), Kelly/Mooney Photography/Corbis UK Ltd. 210, Catherine Karnow. 210/211, Catherine Karnow. 212, Stephen Rose/Rainbow. 213, AA Photo Library/M. Lynch. 214, Jeff Greenberg/Rainbow. 215, Kelly/ Mooney Photography. 216/217, Dave G. Houser/Corbis UK Ltd. 217, Hank Morgan/ Rainbow. 218, Lee Snider/ Corbis UK Ltd. 219, Lee Snider/ Corbis UK Ltd. 221(o), James Davis Worldwide. 221(u), James Davis Worldwide. 222/223, Ric Ergenbright/Corbis UK Ltd. 224/ 225, James Davis Worldwide. 225, AA Photo Library/M. Lynch. 226, Dave G. Houser/Corbis UK Ltd. 227, AA Photo Library/M. Lynch. 228/229, James Marshall/Corbis UK Ltd. 229, Dan McCoy/Rainbow. 230, Frank Siteman/Rainbow. 231, Kim Hart/ Robert Harding Picture Library. 232, Kelly/Mooney Photography. 232/233, Catherine Karnow. 234, Bud Freund/ Index Stock Photography, Inc. 235, Dave G. Houser/Corbis UK Ltd.

Copyright © der Originalausgabe: National Geographic Society,
Washington, D.C. 2001

Deutsche Ausgabe veröffentlicht von NATIONAL GEOGRAPHIC DEUTSCHLAND
(G+J/RBA GmbH & Co KG), Hamburg 2002
4. aktualisierte Auflage, Hamburg 2010

Deutsche Übersetzung: Dr. Eva Dempewolf, Jürgen Scheunemann, Dr. Maurice
Wiederhold (Aktualisierung 2010)
Gesamtproducing: CLP • Carlo Lauer & Partner
Satz: CDN MEDIA, Klaus Numberger
Druck und Verarbeitung: Offizin Andersen Nexö Leipzig GmbH

Printed in Germany
ISBN 978-3-86690-154-4

Titel der amerikanischen Originalausgabe:
NATIONAL GEOGRAPHIC TRAVELER BOSTON & ENVIRONS:
WITH THE CAPE, PROVIDENCE & NEWPORT

Die National Geographic Society, eine der größten gemeinnützigen wissenschaftlichen Vereinigungen der Welt, wurde 1888 gegründet, um »die geo-
graphischen Kenntnisse zu mehren und zu verbreiten«. Sie unterstützt die
Erforschung und Erhaltung von Lebensräumen sowie Forschungs- und Bil-
dungsprogramme. Ihre weltweit mehr als neun Millionen Mitglieder erhalten
monatlich das NATIONAL GEOGRAPHIC-Magazin, in dem die besten Fotografen
der Welt berichten. Ihr Ziel: inspiring people to care about the planet,
Menschen zu inspirieren, sich für ihren Planeten einzusetzen.

Die National Geographic Society informiert nicht nur durch das Magazin, sondern auch durch Bücher, Fernsehprogramme und DVDs.

Falls Sie mehr über NATIONAL GEOGRAPHIC wissen wollen, besuchen Sie unsere
Website unter www.nationalgeographic.de